国家社科基金
后期资助项目
GUOJIA SHEKE JIJIN HOUQI ZIZHU XIANGMU

迈向共同富裕的中国城镇化

福祉空间均衡视角

China's Urbanization towards Common Prosperity
A Spatial Equilibrium Perspective

苏红键 著

社会科学文献出版社
SOCIAL SCIENCES ACADEMIC PRESS (CHINA)

国家社科基金后期资助项目
出版说明

  后期资助项目是国家社科基金设立的一类重要项目，旨在鼓励广大社科研究者潜心治学，支持基础研究多出优秀成果。它是经过严格评审，从接近完成的科研成果中遴选立项的。为扩大后期资助项目的影响，更好地推动学术发展，促进成果转化，全国哲学社会科学工作办公室按照"统一设计、统一标识、统一版式、形成系列"的总体要求，组织出版国家社科基金后期资助项目成果。

全国哲学社会科学工作办公室

前　言

改革开放以来，中国城镇化取得了举世瞩目的成就。未来一段时期，中国城镇化仍将处于快速推进阶段。伴随城乡人口结构的变迁，高质量城镇化与全面推进乡村振兴、城乡融合发展环环相扣，是推动高质量发展和共同富裕的必由之路。党的二十大报告强调，"推进以人为核心的新型城镇化"是构建新发展格局、推动高质量发展的重点任务，为迈向共同富裕的中国城镇化道路指明了方向。

本书是国家社会科学基金后期资助项目"城乡福祉、空间均衡与城镇化方略"（20FJLB019）的最终成果，围绕中国城镇化理论与实践展开，分为理论篇和实践篇，在篇章安排中，将实践篇置前。

实践篇围绕中国城镇化的重点和难点，主要包括总体的城镇化趋势和导向研究（第二章），以及城镇化质量、市民化与落户意愿、县域城镇化、教育城镇化、城乡关系和数字城乡等当前城镇化进程中的重要议题（第三章到第九章）。

实践篇的篇章设计与党的二十大报告中与城镇化相关的提法对应，体现了较强的现实意义，主要得出以下结论和观点。（1）预测发现，总体城镇化率2030年约为73.57%，2040年约为79.96%，进入基本稳定阶段；各地城镇化趋势表现出明显的收敛特征；部分省份率先进入城镇化基本稳定阶段，各省份城镇化率的"天花板"在90%左右。（2）围绕人的城镇化进程，城镇化质量指城镇化进程中城乡之间、城市内部、城市之间、人地之间的结构特征。评价发现，中国总体城镇化质量不断提高，各省份城镇化质量表现出明显的地方特征，各地可因地制宜地提升城镇化质量。（3）城市流动人口总体的落户意愿呈现下降态势，从2012年的49.98%降低到2017年的39.01%；各类城市落户意愿表现出明显的结构特征，这与城市吸引力相关；流动人口的人力资本、居住状况、农村权益、迁移范围等城乡两栖生活特征与落户意愿显著相关。（4）县域城镇化主要表现出县城人口密度较低、县城流动人口落户意愿较低、县域经济发展水平不高、公共服务有待优化、县城建设水平快速提高等特征,要积极提升县城吸引力、吸纳力、承载力、辐射带动力,以此全面提高县域发展质量、构建县域新型工农城乡关系。(5)当前义务教育阶段学生城镇化率明显高于人口城镇化率,乡村教育资源"质弱量余"与城镇教育资源"质强量缺"并存,要坚持多元、均衡、智慧、系统的发展思路,全面促进城乡义务教育公平。(6)近年来,总体工农城乡关系持续改善,各领域均等化或融合发展水平全面提升。未来要以促进城乡要素流动和资源统筹为突破口,以发挥农业农村的多功能性为核心内容,以四化同步为战略路径,以城乡居民福祉增进和均等化为根本目标,推动构建新型工农城乡关系。(7)20世纪90年代以来,各领域信息化、智慧化、数字化为数字城乡融合发展打下了扎实基础。未来要统筹数字城乡建设、普及提升数字素养、分类建设数字城乡、建立完善数字平台、积极建设数字县城,推动数字城乡融合发展和共同富裕。

　　福祉增进与均等化理念贯穿城镇化实践和改革进程,与扎实推动共同富裕的理念是一致的。理论篇围绕福祉理论和福祉空间均衡展开,包括福祉内涵与评价(第十章到第十二章)、福祉空间均衡理论与模型及其在城镇化研究中的应用(第十三章到第十六章),为现实问题分析提供理论支撑。

　　理论篇的研究结合了古典福祉思想、福祉评价方法、福祉空间均衡理论和前沿的量化空间分析方法,体现了较强的理论意义,主要得出以下结论和观点。(1)城乡地区居民福祉可以从经济福祉、精神福祉、健康福祉三个维度来评价,与共同富裕强调的收入均等、精神文明、全民健康相对应。(2)全国平均的城乡发展均等化水平、城乡福祉均等化水平不断提高,城乡发展要围绕福祉内涵推进实现高水平的均等化,协同推进新型城镇化与乡村振兴,落后地区要以提高城乡公共服务质量为突破口。(3)中国城市平均福祉水平不断提升,城市规模战略要以福祉增进和均等化为导向,各类大城市要充分发挥集聚经济优势、降低拥挤效应,中小城市要以社会平等、公共服务、生态环境等城市规模外生的福祉增进为着力点。(4)空间均衡理论是区域与城市经济研究的核心理论工具,量化空间分析方法是区域与城市经济研究的前沿。中国城市收入、房价、相对收入、舒适度之间存在显著的空间均衡关系,冬季温暖地区、沿海地区表现出明显的高舒适度特征。(5)结合历史依赖性、空间均衡、迁移成本构建城市增长影响因素分析框架,较好解释了中国城市增长历程及典型城市增长特征。(6)利用空间均衡模型对城镇化改革红利进行量化分析,以流动人口落户意愿为制度约束的替代指标,设计的三类反事实分析均发现,降低制度约束水平能够明显扩大城市人口规模和提高城乡效率,从而提高总体收入和福祉水平。(7)利用空间均衡模型对人地挂钩效应的量化分析发现,对于建设用地未达标的城市,提高建设用地供给水平有利于提高效率和福祉水平。

本书相关研究自2019年启动,历经4年。感谢为阶段成果发表提供支持的学术期刊,感谢编辑老师和审稿专家的建议和帮助。感谢国家社会科学基金后期资助项目(20FJLB019)对本书研究和出版工作的支持。感谢社会科学文献出版社陈凤玲团队优秀的编校工作和修改建议。

苏红键

2023年4月28日

目 录

第一章	绪论	1
一	研究背景	1
二	研究体系与内容简介	9
三	研究特点	16

实践篇

第二章	中国城镇化趋势、难点与导向	21
一	城镇化演进特征与结构特征	21
二	各地与总体城镇化趋势预测	24
三	当前城镇化进程中的主要难点	29
四	推进高质量城镇化的导向	38

第三章	城镇化质量评价与提升方略	44
一	城镇化质量研究述评	44
二	城镇化质量内涵与评价设计	45
三	城镇化质量评价结果	50
四	提升城镇化质量的建议	56
五	结论与启示	59

第四章	个体层面流动人口落户意愿	61
一	以往关于落户意愿的研究	61
二	城乡两栖视角落户意愿影响因素	62
三	个体层面落户意愿影响因素检验	67
四	结论与建议	74

第五章　城市层面流动人口落户意愿 ········· 77

一　落户意愿与落户条件 ························ 77
二　各类城市流动人口的落户意愿 ················ 78
三　城市层面落户意愿影响因素 ·················· 83
四　城市层面落户意愿影响因素检验 ··············· 84
五　典型城市落户意愿的解释与讨论 ··············· 91
六　结论与启示 ································ 93

第六章　县域城镇化基础、趋势与推进思路 ······ 95

一　县域城镇化研究进展 ························ 95
二　县域城镇化的演进与趋势 ···················· 96
三　县域城镇化的特征 ························· 100
四　推进县域城镇化的总体思路 ·················· 105
五　推进县域城镇化的重点任务 ·················· 106
六　结论与建议 ······························· 108

第七章　教育城镇化演进与城乡义务教育公平之路 ··· 110

一　教育城镇化研究进展 ······················· 110
二　教育城镇化演进特征与地区特征 ··············· 111
三　教育城镇化加速的主要动力 ·················· 115
四　教育城镇化背景下的城乡义务教育格局 ·········· 117
五　实现城乡义务教育公平的主要路径 ············· 123

第八章　构建新型工农城乡关系的基础与方略 ···· 127

一　工农城乡关系现状 ························· 127
二　构建新型工农城乡关系的主要难点 ············· 134
三　构建新型工农城乡关系的总体思路 ············· 137
四　构建新型工农城乡关系的政策建议 ············· 141

第九章　数字城乡融合发展基础与导向 ········· 145

一　数字城乡研究进展 ························· 145
二　数字城乡融合发展基础 ······················ 146

三　数字城乡融合发展面临的挑战 …………………………… 154
四　数字城乡融合发展导向 ………………………………………… 157

理论篇

第十章　地区福祉内涵与评价 ……………………………………… 165
　一　从经济福祉到综合福祉 ………………………………………… 165
　二　地区福祉内涵与评价方法 ……………………………………… 167
　三　地区福祉评价结果 ……………………………………………… 171
　四　福祉评价背后的福祉质量 ……………………………………… 177
　五　结论与启示 ……………………………………………………… 185

第十一章　城乡福祉均等化评价 …………………………………… 188
　一　城乡收入与城乡福祉 …………………………………………… 188
　二　城乡福祉均等化的内涵与评价方法 …………………………… 189
　三　各地城乡发展和福祉均等化评价结果 ………………………… 193
　四　城镇化与城乡福祉均等化的基本关系 ………………………… 198
　五　结论与启示 ……………………………………………………… 200

第十二章　城市规模与城市福祉 …………………………………… 203
　一　城市生活质量与城市福祉 ……………………………………… 203
　二　城市福祉指标构建及其与城市规模的关系 …………………… 204
　三　城市规模与城市福祉的统计描述 ……………………………… 208
　四　城市规模与城市福祉的关系检验 ……………………………… 211
　五　福祉视角的城市规模发展导向 ………………………………… 216
　六　结论与启示 ……………………………………………………… 217

第十三章　中国城市空间均衡特征 ………………………………… 220
　一　空间均衡理论及其挑战、解释 ………………………………… 220
　二　数据说明 ………………………………………………………… 224
　三　中国城市空间均衡关系检验 …………………………………… 226
　四　典型城市空间均衡特征 ………………………………………… 235

五　结论与启示 …………………………………………… 237

第十四章　空间均衡与城市增长 ………………………………… 239
　　一　发展中国家的城市增长研究 ………………………… 239
　　二　中国城市增长阶段特征 ……………………………… 240
　　三　城市增长影响因素分析框架 ………………………… 242
　　四　数据说明 ……………………………………………… 245
　　五　城市增长影响因素检验 ……………………………… 246
　　六　对典型城市增长的解释 ……………………………… 253
　　七　结论与启示 …………………………………………… 257

第十五章　城镇化改革红利的量化空间分析 …………………… 259
　　一　城镇化改革量化研究进展 …………………………… 259
　　二　城镇化制度约束的特征事实 ………………………… 261
　　三　包含制度约束的空间均衡模型 ……………………… 265
　　四　将落户意愿作为制度约束的指标 …………………… 268
　　五　参数估计 ……………………………………………… 270
　　六　制度约束调整的反事实分析 ………………………… 274
　　七　结论、启示与建议 …………………………………… 281

第十六章　人地挂钩效应的量化空间分析 ……………………… 283
　　一　要素空间错配研究进展 ……………………………… 283
　　二　人地空间错配的特征事实 …………………………… 285
　　三　包含集聚效应和制度约束的空间均衡模型 ………… 289
　　四　参数估计 ……………………………………………… 292
　　五　人地挂钩效应的反事实分析 ………………………… 297
　　六　结论与建议 …………………………………………… 312

参考文献 …………………………………………………………… 315

第一章 绪论

改革开放以来，中国城镇化取得了举世瞩目的成就。未来一段时期，中国城镇化仍将处于快速推进阶段，与扎实推动共同富裕的历史阶段相契合。高质量城镇化是推动高质量发展和共同富裕的必由之路。党的二十大报告继续强调"推进以人为核心的新型城镇化"。[①] 在此背景下，本书围绕中国城镇化问题，结合区域与城市经济学、发展经济学等学科理论和方法，对城镇化实践、改革进程与方向、城镇化福祉效应等进行系统研究，为新时期推进以人为核心的新型城镇化与城乡融合发展、扎实推动共同富裕提供学术参考。

一　研究背景

中国城镇化自20世纪90年代开始快速推进，走出了一条中国特色新型城镇化道路，取得了举世瞩目的成就。2020年，中国已经全面建成小康社会，现在到了扎实推动共同富裕的历史阶段（习近平，2021）。高质量城镇化与全面推进乡村振兴、城乡融合发展环环相扣，是推动高质量发展和共同富裕的必由之路。

（一）中国城镇化历程

改革开放以来，伴随中国经济的快速增长，城镇化快速推进。根据《中国统计年鉴2021》，城镇化率从1978年的17.92%提高到2020年的63.89%，城镇常住人口从1.72亿人增长到9.02亿人。关于城镇化阶段划分有两类方式。一是结合城镇化阶段划分的规律，可以分别以1995年的29.04%和2010年的49.95%为分界点，分为城镇化初期阶段、快速

[①] 《习近平：高举中国特色社会主义伟大旗帜　为全面建设社会主义现代化国家而团结奋斗——在中国共产党第二十次全国代表大会上的报告》，中国政府网，2022年10月25日，http://www.gov.cn/xinwen/2022-10/25/content_5721685.htm。

推进阶段和减速阶段。二是考虑到统计口径的调整和数据修正影响了按照城镇化率划分阶段的准确性[①],将不同时期的城镇化特征与中国改革历程[②]及其对应的人口迁移特征、外出务工情况、城市规模导向等相结合,改革开放以来中国城镇化可以划分为四个阶段(见表1-1)。

表1-1 改革开放以来中国城镇化阶段划分

	1978~1991年	1992~2001年	2002~2011年	2012年至今
城镇化率	17.92%~26.94%	27.46%~37.66%	39.09%~51.83%	53.10%以上
速度特征	缓慢推进	由慢到快过渡	快速推进	快速推进但速度放缓
人口迁移特征	就近城镇化为主	就近城镇化与异地城镇化并存	异地城镇化为主	就地就近城镇化与异地城镇化并重
外出务工人口	很少	逐步增长	快速增长	增速逐渐放缓
城市规模导向	控制大城市规模,合理发展中等城市,积极发展小城市	严格控制大城市规模,合理发展中等城市和小城市	大中小城市和小城镇协调发展,实际上呈现大城市偏向	大中小城市和小城镇协调发展,开始强调小城镇发展和乡村振兴
对应改革阶段	改革开放的启动和目标探索阶段	社会主义市场经济体制框架初步建立的阶段	社会主义市场经济初步完善的阶段	全面深化改革的新阶段

资料来源:苏红键和魏后凯(2018)。

第一个阶段是1978~1991年,城镇化缓慢推进,以就近城镇化为主,对应中国改革开放的启动和目标探索阶段。这一阶段中国城镇化的主要特征是,在党的十一届三中全会开启改革开放历史新时期和"农村经济体制改革"的背景下,农民外出务工以"离土不离乡""进厂不进城"为主。特别是1984~1988年,农业劳动力向乡镇企业快速转移,累计转移农业劳动力5566万人,农村非农业劳动力所占比重由1984年的8.8%迅速提高到

---

① 第四次和第五次全国人口普查数据显示,城镇人口新老统计口径在2000年出现了大约4.7个百分点的差值,为了前后衔接,有关部门把4.7个百分点的差值分摊在1996~2000年(周一星,2006)。类似的,2020年第七次全国人口普查(全书简称"七普")数据发布后,有关部门对2011~2019年城乡人口数据做了调整。

② 对改革开放40多年的历程划分参考高尚全(2018)的研究,但对时间点做了微调。

1988年的21.5%，全国建制镇从6211个增加到10609个（许经勇，2016）。这一阶段的城镇化以小城镇为主导，提出"控制大城市规模，合理发展中等城市，积极发展小城市"，该理念在费孝通先生的《小城镇 大问题》中得到充分体现，即"小城镇建设是发展农村经济、解决人口出路的一个大问题"（费孝通，1984）。之后，城市规模战略成为学术界长期争论的议题和中国城镇化战略的重点内容（苏红键、魏后凯，2017）。

第二个阶段是1992~2001年，城镇化由慢到快过渡，外出务工人口规模在制度约束下逐步扩大，就地城镇化与异地城镇化并存，对应社会主义市场经济体制框架初步建立的阶段。这一阶段中国城镇化的主要特征表现在，以1992年邓小平南方谈话和党的十四大提出建立社会主义市场经济体制为契机，东部沿海地区经济快速发展，农民外出务工规模逐步扩大，到2000年全国外出农民工约为7849万人（魏后凯、苏红键，2013）。与此同时，就近城镇化在这一阶段仍然比较重要，到2000年，全国建制镇超过20000个，比1988年增加1倍（许经勇，2016）。可以说，这一阶段农村富余劳动力的流动，已经打破了传统"离土不离乡"的束缚，逐步跨出镇界、县界、省界，由此拉开了中国地区间、城乡间大规模人口迁移的序幕。从城市规模战略来看，这一阶段依然要求"严格控制大城市规模，合理发展中等城市和小城市"。

第三个阶段是2002~2011年，城镇化快速推进，以异地城镇化为主，对应社会主义市场经济初步完善的阶段。这一阶段主要是在党的十六大和十六届三中全会关于完善社会主义市场经济体制的战略任务指导下，更加强调市场在资源配置（劳动力迁移）中的作用。"十五"计划纲要决定"取消对农村劳动力进入城镇就业的不合理限制，引导农村富余劳动力在城乡、地区间的有序流动"，各部门也陆续出台了一系列支持农村富余劳动力外出务工的政策[1]。在此顶层设计和政策支持下，2002

---

[1] 比如《劳动和社会保障部办公厅关于印发做好农村富余劳动力流动就业工作意见的通知》（劳社厅发〔2000〕3号）、《农业部关于做好农村富余劳动力转移就业服务工作的意见》（农政发〔2002〕4号）。同时，《国家发展计划委员会、财政部关于全面清理整顿外出或外来务工人员收费的通知》（计价格〔2001〕2220号）要求，2002年2月前，必须取消面向农民工的7项收费，包括暂住费、暂住（流动）人口管理费、计划生育管理费、城市增容费、劳动力调节费、外地务工经商人员管理服务费、外地（外省）建筑（施工）企业管理费等。

年开始，外出务工人口规模快速扩大，从2001年的8399万人快速提高到2002年的10470万人，之后以年均600万人的增速提高到2012年的16336万人。相应的，这一阶段的城市规模战略导向开始转向"大中小城市和小城镇协调发展"。由于迁移人口在市场机制作用下大规模向大城市集中，有学者指出这一阶段的"大中小城市和小城镇协调发展"的道路实际表现为追求大城市扩张的偏向（李培林，2013；魏后凯，2014）。

第四个阶段是2012年至今，城镇化快速推进，进入就地就近城镇化与异地城镇化并重的新阶段，对应中国进入全面深化改革的新阶段。这一阶段，党的十八届三中全会历史性地明确了市场在资源配置中的决定性作用，中国进入"五位一体"全面改革的新阶段，城镇化相关政策改革逐步全面深化。随着城镇化的快速推进，受户籍制度约束，常住人口城镇化率和户籍人口城镇化率[①]的差距凸显，"不完全城镇化""半城镇化"等概念引起关注，农业转移人口市民化问题成为城镇化的重点。在此背景下，以2014年发布的《国家新型城镇化规划（2014—2020年）》以及《国务院关于进一步推进户籍制度改革的意见》（国发〔2014〕25号）为标志，中国城镇化全面进入以"人的城镇化"为核心、以提升城镇化质量为主的新阶段。两类人口城镇化率的差距从2014年最高的19.85个百分点快速降到2015年的17.43个百分点，近年来略有扩大。近年来，随着国家对外出务工人员返乡创业就业以及促进就地就近城镇化的鼓励、引导与支持[②]，以及2017年以来全面推进乡村振兴和城乡融合发展，城镇化进入新的发展阶段。

（二）中国城镇化经验

改革开放以来，立足社会主义国家的制度特征、转型期的时代特征、空间和规模上的大国特征等基本国情，坚持以人为本推进、渐进式推进、多元化推进等方式，中国城镇化取得了举世瞩目的成就。

[①] 分别以城镇常住人口、非农业户籍人口占总人口的比重进行计算。

[②] 比如《国务院办公厅关于支持农民工等人员返乡创业的意见》（国办发〔2015〕47号）、《国务院办公厅关于推进农村一二三产业融合发展的指导意见》（国办发〔2015〕93号）、《国务院办公厅关于支持返乡下乡人员创业创新促进农村一二三产业融合发展的意见》（国办发〔2016〕84号）。

1. 按照中国特色社会主义制度基本要求，坚持以人为本推进城镇化

党的二十大报告强调的"坚持以人民为中心的发展思想"是全面建设社会主义现代化国家必须牢牢把握的重大原则之一。改革开放以来，中国的城镇化正是坚持以人为本的推进方式，避免了其他发展中大国的"贫民窟"现象，通过全面提高农民收入水平为世界减贫事业做出了巨大贡献，不断提高了人民群众获得感。第一，保障农业转移人口进城返乡的自主选择权，避免出现"贫民窟"。城乡二元结构是发展中国家普遍存在的现象。在中国城镇化和大规模人口迁移进程中，在以人为本理念指导下，以尊重迁移人口的主观能动性、维护迁移人口的自主选择权、提高迁移人口的可选择性为基本出发点和政策着力点，加强对迁移人口的"进城"政策支持和"返乡"政策保障，是中国城镇化避免"贫民窟"现象的重要成功经验。第二，鼓励农民进城务工，全面提高农民收入水平，为世界减贫事业做出巨大贡献。从20世纪80年代的农民外出务工"离土不离乡"，到90年代初期跨省流动规模逐步扩大，再到2000年之后农村富余劳动力大规模外出务工，"农民进城"在为经济发展提供充足劳动力保障的同时，大幅提高了农民收入、改善了农民生活水平、逐步稳定和缩小了城乡居民收入差距，直到2020年打赢脱贫攻坚战，全面建成了小康社会。第三，积极推进市民化和基本公共服务均等化，提高人民群众获得感。自20世纪90年代农村富余劳动力大规模外出务工开始，国家出台了多项政策支持农民工享受均等的权益，关于农民市民化、农民工市民化、农业转移人口市民化的研究和社会关注越来越多，户籍制度改革和农业转移人口市民化快速推进，基本公共服务均等化和流动人口同城化待遇加快实现。

2. 顺应转型期特征，渐进式推进城镇化

渐进式推进既是中国改革的成功经验，也是中国城镇化的典型经验。渐进式改革的过程，实际上是以"自上而下"和"自下而上"相结合的方式进行创新，之后进行"总结推广"的过程。中国城镇化的渐进式推进主要体现在土地制度、户籍制度以及社会保障制度等领域的渐进式改革。一是城镇化进程中土地制度的渐进式改革。早在官方允许实行家庭承包制之前，一些偏远的贫困农村就悄悄试验了包产到户。随着1978年底党的十一届三中全会的召开，这种改革方式逐渐得到默许、认可直至

推广（蔡昉，2017）。①之后，随着城镇化的推进，中国土地制度改革在城市土地利用、农村土地利用以及城乡区域土地统筹利用等方面逐步深化。二是城镇化进程中户籍制度的渐进式改革。中国户籍制度的基本依据是1958年颁布的《中华人民共和国户口登记条例》。随着20世纪90年代劳动力跨省流动规模的大幅扩大，降低人口迁移限制的呼声日盛，由此拉开了中国户籍制度改革的序幕。自2014年发布《国务院关于进一步推进户籍制度改革的意见》（国发〔2014〕25号）之后，2019年开始提出"全面取消城区常住人口300万以下的城市落户限制"②。三是城镇化进程中社会保障制度的渐进式改革。伴随经济体制改革和城镇化的推进，中国社会保障制度逐步实现了从低水平到全覆盖、从城市偏向到城乡统筹的转型（郑秉文等，2010；郑功成，2018）。2009～2011年先后建立和完善了农村居民、城镇居民基本养老保险制度③，并逐步推进全覆盖和城乡统一。2003年开始试点、2006年开始向全国推广新型农村合作医疗④，2016年开始推进整合城乡居民基本医疗保险制度，并逐步推进跨省异地就医结算工作。

3. 尊重大国特征，多元化推进城镇化

中国的大国特征决定了各地城镇化各具特色，城镇化水平和速度各不相同。按照顶层设计，各地以"自主探索"和"设计试验"⑤相结合的方式，因地制宜多元化推进，这是中国城镇化取得成功的重要经验。

---

① 到1984年底，全国农村的全部生产队和98%的农户采取了家庭承包制的经营形式，随后人民公社体制被正式废除。

② 国家发展改革委印发《2019年新型城镇化建设重点任务》（2019年3月31日）；中共中央办公厅、国务院办公厅印发《关于促进劳动力和人才社会性流动体制机制改革的意见》（2019年12月25日）。

③ 1992年，民政部颁布《县级农村社会养老保险基本方案（试行）》（民办发〔1992〕2号），以个人缴费为主、集体补贴为辅，实行个人账户储备积累制。1999年，由于存在"保富不保贫"、保障水平低、缺乏政策支持等诸多问题，《国务院批转整顿保险业工作小组〈保险业整顿与改革方案〉的通知》（国发〔1999〕14号）对农村社会养老保险进行整顿规范，并要求停止接受新业务。此后，农村社会养老保险基本处于停滞状态。

④ 20世纪八九十年代的农村合作医疗由于缺乏稳定的资金支持系统，个人缴费模式在农村经济发展缓慢、农民收入不高的情况下难以实现。

⑤ "自主探索"指地方在已有制度供给之外，自主创新政策目标或政策工具；"设计试验"指在进行区域性或全国性的制度变革之前，自上而下选定一个或几个地区先行试验（郁建兴、黄飚，2017）。

第一，中国城镇化的多元化特征最直接体现在各地不同的城镇化水平和速度上。根据《中国统计年鉴2021》，2020年，3个东部直辖市的城镇化率最高，在80%以上，西藏城镇化率最低，仅为35.73%；各地城镇化推进速度也各不相同，这与其城镇化阶段有关。同时，不同规模、不同地区的城市、县镇，在城镇化、发展基础、人口趋势等方面均存在差异，对应着不同的城镇化推进方略。第二，各地以"自主探索"和"设计试验"相结合的方式实施不同的城镇化举措。在"自主探索"方面，以户籍制度改革为例，自江苏省2003年开始按照实际居住地登记户口以来，一些省份先后开始取消农业户口和非农业户口，统一为居民户口。在"设计试验"方面，在《国家新型城镇化规划（2014—2020年）》基础上，2014年起国家发展改革委会同有关部门分三批将2个省和246个城市（镇）列为国家新型城镇化综合试点，在农业转移人口市民化、农村产权制度改革、城镇化投融资机制、城市要素下乡、行政管理体制等方面形成了一批可供借鉴和推广的经验。[①] 第三，各地因地制宜形成了不同的城镇化推进模式。李强等（2017）将就近城镇化模式分为三类，包括通过发展县域经济实现农业人口就近城镇化、强镇崛起带动农业人口就近城镇化、以地市为单位推进全域的城乡一体化和就近城镇化。同时，中央政府对耕地保护和粮食安全的重视，迫使城镇化的土地来源由耕地转向农民的宅基地，由此围绕城镇化进程中的"土地经营"问题，在纯农区出现了"农民上楼"和"资本下乡"的城镇化模式（周飞舟、王绍琛，2015）。

（三）中国城镇化展望

新时期，中国城镇化在遵循成功路径、推进渐进式改革、优化资源配置的同时，重点需要与乡村振兴和城乡融合发展相互联动，促进高质量发展和共同富裕，同时要顺应新一轮技术革命促进智慧城镇化和数字城乡建设。

一要全面深化城镇化相关改革。改革的本质是通过优化资源配置，提升效率和福祉水平。在快速城镇化与人口大规模迁移背景下，土地与住房、公共服务资源等在人口迁出地和迁入地之间产生结构性过剩与短

---

① 《国家发展改革委办公厅关于印发第一批国家新型城镇化综合试点经验的通知》（发改办规划〔2018〕496号）。

缺问题（苏红键、魏后凯，2019）。这一伴随城镇化进程的资源错配问题日益受到广泛关注和重视，也是改革着力点。未来推进城镇化，要在稳步推进户籍制度改革的基础上，明确按常住人口配置各类资源，以人地挂钩、居住市民化、服务同城化等为重点，促进各类资源优化配置，促进各地、城乡、各类群体福祉增进和均等化。

二要以高质量城镇化促进高质量发展和共同富裕。共同富裕是社会主义的本质要求，是人民群众的共同期盼。党的十九届五中全会对扎实推动共同富裕做出重大战略部署。习近平（2021）指出，要分阶段促进共同富裕。与此同时，党的十九大报告做出明确判断，中国经济已由高速增长阶段转向高质量发展阶段。在此背景下，高质量城镇化成为高质量发展和共同富裕的必由之路。要以习近平新时代中国特色社会主义思想为指导，在城镇化进程中，贯彻创新、协调、绿色、开放、共享的新发展理念，促进高质量城镇化和共同富裕。

三要联动推进新型城镇化、乡村振兴与城乡融合发展。伴随城乡人口结构变迁，高质量城镇化与全面推进乡村振兴、城乡融合发展环环相扣，共同塑造城乡发展格局。第一，伴随城镇化进程，城乡发展不平衡、农村发展不充分的问题受到广泛关注，全面推进乡村振兴和城乡融合发展成为推进城镇化进程的必然选择。第二，乡村振兴是城乡人口结构变迁中的乡村振兴，要充分考虑各类乡村经济社会和人口发展特征，遵循城镇化规律，多元化推进乡村振兴和城乡融合发展。第三，县域是三大战略的主阵地，要分类推进县域城镇化，优化城、镇、村体系。

四要促进智慧城镇化和数字城乡融合发展。数字经济方兴未艾，为城镇化与城乡融合发展提供了新动能。从2010年以来的智慧城市建设以及智能手机实现上网普及，到2017年开始全面推进数字乡村，再到"十四五"规划[①]明确提出"建设智慧城市和数字乡村"，智慧城镇化和数字城乡融合发展进入全面提质增效、促进城乡融合和共同富裕的新时期。未来推进城镇化，要顺应新一轮技术革命和数字经济发展大势，充分考虑新技术对产业和就业的影响和冲击，挖掘新技术红利，促进智慧城镇化和数字城乡融合发展。

---

① 《中华人民共和国国民经济和社会发展第十四个五年规划和2035年远景目标纲要》。

二 研究体系与内容简介

基于中国城镇化历程、成功经验和展望，按照新时期新要求，本书结合区域与城市经济学、发展经济学等学科理论与方法，利用中国城镇化与城市发展、人口迁移等相关资料和数据，综合采用统计描述、计量检验、量化分析、评价研究等方法，对中国城镇化理论和实践进行系统研究。

（一）研究体系设计

"改革的每一步深化，都是理论和实践的双重探索。"（谢伏瞻，2019）本书围绕城镇化理论和实践展开，分为理论篇和实践篇（见图1-1）。理论篇为城镇化发展导向提供理论支撑和依据，比如福祉理论与评价、福祉空间均衡理论、城镇化改革相关的政策模拟等；实践篇围绕当前城镇化重点难点，为理论研究提供抓手，并为理论提供检验。基于此，本书较好地实现了理论与实践相结合。考虑到与绪论中研究背景的联系，以及城镇化趋势与导向的"总论"特征，将实践篇置前。

实践篇	理论篇
□城镇化总体思路 ＊城镇化趋势与导向（第二章） □城镇化重点难点 ＊城镇化质量（第三章） ＊市民化与落户意愿（第四章和第五章） ＊县域城镇化（第六章） ＊教育城镇化（第七章） ＊城乡关系（第八章） ＊数字城乡（第九章）	□福祉理论与评价 ＊地区福祉内涵与评价（第十章） ＊城乡福祉均等化（第十一章） ＊城市福祉（第十二章） □福祉空间均衡理论与量化空间分析 ＊空间均衡理论与现实（第十三章） ＊空间均衡与城市增长（第十四章） ＊城镇化改革红利（第十五章） ＊人地挂钩的综合效应（第十六章）

图1-1 研究体系与篇章设计

实践篇主要围绕中国城镇化现实问题展开，对应本书的关键词"中国城镇化"，分析中国城镇化的现状特征、重点难点和推进思路。其中，第二章对城镇化基础、趋势、难点和导向进行总体分析；第三章到第九章分别就当前城镇化进程中的重点问题进行分析，包括城镇化质量、市民化与落户意愿（个体层面和城市层面）、县域城镇化、教育城镇化、城乡关系和数字城乡建设等。实践篇的各个篇章设计与党的二十大报告中与城镇化相关的提法对应（见表1-2），体现了较强的现实意义。

表1-2 实践篇篇章设计与党的二十大报告相关提法

实践篇篇章设计	党的二十大报告相关提法
城镇化趋势与导向	"推进以人为核心的新型城镇化"
城镇化质量	"加快构建新发展格局，着力推动高质量发展"
市民化与落户意愿	"加快农业转移人口市民化"
县域城镇化	"推进以县城为重要载体的城镇化建设"
教育城镇化	"加快义务教育优质均衡发展和城乡一体化"
城乡关系	"坚持城乡融合发展，畅通城乡要素流动"
数字城乡	"加快建设……网络强国、数字中国"

资料来源：党的二十大报告相关提法引自《习近平：高举中国特色社会主义伟大旗帜　为全面建设社会主义现代化国家而团结奋斗——在中国共产党第二十次全国代表大会上的报告》，中国政府网，2022年10月25日，http://www.gov.cn/xinwen/2022-10/25/content_5721685.htm。

　　福祉增进与福祉均衡理念贯穿城镇化实践和改革进程，与扎实推动共同富裕的理念是一致的。理论篇主要围绕城镇化和城乡发展相关的福祉理论、福祉空间均衡理论展开，对应本书的关键词"城乡福祉""空间均衡"，旨在分析城镇化福祉效应，为现实问题分析、政策建议提出奠定理论基础。第十章到第十二章在明确福祉内涵的基础上对地区福祉、城乡福祉和城市福祉进行分析；第十三章到第十六章引入福祉空间均衡的观点，并在特征分析基础上，利用空间均衡模型对城镇化改革红利、人地挂钩效应进行量化空间分析。理论篇的研究结合了古典福祉思想、福祉评价方法、现代福祉均衡理论和前沿的量化空间分析方法，体现了较强的理论意义。理论篇体系设计如图1-2所示。

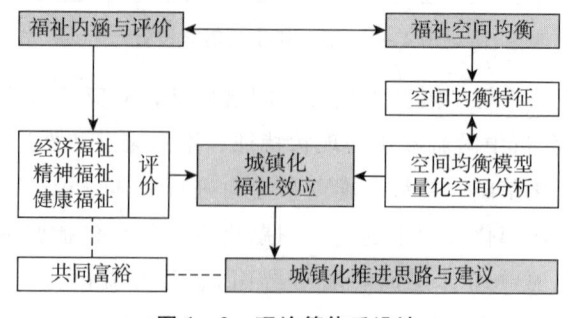

图1-2 理论篇体系设计

(二) 实践篇

未来一段时期，中国城镇化仍将处于快速推进阶段，与扎实推动共同富裕的历史阶段相契合。实践篇围绕中国城镇化重点难点展开，主要包括总体的城镇化趋势和导向研究（第二章），以及城镇化质量、市民化与落户意愿、县域城镇化、教育城镇化、城乡关系和数字城乡等当前城镇化进程中的重点问题（第三章到第九章）。

第二章分析中国城镇化趋势、难点与导向。结合收敛模型和七普数据预测发现，总体城镇化率2030年约为73.57%，2040年约为79.96%，进入基本稳定阶段，至2050年约为83.93%；各地城镇化趋势表现出明显的结构特征和收敛特征；部分省份率先进入城镇化基本稳定阶段，各省份城镇化率的"天花板"在90%左右。当前城镇化进程中的主要难点体现在两率差距悖论亟待消解、人地空间配置有待优化、城市之间与城乡之间发展差距有待缩小。未来推进高质量城镇化，重点需要坚持以人民为中心、因地制宜、系统协同、全面深化改革的基本思路，稳步推进户籍制度改革攻坚、加强人地挂钩、优化城镇体系、促进城乡融合。

第三章对城镇化质量进行评价。围绕人的城镇化进程，城镇化质量指城镇化进程中城乡之间、城市内部、城市之间、人地之间的结构特征。利用这四个维度对2013年以来中国总体和各省份城镇化质量进行评价，发现中国总体城镇化质量不断改善，各省份城镇化质量表现出明显的地方特征，城镇化质量综合指标与城镇化率之间表现出显著的正相关关系。结合城镇化质量的内涵、评价结果以及发现的问题，未来一段时期，各地可以从城镇化质量四个维度有重点、有针对性地推进高质量城镇化。

户籍制度改革与农业转移人口市民化是以人为核心的新型城镇化的重点，第四章和第五章分别从个体层面和城市层面研究户籍制度改革进程中落户意愿的特征及其影响因素。第四章分析个体层面流动人口落户意愿，从城乡两栖视角构建包含两栖能力、两栖成本的落户意愿分析框架。在两栖能力方面，以是否拥有承包地和宅基地衡量的农村生活能力越强，落户意愿越低，以受教育水平和住房稳定性衡量的城市生活能力越强，落户意愿越高；以迁移范围和公共服务水平衡量的两栖成本越高，落户意愿越高；当两栖能力都强时，落户意愿主要取决于两栖成本，主要表现为市域和县域两栖人口落户意愿较低；年龄与落户意愿表现出显著的波形"～"关系。未来推进市民化，要积极建立并完善农村权益交易市场，促进"带资迁移"，全面提高保障性住房供给水平，扩大其覆盖面，加快推进户籍制度回归人口登记管理的本质。

第五章分析城市层面流动人口落户意愿。近年来，总体的落户意愿呈现下降态势，从2012年的49.98%降低到2017年的39.01%；各类城市落户意愿表现出明显的结构特征，这与城市吸引力显著相关；流动人口的人力资本、居住状况、农村权益、迁移范围等城乡两栖生活特征与落户意愿显著相关；2014年户籍制度改革显著降低了300万以下人口内陆地级市的落户意愿，与其他城市相比，2012～2016年该类城市的落户意愿多降低7～8个百分点，2012～2017年多降低4～5个百分点。可见，落户意愿的结构特征是由落户条件内生决定的，反映了城市落户门槛；户籍制度改革需要农村土地制度、城市住房保障制度等协同推进；户籍制度改革的目的是消除人口迁移的制度约束，以市场调节为主。

第六章分析县域城镇化的基础、趋势与推进思路。县域是乡村振兴、城镇化和城乡融合发展的前沿阵地。近年来，县域平均人口维持在45万人左右，县城平均人口从2010年的8.50万人逐步增长到2019年的10.47万人。据估计，县城平均人口将逐步提高到2025年的约11万人和2035年的约12万人，县城人口占城镇总人口的比重稳定在17%～18%。县域城镇化表现出县城人口密度较低、县城流动人口落户意愿较低、县域经济发展水平不高、公共服务有待优化、县城建设水平快速提高等特征。未来推进县域城镇化，要以新发展理念为引领，坚持高质量发展、多元化发展、协调发展、共享发展，积极提升县城吸引力、吸纳力、承载力、辐射带动力，以此全面提高县域发展质量、构建县域新型工农城乡关系。

教育城镇化是县域城镇化研究中发现的重要问题，第七章研究教育城镇化演进与城乡义务教育公平之路。中国教育城镇化表现出明显的阶段特征。近年来，义务教育阶段学生城镇化率明显高于人口城镇化率，各地教育城镇化率和人口城镇化率显著正相关。在全面推进义务教育均衡发展和公共服务均等化的双重作用下，随迁就读比重提高以及越来越多农村子女进入县镇就读，成为近年来教育城镇化加速的主要动力。教育城镇化与城乡义务教育资源配置格局相互影响，乡村教育资源"质弱量余"与城镇教育资源"质强量缺"并存，小学的这一格局特征更加明显。未来要坚持多元、均衡、智慧、系统的发展思路，促进城乡教育资源按需供给，促进城乡教育质量优质均衡，全面提高城乡智慧教育水平，协同推进各类体制机制改革，全面促进城乡义务教育公平。

第八章研究新时期构建新型工农城乡关系的基础与方略。近年来，中国总体工农城乡关系持续改善，城乡收入、产业、服务、基建、文化、治理等领域均等化或融合发展水平全面提升。当前构建新型工农城乡关系主要存在农民增收困难、农村土地利用低效、农业农村人才缺乏等难点。未来要以促进城乡要素流动和资源统筹为突破口，以发挥农业农村的多功能性为核心内容，以四化同步为战略路径，以城乡居民福祉增进和均等化为根本目标，推动构建新型工农城乡关系。为此，要加快完善乡村振兴政策体系，促进农业农村现代化；稳步推进土地制度改革，优化城乡土地资源配置，提高土地利用效率；推进户籍与相关权益脱钩，实现权益均等化，促进户籍制度回归人口登记管理的本质。

第九章研究数字城乡融合发展的基础、挑战与导向。数字城乡建设是在智慧城市、数字乡村建设基础上数字赋能城乡发展的重要抓手，是新技术革命背景下城乡融合和共同富裕的必由之路。利用大量数据和资料分析发现，20世纪90年代以来各领域信息化、智慧化、数字化为数字城乡融合发展打下了扎实基础。当前，数字城乡融合发展面临的挑战主要体现在数字城乡统筹规划有待加强、农村居民数字素养有待提升、地区之间数字鸿沟有待缩小等方面。未来要坚持共享、统筹、多元、创新的发展原则，统筹数字城乡建设、普及提升数字素养、分类建设数字城乡、建立完善数字平台、积极建设数字县城，扎实推动数字城乡融合发展和共同富裕。

（三）理论篇

福祉增进和均等化是经济学研究的初衷，体现了经济学的人文关怀，与共同富裕的内涵一致，是城镇化和城乡发展的根本目标。作为区域与城市经济研究的核心理论工具，空间均衡理论认为城乡之间、地区之间的福祉是均衡的。理论篇围绕福祉理论和福祉空间均衡展开，包括福祉内涵与评价（第十章到第十二章），福祉空间均衡理论与模型及其在城镇化研究中的应用（第十三章到第十六章）。

第十章到第十二章结合福祉理论和发展经济学的观点，设计包含经济福祉、精神福祉、健康福祉三个维度的指标，分别对地区之间、城乡之间、城市之间的综合福祉进行评价，并讨论城乡地区的福祉水平与城镇化的关系。第十章研究地区福祉的内涵并进行评价，从外在福祉和内在福祉两个方面三个维度明确地区福祉的内涵和比较分析方法，利用中国省级单位1990年、2000年、2010年和2017年数据，分析中国地区福祉基本特征。在此基础上，结合发展和福祉研究中值得关注的问题，进一步讨论不同经济维度指标、不平等、环境、教育和医疗水平等方面的地区差异及其对福祉质量的影响。为提高福祉水平和福祉质量，各地要积极推进高质量的城镇化和工业化；在经济增长的同时，实现居民收入同步增长；在居民收入增长的同时，加快创建更加公平的社会环境、可持续的生态环境、优质的公共服务环境。

第十一章评价城乡福祉并讨论其与城镇化的关系。结合福祉理论和城乡发展理论的观点，分析城乡福祉均等化的内涵，利用中国各省份2013~2018年城乡数据，从外在福祉、精神福祉、健康福祉三个维度考察各地城乡福祉均等化状况。近年来，全国平均的城乡发展均等化水平、城乡福祉均等化水平不断提高；分地区来看，东部地区的城乡福祉均等化水平较高，其次为中部地区，东北和西部地区较低；上海、天津、北京、浙江、重庆等直辖市或东部沿海省份城乡福祉均等化水平较高，宁夏、甘肃、西藏、新疆等西部地区城乡福祉均等化水平较低；城镇化与城乡收入差距的关系稳健，城镇化与城乡福祉均等化的相关指标均显著相关。城乡发展要围绕福祉内涵推进实现高水平的均等化，协同推进新型城镇化与乡村振兴，落后地区要以提高城乡公共服务质量为突破口，以此构建新型工农城乡关系。

第十二章评价城市福祉并讨论其与城市规模的关系。结合福祉理论和城市经济理论的观点，构建城市福祉评价指标对中国城市福祉进行评价，利用中国地级及以上城市2006~2018年面板数据，采用联立方程模型检验城市规模与城市福祉的关系，并从福祉视角提出城市规模发展导向。近年来，中国城市平均福祉水平不断提升，城市之间的福祉差距略有扩大；城市规模通过集聚经济与拥挤效应影响城市综合福祉，城市规模与城市福祉之间表现出显著的正相关关系；当期城市规模与滞后一期城市福祉显著正相关，较高的城市福祉通过吸引人口迁入促进城市增长。由此，城市规模战略要以福祉增进和均等化为导向，各类大城市要充分发挥集聚经济优势、降低拥挤效应，中小城市要以社会平等、公共服务、生态环境等城市规模外生的福祉增进为着力点。

在对城乡地区福祉进行评价的基础上，第十三章开始引入福祉空间均衡的观点。第十三章对福祉空间均衡理论进行解释与检验，验证了中国城市收入、房价、相对收入、舒适度之间存在显著的空间均衡关系。冬季温暖地区、沿海地区表现出显著的高舒适度特征；以制度约束衡量的迁移成本与收入、房价显著正相关，与相对收入显著负相关；采用中国城市古城规模作为工具变量，验证了城市规模与收入、房价显著正相关，与相对收入显著负相关；利用中国流动人口动态监测调查数据（CMDS）和中国居民收入调查数据库（CHIPS）验证了城市规模与城市人力资本水平显著正相关，证明了空间类聚的存在及其与空间均衡指标的关系；区分城市规模内生和外生的舒适度变量，利用餐饮多元化指标，验证了大城市在生活多样化方面的优势。

第十四章结合空间均衡理论解释并检验中国城市增长历程。结合历史依赖性、空间均衡、迁移成本构建城市增长影响因素分析框架，采用中国城市1985～2020年跨期数据进行检验，并对典型城市增长进行解释。改革开放以来，伴随制度变迁，分别以1995年和2010年为节点，中国城市增长分为缓慢增长、快速增长、差异化增长三个阶段，城市体系不断优化；城市增长与历史城市规模、基期城市规模显著正相关，验证了城市规模和城市增长的历史依赖性；城市规模内生的收入、房价、舒适度存在显著的空间均衡关系，这决定了这些变量之间的相互关系及其与城市增长之间的关系；外生的气候舒适度变量与城市增长显著相关，其中，1月平均最低气温的影响最显著；制度约束通过迁移成本影响城市增长，既体现在发展阶段上，也体现在差异化的城市制度约束上。各类城市应尊重人口增长规律，专注于居民福祉增进；应根据自身特点增进城市居民福祉；应减小城市增长制度约束，优化资源空间配置，促进福祉增进和均等化。

第十五章和第十六章基于空间均衡模型，对中国城镇化改革进行量化空间分析，这也是当前城市和区域经济研究领域的前沿。第十五章利用空间均衡模型对城镇化改革红利进行量化分析。估计发现，中国城市集聚经济的规模弹性约为0.17，集聚成本的规模弹性约为0.33；以流动人口落户意愿为制度约束的替代指标，设计的三类反事实分析均发现，降低制度约束水平能够明显提高城市人口规模和城乡效率，从而提高总体收入和福祉水平。其中，消除制度约束并设置最大城市规模为3000万人时，城区总人口增长10.01%，城区人均收入提高3.21%，农村总人口相应减少7.57%，农村人均收入提高2.79%。为实现城镇化改革红利，应积极提高超大、特大城市的承载力和治理水平，积极推进都市圈一体化，协同推进户籍及其附属权益、土地和住房等领域的系统性改革，充分发挥集聚经济优势，降低集聚成本。

第十六章利用空间均衡模型对人地挂钩的综合效应进行量化分析。随着人口向收入较高的东部地区迁移，东部地区城市发展面临较强的土地供给约束；西部和东北地区城市则由于人口净流出，土地利用效率较低。对于建设用地未达标的城市，提高建设用地供给有利于提高城市人口规模、效率、产出和总效用。其中，按100 $米^2$/人的城市建设用地标准，考虑集聚效应，按比例降低制度约束时，被调整的88个城市的平均城区人口增长70.44%，城区总人口增长24.64%，全要素生产率平均提高7.10%，总产出提高8.61%，集聚效应的倒"U"形特征显著，放开制度约束后超大城市规模会收敛到3000万人左右。为此，在"牢牢守住18亿亩耕地红线"的前提下，可以通过分类落实人地挂钩、统筹利用城乡和地区之间建设用地、加快推进都市圈同城化等措施优化人地空间配置，推进全国统一要素市场建设。

三　研究特点

本书围绕新时期中国城镇化，坚持问题导向，将理论研究与政策研究紧密结合，具有较好的系统性、创新性和前沿性。

（一）系统性

本书的系统性主要体现在三个方面。一是内容的系统性。围绕城镇化理论和实践问题，兼顾研究的广度和深度，对城镇化总体趋势和导向以及城镇化进程中的重点难点进行系统分析，并基于福祉理论和福祉空间均衡理论开展城镇化理论、模型和量化分析。二是理论研究的综合性。为认识和理解真实世界，本书综合运用福祉理论中经济福祉和综合福祉的观点、区域和城市经济学中的空间均衡理论和量化空间模型等，与中国城镇化和城乡发展实践紧密结合，得到自洽的结论。三是方法的多样性。这是对系统性、综合性的支撑。本书采用统计分析、数理模型、计量分析、量化分析、评价研究、政策分析等多种研究方法。其中，基本统计分析主要体现在各个部分的现状描述和特征分析等部分；数理模型和量化分析主要体现在理论篇的量化空间模型部分；计量分析主要体现在对落户意愿的影响因素和量化模型参数估计等部分；评价研究主要体现在城镇化质量评价、福祉内涵与评价部分；政策分析主要体现在各部分对现有政策的梳理和政策建议等部分。

（二）创新性

本书的创新性主要体现在两个方面。一是研究内容的创新性。本书坚持问题导向，注重研究对象和内容的创新性。比如，实践篇对城镇化重点难点的研究，包括基于七普数据的城镇化趋势预测，研究县域城镇化、教育城镇化、新型工农城乡关系、数字城乡等新问题，分别分析个体层面和城市层面的落户意愿。理论篇中的城乡地区福祉理论与评价，与扎实推动共同富裕的宏观导向一致；城镇化改革效应的量化空间分析，将空间均衡理论和量化空间分析方法与中国城镇化实践紧密结合。二是具体篇章中方法的创新性。这在各章均有说明。比如，第二章采用收敛模型预测城镇化趋势，第三章从四个维度设计城镇化质量评价体系，第四章和第五章分别采用不同分析框架和计量方法分析个体和城市层面落户意愿的影响因素，第十章到第十二章从三个维度设计福祉评价体系，第十五章和第十六章的量化空间模型和反事实分析。除此之外，本书创新性地采用古城规模作为城市规模的工具变量，较好解决了城市规模指标在计量分析中的内生性问题。

（三）前沿性

本书的前沿性主要体现在两个方面。一是对现实问题研究的时效性，包括结合七普数据的城镇化趋势预测，县域城镇化、教育城镇化、新型工农城乡关系、数字城乡建设等城镇化和城乡发展中的重点难点问题

（与党的二十大报告相关提法相对应），城镇化进程中的福祉增进和均等化等与共同富裕紧密相关的理论问题。二是对前沿的学科理论和方法的应用，主要体现在空间均衡理论和城镇化改革综合效应的量化空间分析。其中，基于空间均衡模型的量化空间分析方法是近年来区域和城市研究的前沿和热点，其优势在于可以对政策干预或者相关因素变化的冲击进行反事实分析，以此为城镇化推进思路和相关政策建议提供学术参考。

实践篇

实践篇主要围绕中国城镇化现实问题展开，对应本书的关键词"中国城镇化"，分析中国城镇化的现状特征、重点难点和推进思路。其中，第二章对城镇化基础、趋势、难点和导向进行总体分析；第三章到第九章分别就当前城镇化进程中的重点问题进行分析，包括城镇化质量、市民化与落户意愿（个体层面和城市层面）、县域城镇化、教育城镇化、城乡关系和数字城乡建设等。实践篇的各个篇章设计与党的二十大报告中与城镇化相关的提法相对应，体现了较强的现实意义。

第二章 中国城镇化趋势、难点与导向

未来一段时期，中国城镇化仍将处于快速推进阶段，与扎实推动共同富裕的历史阶段相契合。伴随城乡人口结构的变迁，高质量城镇化与全面推进乡村振兴、城乡融合发展环环相扣，是推动高质量发展和共同富裕的必由之路。近年来，在《国家新型城镇化规划（2014—2020年）》指导下，城镇化与市民化协同推进、成效显著，同时也出现一些新问题有待解决；2017年以来，全面推进乡村振兴和城乡融合发展拓宽了城镇化的战略格局。与此同时，七普数据显示，2020年城镇化率明显高于原有趋势2.3个百分点左右，进而也拉大了两类人口城镇化率差距[①]。在此历史阶段和战略背景下，本章在明确城镇化演进特征与结构特征的基础上，结合城镇化收敛模型和七普数据预测各地和总体城镇化趋势，分析当前城镇化进程中的主要难点，研究推进高质量城镇化的导向，以期为促进城乡融合发展、扎实推动共同富裕提供参考。

一 城镇化演进特征与结构特征

国家统计局根据七普数据对2011~2020年人口城镇化率进行了调整。本部分利用全国总体和各地2000~2020年人口及其城乡分布数据，分析在此期间城镇化的演进特征和结构特征。

第一，全国总体城镇化依然处于快速推进阶段。根据图2-1，中国城镇化率从2000年的36.22%快速提高到2010年的49.95%、2020年的63.89%，其间分别提高13.73个百分点和13.94个百分点，以50%的城镇化率为分界点，两个阶段速度基本接近。同期世界城镇化率从2000年的46.65%提高到2010年的51.65%、2020年的56.16%，中国城镇化率在2013年实现赶超。各年份城镇化推进速度为1.10~1.88个百分点，其中，

[①] 常住人口城镇化率和户籍人口城镇化率的差距，后文简称两率差距。

2000~2010年速度比较稳定，2010~2020年波动较大，2015年以来呈现减速推进特征。结合世界城镇化历史进程及发达国家城镇化经验来看，城镇化从25%左右开始快速推进，达到80%左右基本稳定（Northam，1975）。当然，这里的25%、80%是相对值，因不同国家而异。其中，英国城镇化率在1900年前后达80%、美国在1960年前后达70%、日本在1975年前后达75%，进入成熟阶段，之后城镇化率逐步减速趋稳，2020年分别为83.9%、82.7%、91.8%。① 据此预估，中国城镇化还将快速推进一段时期。

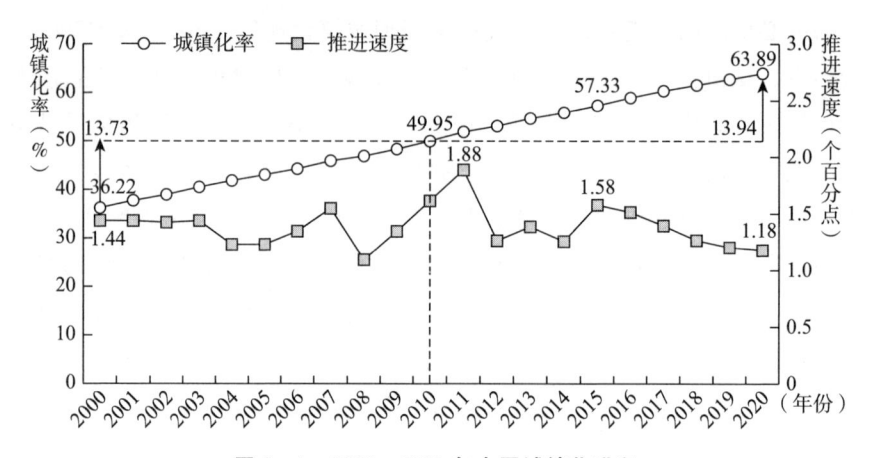

图2-1 2000~2020年中国城镇化进程

资料来源：根据《中国统计年鉴2021》相关数据计算和绘制。

第二，各地城镇化表现出显著的收敛特征。与地区经济收敛特征一致，各地城镇化表现出显著的收敛特征，即城镇化率越低的地区，推进速度越快，这与城镇化阶段特征也是相符的。图2-2汇报了2000~2010年、2010~2020年、2000~2020年三个时期的基期城镇化率（R）与年均推进速度（dR）的关系。比较可见，2010年以来收敛特征更加显著，体现在右上图和下图更加显著的负相关关系上。其中，各图右下角三个点为上海、北京和天津，2000~2020年，上海城镇化率稳定在88%~89%，北京从77.54%提高到87.55%，天津从71.99%提高到84.70%，较高的城镇化率与其作为直辖市的城市特征有关；最左边的点为西藏，城镇化率从2000年

---

① 世界和其他国家城镇化率数据来自世界银行数据中心，https://data.worldbank.org/。

的 19.30% 提高到 2020 年的 35.73%，这与其农牧业主导的发展特征有关。

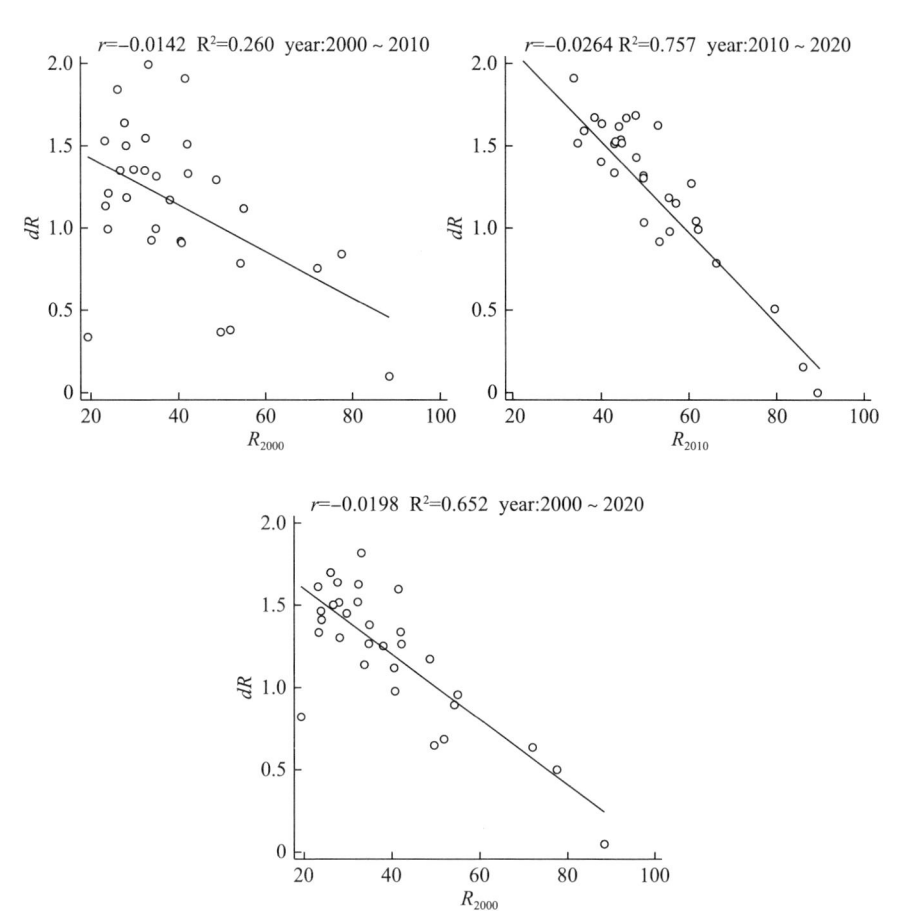

图 2-2 各地城镇化率收敛特征

第三，各地城镇化率表现出明显的结构特征。表 2-1 汇报了不同地区[①]的城镇化率情况。从横向比较来看，东部地区城镇化率明显较高，2020 年为 70.74%，其次是东北地区的 67.72%，中部、西部地区城镇化率分别为 58.90% 和 57.18%。从地区内部来看，东部地区城镇化率的标

---

① 注：东部地区包括北京、天津、河北、上海、江苏、浙江、福建、山东、广东和海南，中部地区包括山西、安徽、江西、河南、湖北和湖南，西部地区包括内蒙古、广西、重庆、四川、贵州、云南、西藏、陕西、甘肃、青海、宁夏和新疆，东北地区包括辽宁、吉林和黑龙江。北方地区包括北京、天津、河北、山西、内蒙古、辽宁、吉林、黑龙江、山东、河南、陕西、甘肃、青海、宁夏、新疆，南方地区包括上海、江苏、浙江、安徽、福建、江西、湖北、湖南、广东、广西、海南、重庆、四川、贵州、云南、西藏。

准差最大，2020年达10.86个百分点，主要是由于东部三个直辖市的城镇化率明显较高；2010~2020年东部地区标准差明显降低，这与地区城镇化收敛特征相关；西部地区标准差较高，主要是由于西藏的城镇化率较低。从推进速度来看，东部和东北地区城镇化推进速度明显低于中西部地区，四大地区之间的城镇化率也表现出收敛特征。从南北地区来看，南方城镇化率较高且推进速度略高于北方，近年来差距略有扩大。

表2-1 2010年和2020年分地区城镇化率

单位：%，个百分点

地区	2010年			2020年			速度
	总体城镇化率	平均城镇化率	标准差	总体城镇化率	平均城镇化率	标准差	
全国	49.95	50.95	14.72	63.89	63.72	11.06	1.39
东部	59.84	64.43	15.70	70.74	73.34	10.86	1.09
中部	43.58	44.44	3.99	58.90	59.73	2.82	1.53
西部	41.44	41.45	9.01	57.18	56.94	9.13	1.57
东北	57.66	57.05	4.53	67.72	66.80	4.86	1.01
北方	49.61	52.69	13.98	62.94	65.18	9.82	1.33
南方	50.86	49.31	15.65	64.44	62.36	12.26	1.36

注：总体城镇化率为"各省份城镇人口之和/各省份总人口之和"，平均城镇化率为各省份城镇化率平均值，标准差为各省份城镇化率标准差，速度为2010~2020年城镇化年均推进速度。

资料来源：根据历年《中国统计年鉴》相关数据计算。

二 各地与总体城镇化趋势预测

本部分结合地区城镇化收敛特征和地区收敛理论，基于2010~2020年普查数据，设计基于收敛模型的各地城镇化率预测方法，并结合各地人口份额调整趋势，预测总体城镇化率。

（一）基于收敛模型的预测方法

考虑到城镇化的阶段特征和收敛特征，本部分对城镇化率的预测采用各地收敛参数估计和总体推演，具体分为四步。第一步：对城镇化率的收敛特征进行估计，考虑到2010~2020年的收敛性更显著，且与当前阶段的相似性和连续性更强，故采用此估计结果。第二步：根据第一步估计的参数，预测各地 2025~2050 年每五年的城镇化率。第三步：根据 2010~2020 年的趋势特征，估计各地人口占总人口份额的变化趋势。第四步：结合第二步和第三步的结果，计算相关年份的总体城镇化率。

结合地区收敛的经典估计方法（Barro and Sala-I-Martin，2004），考虑到各地城镇化显著的收敛特征、各地产出与城镇化率之间显著的正相关关系，以城镇化率代替产出水平：

$$\frac{1}{T}\ln(R_{i,t+T}/R_{i,t}) = a + b\ln R_{i,t} + \varepsilon_i \qquad (2-1)$$

其中，$R_{i,t}$ 表示地区 i 时期 t 的城镇化率；a 和 b 为需要估计的参数；ε_i 为各地的随机误差项，包含了各地异质性特征。以此估算的 2010~2020 年的收敛关系如图 2-3 所示。其中，在不改变参数关系的情况下，令 10 年期的 T 为 1。与图 2-2 比较可见，对数估计的收敛特征更加显著，这与对数化可降低离差有关。考虑到西藏的城镇化推进速度较慢（图 2-3 左图左上角的点），对不包括西藏的收敛关系进行估计（见图 2-3 右图），比较可见，拟合优度明显提高。为此，趋势预测采用图 2-3 右图中 a、b 值，并以此计算各地的 ε_i。

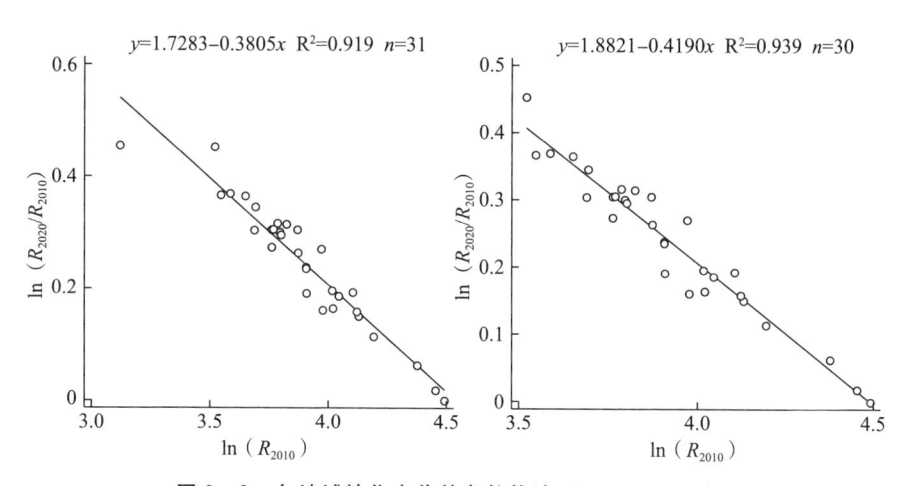

图 2-3 各地城镇化率收敛参数估计（2010~2020 年）

基于 2020 年各地城镇化率以及 a、b、ε_i 的值，2030 年各地城镇化率估计式为：

$$\ln\left(\frac{R_{i,2030}}{R_{i,2020}}\right) = 1.8821 - 0.4190\ln R_{i,2020} + \varepsilon_i \qquad (2-2)$$

在对各地城镇化率进行估计的基础上，根据 2010~2020 年各地人口占总人口份额的调整趋势，估计 2030 年各地人口（$P_{i,2030}$）占总人口（$\sum P_{i,2030}$）的份额（$p_{i,2030}$），并结合各地城镇化率预测结果（$R_{i,2030}$），计算总体的城镇化率（R_{2030}），即：

$$R_{2030} = \sum (P_{i,2030} \times R_{i,2030}) / \sum P_{i,2030} = \sum (p_{i,2030} \times R_{i,2030}) \quad (2-3)$$

在稳健性方面，在公式（2-2）的基础上，对 2030~2040 年、2040~2050 年的收敛特征分别根据前期预测结果进行重新估计，调整参数进行外推，得到的结果与采用公式（2-2）得到的结果基本一致，两种方法得到的各地城镇化率预测值的拟合优度均在 0.99 以上，总体城镇化率的结果也基本一致。为此，本章主要汇报采用公式（2-2）、不同 T 值得到的估计结果。

（二）预测结果

根据公式（2-2）和公式（2-3），结合各地人口份额调整趋势，根据 T 的不同取值，分别计算和汇报 2025 年、2030 年、2035 年、2040 年、2045 年和 2050 年各地和总体的城镇化率。

第一，全国总体城镇化当前处于快速但减速推进阶段，预计在 2040 年前后进入 80% 的基本稳定阶段（见表 2-2）。预测发现，全国总体城镇化率 2025 年达 68.52%，2030 年为 73.57%，2020~2030 年提高 9.68 个百分点，低于 2010~2020 年推进速度；2035 年达 76.70%，2040 年达 79.96%，进入基本稳定阶段，至 2050 年为 83.93%。与其他关于城镇化率的预测结果相比，当考虑 2020 年七普数据调整时，本章预测结果与 United Nations 的结果接近，略高于其他预测结果（见表 2-3）。

表 2-2　2025~2050 年各地城镇化率预测结果

单位：%

地区	2025 年	2030 年	2035 年	2040 年	2045 年	2050 年
全国	68.52	73.57	76.70	79.96	81.93	83.93
东部	74.34	78.09	80.36	82.67	84.03	85.40
中部	64.46	70.46	74.20	78.16	80.56	83.05
西部	62.96	69.25	73.20	77.39	79.93	82.56
东北	70.98	74.40	76.51	78.68	80.02	81.37

续表

地区	2025 年	2030 年	2035 年	2040 年	2045 年	2050 年
北方	67.62	72.72	75.91	79.26	81.31	83.41
南方	69.12	74.11	77.20	80.38	82.29	84.22

注：各地区城镇化率为各地区城镇总人口占各地区总人口比重，即各地区内部各省份人口份额乘以各省份城镇化率。

表 2-3　总体城镇化率预测结果比较

来源	2035 年	2050 年	方法
本章预测结果	76.70%	83.93%	地区城镇化收敛模型
United Nations（2019）	73.9%	80%	城乡增长差异化演进模型
乔文怡等（2018）	71%~73%	76%~79%	系统动力学模型
顾朝林等（2017）	70%以上	75%左右	系统动力学模型
张车伟和蔡翼飞（2021）	75.27%		队列要素预测模型

第二，各地城镇化表现出显著的结构特征和收敛特征。根据表2-2和图2-4，东部地区城镇化率始终最高，2030年达到78%之后逐步放缓，早于全国总体10年左右进入基本稳定阶段；东北地区城镇化率在2040年之前一直处于第二位，中西部地区在2040年之后逐渐对东北地区实现赶超。分南北来看，南北差距扩大与总体的收敛特征相抵消，在近期略微扩大之后，南北城镇化率的差距会呈现不断缩小的态势。在各地区实现收敛的同时，各省份也实现收敛，省际城镇化率的变异系数从2020年的0.1735逐渐降至2025年的0.1435、2035年的0.1025、2050年的0.0813。

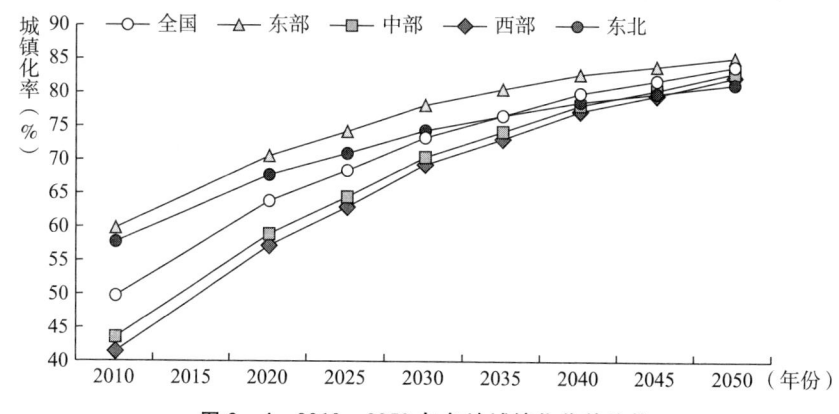

图 2-4　2010~2050 年各地城镇化收敛趋势

第三，部分省份率先进入城镇化基本稳定阶段，各省份城镇化率的"天花板"在90%左右。根据表2-4，到2035年，除了东部地区3个直辖市之外，重庆、江苏、浙江、广东、辽宁、宁夏等省区市的城镇化率也将超过80%，福建、内蒙古、陕西的城镇化率接近80%，提前进入基本稳定阶段。东部或沿海省份的城镇化率较高与其较高的经济社会发展水平有关，西部省份较高的城镇化率与其较少的总人口、较高的人口集中度有关。到2050年，4个直辖市、江苏、宁夏城镇化率将达到90%左右的"天花板"。

表2-4 全国及各省区市城镇化率预测结果

单位：%

省区市	2025年	2035年	2050年	省区市	2025年	2035年	2050年
全国	68.52	76.70	83.93	河南	61.62	72.85	83.21
北京	88.02	88.76	89.36	湖北	67.34	75.03	81.76
天津	86.26	88.78	90.83	湖南	64.21	73.88	82.58
河北	65.54	75.22	83.93	广东	76.64	80.75	84.17
山西	67.50	76.18	83.87	广西	59.20	68.07	76.04
内蒙古	71.42	78.13	83.91	海南	63.71	69.54	74.56
辽宁	75.35	80.72	85.26	重庆	75.13	85.05	93.86
吉林	65.63	70.65	74.91	四川	62.71	73.47	83.33
黑龙江	68.81	74.18	78.75	贵州	60.61	74.61	88.00
上海	89.30	89.30	89.30	云南	55.67	65.87	75.29
江苏	77.66	84.84	91.02	西藏	40.78	50.25	59.33
浙江	75.56	81.25	86.07	陕西	68.65	79.31	88.95
安徽	63.73	73.30	81.92	甘肃	58.14	68.87	78.79
福建	72.56	79.02	84.56	青海	65.46	74.97	83.50
江西	66.25	76.60	85.97	宁夏	70.97	81.63	91.23
山东	67.56	75.36	82.20	新疆	61.20	69.39	76.67

（三）方法评价

本章的城镇化趋势预测方法主要有四方面优点。第一，收敛模型内含了地区发展特征和城镇化率推进的阶段特征，各地在不同的城镇化水平下会有不同的推进速度，这也表现在预测结果中显著的收敛趋势，这一点优于单纯的时间趋势外推方法。第二，以各地城镇化率和各地人口份额为基础估计总体城镇化率，避免了对总人口、自然增长率、系统性影响因素（比如老龄化、生育政策等）等方面的估计。由于各地人口份额调整趋势较为稳定，结果的可靠性较高。第三，通过计算和使用各地的随机误差项，兼顾了各地城镇化率与其推进速度的异质性。第四，以各地城镇化趋势预测作为微观基础，提高了总体城镇化率预测的稳健性，采用不变参数估计和采用不同时期预测结果的新参数估计比较发现，不同方法的预测结果基本一致。

该方法存在的问题在于，未能考虑各地随机冲击的影响，这也是各种预测方法难以实现的。不过，各地随机冲击主要会使得各地城镇化率产生较小的随机偏差，假设各地随机冲击服从正态分布，则其对总体城镇化率的影响很小。比如，对于2010～2020年城镇化率未变的上海，本章的预测结果依然为89.3%。考虑大部分地区城镇化率的"天花板"在90%左右，因而上海城镇化率如果在90%左右小幅调整则对总体结果基本没有影响；如果上海实现100%城镇化，则根据总人口和上海人口估算，总体城镇化率会提高不到0.2个百分点。

三 当前城镇化进程中的主要难点

根据预测，总体城镇化还将快速推进近20年，及时发现和解决进程中的问题是推进高质量城镇化的关键。城镇化主要会引起城市内部、人地之间、城市之间、城乡之间四个维度关系的调整（苏红键，2021a），由此衍生的问题将是未来一段时期城镇化进程中面临的重点难点。

（一）两率差距悖论亟待消解

城镇化伴随城市原居民与新居民、户籍人口与流动人口形成的城市内部结构调整。近年来，随着户籍制度改革和基本公共服务均等化的推进，大量流动人口在迁入地实现户籍"想落尽落"，现有流动人口愿意落户的比重不断降低，户籍人口城镇化逐步滞后，两率差距逐步扩大。根据图2-5，在常住人口城镇化率按七普数据调整前，两率差距自2016

年以来稳定在16.2个百分点;常住人口城镇化率按七普数据调整后,两率差距在2015年降低2.42个百分点之后,逐步从2015年的17.43个百分点扩大到2020年的18.49个百分点。

图 2-5 2010~2020年两类人口城镇化率演进及其差距调整

注:差距Ⅰ为常住人口城镇化率调整前的差距,差距Ⅱ为常住人口城镇化率调整后的差距。

资料来源:根据《中国统计年鉴》、公安部户籍人口相关年份数据计算和绘制。

之所以称之为"悖论",主要是因为两率差距扩大本质上反映了改革成效。当前,大部分城市的流动人口即便未落户,也能享受均等化的基本公共服务,进而降低了其落户意愿,减缓了户籍人口城镇化进程,使得两率差距不降反升。据统计,2012~2017年,流动人口总体落户意愿从49.98%降低到39.01%①(苏红键,2020d),降低近11个百分点。究其原因,一方面是基本公共服务均等化降低了流动人口落户的必要性,另一方面是部分农业转移人口担心不能返回农村生活或者农村权益得不到保障。

分地区来看,2010年和2020年普查数据中各地"人户统一"城镇人口②占城镇总人口的比重(见表2-5)同样反映了户籍人口城镇化滞后的问题。第一,2020年全国总体"人户统一"城镇人口占城镇总人口的比重仅为32.09%,低于户籍人口城镇化率13.31个百分点,这主要是因为存在城市之间流动人口、城市内部人户分离人口。第二,2010~

---

① CMDS最近的调查流动人口落户意愿的年份为2017年,之后的2018年未再调查该项。
② 指城市和县镇人口中"住本乡、镇、街道,户口在本乡、镇、街道"的人口。

2020年,"人户统一"城镇人口比重不升反降0.82个百分点,反映了改革成效,体现了"人户统一"附属权益价值的降低。第三,分地区来看,江苏、天津、辽宁是"人户统一"城镇人口比重最高的省市,西藏、吉林、内蒙古是"人户统一"城镇人口比重最低的省区。第四,2010~2020年,吉林、黑龙江、辽宁、内蒙古是"人户统一"城镇人口比重降幅最大的省区,这与这些省区较多的城镇人口流失、乡村人口进城有关;4个直辖市与广东、宁夏的"人户统一"城镇人口比重降幅也较大,这与这些省区市较高的外来务工人口比重有关。

表2-5 2010年和2020年各地城镇人口中"人户统一"比重

单位:%,个百分点

省区市	2010年	2020年	调整情况	排序	省区市	2010年	2020年	调整情况	排序
全国	32.92	32.09	-0.82		河南	28.88	31.23	2.35	15
北京	35.83	30.72	-5.11	18	湖北	35.20	33.59	-1.62	9
天津	42.85	39.67	-3.17	2	湖南	32.11	33.84	1.72	7
河北	33.88	35.47	1.59	5	广东	33.21	29.33	-3.88	21
山西	32.81	30.51	-2.30	19	广西	27.65	29.90	2.24	20
内蒙古	31.55	26.04	-5.52	29	海南	31.34	30.87	-0.47	16
辽宁	43.11	37.89	-5.22	3	重庆	35.65	31.33	-4.32	13
吉林	38.91	25.47	-13.45	30	四川	27.45	27.63	0.18	24
黑龙江	43.32	35.30	-8.02	6	贵州	22.80	26.91	4.12	26
上海	38.57	33.83	-4.73	8	云南	24.14	27.16	3.02	25
江苏	41.10	41.48	0.38	1	西藏	15.98	14.38	-1.59	31
浙江	31.80	31.25	-0.56	14	陕西	31.63	32.46	0.83	11
安徽	32.19	30.73	-1.46	17	甘肃	24.99	26.69	1.70	27
福建	30.37	32.47	2.10	10	青海	26.71	27.90	1.19	23
江西	32.81	32.37	-0.45	12	宁夏	29.65	26.37	-3.29	28
山东	36.29	36.93	0.64	4	新疆	27.34	28.22	0.88	22

注:调整情况为2020年值减去2010年值,排序为2020年各省区市"人户统一"比重从大到小排序。

资料来源:根据《中国统计年鉴》相关年份数据计算。

（二）人地空间配置有待优化

城乡二元土地制度以及城市用地管理制度，使得土地指标较难随人口迁移和城镇化及时调整，由此导致了人地空间错配，主要体现在城市之间的人地错配与城乡之间的人地错配。

城市之间的人地错配主要表现在，部分人口迁入城市用地紧张，而部分人口迁出或稳定城市则存在大规模的土地低效利用情况，体现在不同规模、不同行政级别、不同地区城市之间人均用地（或人口密度）差异。根据表2-6，人均建成区面积随城市规模、行政级别的提高而递减，2020年超大城市的人均建成区面积约为Ⅱ型小城市的1/2，直辖市的人均建成区面积约为县级市的3/5；东中部城市人均建成区面积明显小于西部和东北城市；2010~2020年，人均建成区面积呈现不断扩大的态势，但由于人地关系的结构特征，各地人均建成区面积的差距有所扩大。城市之间的人地错配，进一步导致了不同城市住房市场的结构特征，其中，超大、特大城市土地供给约束会提高当地房价，进而提高新进入者的经济壁垒，从而造成总体效率和福祉损失（Hsieh and Moretti，2019）。

表2-6 2010年和2020年分类型城市人均建成区面积

单位：个，平方米

城市类型		数量	人均建成区面积 2010年	人均建成区面积 2020年	城市类型		数量	人均建成区面积 2010年	人均建成区面积 2020年
所有样本		620	104.28	115.13	分地区	东部城市	206	102.43	108.96
分规模	超大城市	6	73.59	78.60		中部城市	163	102.22	118.37
	特大城市	11	101.50	108.04		西部城市	165	106.41	122.11
	Ⅰ型大城市	14	110.72	107.86		东北城市	86	111.77	124.24
	Ⅱ型大城市	67	109.71	121.37	分行政级别	直辖市	4	66.88	76.35
	中等城市	120	110.38	131.11		省会等	32	99.02	103.50
	Ⅰ型小城市	247	118.46	137.25		地级市	255	115.77	129.74
	Ⅱ型小城市	155	128.78	150.39		县级市	329	116.60	133.11

注：人均建成区面积为各类城市总体建成区面积/城区总人口。为方便可比，2010年和2020年样本保持一致，城市规模分类按2020年城市规模划分。

资料来源：根据《中国城市建设统计年鉴》相关年份数据计算。

虽然存在城市规模越大人均建设用地面积越小的一般规律，但这也与城市土地供给弹性有关。比如，作为超大城市的重庆，其地票制度提高了城市建设用地供给弹性，较好实现了人地挂钩，2020年重庆人均建成区面积为97.23平方米（接近人均100平方米的基本标准），明显高于其他直辖市和超大城市水平。

城乡之间的人地错配主要表现在，城市建设用地紧缺与农村集体建设用地低效利用并存。比如，北京和上海均有着与城市建设用地体量接近的农村集体建设用地，呈现出"一边楼宇经济、一边瓦片经济"的状态，近年来该情况有所改善。与此同时，伴随城镇化进程，农村宅基地和住宅利用率明显降低。根据图2-6，1990~2020年，中国村庄常住人口从8.41亿人减少到5.10亿人，减少约3.31亿人（39.36%），同期村庄住宅建筑面积从159亿平方米增加到266亿平方米，增加约107亿平方米（67.30%）。

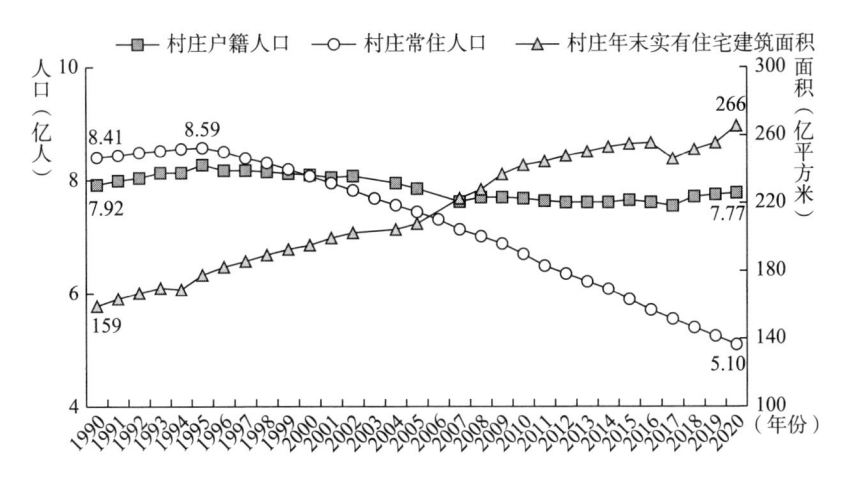

图 2-6 1990~2020年村庄人口和住宅建筑面积演进情况

资料来源：根据《中国统计年鉴》和《中国城乡建设统计年鉴》相关年份数据绘制。

（三）城际发展差距有待缩小

城镇化进程伴随城市体系的调整以及城市之间的空间均衡。这一问题的复杂性，体现在20世纪80年代以来长期存在的城市规模战略之争。近年来，伴随城镇化和人口迁移，城市体系不断优化，但城市之间的发展差距还有待缩小。

根据城市规模位序关系的齐普夫法则，人口规模为 N 的城市位序 $Rank$ 与 N 呈负幂次方的关系，即 $\ln Rank_i = \beta_0 - \xi \ln N_i + \epsilon_i$。$\xi$ 也被称为齐普夫指数，可以用来衡量城市规模体系的优化水平。据此计算的中国城市 2010 年和 2020 年规模位序关系如图 2-7 所示。2010~2020 年，伴随城镇化、人口迁移和城市增长，城市规模体系逐步优化，齐普夫指数从 1.1730 降至 1.0744，逐步接近于 1。从下尾分布来看，还存在部分超大、特大城市规模偏小的情况。

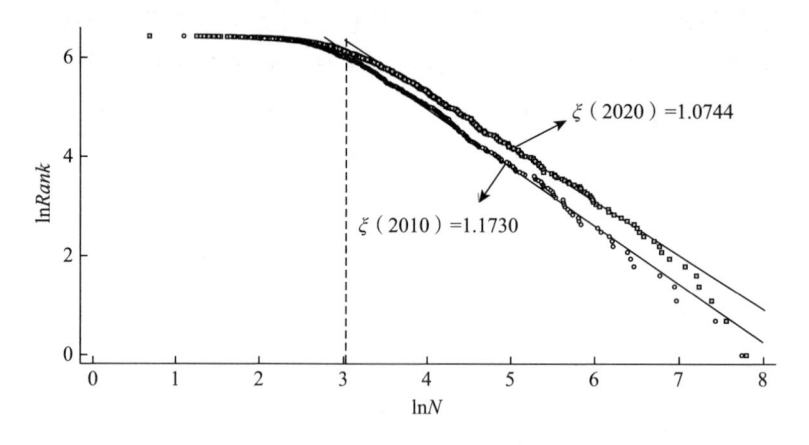

图 2-7 2010 年和 2020 年城市规模位序关系

注：图中汇报了城市人口规模大于 20 万人（$\ln 20 \approx 3$）的规模位序关系的 ξ 值；考虑可比性，2010 年和 2020 年样本一致，为 620 个地级及以上城市、县级市。

资料来源：《中国城市建设统计年鉴》。

与此同时，城际发展差距总体呈现缩小态势，近几年有所扩大（见表 2-7）。各个城市的城镇居民人均可支配收入变异系数从 2010 年的 0.2570 降低到 2015 年的 0.2319，之后小幅提高到 2020 年的 0.2439。分规模看，城市规模越大人均收入越高；除超大城市、Ⅱ型小城市之外，各类城市人均收入变异系数均不断降低，呈现收敛特征；超大城市人均收入变异系数提高，与重庆相对较低的人均收入及其增速有关。分地区看，东部城市人均收入明显高于中西部城市、东北城市；中西部城市表现出一定的追赶特征，增速最高，东北城市则呈现不断衰退的特征，增速最低。分行政级别看，类似超大城市的特征，由于重庆较低的人均收入及其增速，4 个直辖市的人均收入变异系数提高；省会等中心城市人均收入的变异系数基本稳定；地级市的人均收入差距明显缩小。

表 2-7 2010~2020 年分类型城市人均收入水平

类型		数量（个）	2010 年		2020 年		年均增长率（%）
			人均收入（元）	变异系数	人均收入（元）	变异系数	
所有样本		291	17277	0.2570	39585	0.2439	8.64
分规模	超大城市	6	27629	0.2077	65456	0.2626	9.01
	特大城市	11	23863	0.2243	51883	0.1801	8.08
	Ⅰ型大城市	14	21324	0.2399	49853	0.2151	8.86
	Ⅱ型大城市	66	18766	0.2307	42752	0.2089	8.58
	中等城市	107	16331	0.1919	37627	0.1888	8.70
	Ⅰ型小城市	81	15227	0.1855	34705	0.1492	8.59
	Ⅱ型小城市	6	13586	0.1320	33166	0.1338	9.34
分地区	东部城市	87	20804	0.2643	46599	0.2824	8.40
	中部城市	80	15764	0.1305	37289	0.1374	8.99
	西部城市	90	15572	0.1843	37206	0.1369	9.10
	东北城市	34	16328	0.2371	33335	0.1818	7.40
分行政级别	直辖市	4	25684	0.2439	59926	0.3145	8.84
	省会等	32	21425	0.2365	49835	0.2312	8.81
	地级市	255	16644	0.2353	38026	0.2112	8.61

注：考虑可比性，两个年份保持样本一致，为 291 个地级及以上城市。
资料来源：根据"国信房地产信息网"相关数据计算。

通过对总体与各类城市人均收入及其变异系数的比较可见，除了超大城市、直辖市、东部城市，其他类型城市的变异系数均小于总体水平，表明各类城市之间的差距显著大于各类城市内部的差距，具体而言，北京、上海、广州、深圳等一线城市、沿海发达城市与其他类型城市之间的差距更为显著。

（四）城乡发展差距有待缩小

城镇化进程伴随城乡格局调整，中国城乡居民收入比自 2009 年以来逐步降低，但部分地区城乡居民收入比还较大，城乡之间福祉差距依然明显。

伴随城镇化和城乡发展战略调整，城乡发展差距呈现明显的阶段特征（见图2-8）。20世纪90年代，在进城务工受限、户籍制度严格的情况下，城乡发展差距不断扩大，到2003年，城乡居民人均可支配收入比达到3.12的最大值；自2002年鼓励农村劳动力外出务工的一系列政策措施以及城乡统筹发展战略的推进，城乡居民人均可支配收入比趋稳，2003~2009年在3.10上下波动；2009年以来，随着城镇化的快速推进和城乡一体化、城乡融合发展战略的实施，城乡居民人均可支配收入比逐年降低，2020年降至2.56。

图2-8 2000~2020年城乡居民人均可支配收入差距演进

资料来源：根据《中国统计年鉴2021》相关数据计算和绘制。

分地区来看，2020年西部地区农村居民收入最低、城乡居民收入比最大，东北地区城乡居民收入比最小（见表2-8）。分省份来看，城镇居民收入水平与城乡居民收入比之间并没有规律性的关系，城镇居民收入水平高的地区，有的城乡差距较大，如北京、广东等地表现出高收入、不平衡特征，有的城乡差距较小，如天津、浙江、上海、江苏等地的共同富裕水平较高；城镇居民收入水平低的地区，有的城乡差距较大，如甘肃、贵州、云南等地，有的城乡差距较小，如黑龙江、吉林、河南等地。2014~2020年，大部分省份城乡居民收入比明显降低；2020年，天津、黑龙江、浙江是城乡居民收入比最小的地区，甘肃、贵州、云南由于农村收入水平较低，是城乡居民收入比最大的地区。

表2-8 2014年和2020年各地城乡居民收入及其比值

地区	2014年比值	2020年收入与收入比 城镇（元）	2020年收入与收入比 农村（元）	2020年收入与收入比 比值	地区	2014年比值	2020年收入与收入比 城镇（元）	2020年收入与收入比 农村（元）	2020年收入与收入比 比值
全国	2.75	43834	17132	2.56	江西	2.40	38556	16981	2.27
东部	2.58	52027	21286	2.44	山东	2.46	43726	18753	2.33
中部	2.47	37658	16213	2.32	河南	2.38	34750	16108	2.16
西部	2.94	37548	14111	2.66	湖北	2.29	36706	16306	2.25
东北	2.37	35700	16582	2.15	湖南	2.64	41698	16585	2.51
北京	2.57	75602	30126	2.51	广东	2.63	50257	20143	2.49
天津	1.85	47659	25691	1.86	广西	2.84	35859	14815	2.42
河北	2.37	37286	16467	2.26	海南	2.47	37097	16279	2.28
山西	2.73	34793	13878	2.51	重庆	2.65	40006	16361	2.45
内蒙古	2.84	41353	16567	2.50	四川	2.59	38253	15929	2.40
辽宁	2.60	40376	17450	2.31	贵州	3.38	36096	11642	3.10
吉林	2.15	33396	16067	2.08	云南	3.26	37500	12842	2.92
黑龙江	2.16	31115	16168	1.92	西藏	2.99	41156	14598	2.82
上海	2.30	76437	34911	2.19	陕西	3.07	37868	13317	2.84
江苏	2.30	53102	24199	2.19	甘肃	3.47	33822	10344	3.27
浙江	2.08	62699	31931	1.96	青海	3.06	35506	12343	2.88
安徽	2.50	39442	16620	2.37	宁夏	2.77	35720	13889	2.57
福建	2.43	47160	20880	2.26	新疆	2.66	34838	14056	2.48

注：考虑2013年开始农村居民收入统计口径发生调整，本表汇报了各地2014年与2020年数据。

资料来源：根据《中国统计年鉴》相关年份数据计算。

除了收入差距之外，城乡居民在精神福祉、健康福祉等领域的综合福祉差距也很明显，主要体现在城乡人力资本水平、各类公共服务水平等方面的差距，特别是由于教育资源需求的特殊性和重要性，大部分地区城乡义务教育公平还有待加强（苏红键，2021c）。同时，随着人口乡城迁移，"城市病""空心村"问题并存，亟待因地制宜地提高城乡治理能力，提升城乡治理现代化水平。

四 推进高质量城镇化的导向

高质量城镇化是推动高质量发展和共同富裕的必由之路。以习近平新时代中国特色社会主义思想为指导，遵循国家"十四五"规划提出的"坚持走中国特色新型城镇化道路，深入推进以人为核心的新型城镇化战略"[①]，本部分结合城镇化趋势预测和当前城镇化进程中的主要难点，研究推进高质量城镇化的基本思路和重点任务。

（一）基本思路

遵循顶层设计要求，立足城镇化基础，未来推进高质量城镇化，要坚持以人民为中心、因地制宜、系统协同、全面深化改革的基本思路。

坚持以人民为中心。这是中国共产党的根本立场和价值取向，也是以人为核心的新型城镇化的出发点。推进高质量城镇化，不同于传统城镇化建设的概念，要围绕人的城镇化进程，重视并积极应对人口乡城迁移或转化过程中引起的城市内部、人地之间、城市之间、城乡之间等各类关系的调整，促进城市居民、各类流动人口（包括农业转移人口、城际流动人口、城乡两栖人口）、农村居民等各类群体的福祉增进、福祉均等化和共同富裕。

坚持因地制宜。中国的大国特征决定了因地制宜的必要性。推进高质量城镇化，要立足各地城镇化基础和趋势特征，实施多元化的推进思路。对于东部发达地区和各地中心城市等人口迁入地，要着力推进流动人口市民化和各类公共服务均等化；对于中西部和东北地区人口稳定或净流出的城镇，要着力提升宜居宜业水平，促进就地就近城镇化。对于处于城镇化不同阶段的地区，要顺应城乡人口结构调整趋势，制定相应的城镇化和城乡发展战略。

坚持系统协同。要以系统观点看待和推进城镇化、乡村振兴与城乡融合发展，三者合力塑造了城乡人口、经济、社会、空间格局。推进高质量城镇化，要顺应城乡人口发展趋势，协同推进新型城镇化、乡村振

---

① 《中华人民共和国国民经济和社会发展第十四个五年规划和2035年远景目标纲要》，中国政府网，2021年3月13日，http://www.gov.cn/xinwen/2021-03/13/content_5592681.htm。

兴和城乡融合发展；要着力提升城市群、都市圈（区）、中心城市、中小城市和县城等载体的发展质量，促进大中小城市和小城镇协调发展，优化城镇体系；要以县域为基本单元促进就地就近城镇化和城乡融合发展，优化城、镇、村体系。

坚持全面深化改革。全面深化改革同贯彻新发展理念、构建新发展格局紧密关联，是推进高质量城镇化的核心。结合当前城镇化各项改革进展，未来要积极推进户籍制度改革攻坚和农业转移人口市民化，全面促进基本公共服务均等化和优质均衡发展，稳步推进城乡之间、跨地区的土地资源统筹利用，建立健全城乡要素平等交换、双向流动的政策体系，加强组织和资金保障，促进城乡融合和共同富裕。

（二）重点任务

立足城镇化现状、顺应城镇化趋势、针对城镇化进程中的主要难点，未来推进以人为核心的高质量城镇化，要着力攻坚户籍制度改革、推进人地挂钩、优化城镇体系、促进城乡融合。

1. 攻坚户籍制度改革，消解两率差距悖论

户籍制度改革及其相关的基本公共服务均等化是推动共同富裕的重点任务之一。两类人口城镇化率差距扩大的现象，反映了户籍制度改革和基本公共服务均等化的成效，未来要多措并举、深化改革，放松人口迁移限制，实现城镇化与市民化的统一。

第一，以常住人口城镇化率为主，逐步淡化户籍人口城镇化率指标。当前各城市正积极推进流动人口落户和待遇同城化。未来随着改革的深入推进，户籍人口与流动人口的权益均等化水平将不断提高，"半城镇化""不完全城镇化""市民化滞后于城镇化"等概念都将成为过去式，不再需要区分两类人口城镇化率。各城市需要做好城区和市域常住人口统计和预测工作，据此落实按常住人口标准配置各类资源的措施，保障各类群体权益均等化。

第二，以基本公共服务均等化促进户籍制度回归人口登记管理功能。虽然基本公共服务均等化降低了落户意愿，但显然不能以非均等化倒逼流动人口落户，而要以更高质量的公共服务均等化从根本上解决这一问题。当前，一些城市的住房保障、义务教育、托幼与养老等权益尚未实现均等化，要加强相关资源供给，加快落实更广泛、更高质量的公共服

务均等化和流动人口待遇同城化。在此基础上，促进户籍制度回归人口登记管理本质，实现更全面的权益均等化。

第三，完善农民农村权益制度，解决农民进城落户的后顾之忧。一部分农业转移人口不愿意在城市落户的原因是担心农村权益得不到保障，为此要积极完善相关制度。一方面，虽然中央文件强调不能以农民退出农村权益为代价进城落户，但农业转移人口依然会担心进城落户后权益受损，要更加明确地保障进城落户农民的农村权益。另一方面，按照依法依规、自愿有偿的原则，完善进城落户农民农村权益转让和退出机制，支持农民"带资进城"。

第四，加强新型城市建设和治理，提升城市综合承载力，从根本上放松户籍制度对人口迁移的限制。按照顶层设计要求，有序推进城市更新，加强土地和住房供给、公共服务和便民服务供给等，建设宜居、韧性、创新、智慧、绿色、人文的新型城市[①]；强化空间治理，科学预测城市规模，科学划定"三区三线"；提高城市治理科学化、精细化、智能化水平，加强基层社会治理，创新流动人口管理模式，推进市域社会治理现代化。

2. 推进人地挂钩，优化资源空间配置

城镇化和人口迁移提高了人地挂钩的复杂性，要遵循人口迁移规律合理配置建设用地指标。在"牢牢守住18亿亩耕地红线"的前提下，通过统筹利用城乡建设用地、地区之间建设用地，促进土地资源优化配置和发展成果共享。

第一，统筹利用城乡建设用地。大量低效利用甚至闲置的农村集体建设用地，为提高城市建设用地指标供给提供了可能性。2022年中央一号文件也提出了城乡建设用地统筹利用以及跨省域指标调剂的改革任务。在完成农村土地确权颁证基础上，加快完善宅基地及其建设用地指标交易制度，提高城乡两栖人口退出宅基地的可操作性和财产收入；探索农业转移人口退出的农村宅基地与迁入地城市建设用地指标增减挂钩机制；稳妥有序地推进农村集体经营性建设用地入市；探索实施市地重划模式，

[①] 参考国家"十四五"规划和国家发展改革委《2022年新型城镇化和城乡融合发展重点任务》关于新型城市建设的要求。

促进城中村、城郊村的集体建设用地统筹利用。

第二，统筹利用地区之间建设用地。建设用地统筹利用在省级层面已基本实现，跨省建设用地统筹利用还在探索推进。考虑建设用地跨省统筹的复杂性，未来可重点推进两类模式，以建立"完善全国统一的建设用地使用权转让、出租、抵押二级市场"①。一是积极推广东西部协作和对口帮扶地区之间建设用地统筹利用模式，可以采用建设用地指标流转、合作建设"飞地园区"等方式；二是推进城市群、都市圈范围内的跨省建设用地统筹利用，以此带动邻近省份逐步形成统一的建设用地市场。

3. 优化城镇体系，提高福祉均衡水平

优化城镇体系是城镇化的长期任务，有利于促进城市之间福祉均衡和共同富裕。各类城市、县城等城镇化载体要立足自身特征和人口发展趋势，积极提高效率和福祉水平，以此实现高福祉水平的大中小城市和小城镇协调发展。

第一，推进城市群一体化和都市圈同城化。城市行政区划和用地制度制约了大城市②的发展，城市群、都市圈可以缓解这一问题。在提高此类城市建设用地供给弹性的同时，积极探索、试点推进省际交界地区行政体制改革和资源统筹；加强城市群、都市圈中城际产业分工合作，充分发挥集聚经济和分工经济；提高城市群、都市圈社会服务一体化和均等化水平；提高城市群、都市圈交通一体化水平，加快解决内部跨界收费站、检查站问题。

第二，充分发挥大城市（各地中心城市）集聚优势。城市规模扩大有利于提升总体效率和福祉，要积极提升集聚经济水平，降低拥挤成本，促进各类大城市科学增长。为提升集聚经济水平，重点需要提高各类大城市建设用地供给弹性，完善住房供给体系，提高保障性住房供给水平，降低城市进入壁垒；同时要积极促进基本公共服务优质均衡，优化城市生态环境，提高综合承载力。为降低拥挤成本，重点

---

① 《中共中央 国务院关于加快建设全国统一大市场的意见》，中国政府网，2022 年 4 月 10 日，http://www.gov.cn/zhengce/2022-04/10/content_5684385.htm。
② 为方便表述，本部分将城市规模分类中的超大城市、特大城市、大城市统称为大城市，为城区常住人口在 100 万人以上的城市，区别于中小城市和小城镇。

需要全面提升城市治理能力,优化城市空间结构和交通体系,防治各类"城市病"。

第三,提高中小城市福祉水平。各地中小城市相对中心城市经济发展水平往往较低,要以提升居民公共服务、便民服务、生态环境等宜居水平为重点,同时积极发展当地特色优势产业。根据人口增长趋势,超前规划配置优质的教育、医疗、养老等基本公共服务资源和便民服务设施。有条件的中小城市可以实施低密度绿色开发,优化人居环境。加强中小城市与大城市(中心城市)的分工合作,着力发展当地特色产业,积极承接发展劳动密集型产业。

第四,推动县城补短板、强弱项。"以县带乡"作为"以城带乡"的重要形式,日益受到广泛重视①,要积极提升县城的吸引力、吸纳力、承载力和辐射带动力(苏红键,2021d)。优化县城生活服务质量,提升县城对返乡创业就业人员、农村居民的吸引力;优化县域产业体系,积极发展当地特色产业和商贸流通、农产品加工、全域旅游等城乡融合型业态,提升就业吸纳力;优化县域空间格局,根据县城人口发展趋势合理配套土地、住房、公共服务和基础设施,提升县城人口承载力;提升县城对建制镇、乡村的辐射带动力,促进县域内城乡融合发展。

4. 促进城乡融合,推动城乡共同富裕

城镇化会伴随城乡格局调整,新型城镇化与乡村振兴、城乡融合发展密切相关。为缩小城乡居民收入差距、促进城乡融合和共同富裕,要积极促进城乡要素流动和资源统筹,全面推进数字城乡建设,积极促进农村居民增收和城乡居民福祉增进。

第一,促进城乡要素流动和资源统筹。这是建立健全城乡融合发展体制机制的核心要义。② 重点需要促进城乡劳动力自由流动,提高城乡两栖人口有偿转让和退出农村权益的可操作性和积极性,加强对返乡入

---

① 2022年中央一号文件多次强调了县域、县城在乡村振兴中的重要地位。2021年中央一号文件提出"加快县域内城乡融合发展"。国家发展改革委《2022年新型城镇化和城乡融合发展重点任务》提出"推进以县城为重要载体的城镇化建设""以县域为基本单元推动城乡融合发展"。2022年5月,中共中央办公厅、国务院办公厅印发《关于推进以县城为重要载体的城镇化建设的意见》。

② 《中共中央 国务院关于建立健全城乡融合发展体制机制和政策体系的意见》,中国政府网,2019年5月5日,http://www.gov.cn/zhengce/2019-05/05/content_5388880.htm。

乡创业就业人员的政策支持，促进城乡人才交流；促进城乡土地资源统筹利用，这与城乡人地挂钩的任务和举措一致；促进城乡公共服务资源优化配置和共享，着力促进城乡义务教育公平，继续完善城乡一体、优质均衡的医疗、养老、文化服务和社会保障体系等；规范引导资本入乡，积极促进技术支农。

第二，全面推进数字城乡建设。数字技术革命为城乡融合发展提供了新的强大动力，《"十四五"数字经济发展规划》提出"推动数字城乡融合发展"。重点需要积极推进城乡一体化的新基建和新技术应用，统筹智慧城市和数字乡村建设，促进数字城乡融合发展；积极推进数字技术应用于城乡经济发展，大力发展智慧农业、农村电商、智慧旅游、数字金融等业态，创新发展城乡数字经济新业态新模式；积极推进数字技术应用于城乡社会发展，以数字城乡建设引领推进城乡教育、医疗、养老、环境、安全、治理等各领域数字化、智慧化。

第三，积极促进农村居民增收。这是缩小城乡居民收入差距、促进城乡共同富裕的难点。重点需要加强农民技能培训和农村教育，提高农民人力资本水平，促进持续性增收；加强就业服务，以城镇化、兼业化提高农民就业机会和工资性收入；促进农村产业发展，提升农产品附加值，提高经营净收入；稳步推进农村集体产权制度改革，保护农民财产权益，提高财产净收入；强化农民转移性收入保障机制，健全农业支持保护制度，建立健全常态化帮扶机制，增加农民转移性收入。

第四，积极促进城乡居民福祉增进。共同富裕是指人民群众物质生活和精神生活都富裕（习近平，2021），这与综合福祉的内涵是一致的。在促进居民增收、提高经济福祉基础上，还需要积极提升精神福祉和健康福祉，促进人的全面自由发展。提升居民精神福祉，重点需要提高教育资源供给水平和质量，完善职业培训体系，构建终生学习体系，加强乡风文明和城乡精神文明建设；提升居民健康福祉，重点需要推进落实健康中国战略[①]，促进城乡医疗服务高质量发展，提高健康管理水平，完善养老服务体系，优化人居环境。

---

① 2016年10月，中共中央、国务院印发《"健康中国2030"规划纲要》。2019年7月，国务院印发《关于实施健康中国行动的意见》。国家"十四五"规划提出"全面推进健康中国建设"。

第三章　城镇化质量评价与提升方略

高质量城镇化是高质量发展与共同富裕的必由之路。2001年以来，在鼓励农村富余劳动力进城务工以提高农民收入水平政策的引导下，中国城镇化快速推进，与此同时，中国特色的"不完全城镇化"问题逐渐引起广泛关注。2012年，党的十八大报告提出走中国特色的新型城镇化道路，以促进"城镇化质量明显提高"。2017年，党的十九大报告指出"我国经济已由高速增长阶段转向高质量发展阶段"，如何实现高质量发展成为各领域研究重点。《"十四五"新型城镇化实施方案》进一步强调"以推动城镇化高质量发展为主题"。在此背景下，本章在界定城镇化质量内涵的基础上，对2013年以来中国总体和各省份城镇化质量进行评价，针对评价发现的问题，为提升城镇化质量、推进高质量城镇化提出对策建议。

一　城镇化质量研究述评

以往关于中国城镇化质量的研究以评价为主。根据对城镇化质量内涵的不同界定，相关评价研究主要可以分为三类。一是以城市发展质量为主的城镇化质量评价研究（王家庭、唐袁，2009），倪鹏飞主编的《中国城市竞争力报告》长期对中国城市（可持续）竞争力进行跟踪评价和分析；二是包含城市发展质量和城乡统筹发展两个维度的研究（叶裕民，2001；国家城调总队福建省城调队课题组，2005）；三是包含城市发展质量、城乡统筹发展和城镇化效率的研究（李明秋、郎学彬，2010；魏后凯等，2013；朱鹏华、刘学侠，2017）。从以往研究来看，城镇化质量的内涵界定决定了评价体系设计和评价结果，是城镇化质量研究的关键，也是难点。一方面，城镇化质量研究的范畴不好把握。广义的界定会导致评价研究类似于总体发展水平和发展质量评价，比如城市人口、经济、社会、空间、生态环境等各领域发展水平，而作为新型城镇化核心的市民化问题往往只有1~2个指标，占庞大指标体系的较小权重，淡化了城镇化本身的意义。另一方面，对城镇化质量的评价往往存在发展阶段的局限性，弱化了城镇化质量内涵的一般性。比如，城市发展相对滞后时，研究侧重于评价城市发展质量；随着城乡差距的日益扩大，相关研究将城乡统筹纳入研究范畴；随着资源利用和生态环境保护等可持续发展问题引起越来越多的关注，相关研究将城镇化效率纳入研究范畴。

本章的创新之处主要体现在三个方面。一是在以往城镇化质量评价研究基础上，紧扣人的城镇化进程，从城乡关系、城市内部关系、城市之间关系、人地关系四个维度界定城镇化质量的内涵。二是以城镇化质量评价为基础提出高质量城镇化的推进方略，实现了理论分析、评价研究与政策研究的紧密结合。三是在具体指标上，对各地两类人口城镇化率差距、城市体系优化、人地挂钩指标等使用了新的数据指标或计算方法。

二 城镇化质量内涵与评价设计

结合以往研究来看，对城镇化质量的内涵界定，不能太宽泛，也不能脱离城镇化本身，同时要能够反映而又不局限于城镇化阶段特征。本部分紧扣城镇化进程分析城镇化质量的内涵，并设计评价指标和方法。

城镇化是人口乡城迁移或转化的过程，城镇化率衡量了这一过程中城乡人口数量结构的变化，城镇化质量衡量了这一过程中内在结构特征的变化，主要包括四个方面：一是人口乡城迁移或转化伴随的城乡关系变化，比如城乡二元结构问题；二是人口进城伴随的城市原居民与新市民、流动人口形成的城市内部结构变化，比如中国特色的"不完全城镇化"与市民化问题；三是人口迁入不同城市伴随的城市之间关系变化，即城市体系问题；四是人口迁移伴随的资源配置问题，在资本自由流动的情况下，以中国特色的人地挂钩问题为主，同时，人地关系也是与城镇化最相关的可持续发展问题。由此，紧扣城镇化和城镇化率的内涵，城镇化质量指城镇化进程中城乡之间、城市内部、城市之间、人地之间的结构特征。对应的，高质量城镇化指城乡融合发展、城市内部融合发展、城市体系优化、人地协调发展的城镇化。

①城乡融合发展维度。城乡一体化和融合发展是城乡关系的最高级状态。推动城乡发展一体化是新型城镇化的重点任务之一。从城镇化的微观基础来看，城乡差距的存在使人口向收入和效用更高的城市迁移，城镇化稳定阶段将实现城乡之间效用均等化。从以往的研究来看，对城乡一体化与融合发展的评价，通常包括经济、社会、生活、生态环境等维度（朱钢等，2018），具体指标基本对应政策文件中的各个领域，即"促进城乡规划布局、要素配置、产业发展、基础设施、公共服务、生态保护等相互融合和协同发展"①。不论是从理论上看还是从政策上看，城乡融合发展都是"以缩小城乡发展差距和居民生活水平差距为目标"，各个领域的一体化和融合发展最终体现在城乡居民效用的提升和均等化。为此，考虑指标的可行性和简洁性，本章主要采用城乡居民收入（I）和城乡居民收入比（I_u/I_r）两个结果性指标衡量城乡居民效用的提升和均等化水平，分别对应高质量发展的"效率"和"公平"理念②，以此评价城乡融合发展水平。

②城市内部融合发展维度。城镇化进程中的城市社会融合问题在各个国家普遍存在。在欧美等发达国家，这一问题表现为富人与穷人的隔离、种族隔离或社会隔离（Glaeser and Kahn，2004）；一些发展中国家则形成了大量贫民窟，比如里约热内卢、利马、孟买、加尔各答等城市的贫民窟。在中国，农业转移人口进城返乡的自主选择权避免了贫民窟现象，取而代之的是相对缓和的由城市户籍人口与流动人口构成的城市内部二元结构，主要表现在"不完全城镇化"和市民化问题。关于对市民化水平的考察，魏后凯和苏红键（2013）在对市民化进行界定的基础上，分别利用不完全城镇化率和政治参与、公共服务、经济生活、综合素质等维度构建的综合指标进行了评价。从结果性指标和简洁性、可得性考虑，本章主要以户籍人口城镇化率（R_h）和两类人口城镇化率差距（$R_u - R_h$）分别衡量市民化水平和不完全城镇化状况，以此评价城镇化进程中的城市内部融合水平。

③城市体系优化维度。城镇化进程中人口迁入不同的城市会引起城

---

① 《中共中央　国务院关于建立健全城乡融合发展体制机制和政策体系的意见》（2019年4月15日）。
② 城镇化进程中，城乡之间存在共同富裕、不富裕的均等化、富裕的不均等化等现象，因而需要兼顾"效率"和"公平"维度。

市或城镇体系①调整。优化城镇化布局和形态是新型城镇化的重点任务之一，但在以往城镇化质量评价中往往被忽略。结合城市体系相关理论和发展导向，可以从城市规模分布和城市之间包容性发展两个角度考察城市体系的优化水平。一方面，城市体系中的规模分布往往被看作帕累托分布（世界银行，2009），人口规模为 N 的城市位序 Rank 与 N 成负幂次方的关系（$\ln Rank_i = \beta_0 - \xi \ln N_i + \varepsilon_i$），$\xi$ 也被称为帕累托指数，可以用来衡量城市规模体系的优化水平。当 ξ 越趋近于 1 时，城市体系越合理；当 ξ 越小于 1 时，表明人口越集中；当 ξ 越大于 1 时，表明人口越分散。比如，Rosen 和 Resnick（1980）计算的 44 个国家的平均帕累托指数约为 1.14；Gabaix 和 Ioannides（2004）计算的美国 1991 年 135 个大都市区的帕累托指数为 1.005。另一方面，按照城市经济学的观点，在人口自由迁移状态下，城市之间会实现效用均等化（Duranton and Puga，2014）。因此，考虑数据可得性和简洁性，本章采用城市间收入均衡指标（变异系数②）来衡量城市之间的包容性发展水平，即 σ_I / μ_I，σ_I 表示城市之间收入标准差，μ_I 表示城市之间收入平均值。

④人地协调发展维度。城镇化进程中城市人口增长往往会伴随城市空间扩张，因而人口城镇化与土地城镇化的协调发展，即人地关系问题，成为城镇化进程中与可持续发展最直接相关的问题。在中国城镇化进程中，人地关系问题主要表现在两个方面：在总体推进速度上，存在土地城镇化快于人口城镇化以及由此导致的土地利用低效和浪费问题；在土地资源配置上，由于土地的不可流动性以及建设用地指标不能及时随着人口迁移调整，存在土地资源错配问题。近年来，针对这两类问题，相关政策分别提出"严控新增建设用地"③和"推动城镇建设用地增加规模与吸纳农业转移人口落户数量挂钩"④。根据该维度的问题和政策，本章主要从总体和结构两个方面考察人地关系，结合指标选择的原则，

---

① "城市体系"或"城镇体系"在学理上并无差别。考虑到本章使用的数据为县级以上城市数据，故主要使用"城市体系"。
② 根据以往研究经验，采用变异系数衡量城市间收入均衡水平，与采用熵指数等反映的结果是一致的。
③ 《全国国土规划纲要（2016—2030 年）》（2017 年 2 月 4 日）。
④ 中共中央办公厅、国务院办公厅印发《关于促进劳动力和人才社会性流动体制机制改革的意见》（2019 年 12 月 25 日）。

土地利用的总体效率采用人均建成区面积（A）来衡量；人地挂钩指标采用 σ_A/μ_A 来衡量，即城市之间人均建成区面积的变异系数，其中 σ_A 表示城市之间人均用地面积的标准差，μ_A 表示城市之间人均用地面积的平均值。

综上，按照可行性和简洁性的原则，构建以结果性指标为主的指标体系（见表3-1）。可行性主要是考虑数据指标的可获得性以及数据质量，数据来源于相关年份的《中国统计年鉴》、统计公报、《中国城市建设统计年鉴》、《中国人口和就业统计年鉴》、国家信息中心宏观经济与房地产数据库；简洁性主要通过选择结果性指标，避免过程性指标的复杂性，比如在城乡融合发展方面，将城乡居民收入与城乡居民收入比作为城乡融合发展的结果性指标，避免采用城乡发展各个领域的指标，对以市民化为主的城市内部融合发展水平的考察也是如此。本章以2013年以来的数据为主，一是考虑2013年农村居民人均可支配收入统计口径进行了调整，二是考虑自2012年党的十八大以来进入以城镇化质量为主的新型城镇化阶段。

表3-1 城镇化质量评价体系

维度	结果性指标	指标说明	单位	数据来源
城乡融合发展	城乡居民收入	I	元	《中国统计年鉴》
	城乡居民收入比	I_u/I_r	—	
城市内部融合发展	户籍人口城镇化率	$R_h = N_h/N$	%	历年统计公报、《中国统计年鉴》、《中国人口和就业统计年鉴》
	两类人口城镇化率差距	$R_u - R_h = N_u/N - N_h/N$	个百分点	
城市体系优化	城市规模位序指数（即帕累托指数）	ξ	—	《中国城市建设统计年鉴》、国家信息中心宏观经济与房地产数据库
	城市间收入均衡指标	σ_I/μ_I	—	
人地协调发展	人均建成区面积	$A = Area/N_u$	公里^2/万人	《中国城市建设统计年鉴》
	人地挂钩指标	σ_A/μ_A	—	

部分指标说明如下。(1) 户籍人口城镇化率与两类人口城镇化率差距。总体数据来源于历年统计公报，各省份由于缺乏直接的户籍人口城镇化率统计数据，本章在对各类人口统计数据进行分析的基础上，综合采用《中国统计年鉴》《中国人口和就业统计年鉴》的相关数据进行计算。具体方法如下：利用《中国人口和就业统计年鉴》中各地区城市、镇户口登记状况的人口，计算出各省份城镇人户统一（即"住本乡、镇、街道，户口在本乡、镇、街道"）人口比重，通过该比重与《中国统计年鉴》中各省份城镇人口数之积来衡量各省份城镇人户统一的人口，该人口数量与各省份总人口之比即为各省份的户籍人口城镇化率。该数据可能存在的偏差在于存在少量城镇内部人户分离现象，利用该数据计算的2013~2017年全国总体两类人口城镇化率差距分别为17.11个百分点、17.39个百分点、19.29个百分点、17.19个百分点、18.30个百分点，与表3-2中利用统计公报计算的数据差距在1~3个百分点，偏差较小。因此可以认为，在不具备直接数据的情况下，这是一个较好的替代方案。(2) 城市规模位序指数，采用《中国城市建设统计年鉴》中城区总人口的数据计算。图3-1显示了2017年城市规模位序分布，可以看到，在$\ln 20 \approx 3$处存在一个明显的拐点，导致分布图的上部显著偏离线性关系，这主要是因为城市样本不包括县城和建制镇数据，这也是多数学者利用中国城市进行规模位序分析时面临的共同问题。如果补充县城和建制镇数据，则规模小的城市位序$Rank$及其相应的$\ln(Rank)$值会提高，将散点图向上抬起，形成更完美的线性分布图。为此，本章对$\ln(N) \geq \ln 20$的样本进行规模位序分析，2017年的ξ为1.1083，比利用全部样本计算的ξ值（0.9370）更加符合实际情况。(3) 城市间收入均衡指标。采用296个地级及以上城市的城镇居民人均可支配收入进行衡量，数据来自国家信息中心宏观经济与房地产数据库。(4) 人地协调发展指标。由《中国城市建设统计年鉴》中各个城市的城区总人口和建成区面积计算，为避免极端数据影响，采用2017年城区总人口在5万人以上的城市样本，合计630个。

表 3-2 2013~2019 年中国总体城镇化质量相关指标

指标		2013 年	2014 年	2015 年	2016 年	2017 年	2018 年	2019 年
城乡融合发展	I	18311	20167	21966	23821	25974	28228	30733
	I_u/I_r	2.81	2.75	2.73	2.72	2.71	2.69	2.64
城市内部融合发展	R_h	36.10	35.90	39.90	41.20	42.35	43.37	44.38
	$R_u - R_h$	17.63	18.87	16.20	16.20	16.17	16.21	16.22
城市体系优化	ξ	1.1562	1.1501	1.1409	1.1224	1.1083		
	σ_I/μ_I	0.1833	0.1670	0.1585	0.1617	0.1610		
人地协调发展	A	1.1047	1.1178	1.1327	1.1387	1.1442		
	σ_A/μ_A	0.9385	0.9424	0.9479	0.9383	0.7831		

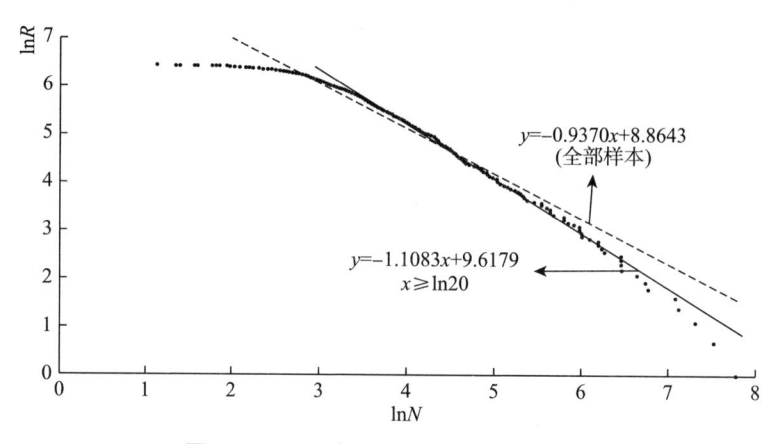

注：各个变量的单位见表 3-1，下同。

图 3-1 2017 年中国城市规模位序分布

三　城镇化质量评价结果

本部分对 2013 年以来中国总体和各省份城镇化质量的各个维度进行具体分析，构建城镇化质量综合指标对各省份城镇化质量进行比较，并考察城镇化质量及相关指标与城镇化率的关系。

（一）城镇化质量分维度特征

表 3-2 和表 3-3 分别汇报了 2013~2019 年中国总体城镇化质量各个维度的指标值和 2017 年各省区市城镇化质量各个维度的指标值。可以

发现，自党的十八大报告提出"城镇化质量明显提高"以来，中国总体城镇化质量不断提高，各省份城镇化质量表现出显著的地方特征。

表3-3 2017年各省区市城镇化质量相关指标

省区市	城乡融合发展		城市内部融合发展		城市体系优化		人地协调发展	
	I	I_u/I_r	R_h	R_u-R_h	ξ	σ_I/μ_I	A	σ_A/μ_A
北京	57230	2.57	38.20	48.31	—	—	0.7703	—
天津	37022	1.85	50.11	32.80	—	—	1.2842	—
河北	21484	2.37	45.25	9.75	0.9434	0.1305	1.1473	0.2330
山西	20420	2.70	38.72	18.63	1.0051	0.0592	1.0346	0.1952
内蒙古	26212	2.83	33.37	28.63	0.9585	0.2009	1.4249	0.4129
辽宁	27835	2.55	51.67	15.83	0.8929	0.1782	1.1672	0.2122
吉林	21368	2.19	36.14	20.51	0.9503	0.1289	1.2455	0.2850
黑龙江	21206	2.17	44.67	14.71	0.9317	0.1994	1.2774	0.2884
上海	58988	2.25	39.57	48.15	—	—	0.4130	—
江苏	35024	2.28	48.70	20.06	0.9159	0.2528	1.3765	0.3176
浙江	42046	2.05	40.73	27.28	0.9782	0.1158	1.1577	0.3102
安徽	21863	2.48	40.23	13.26	1.1482	0.1336	1.3227	0.1684
福建	30048	2.39	33.54	31.25	0.8498	0.1850	1.1878	0.1900
江西	22031	2.36	47.27	7.33	1.1010	0.0765	1.2668	0.2470
山东	26930	2.43	46.10	14.48	1.0770	0.2113	1.4071	0.1810
河南	20170	2.32	42.67	7.49	1.0951	0.0936	1.0742	0.2695
湖北	23757	2.31	39.11	20.19	1.0727	0.1415	1.0543	0.2243
湖南	23103	2.62	40.00	14.62	1.0951	0.2246	0.9586	0.1840
广东	33003	2.60	34.81	35.05	0.7791	0.3266	1.0793	0.2824
广西	19905	2.69	38.66	10.56	0.9599	0.0701	1.2522	0.2661
海南	22553	2.39	38.81	19.18	0.6532	0.0836	1.0830	0.2358
重庆	24153	2.55	39.37	24.73	—	—	0.9484	—
四川	20580	2.51	35.54	15.25	1.0850	0.0857	1.1439	0.2050
贵州	16704	3.28	32.27	13.76	0.9429	0.0712	1.3454	0.2042
云南	18348	3.14	37.27	9.41	0.9194	0.1635	1.2059	0.2092

续表

省区市	城乡融合发展		城市内部融合发展		城市体系优化		人地协调发展	
	I	I_u/I_r	R_h	$R_u - R_h$	ξ	σ_I/μ_I	A	σ_A/μ_A
西藏	15457	2.97	27.60	3.26	0.5471	0.0790	1.9852	0.1361
陕西	20635	3.00	41.28	15.51	0.8403	0.1123	1.1974	0.1642
甘肃	16011	3.44	36.77	9.61	0.9747	0.1762	1.3430	0.4395
青海	19001	3.08	38.75	14.26	0.5505	0.0564	1.0458	0.5790
宁夏	20562	2.74	36.04	21.87	0.6951	0.1251	1.5281	0.2632
新疆	19975	2.79	33.99	15.37	0.9678	0.1101	1.6498	0.2532

在城乡融合发展方面，总体来看，中国城乡居民收入不断提高，2013~2019年年均增长率为9.01%；城乡居民收入比不断降低，从2013年的2.81逐步降低到2019年的2.64。从各省份数据来看，北京和上海2个直辖市的城乡居民收入显著高于其他省份，之后是浙江、天津等东部沿海省份，贵州、甘肃、西藏等西部省区的城乡居民收入水平较低。在城乡居民收入比方面，天津是城乡居民收入比最低的直辖市，仅为1.85，表现出较高的城乡融合发展水平；西部地区收入水平低的贵州、甘肃、青海也是城乡居民收入差距较大的省份，这与西部地区较低的农村居民收入和较高的农村居民比重有关。从两个指标结合来看，广东的城乡居民收入和城乡居民收入比均较高，其城乡居民收入远高于邻近的广西，而城乡居民收入比却与广西接近，城乡之间表现出相对富裕的不均等化；同时，也存在黑龙江、吉林、河南等城乡居民收入不太高但城乡差距较小的省份。

在城市内部融合发展方面，总体来看，中国户籍人口城镇化率在2015年显著提升之后保持稳步推进状态；相应的，两类人口城镇化率差距在2015年显著降低之后，维持在16.20个百分点左右（根据七普数据调整后略有扩大）。在户籍人口比重不断提高、两类人口比重差距稳定的情况下，可以认为总体的城市内部结构不断优化。从各省份数据来看，辽宁和天津是户籍人口城镇化率最高的省市，西藏的两类人口城镇化率均偏低。各地两类人口城镇化率的差距与各地人口迁入、迁出状况紧密相关，作为人口迁移目的地的北京、上海、广东、天津、福建等东部沿海地区由于流动人口较多，两类人口城镇化率差距较大；人口净迁出较多的江西、河南、云南、甘肃等中西部地区的两类人口城镇化率差距较小；受邻近的北京和天津的虹吸效应影响，河北两类人口城镇化率差距较小。

在城市体系优化方面，总体来看，中国城市规模位序指数 ξ 从2013年的1.1562逐步降低到2017年的1.1083，日趋接近于1，呈现出不断优化的态势；城市间收入均衡指标从2013年的0.1833波动式降低至2017年的0.1610，反映了城市之间包容性发展的态势。分地区来看，对各省份城市进行规模位序分析发现，多数省份的 ξ 值小于1[①]，表现出向各省份中心城市集中的态势，其中，宁夏、海南、青海、西藏等省区由于总人口较少、城市数量较少，集中度较高。在各地城市包容性发展方面，广东城市间收入均衡指标较大，达0.3266，这反映了粤西北地区与粤港澳大湾区广东9市的显著差距，江苏、湖南等地的该指标也较大；相对来说，山西、江西、广西、贵州等中西部地区该指标较小，表现出一种不富裕的均等化。

在人地协调发展方面，总体来看，中国人均建成区面积依然呈现不断增加的趋势，土地城镇化略快于人口城镇化，人均建成区面积从2013年的1.1047公里^2/万人增长到2017年的1.1442公里^2/万人；人地挂钩指标从2013年的0.9385波动式降低到2017年的0.7831，表明总体的城市之间土地资源错配状况有所改善。分地区来看，上海和北京的人均建成区面积最小，西藏、新疆、宁夏、内蒙古等西部地区的人均建成区面积较大，这与各地人口迁入迁出特征相关，也体现了总体的土地资源在人口迁入地、迁出地存在错配的情况；青海、甘肃、内蒙古等地由于部分城市的人口密度低，人地挂钩指标较大，即省域内部存在城市之间土地资源错配问题。

（二）城镇化质量综合指标

为了对各省份城镇化质量进行横向比较，利用以上4个维度8个指标

[①] 除了西藏和青海之外，省级单位的规模位序分布依然采用规模大于20万人的城市样本。这两个省区因为规模大于20万人的城市分别只有1个（拉萨）和2个（西宁、海东），故采用其全部城市样本，且无极端值，系数具有可比性。

构建城镇化质量综合指标（Q），对 2013~2017 年各省份城镇化质量进行比较分析。规模位序指标采用 $(1-|1-\xi|)$ 标准化，其余指标的标准化采用最大最小值法。为了避免极端值的影响，正向指标采用第三大值、负向指标采用第三小值进行分析。4 个直辖市的相关缺省指标的标准化值均赋值为 1。在赋权方法上，考虑到本章在理论部分说明了城镇化质量 4 个结构维度的并列关系，因此对 4 个维度 8 个指标按照平均赋权法进行计算。

表 3-4 汇报了各省份 2017 年城镇化质量综合指标值以及 2013~2017 年各省份城镇化质量位次变化情况。从位次变化可以看到，大多数省份的城镇化质量位次基本稳定，表明该综合指标具有较好的稳健性。其中，只有江西、浙江和吉林三个省份变化较大。江西和浙江的城镇化质量位次提升较多，从具体指标来看，江西主要是在城市内部融合发展和城市体系优化指标方面逐步改善且优势比较明显，浙江主要是在城乡融合发展和城市体系优化方面不断改善且优势显著；吉林城镇化质量位次降低较多，这与其户籍人口城镇化率、两类人口城镇化率差距、城市之间均衡发展水平三个指标的退步相关，其城市间收入均衡指标从 0.0217 提高到 0.1289[①]。

从各省份城镇化质量排序来看，天津、上海、河南、河北、北京等地的城镇化质量一直排名靠前，结合表 3-3 来看，天津在城乡融合发展和城市内部融合发展两个维度的优势比较明显；上海和北京的城镇化质量的短板在于两类人口城镇化率的差距较大，这降低了城市内部融合发展水平；河南和河北在城市内部融合发展和城市体系优化两个维度表现较好。广东的城镇化质量与其发展水平显著不符，结合表 3-3 来看，一方面，由于粤西北相对粤港澳大湾区广东 9 市发展滞后，广东内部城乡之间、城市之间发展差距较大；另一方面，由于粤港澳大湾区广东 9 市的快速发展，作为人口迁移目的地，广东总体的城市内部融合发展问题明显。排名相对靠后的东部地区省份还有福建，其原因与广东类似。其余城镇化质量排名靠后的主要是西部地区省份，究其原因，主要是在城乡融合发展、人地协调发展方面存在短板。

---

① 吉林部分城市收入数据存在波动且长期不增，故本章利用《吉林统计年鉴》对数据进行了核实，发现这可能与统计数据的质量有关。

表3-4　各省区市城镇化质量综合指标值排序与变化（按2017年值排序）

省区市	Q2017	R2017	ΔR	省区市	Q2017	R2017	ΔR
天津	0.8584	1	0	海南	0.7055	17	0
上海	0.8133	2	1	广西	0.7039	18	3
江西	0.8008	3	10	湖南	0.6994	19	-4
浙江	0.7988	4	8	吉林	0.6804	20	-18
河南	0.7767	5	3	陕西	0.6782	21	1
河北	0.7757	6	1	福建	0.6491	22	-2
北京	0.7727	7	-2	云南	0.6200	23	3
重庆	0.7704	8	-4	新疆	0.5902	24	1
辽宁	0.7646	9	-3	贵州	0.5885	25	2
山西	0.7334	10	-1	宁夏	0.5595	26	-2
湖北	0.7307	11	5	广东	0.5455	27	-4
山东	0.7284	12	-1	青海	0.5290	28	1
江苏	0.7211	13	-3	内蒙古	0.5035	29	-1
安徽	0.7119	14	4	甘肃	0.4905	30	0
四川	0.7104	15	4	西藏	0.4851	31	0
黑龙江	0.7084	16	-2				

注：ΔR表示2013~2017年的位次变化，正号表示位次提升，负号表示位次降低。

（三）城镇化质量与城镇化率的关系

城镇化率和城镇化质量分别衡量城镇化进程中的城乡人口数量结构和内在结构特征，因而可以对城镇化率和城镇化质量的关系做简要分析。利用2013~2017年省级面板数据，采用双向固定效应控制省份和年份维度，以得到相对稳健的结果。

表3-5汇报了存在显著关系的结果。第一，城镇化率与城镇化质量显著正相关，城镇化率每提高1个百分点，城镇化质量综合指标提高约0.0052。第二，结合具体维度来看，总体相关性主要与城镇化进程中城乡居民收入提升和城乡居民收入差距缩小紧密相关。结合系数来看，城镇化率每提高1%，城乡居民收入提高0.4620%；城镇化率每提高1个百分点，城乡居民收入比降低0.0085。这两个显著的关系符合城乡人口

迁移的基本理论（Harris and Todaro，1970），即乡村人口向收入更高的城市迁移的过程，也是城乡居民收入提升和城乡居民收入差距缩小的过程。第三，城镇化率与户籍人口城镇化显著正相关，与两类人口城镇化率差距显著正相关，这是由三个指标之间的计算关系决定的。第四，城镇化质量的其他四个指标与城镇化率的关系不显著，故未汇报相关结果，这些不显著指标可以作为城镇化率较低地区提高城镇化质量的突破口，城镇化率较低的地区可以通过缩小内部发展差距、提高人地协调发展水平等实现包容、可持续的城镇化。

表3-5 城镇化质量相关指标与城镇化率的关系（仅汇报显著关系）

变量	Q	$\ln I$	I_u/I_r	R_h	$R_u - R_h$
R_u 或 $\ln R_u$	0.0052** (0.0021)	0.4620*** (0.0398)	-0.0085*** (0.0028)	0.5485** (0.2110)	0.4508** (0.2110)
常数项	0.4086***	7.9167***	3.1294***	6.1602	-6.1177
R²	0.3483	0.6606	0.3346	0.2874	0.7599

注：（1）收入和城镇化率的回归分析取对数（$\ln I$、$\ln R_u$）；（2）样本量均为155个；（3）***、**分别表示在1%、5%的水平下显著，括号中为系数的标准误。

四 提升城镇化质量的建议

城镇化质量的内涵和评价研究为高质量城镇化的推进方略提供了思路和依据，结合中国城镇化质量评价结果，可以从城乡融合发展、城市内部融合发展、城市体系优化、人地协调发展四个维度有重点、有针对性地提升城镇化质量。

第一，针对各地城乡发展差距的不同内在特征，促进城乡融合发展。本章采用结果性指标评价表明，中国总体城乡融合发展水平不断提升，省级面板数据的回归分析也表明城镇化率与城乡收入水平、城乡收入差距的显著关系。从城乡融合发展的实现路径来看，未来一段时期，要继续按照中央文件①要求建立健全城乡融合发展体制机制和政策体系，协

---

① 《中共中央 国务院关于建立健全城乡融合发展体制机制和政策体系的意见》（2019年4月15日）。

同推进新型城镇化与乡村振兴，促进城乡各领域一体化发展。并在此基础上，针对各地城乡发展差距的不同内在特征，分类推进城乡融合发展。东部地区省份存在的城乡差距问题缘于国际化的城区发展与相对滞后的乡村发展造成的城乡差距，比如广东、北京等地，这些地区的城区有较强的能力和较好的条件辐射带动乡村发展，需要积极完善城乡融合发展的体制机制，带动乡村振兴，推进城乡各领域的一体化。相较而言，西部地区省份的城乡融合发展较难，从表3-3中可以看到西部地区的城乡收入差距较大，这主要是由西部地区农村贫困或相对贫困造成的。为此，要在积极推进城乡各领域融合发展的同时，加强新型城镇化、乡村振兴与农村扶贫的结合，创新推进2020年后脱贫攻坚向城乡统筹的相对贫困治理、多维贫困治理的扶贫战略转型。

第二，以市民化和户籍制度改革为重点，促进城市内部融合。评价研究发现，现阶段两类人口城镇化率同步提升，差距基本稳定在16.2个百分点左右（根据七普数据调整后略有扩大）。未来一段时期，中国城市内部融合的关键在于中国特色的"不完全城镇化"与市民化问题，同时要积极防治城市贫困问题。分析结果表明，作为大规模人口迁移目的地的东部沿海省份的两类人口城镇化率差距较大，而人口迁出规模较大的中西部地区省份的不完全城镇化率较低。近年来，随着户籍制度改革的快速推进，城市落户条件不断降低，从2014年"全面放开建制镇和小城市落户限制"[①]到2019年提出"全面取消城区常住人口300万以下的城市落户限制"[②]，随之而来的难题转变为落户意愿与落户门槛的矛盾。究其原因，与农业转移人口的农村权益、城市生活能力等密切相关。为此，未来促进市民化和城市内部融合发展，要积极推进户籍制度回归人口登记管理的本质，在基本公共服务均等化的基础上，通过"回归"实现包括最低生活保障、住房保障、托幼养老等领域更广泛的权益均等化。与此同时，要积极建立完善农村权益交易市场，实现"带资迁移"，积极提高保障性住房供给水平，扩大其覆盖面，提高农业转移人口的城市生活能力。

[①] 《国务院关于进一步推进户籍制度改革的意见》（国发〔2014〕25号）。
[②] 中共中央办公厅、国务院办公厅印发《关于促进劳动力和人才社会性流动体制机制改革的意见》（2019年12月25日）。

第三，推进各地中心城市辐射带动省域城市包容性发展，促进城市体系优化。当前，全国总体的 ξ 值逐渐趋近于 1，城市规模体系表现出不断优化的态势；各地城市规模体系、空间体系以及行政体系契合度较高，各地规模最大的城市、中心城市、省会城市或副省级城市往往相同（1个或 2 个）。未来要继续以城市群、都市圈①（大都市区）、各地中心城市为核心载体，促进大中小城市和小城镇协调发展。在此基础上，要分类推进各地城市包容性发展。结合两个指标的研究发现，一是存在部分省份城市之间发展差距较大的问题（σ_l/μ_l 较大），比如广东（南北差距）、江苏（南北差距）、湖南（东西差距）、山东（东西差距）等，对于这些地区，需要积极提升和发挥中心城市的辐射带动功能，促进省域城市包容性发展；二是存在部分省份人口过度向少数中心城市集中的问题（ξ 较小），根据其内在原因可以分为两类。一类是广东、福建等东部地区，由于城市之间发展差距较大，人口向中心城市集聚，需要积极促进省域城市包容性发展；另一类是宁夏、海南、青海、西藏等地，由于人口稀少，中心城市人口比重较高，考虑全国层面省际城市体系的开放性，这可以看作一种合理的现象，重点要提升中心城市功能，带动其他中小城市和小城镇包容性发展。

第四，创新推进按照常住人口配置建设用地的模式，促进人地协调发展。评价研究发现，总体城市人均建成区面积依然在增加，城市之间人地挂钩状况有所改善，但"有的城市人多地少，有的城市人少地多"的结构性矛盾依然存在。与此同时，本章评价研究中尚未涉及的城乡人地挂钩问题同样显著。未来促进人地协调发展，重点需要在城乡之间、城市之间按照常住人口配置建设用地资源。在城市之间人地协调发展方面，当前还存在城市建设用地配置与人口迁移目的地存在偏差的问题，比如，有文件要求"京津冀、长江三角洲、珠江三角洲等地区……严格控制新增建设用地"和"培育发展中西部地区城市群，……适当扩大建设用地供给"②，这显然不利于实现人地协调发展，需要适度放松人口迁移目的地、人口增长较快地区和城市的用地供给，才能兼顾中心城市的

---

① 《国家发展改革委关于培育发展现代化都市圈的指导意见》（发改规划〔2019〕328 号）。
② 《全国国土规划纲要（2016—2030 年）》（2017 年 2 月 4 日）。

科学紧凑发展与中小城市的绿色低密度发展。在城乡之间人地协调发展方面，新修订的《中华人民共和国土地管理法》以及乡村振兴、城乡融合发展的顶层设计等，将有利于全面推进城乡建设用地统筹利用。基于此，各地需要积极探索、加快推进人口进城之后的土地权益流转问题，比如"带资进城""带指标进城"等，以此提高城乡建设用地统筹利用效率。

五 结论与启示

本章紧扣城镇化进程分析城镇化质量的内涵，并对中国总体和各省份城镇化质量进行评价，基于理论分析和评价结果，提出提升城镇化质量的建议。

本章的评价设计具有一定的创新性，并与高质量发展要求相对应，在内涵和结构上具有一般性。一方面，本章在以往城镇化质量研究的基础上进行了创新。考虑城镇化率衡量城乡人口数量结构，将城镇化质量内涵界定为城乡之间、城市内部、城市之间、人地之间的内在结构特征。从指标体系来看，以往城镇化质量涉及的三个维度，本章均有指标与之对应。比如，在城市发展维度，本章有收入和城市内部融合指标、人均建成区面积指标等与之对应；在城乡统筹维度，本章有城乡收入比这一结果性指标与之对应；在城镇化效率维度，本章主要有人地协调指标与之对应，土地利用问题实际上是城镇化进程中最相关的资源利用问题。本章结合城镇化质量内涵，加入了城市体系优化指标，这是以往城镇化质量研究缺乏的，也是很重要的维度，一直是城镇化研究的重点问题。另一方面，本章构建的城镇化质量指标体系符合高质量发展"高效、公平、可持续"的要求（张军扩等，2019）。在效率角度，主要用收入指标考察城镇化质量；在公平和包容性发展角度，主要用城乡收入比、两类人口城镇化率差距、城市间均衡发展指标考察城镇化质量，发现除了市民化和城市内部融合发展问题之外，城镇化进程中各地城乡之间、城市之间存在共同富裕、富裕的不均等化、不富裕的均等化等现象；在可持续发展角度，主要采用人地协调发展指标考察城镇化质量，分析了城镇化进程中土地资源粗放利用和土地资源错配现象。

本章关于城镇化质量的内涵和评价维度具有一般性，未来研究需要注意三方面问题。第一，本章采用结果性指标，考虑渐进式改革的推进，部分指标可能随时间进行调整。比如，未来随着户籍制度改革的推进，市民化问题将不再是城市内部融合的主要问题，将需要新的指标衡量新的问题，比如城市贫困指标、城市内部收入均等化指标等。第二，考虑中国大国特征伴随的多元化问题，各地主要矛盾不同且同一现象的内涵也可能不同，需要进行差别化对待。比如，评价结果中反映的各地城市体系集中度问题，各地的原因不同，其应对方式也不一样；各地城乡差距的内涵也可能不同，有的是因为城区发展太快，有的是因为农村贫困，需要不同应对。第三，本章对城镇化质量各个维度的评价以结果性指标为主，难免存在信息损失。在具体维度研究中，可以结合过程性指标进行分析，比如城乡融合发展、城市内部融合发展（市民化水平）等；可以从融合发展的不同领域进行评价分析，以发现更具体的问题、提出更具针对性的建议。

第四章　个体层面流动人口落户意愿

近年来，随着农业转移人口市民化和户籍制度改革的快速推进，城市落户条件不断降低，从 2014 年"全面放开建制镇和小城市落户限制"[①] 到 2019 年提出"全面取消城区常住人口 300 万以下的城市落户限制"[②]，随之而来的难题转变为落户意愿与落户条件的结构性矛盾，表现为落户意愿较高的城市落户条件较高、落户条件较低的城市落户意愿较低。根据 2017 年中国流动人口动态监测调查数据（CMDS 2017），北京和上海是流动人口落户意愿较高的两个城市，落户意愿分别为 78.20%和 74.26%，同时也是落户条件较高的两个城市；而对于大部分地区或城市来说，虽然它们已经陆续取消或放开、放宽落户条件，但是流动人口落户意愿并不高，根据 CMDS 2017 计算的全国总体落户意愿仅为 39.01%。针对这一结构性矛盾，研究明确落户意愿影响因素，能够为下一步改革和市民化提供参考。为此，本章从城乡两栖视角构建落户意愿分析框架，利用 CMDS 2017 和多分类 Logit 模型进行检验，并提出相应的对策建议。

一　以往关于落户意愿的研究

自 2014 年《国家新型城镇化规划（2014—2020 年）》发布和"三个一亿人"目标提出之后，关于流动人口落户意愿影响因素的研究开始增多。以往考察的落户意愿影响因素可以分为个体和家庭特征、经济特征、农村权益、社会制度、社会融合状况等方面。在个体和家庭特征方面，根据相关研究，年龄对落户意愿的影响存在不同观点（张翼，2011；王桂新、胡健，2015；王丽丽等，2016；邱红、周文剑，2019），已婚人口

[①]《国务院关于进一步推进户籍制度改革的意见》（国发〔2014〕25 号）。
[②] 中共中央办公厅、国务院办公厅印发《关于促进劳动力和人才社会性流动体制机制改革的意见》（2019 年 12 月 25 日）。

的落户意愿往往更高（王桂新等，2010；王桂新、胡健，2015），受教育程度越高落户意愿越强（王桂新等，2010；卢小君、向军，2013；邱红、周文剑，2019）。在经济特征方面，一般认为收入水平越高、拥有城市自购住房的人越愿意落户（谢东虹，2016；孙婕等，2019），也有研究认为这一关系并非线性（邱红、周文剑，2019）。在农村权益方面，以往研究均发现农村宅基地、承包地权益会降低落户意愿（张翼，2011；黄善林等，2019；李勇辉等，2019），甚至认为"想保留承包地"是不想转户的主要原因（张翼，2011）。在社会制度方面，已有研究发现，劳动合同、社会保险和公积金等社会保障状况改善会提高落户意愿（王桂新、胡健，2015；孙婕等，2019）。在社会融合状况方面，已有研究发现，本地社会认同度、活动参与度等对落户意愿有提升作用（卢小君、向军，2013；刘涛等，2019）。以往研究采用的数据主要包括两类，一类是利用国家卫生健康委（原国家卫生和计划生育委员会）中国流动人口动态监测调查数据，另一类是研究者自主开展的调查数据。从分析方法来看，以往研究主要是将落户意愿的因变量分为"愿意"和"不愿意"两类，以二值选择模型为主。

本章的创新之处主要体现在三个方面。一是在理论框架上，本章从城乡两栖视角构建包含两栖能力、两栖成本的落户意愿分析框架，验证了模型的稳健性和一般性，以往研究的影响因素大多可以纳入该分析框架。二是在分析方法上，以往利用中国流动人口动态监测调查数据的研究多采用二值选择模型，将其中"没想好"的样本归入"不愿意"，对此，本章利用多分类Logit模型进行分析，通过"无关方案的独立性"假定，证明了多值选择模型的合理性。三是在具体研究结果上，除了验证主要变量关系之外，还明确了年龄与落户意愿的显著波形"～"关系，这也是以往研究对年龄和代际影响存在不同观点的原因。

二 城乡两栖视角落户意愿影响因素

农业转移人口是否愿意在城市落户与其城乡两栖的生活状态密切相关。考虑以往对落户意愿影响因素的研究以列举式为主，本部分结合CMDS落户意愿统计描述，从城乡两栖视角构建包含两栖能力、两栖成本的落户意愿分析框架，并基于此构建多值选择模型。

(一) 城乡两栖视角落户意愿影响因素

城乡两栖是与不完全城镇化相伴随的现象，指农业转移人口自主选择在城乡间生活的状态。也有学者将城乡两栖现象解释为"越来越多的农村流动人口既不完全城镇化，又不完全回归乡里，或者说既城镇化又回归乡里"（王春光，2019）。可以根据城乡两栖的时空特征进行分类，时间上存在频繁型、季节型、候鸟式以及生命周期型等两栖类型，空间上可以分为县域、市域、省域、跨省等两栖类型，比如县域或市域内频繁往返或季节性城乡两栖生活、外出务工人员候鸟式城乡两栖生活，另外，部分第一代流动人口返乡体现了生命周期型的城乡两栖生活。城乡两栖与不完全城镇化一样，源自城乡二元户籍和土地制度。农村土地和住房等权益为农业转移人口的两栖生活提供了可行性，也是影响落户意愿的重要因素。农业转移人口在城市落户意味着放弃原"农业户口"，换取全面的市民权利，实现市民化。对于可以在城市落户而不愿意转户的农业转移人口，其本质是选择一种城乡两栖生活，保留更大的进城返乡的自主选择权。从这一视角出发，可以从城乡两栖能力和两栖成本角度构建落户意愿影响因素分析框架。该分析框架同样适用于城市之间的流动人口，其农村生活能力相关变量可以视为0。①

1. 两栖能力与落户意愿

城乡两栖能力可以分为农村生活能力和城市生活能力。一方面，农村生活能力或者说农村权益，比如农村住房、宅基地和承包地等，会降低流动人口在城市落户的意愿。换言之，乡城流动人口会担心不能再返回农村生活或者农村权益受损，从而不愿意在城市落户。较强的农村生活能力也为第一代流动人口陆续返乡提供了支撑条件。根据表4-1，在农村拥有承包地和宅基地的流动人口比没有的流动人口愿意落户的比重低约10个百分点，这从统计上印证了农村生活能力强的流动人口落户意

---

① 对于计划在某城市定居的城市之间流动人口，在落户决策上，主要取决于其在迁入城市的生活能力和不落户放弃的市民权利。如果其在迁出城市拥有住房等资产，考虑城市住房的可交易性及资本可转移性，可以视作可随迁资本。这一点也表明，建立健全农村权益市场，使农民可以"带资进城"，将有利于推进市民化进程。本章的样本主要是乡城流动人口（77.98%），后文不再特别区分两类流动人口。

愿更低。另一方面，流动人口在迁入城市的生活能力，比如收入水平、城市居住状况、人力资本等，也会影响流动人口的落户意愿。城市生活能力越强则落户意愿越高，反之越低。未在城市落户的第一代流动人口已经开始陆续返县返乡；城市生活能力较低的新生代流动人口则可能会继续选择在城市之间、城乡之间流迁。根据表4-1，以受教育程度衡量的流动人口人力资本水平越高，愿意落户的群体比重越高，反之则越低；流动人口在迁入地居住状况的稳定性越高，比如自建、自购住房群体，愿意落户的群体比重越高，反之则越低。

2. 两栖成本与落户意愿

城乡两栖成本主要包括迁移范围相关的成本和不落户的市民权益损失。一方面，城乡两栖成本取决于两栖距离，可以由迁移范围或距离来反映。迁移范围或距离越远，比如远距离跨省迁移人口，越不适合两栖生活，越愿意落户；迁移范围或距离越近，比如就近城镇化或市域、县域两栖人口，则落户意愿越低。根据表4-1，跨省流动、省内跨市流动的样本愿意落户的比重比市内跨县流动人口愿意落户的比重高约10个百分点，这印证了两栖成本越低落户意愿越低，反之则越高。另一方面，城乡两栖成本主要是不落户而放弃的本地户籍居民权益。虽然城市基本公共服务日趋均等化，但依然存在一些非户籍人口不能全面享受的公共服务，比如住房保障、非义务教育、部分城市的购房资格等，而且，即便是基础教育领域，很多城市也还未实现质量上的均等化。所在城市的教育、医疗等公共服务资源越优越，落户享受的（或不落户放弃的）福利越多，流动人口落户意愿越高。这也是北京、上海等城市落户意愿更高的重要原因。

表4-1 落户意愿分类统计描述

单位：个，%

变量		样本量		愿意		不愿意		没想好	
		数量	总比重	数量	比重	数量	比重	数量	比重
承包地	有	75392	44.35	23916	31.72	31658	41.99	19818	26.29
	没有	55842	32.85	23019	41.22	17467	31.28	15356	27.50
宅基地	有	96256	56.62	31555	32.78	38658	40.16	26043	27.06
	没有	38581	22.70	16491	42.74	11814	30.62	10276	26.63

续表

变量		样本量		愿意		不愿意		没想好	
		数量	总比重	数量	比重	数量	比重	数量	比重
受教育程度	未上过小学	4659	2.74	1735	37.24	1870	40.14	1054	22.62
	小学	24313	14.30	7906	32.52	10203	41.97	6204	25.52
	初中	74214	43.66	25404	34.23	28041	37.78	20769	27.99
	高中/中专	37224	21.90	15339	41.21	11718	31.48	10167	27.31
	大学专科	17779	10.46	8871	49.90	4426	24.89	4482	25.21
	大学本科	10908	6.42	6453	59.16	2204	20.21	2251	20.64
	研究生	892	0.52	602	67.49	141	15.81	149	16.70
居住状况	自建房	6162	3.62	3433	55.71	1462	23.73	1267	20.56
	自购保障性住房	2135	1.26	1051	49.23	602	28.20	482	22.58
	自购小产权住房	4335	2.55	1918	44.24	1290	29.76	1127	26.00
	借住房	2733	1.61	1179	43.14	816	29.86	738	27.00
	自购商品房	36448	21.44	15375	42.18	11896	32.64	9177	25.18
	公租房	1710	1.01	701	40.99	577	33.74	432	25.26
	整租	77792	45.76	30064	38.65	26722	34.35	21006	27.00
	合租	17520	10.31	6518	37.20	5935	33.88	5067	28.92
	其他非正规居所	847	0.50	272	32.11	326	38.49	249	29.40
	雇主房	15915	9.36	4657	29.26	6873	43.19	4385	27.55
	就业场所	4392	2.58	1142	26.00	2104	47.91	1146	26.09
迁移范围	跨省	83790	49.29	34734	41.45	27565	32.90	21491	25.65
	省内跨市	56017	32.95	22294	39.80	18469	32.97	15254	27.23
	市内跨县	30182	17.76	9282	30.75	12569	41.64	8331	27.60

资料来源：根据2017年中国流动人口动态监测调查数据计算。

（二）模型设计

根据以上分析，从两栖能力和两栖成本视角来看，流动人口 i 选择落户意愿 j 的随机效用可以表示为：

$$U_{i,j} = \alpha_j Rural_i + \beta_j Urban_i + \gamma_j Cost_i + \varepsilon_{i,j} \tag{4-1}$$

其中，$Rural_i$ 和 $Urban_i$ 分别表示个体 i 在农村和城市生活的能力，$Cost_i$ 表示个体 i 两栖生活的成本。根据 CMDS 2017，j 包括"愿意""不愿意""没想好"三个选项，分别赋值为 1、2、3。本章采用多值选择模型，结合公式（4-1），流动人口 i 选择落户意愿 j 的概率估计可表示为：

$$P_{i,j} = \frac{\exp(\alpha_j Rural_i + \beta_j Urban_i + \gamma_j Cost_i)}{\sum_{j=1}^{3} \exp(\alpha_j Rural_i + \beta_j Urban_i + \gamma_j Cost_i)} \tag{4-2}$$

其中，$P_{i,j}$ 表示流动人口 i 选择落户意愿 j 的概率。本章采用的数据主要为国家卫生健康委 2017 年中国流动人口动态监测调查数据。在具体指标选择方面，衡量两栖能力和两栖成本的可选择指标较多，为避免共线性或内生性问题，以简约的指标验证这一模型。（1）在农村生活能力方面，主要选择是否有宅基地和是否有承包地指标，"有" = 1，"没有" = 0。（2）在城市生活能力方面，选择受教育状况和住房稳定状况两个个体变量进行分析，具有相对独立性，避免采用收入、相对收入等与城市规模相关的指标导致的内生性问题。[①] 其中，受教育程度按照受教育年限从小到大赋值（1~7）（参考表 4-1）；住房稳定状况按照城市居住状况的稳定程度从小到大赋值，其中，单位/雇主房（不包括就业场所）、就业场所、其他非正规居所赋值为 1，租住私房-整租、租住私房-合租赋值为 2，政府提供公租房、借住房赋值为 3，自购商品房、自购保障性住房、自购小产权住房、自建房赋值为 4。（3）在两栖成本方面，选择迁移范围和城市公共服务水平指标。迁移范围按照市内跨县、省内跨市、跨省分别赋值为 1、2、3。城市公共服务水平采用《中国城市统计年鉴 2018》"地方一般公共预算支出/年平均人口"进行度量，考虑地方财政预算内支出主要是投向公共服务、社会保障、基础建设和城市管理等领域，利用人均地方财政支出规模作为城市公共服务水平的替代指标。（4）考虑人口统计特征、城市特征与两栖能力、两栖成本的相关性，分别以年龄和城市行政级别为主

[①] 按照人口迁移的基本规律，人口倾向于流向收入水平较高的城市，所以当采用个体绝对收入指标时，不能体现城市收入水平对个体收入的影响；而采用相对收入指标，比如"个体收入/城镇居民人均可支配收入"或"个体收入/城市平均住房价格"，则会由于城市收入水平、房价等城市规模相关因素对迁入意愿的不同影响，系数会产生偏差。

进行异质性检验。

三 个体层面落户意愿影响因素检验

在以上理论和统计分析基础上，本部分利用多分类 Logit 模型和相关数据进行计量检验。首先对总体样本、留城样本、定居样本①、自有房样本进行分析，然后进行异质性检验和稳健性检验。

（一）基本结果

表 4-2 显示了全体样本、留城样本、定居样本的模型检验结果。多分类 Logit 模型检验以"没想好"样本为参照组，因变量为"愿意"和"不愿意"时，大多自变量的系数刚好相反，互相印证了显著性，结合"无关方案的独立性"检验②，证明了多值选择模型的合理性。

表 4-2 基本检验结果

变量		模型1		模型2		模型3	
		愿意	不愿意	愿意	不愿意	愿意	不愿意
农村生活能力	是否有宅基地	-0.183*** (-10.01)	0.150*** (8.07)	-0.268*** (-13.16)	0.104*** (4.80)	-0.179*** (-4.78)	0.005 (0.11)
	是否有承包地	-0.083*** (-4.99)	0.258*** (15.65)	-0.157*** (-8.54)	0.219*** (11.47)	-0.339*** (-9.26)	0.361*** (8.49)
城市生活能力	受教育程度	0.097*** (13.30)	-0.120*** (-16.18)	0.055*** (6.87)	-0.138*** (-16.25)	-0.047*** (-3.30)	-0.084*** (-5.10)
	住房稳定状况	0.066*** (8.38)	-0.024*** (-3.03)	0.007 (0.76)	-0.026*** (-3.02)	-0.410*** (-24.44)	0.073*** (3.69)
两栖成本	迁移范围	0.038*** (3.51)	-0.055*** (-5.28)	0.050*** (4.09)	-0.071*** (-5.84)	0.283*** (11.79)	-0.227*** (-8.35)
	城市公共服务水平	2.33e-5*** (40.80)	-5.64e-6*** (-8.56)	2.43e-5*** (36.48)	-5.42e06*** (-6.93)	4.65e-5*** (21.93)	-2.61e-06 (-0.96)

---

① "留城样本"指对问题"今后一段时间，您是否打算继续留在本地"回答为"是"的样本；"定居样本"指对问题"如果您打算留在本地，您预计自己将在本地留多久"回答为"定居"的样本。

② 本章回归分析均符合"无关方案的独立性"假定，故未专门汇报结果。

续表

变量	模型1 愿意	模型1 不愿意	模型2 愿意	模型2 不愿意	模型3 愿意	模型3 不愿意
常数项	-0.559*** (-12.58)	0.740*** (16.97)	0.042 (0.86)	0.951*** (18.92)	1.739*** (18.49)	0.616*** (-5.61)
样本量	117616（全体样本）		97038（留城样本）		31084（定居样本）	

注：本表参照组为"没想好"的样本，表中系数估计值指对因变量的概率边际效应。括号中为t检验值。***、**、*分别表示1%、5%、10%的显著性水平。下同。

在对全体样本和留城样本检验的表4-2模型1和模型2中，分析结果均与本章理论和统计描述结果一致。第一，以拥有宅基地和承包地衡量的农村生活能力会降低落户意愿，这与以往研究结论一致。根据系数，在全体样本中，有宅基地和承包地的流动人口"愿意落户"的概率分别仅为参照组"没想好"的83.28%[①]和92.04%，"不愿意落户"的概率比参照组"没想好"分别高16.18%和29.43%，在其他样本中这一影响同样显著，验证了农村权益对落户意愿的影响。第二，以受教育程度和住房稳定状况衡量的城市生活能力对落户意愿有显著提升作用。在全体样本中，受教育程度每提高1级，"愿意落户"的概率比"没想好"高10.19%；住房稳定状况每提高1级，"愿意落户"的概率比"没想好"高6.82%，"不愿意落户"的系数刚好相反，验证了城市生活能力越强落户意愿越高的观点。第三，在两栖成本方面，以迁移范围和城市公共服务水平衡量的两栖成本，显著提高了流动人口落户意愿，即迁移范围越远越愿意落户，城市公共服务水平越高越愿意落户。在全体样本中，迁移范围每提高1级，"愿意落户"的概率比"没想好"高3.87%，这与就近城镇化落户意愿更低的逻辑一致。

在对定居样本检验的表4-2模型3中，定居样本中城市生活能力的系数出现偏差主要是由于定居样本与城市生活能力指标存在内生关系。对于定居样本或者自有房样本来说，由于其已经具备了较强的城市生活能力，这类群体是否愿意落户主要取决于其农村生活能力以及两栖成本。

[①] 概率计算方法为exp（-0.183），为相对参照组的概率边际效应，参照组概率按"1"比较。其余概率计算方法相同。

表4-3汇报了这两类样本不考虑城市生活能力的模型检验结果。对于定居样本（模型4）和自有房样本（模型5），农村生活能力与其落户意愿显著负相关。① 在自有房样本中，有宅基地和承包地的样本"愿意落户"的概率分别仅为"没想好"的75.91%和72.98%，这显著低于全体样本的愿意落户概率，表明当城乡两栖能力都很强时，流动人口的落户意愿更低，此种情况下，落户意愿更多取决于两栖成本。在两栖成本方面，定居样本和自有房样本的迁移范围每提高1级，"愿意落户"的概率比"没想好"的分别高36.75%和14.45%，这一系数比全体样本显著提高，这印证了城乡两栖能力都很强时，两栖成本的影响显著增大，主要表现为市域和县域两栖能力强的人口更加不愿意落户。

表4-3 定居与自有房样本检验结果

变量		模型4		模型5	
		愿意	不愿意	愿意	不愿意
农村生活能力	是否有宅基地	-0.065* (-1.77)	-0.030 (-0.71)	-0.277*** (-8.15)	0.163*** (4.82)
	是否有承包地	-0.358*** (-9.90)	0.378*** (8.91)	-0.315*** (-9.30)	0.353*** (10.42)
两栖成本	迁移范围	0.313*** (13.27)	-0.225*** (-8.31)	0.135*** (6.12)	-0.175*** (-8.29)
	城市公共服务水平	4.7e-5*** (22.38)	-3.50e-6 (-1.29)	4.94e-5*** (26.27)	-9.90e-07 (-0.46)
常数项		1.164*** (3.03)	0.588*** (9.52)	-0.424*** (-8.33)	0.380*** (7.53)
样本量		31084 （定居样本）		29021 （自有房样本）	

（二）异质性检验

流动人口个体统计特征、迁入城市特征等通过影响城乡两栖能力和

---

① 从系数来看，由于定居样本拥有宅基地的样本偏少，模型4"不愿意"中"是否有宅基地"的系数不显著，结合"愿意"的系数来看，总体结果依然是显著的。

两栖成本，进而影响落户意愿。

在个体统计特征方面，考虑年龄与生活能力、婚否、不确定性（"没想好"）等因素的相关性，以及年龄、代际与落户意愿关系尚未定论，主要对年龄特征进行分析。根据图4-1，流动人口年龄与落户意愿之间表现出显著的波形"～"关系[①]，这也是以往关于年龄与落户意愿关系存在不同观点的原因。结合数据，各年龄样本中愿意落户的比重从20岁的32.31%逐步提高到32岁的43.05%，然后逐步降低到52岁的32.75%，之后稳步提升到65岁的46.09%。这反映了在生命周期不同阶段农村和城市生活能力的强弱变化、对两栖成本重视度的变化对落户意愿的不同影响。与此同时，"没想好"的样本比重与年龄显著负相关，年龄越小"没想好"的比重越高，反之越低。这与年轻人的生活能力不强、对安居落户问题考虑较少或者未来选择较多有关。这也证明了本章谨慎对待"没想好"样本是符合现实情况的。

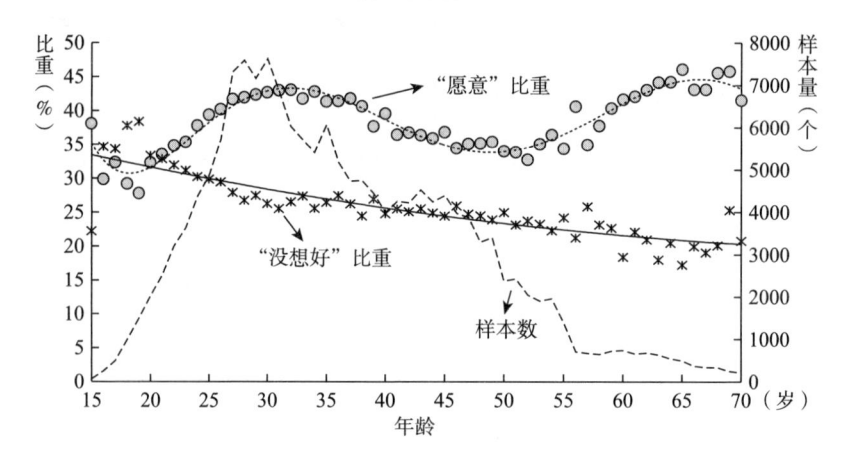

图4-1 不同年龄的落户意愿特征

资料来源：根据2017年中国流动人口动态监测调查数据绘制。

在此基础上，对第一代流动人口（41~60岁，"～"的后半段）和新生代流动人口（25~40岁，"～"的前半段）进行异质性检验。根据表4-4，第一代与新生代样本的结果均与理论相符。对模型6和模型7的系数进行比较发现，对于第一代流动人口来说，农村生活能力较强时

[①] 在低龄、高龄处样本量较少，分布相对离散，不具代表性。

更加不愿意落户,第一代和新生代流动人口中有宅基地的人口"不愿意落户"的概率比"没想好"的分别高22.51%和15.37%,比"愿意落户"的分别高41.85%和28.26%,这支持了第一代流动人口近年来陆续返乡的现象;城市住房稳定状况和城市公共服务更好时,第一代流动人口比新生代流动人口更加愿意落户,这与第一代流动人口面临更迫切的留城返乡决定有关,能否在城市稳定生活对其落户意愿影响较大。受教育程度对新生代流动人口的落户意愿影响更大,以受教育程度衡量的人力资本水平对新生代流动人口城市生活能力影响更大。对于一些农村生活能力较弱的新生代流动人口,如果城市生活无法得到保障,则可能面临"融不进的城、回不去的乡"的两难,需要在户籍制度、就业和社会保障政策等方面加强应对。

表4-4 第一代与新生代流动人口样本检验结果

变量		模型6 愿意	模型6 不愿意	模型7 愿意	模型7 不愿意
农村生活能力	是否有宅基地	-0.138*** (-5.72)	0.143*** (5.69)	-0.215*** (-6.26)	0.203*** (6.00)
	是否有承包地	-0.108*** (-4.92)	0.218*** (9.79)	-0.130*** (-4.19)	0.250*** (8.31)
城市生活能力	受教育程度	0.169*** (16.99)	-0.069*** (-6.65)	0.079*** (4.63)	-0.078*** (-4.78)
	住房稳定状况	0.026** (2.43)	-0.040*** (-3.73)	0.049*** (3.36)	-0.025* (-1.81)
两栖成本	迁移范围	0.066*** (4.50)	-0.073*** (-5.15)	0.017 (0.85)	-0.082*** (-4.43)
	城市公共服务水平	2.24e-5*** (29.64)	-2.62e-6*** (-2.98)	2.91e-5*** (26.00)	-9.81e-06*** (-7.91)
常数项		-0.775*** (-13.04)	0.572*** (9.58)	-0.411*** (-4.84)	0.836*** (10.48)
样本量		63932 新生代样本(25~40岁)		37911 第一代样本(41~60岁)	

城市规模和行政级别等城市发展特征通过影响流动人口的两栖能力和两栖成本影响落户意愿。根据 CMDS，城市行政级别越高落户意愿越强，直辖市流动人口愿意落户的比重为 64.41%，省会及其他副省级城市的比重为 40.66%，地级市及其他城市的比重仅为 30.28%。根据表 4-5，总体状况依然与模型设定一致。是否有宅基地和承包地、受教育程度在不同级别城市中的影响依然显著。迁移范围与落户意愿的关系产生偏差，主要是因为城市样本与迁移范围存在相关关系，直辖市、省会及副省级城市、地级市及其他城市分别对应人口跨省迁移、省内跨市迁移、市内跨县迁移的主要目的地，与迁移范围显著相关。因而，在模型 8 和模型 9 中，由于主要是市内跨县或省内跨市样本，以迁移距离较近的样本为主，所以"愿意落户"的系数产生偏差；在模型 10 中，主要是北京、上海、天津、重庆 4 个城市的样本，其中北京、上海、天津比重庆有更多跨省迁移人口和更强的落户意愿，这正好与理论相符。

表 4-5 不同行政级别城市检验结果

变量		模型 8		模型 9		模型 10	
		愿意	不愿意	愿意	不愿意	愿意	不愿意
农村生活能力	是否有宅基地	-0.203*** (-7.25)	0.131*** (4.93)	-0.151*** (-5.51)	0.176*** (6.15)	-0.326*** (-5.63)	0.048 (0.71)
	是否有承包地	-0.047* (-1.82)	0.271*** (11.57)	-0.201*** (-7.94)	0.247*** (9.60)	-0.069 (-1.39)	0.125** (2.17)
城市生活能力	受教育程度	0.024** (2.07)	-0.115*** (-10.61)	0.099*** (9.02)	-0.136*** (-11.95)	0.134*** (6.40)	-0.088*** (-3.68)
	住房稳定状况	0.061*** (5.26)	-0.030*** (-2.77)	-8.19e-5 (-0.01)	-0.006 (-0.48)	0.242*** (9.88)	-0.078*** (-2.84)
两栖成本	迁移范围	-0.038** (-2.53)	-0.015 (-1.14)	-0.065*** (-3.66)	-0.089*** (-5.00)	0.298*** (3.67)	-0.651*** (-8.08)
	城市公共服务水平	1.09e-5*** (7.47)	-1.6e-5*** (-10.91)	9.31e-6*** (13.39)	-1.77e07 (-0.22)	3.81e-5*** (20.31)	3.55e-08 (0.02)

续表

变量	模型 8		模型 9		模型 10	
	愿意	不愿意	愿意	不愿意	愿意	不愿意
常数项	-0.179*** (-2.66)	0.792*** (12.82)	0.168** (2.40)	0.696*** (9.75)	-1.817*** (-7.67)	2.460*** (10.52)
样本量	53245 （地级市及其他样本）		48396 （省会及副省级城市样本）		15975 （直辖市样本）	

（三）稳健性检验

根据前面的分析，拥有农村土地权益且迁移距离较近的流动人口，落户意愿较低，反之较高。表4-6设立了农村生活能力和迁移范围的交叉项进行稳健性检验。模型11和模型12中3个交叉项与"愿意"和"不愿意"表现出显著的关系，且符号相反，这进一步验证了模型的稳健性。在城市生活能力方面，如前所述，考虑个体收入水平与城市平均收入水平、城市房价等指标的相关关系及其隐含的"拉力"和"推力"并存问题（张莉等，2017；周颖刚等，2019），不再选择此类城市生活能力指标进行稳健性检验。

以上不同样本、不同指标检验的结果均符合理论设定，以"没想好"为参照组，"愿意"和"不愿意"的自变量系数符号相反，进一步支持了模型的合理性和稳健性。少量系数不显著主要是由某类样本特征与某个自变量相关导致的，比如定居样本的城市生活能力较强、地级市样本的迁移范围较近等。

表4-6 稳健性检验（采用土地权益和距离交叉项）

变量		模型 11		模型 12	
		愿意	不愿意	愿意	不愿意
农村生活能力×迁移范围	是否有宅基地×迁移范围	-0.069*** (-7.39)	0.037*** (4.11)		
	是否有承包地×迁移范围	-0.063*** (-7.00)	0.126*** (14.69)		
	是否有宅基地×是否有承包地×迁移范围			-0.102*** (-12.93)	0.121*** (16.62)

续表

变量		模型 11		模型 12	
		愿意	不愿意	愿意	不愿意
城市生活能力	受教育程度	0.099 *** (13.66)	-0.124 *** (-16.82)	0.098 *** (13.49)	-0.125 (-16.91)
	住房稳定状况	0.077 ** (9.95)	-0.038 *** (-5.01)	0.075 *** (9.79)	-0.029 * (-3.88)
两栖成本	城市公共服务水平	2.27e-5 *** (41.29)	-4.64e-6 *** (-7.30)	2.32e-5 *** (42.59)	-5.76e-06 *** (-9.13)
常数项		-0.526 *** (-15.44)	0.734 *** (21.72)	-0.583 *** (-17.63)	0.803 *** (24.48)
样本量		117616 （全体样本）		117616 （全体样本）	

四 结论与建议

针对当前落户意愿的结构性特征，本章从城乡两栖视角构建流动人口落户意愿分析框架，利用 2017 年中国流动人口动态监测调查数据和多分类 Logit 模型进行检验，通过理论分析、统计描述和计量分析发现：（1）农村生活能力越强，落户意愿越低，城市生活能力越强，落户意愿越高；（2）两栖成本越高，落户意愿越高；（3）当两栖能力都强时，落户意愿主要取决于两栖成本；（4）年龄与落户意愿表现出显著的波形"～"关系；（5）城市行政级别越高，落户意愿越高。本章利用不同指标和样本类型，验证了模型的稳健性和一般性。基于研究结论，提出以下对策建议。

第一，从农村生活能力角度看，重点要积极建立完善农村权益交易市场，促进"带资迁移"。研究表明，担心农村权益得不到保障是城乡两栖人口不愿意落户的重要原因。促进农村权益流转、实现农民"带资迁移"，不仅有利于提高农民进城的资本和落户意愿，同时还可以提高农村闲置承包地、宅基地及其附着的建设用地指标的使用效率。近年来，"资源变资产、资金变股金、农民变股东"的"三变改革"为农民"带资迁移"探索了较好的经验。基于农村产权制度改革经验，在乡村振兴和城乡融合发展战略背景下，要加快建立完善进城落户农民依法自愿有偿转让退出农村权益制度，建立完善农村权益转让退出的平台和价格机制，实现农民"带资迁移"，从而提高农业转移人口的城市生活能力和落户意愿。

第二，从城市生活能力角度看，重点要全面提高保障性住房供给水平并扩大其覆盖面。流动人口城市生活能力不仅是其选择落户的决定性因素，往往也是城市接受其落户的条件，决定了个体生活稳定和城市内部融合。其中，住房是市民化面临的最大经济障碍。目前，保障性住房的目标对象是城市户籍居民。为促进流动人口安居落户，需要全面提高保障性住房供给水平，逐步实现保障性住房覆盖城市常住居民。一是加快构建城市建设用地与常住人口挂钩的机制，提高人口大规模流入地的城市建设用地指标供给弹性，科学规划、提高保障性住房用地供给水平。二是在流动人口退出农村宅基地的同时，探索将腾退的建设用地指标部分用于城市保障性住房用地，以此提高保障性住房供给水平。三是在进行城中村改造或旧城更新时，兼顾和保障其中居住的流动人口的住房需求。

第三，从两栖成本角度看，重点要加快推进户籍制度回归人口登记管理的本质。这是尊重当前城乡两栖和不完全城镇化现象的政策选择，是解决落户意愿结构性矛盾的根本举措，而不只是以落户的形式实现市民化。城市基本公共服务均等化的推进，降低了两栖成本和总体落户意愿，显然不能以非均等化提高落户意愿，而是要通过促进户籍制度回归人口登记管理的本质，从根本上解决这一问题。之所以说"回归"，是因为在新中国成立之初，户口管理制度的初衷是对迁移人口进行登记和管理。之后，伴随城乡二元制度与城乡二元结构的演进，户籍附属权益不断调整。让户籍制度回归人口登记管理的本质，是在基本公共服务均等化的基础上，通过"回归"，实现包括最低生活保障、住房保障、托幼养老等领域的更广泛、更全面的权益均等化。根据当前户籍制度改革的进展，未来的难点在于500万人以上的超大、特大城市，可通过积极探索推进城市各类资源与常住人口挂钩，攻克户籍制度改革最后难关。

本章从城乡两栖视角构建的落户意愿分析框架具有一般性，以往研究中落户意愿的影响因素（变量）都可以包含在该分析框架中。在模型检验中，根据数据可获得性和简约原则，在每个维度内部没有考虑更多的同类指标，比如农村生活能力中的农村住房、村集体分红等，与城市生活能力密切相关的务工收入或相对收入、住房价格以及以往相关研究中的社会保障水平和社会融合状况等。该分析框架的一般性表明，这些指标依然符合两栖能力、两栖成本影响落户意愿的逻辑。

第五章　城市层面流动人口落户意愿

市民化是新型城镇化的核心，旨在解决传统"不完全城镇化"问题，提高城镇化质量。自 2014 年新型城镇化战略和户籍制度改革意见出台以来，城市落户条件不断降低，随之而来的难题转变为落户意愿与落户条件的结构性矛盾，"想落不能落、能落不想落"的现象并存。进一步思考发现，这一结构性矛盾本质上是与落户条件紧密相关的。落户条件较高的城市由于较难落户，所以流动人口落户意愿较高；落户条件较低的城市基本实现了"应转尽转、想落尽落"，因而未落户流动人口的落户意愿较低。本章从城市层面分析流动人口的落户意愿，利用国家卫生健康委中国流动人口动态监测调查数据，分析各类城市的流动人口落户意愿特征，解释并利用不同模型检验其影响因素，并利用双重差分法分析 2014 年以来的户籍制度改革对落户意愿的影响。

一　落户意愿与落户条件

城市层面的流动人口落户意愿研究与两类研究紧密相关。第一类是关于落户意愿或市民化意愿的研究。这类研究可以分为两个层面，一是从个体层面研究落户意愿（用是否愿意落户表示），二是从城市层面研究落户意愿（用愿意落户的流动人口比重衡量）。以往研究考察的落户意愿主要是从流动人口个体视角，基于各类调查数据，从个体和家庭特征、经济状况、农村权益、社会制度、社会融合等方面分析落户意愿的影响因素并用各类 Logit 模型进行检验，这类研究较多，比如王桂新等（2010）、张翼（2011）、刘涛等（2019）、苏红键（2020a）等。现有研究较少将微观层面的落户意愿上升到城市层面进行分析，主要是 2014 年前后一些城市的统计部门调查研究了愿意落户的农民工比重（魏后凯，2016），城市层面的落户意愿研究还有待加强。第二类是关于落户条件或落户门槛的研究。城市流动人口落户意愿较高往往意味着该城市的落户条件较高。吴开亚等（2010）从投资、就业、家庭团聚、特殊贡献和其他等落户渠道视角构造落户门槛指数,对城市户籍制度改革情况进行了评价,发现上海、北京、深圳、广州等城市的综合落户门槛指数最高。张吉鹏和卢冲(2019)对各城市的主要落户渠道(投资、购房、人才引进和普通就业)的门槛进行了测算和比较,发现一线城市和部分二线城市设置了较高的落户门槛,而且有上升趋势,其他城市落户门槛总体较低而且呈下降趋势。这些研究发现的城市落户门槛的高低和趋势特征,与城市的落户意愿基本对应,证明了两者的内生关系,但还有待将城市的落户门槛(条件)和落户意愿结合起来研究。

本章的创新之处主要体现在两个方面。第一,以往的研究主要是从流动人口个体层面分析其落户意愿,本章从城市层面分析流动人口的落户意愿,并结合人口迁移理论、城市增长理论以及个体落户意愿研究的观点解释了原因。第二,采用双重差分模型检验了2014年户籍制度改革对各类城市落户意愿的影响,发现其显著降低了300万以下人口内陆地级市的落户意愿,这与各类城市差异化的户籍制度是对应的。

二 各类城市流动人口的落户意愿

本部分分析流动人口落户意愿的总体水平以及不同地区、不同规模、不同行政级别城市的结构特征。落户意愿数据来源于国家卫生健康委中国流动人口动态监测调查数据,其中涉及城市落户意愿调查的年份主要有2012年、2016年和2017年。为提高分析结果的可靠性,在分城市分析时仅保留个体样本数量在120个及以上的城市样本。

(一) 总体与主要城市的落户意愿

近年来,中国流动人口总体的落户意愿显著降低,从2012年的49.98%降低到2017年的39.01%,降低了近11个百分点(见表5-1)。这反映了随着户籍制度的改革,各个城市逐步降低甚至取消了落户限制,因而随着"应转尽转、想落尽落",剩下的想落户而不能落户的流动人口比重降低。考虑各地中心城市将是未来户籍制度改革的难点,表5-1汇报了各个中心城市的落户意愿水平。与总体态势一致,大部分中心城市的落户意愿不断降低,部分城市的落户意愿比较稳定(比如北京、天津、重庆等),只有海口、拉萨、福州等城市的落户意愿有较大提高。从横向比较来看,北京、上海、天津三个东部地区直辖市的落户意愿较高,也属当前落户条件最严格的城市;厦门的落户意愿较高，主要是由于其较高的舒适度与本岛空间限制；重庆以及部分中西部省会城市落户意愿较低，这与其以就近城镇化为主有关。本章第五部分将结合相关指标对典型城市的落户意愿做进一步的解释和讨论。

表5-1 中国总体与主要城市的落户意愿（按2017年降序）

单位：%，个百分点

城市	落户意愿			城市	落户意愿		
	2012年	2017年	增幅		2012年	2017年	增幅
总体	49.98	39.01	-10.97	银川	50.12	41.80	-8.32
北京	79.03	78.20	-0.83	西宁	43.83	41.25	-2.58
上海	80.66	74.26	-6.41	杭州	48.60	41.00	-7.60
厦门	71.94	61.98	-9.96	长春	40.99	38.70	-2.29
天津	59.98	61.20	1.22	成都	49.69	38.20	-11.49
青岛	59.34	54.45	-4.89	沈阳	47.50	37.40	-10.10
深圳	58.94	53.28	-5.66	福州	27.77	36.95	9.18
大连	72.62	50.50	-22.12	兰州	46.35	34.70	-11.65
海口	38.74	50.50	11.76	重庆	34.98	34.51	-0.47
济南	65.42	50.35	-15.07	南昌	33.11	31.45	-1.66
广州	56.13	50.23	-5.91	郑州	46.53	31.12	-15.41
南京	65.26	49.60	-15.66	呼和浩特	45.13	31.05	-14.08
拉萨	37.25	49.60	12.35	宁波	46.05	30.35	-15.70
乌鲁木齐	56.43	48.95	-7.48	昆明	44.86	28.40	-16.46
武汉	61.92	48.90	-13.02	贵阳	51.90	27.85	-24.05
南宁	49.36	44.37	-4.98	合肥	36.47	25.54	-10.93
哈尔滨	55.97	43.70	-12.27	石家庄	30.53	23.45	-7.08
太原	48.43	43.40	-5.03	长沙	34.37	19.05	-15.32
西安	46.27	43.20	-3.07				

注：各中心城市样本量2012年在1000个及以上，2017年在2000个及以上，具有较强的可靠性。

（二）分地区城市的落户意愿

分地区来看，2017年东部地区城市的落户意愿最高（48.61%），其次为东北地区、西部地区，中部地区的落户意愿最低，后三个地区的落户意愿均低于全国总体水平（见表5-2）。在东部地区，除了三个直辖市之外，海南的落户意愿最高,且是唯二落户意愿提高的省份之一,2012~2017年显著提高了12个百分点左右,与其省会城市海口的情况类似,这与海南日趋引人瞩目的舒适度水平和不断提高的城市发展水平显著相关。虽然东北地区存在显著的衰退和人口外流,但其流动人口落户意愿与全国总体水平比较接近,显著高于中西部地区的城市。与地区发展水平不同的是,西部地区的落户意愿显著高于中部地区,中部地区的落户意愿最低,中部六省的落户意愿均低于全国总体水平。这可以解释为中部地区城市往往以就近迁移的流动人口为主,而且中部地区受到东部地区的虹吸效应影响更大。其中,湖南的落户意愿最低,仅为20.84%,其省会长沙也是落户意愿最低(19.05%)的中心城市。

表5-2 各地区的落户意愿(各地区按2017年降序)

单位:%

省区市	落户意愿 2012年	落户意愿 2017年	省区市	落户意愿 2012年	落户意愿 2017年
东部地区	53.29	48.61	西部地区	43.70	34.11
北京	79.03	78.20	新疆	57.90	46.67
上海	80.66	74.26	宁夏	53.75	43.33
天津	59.98	61.20	西藏	41.44	39.08
海南	40.13	52.58	青海	41.93	38.28
山东	57.82	45.17	广西	42.77	36.33
广东	51.52	39.78	重庆	34.98	34.51
江苏	47.75	39.49	陕西	40.16	31.06
福建	40.59	38.96	四川	43.81	30.70
浙江	38.04	28.59	甘肃	43.60	28.13
河北	37.43	27.93	内蒙古	41.35	27.96
中部地区	39.72	28.98	云南	41.01	27.62
湖北	52.01	38.58	贵州	41.75	25.62
山西	46.06	38.08	东北地区	54.14	38.53
河南	45.48	27.71	黑龙江	59.30	42.53
江西	27.74	26.75	辽宁	62.73	41.60
安徽	33.78	21.92	吉林	40.41	31.45
湖南	33.25	20.84			

（三） 分规模城市的落户意愿

城市规模（N）与落户意愿（SW）表现出显著的正相关关系（见图 5-1），当不考虑两图左上角离散度较大的值[①]时，关系则更加显著。结合表 5-3 来看，特大和超大城市的落户意愿最高，2017 年为 46.16%；由于部分小城市落户意愿偏高（小城市样本量与中等城市接近，但标准差显著高于中等城市），小城市落户意愿的平均水平（27.47%）略高于中等城市的落户意愿平均水平（25.60%）。考虑目前的户籍制度改革建议取消城区常住人口在 300 万以下城市的落户限制，以此为界做分类统计，发现 300 万以上人口城市的落户意愿（44.72%）显著高于 300 万以下人口城市（27.70%），高 17 个百分点左右。从演进态势看，2012~2017 年 300 万以下人口城市的落户意愿大幅降低 12 个百分点左右，降幅大于 300 万以上人口城市 5 个百分点左右，降幅高于全国总体水平 1 个百分点左右。

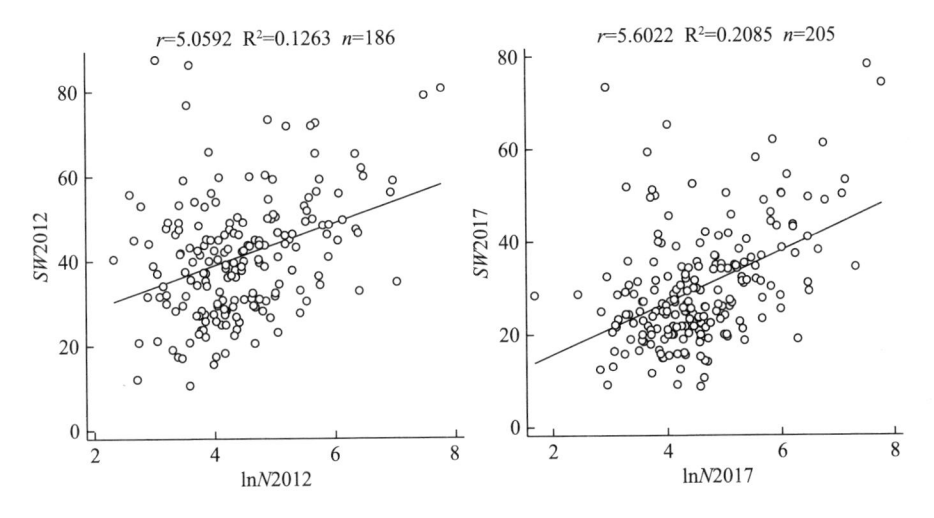

图 5-1　2012 年和 2017 年城市规模与落户意愿的关系

[①] 2012 年，左上角三个城市为中卫（样本量为 559 个，落户意愿为 87.66%）、克拉玛依（样本量为 199 个，落户意愿为 86.43%）和酒泉（样本量为 160 个，落户意愿为 76.88%）；2017 年，左上角的中卫（样本量为 760 个，落户意愿为 73.42%），另外，克拉玛依（51.25%）和酒泉（59.38%）落户意愿依然较高，但离散度有所降低。

表 5-3 2012 年和 2017 年各规模城市的落户意愿

单位：%，个

规模	2012 年 平均值	2012 年 标准差	2012 年 样本数	2017 年 平均值	2017 年 标准差	2017 年 样本数
300 万以上人口城市	51.85	13.26	21	44.72	13.93	27
特大和超大城市	56.71	15.54	11	46.16	16.81	14
Ⅰ型大城市	46.50	7.84	10	43.18	10.45	13
300 万以下人口城市	39.74	13.78	165	27.70	10.55	178
Ⅱ型大城市	44.22	13.40	49	30.51	9.41	55
中等城市	37.62	11.20	55	25.60	9.14	68
小城市	38.07	15.46	61	27.47	12.60	55
城市样本	41.11	14.21	186	29.94	12.44	205

注：城市规模划分按照《国务院关于调整城市规模划分标准的通知》（国发〔2014〕51号）。本部分的城市样本为样本量大于 120 个的城市。

（四）分行政级别城市的落户意愿

一般来说，城市的行政级别越高，越具有吸引力，落户条件越高，流动人口落户意愿越强（见表 5-4）。其中，直辖市的落户意愿最高，虽然重庆较低的落户意愿拉低了直辖市落户意愿的平均水平，但 2017 年依然高达 62.04%，且在全国总体落户意愿大幅降低的情况下，直辖市的落户意愿在 2012~2017 年基本稳定。其他中心城市（包括省会城市和其他副省级城市）的落户意愿在 2012 年（48.99%）和 2017 年（40.66%）均与全国总体水平比较接近，但显著高于城市样本的平均水平，也高于地级市的平均水平。2017 年地级市的落户意愿平均水平（27.15%）较低，且 2012~2017 年显著降低，这与地级市相对较低的吸引力、以就近迁移人口为主有关。随着户籍制度改革的不断推进，地级市的落户条件和落户意愿同步变化且显著降低。

表 5-4 2012 年和 2017 年各行政级别城市的落户意愿

单位：%，个

行政级别	2012 年 平均值	2012 年 标准差	2012 年 样本数	2017 年 平均值	2017 年 标准差	2017 年 样本数
直辖市	63.66	21.30	4	62.04	19.74	4

续表

行政级别	2012 年			2017 年		
	平均值	标准差	样本数	平均值	标准差	样本数
其他中心城市	48.99	11.32	32	40.66	10.27	32
地级市	38.83	13.52	150	27.15	10.35	169

三 城市层面落户意愿影响因素

在流动人口个体特征影响落户意愿的基础上，城市层面的落户意愿一方面与该城市对流动人口的吸引力有关，另一方面与该城市制定的落户条件有关。本章结合人口迁移理论、城市增长理论以及以往关于落户意愿的研究，分析城市层面落户意愿的影响因素。

（一）城市吸引流动人口落户的因素

城市吸引流动人口落户的因素与人口迁移、城市增长的决定性因素基本一致，主要取决于迁入地城市的吸引力或效用水平（福祉水平）。一方面，城市增长的历史依赖性表明，城市规模在一定程度上内生于城市吸引力特征，这与 Krugman（1992）关于历史依赖性对产业集聚的影响类似，主要来源于集聚经济（Marshall，1890；Duranton and Puga，2004）和区位基础理论，即城市自然条件的吸引力（Glaeser et al.，2001；Black and Henderson，2003）。有研究表明，即便在遭遇外部巨大冲击后，城市规模依然会回到原来的增长路径（Davis and Weinstein，2002；Brakman et al.，2004；Gabaix and Ioannides，2004）。另一方面，收入、房价、舒适度等影响城市吸引力和落户意愿的因素可以结合空间均衡思想进行讨论。城市之间存在福祉均衡特征，收入的提升会导致房价上涨，舒适度的价值也会"资本化"在当地的住房价格中（Rosen，1979；Roback，1982；Glaeser and Gottlieb，2009）。由此，讨论收入、房价、舒适度对城市增长的影响时，需要考虑空间均衡特征。这一点还体现在计量分析上，需要考虑城市规模与收入、房价的相关性以及由此产生的多重共线性问题。

（二）城市落户条件对落户意愿的影响

落户意愿与落户条件紧密相关。随着户籍制度改革和城市落户条件的不断降低，很多城市实现了"应转尽转、想落尽落"，这些城市的落户意愿也随之降低。2014 年，国家新型城镇化战略和"三个一亿人"目标的实施，使不同类型的城市制定了差异化的落户条件。[①] 2017～2018年，各地中心城市纷纷降低落户条件以吸引各类人才，主要体现在落户的学历条件不断降低、落户的购房补贴等方面。自 2019 年提出"全面取消城区常住人口 300 万以下的城市落户限制"[②] 以来，中国户籍制度改革取得显著成效，目前落户条件较高的城市主要是 300 万以上人口城市、各地中心城市等，这类城市也是当前落户意愿较高的城市，对应了落户意愿的结构特征。

（三）城市流动人口特征对落户意愿的影响

影响个体落户意愿的因素可以综合为影响城市层面落户意愿的因素。根据个体层面落户意愿的分析，个体落户意愿影响因素可以从城乡两栖能力、两栖成本的角度进行综合分析。其中，农村生活能力越强或农村权益越高往往会降低落户意愿；流动人口在迁入城市的生活能力（以居住状况、人力资本、收入水平等来衡量）越强则落户意愿越高。在城乡两栖成本方面[③]，迁移范围或距离越近，比如就近城镇化或市域、县域两栖人口，往往落户意愿越低，反之则越高。这些影响个体落户意愿的因素，可以以总体比重的形式量化为城市层面影响落户意愿的指标。

四 城市层面落户意愿影响因素检验

基于城市层面落户意愿影响因素的分析，本部分构建计量模型，综合使用微观调查数据和城市数据，利用不同年份不同模型对各类影响因素进行检验，并利用双重差分法检验 2014 年户籍制度改革对各类城市落户意愿的影响。

[①] 《国务院关于进一步推进户籍制度改革的意见》（国发〔2014〕25 号）。
[②] 中共中央办公厅、国务院办公厅印发《关于促进劳动力和人才社会性流动体制机制改革的意见》（2019 年 12 月 25 日）。
[③] 另一方面的城乡两栖成本主要是不落户而放弃的本地户籍居民权益，这与所在城市户籍附属的公共服务政策有关，与前面讨论的城市吸引力和制度约束相关。

(一) 落户意愿影响因素的基本关系检验

根据城市层面流动人口落户意愿影响因素分析，构建以下模型对其进行检验：

$$SW_{it} = c + \sum_j a_j CC_{j,it} + \sum_k b_k PC_{k,it} + \varepsilon_{it} \qquad (5-1)$$

其中，i 和 t 分别代表城市和年份，SW_{it} 表示城市 i 第 t 期的落户意愿，$CC_{j,it}$ 表示各类城市特征变量，$PC_{k,it}$ 表示城市层面的流动人口特征变量，ε_{it} 为误差项。在城市特征变量方面，考虑影响城市吸引力的因素和空间均衡特征，主要对城市规模、行政级别、沿海城市虚拟变量、相对收入、一月平均最低气温等变量进行分析。相关数据来自《中国城市统计年鉴》和《中国城市建设统计年鉴》。在城市层面的流动人口特征变量方面，根据影响个体落户意愿的因素，采用中国流动人口动态监测调查数据，主要控制各个城市流动人口样本中拥有宅基地比重、拥有承包地比重[①]、拥有城市自有房比重、受大专以上教育比重、跨省迁移比重等。

据此，分别利用 3 个年份的数据，考虑空间均衡特征，首先对城市规模、城市流动人口特征与落户意愿的关系进行基本检验，结果见表 5-5。模型 1 和模型 2 分别为 2012 年和 2016 年数据，模型 3～模型 5 为 2017 年数据，拥有宅基地和承包地仅在 2017 年有调查数据。检验结果显示，城市规模与落户意愿之间表现出显著的正相关关系，这与统计分析的结果一致，其系数从 2012 年的 0.024 左右降至 2016 年和 2017 年的 0.018 左右，基本稳定。受大专以上教育的流动人口比重与落户意愿之间的关系有所调整，在 2012 年时表现出负相关关系（单独对该年份落户意愿和该指标进行分析时，负相关关系不显著）[②]；在 2016 年和 2017 年，受大专以上教育的流动人口比重与落户意愿显著正相关（在 10% 的水平下显著），这与理论假设一致。当单独检验时，其在 1% 的水平下显

---

① 拥有宅基地和承包地的比重仅 2017 年有调查，仅询问农业户口、农转居的人群，非农户口、非农转居、居民户口人群不回答该题。

② 结合样本来看，可以解释为，由于 2014 年才全面放开 300 万以下人口城市落户限制，之前存在一定的人力资本错配情况，在 2012 年，还存在部分中小城市受大专以上教育比重较高但落户意愿较低的情况。

著，显著性的变化与该指标和城市规模、自有房比重的显著正相关关系有关。在城市拥有自有房的流动人口比重与落户意愿在各个年份均显著正相关，显著性水平有所差别。跨省迁移的流动人口比重与落户意愿正相关，迁移距离越远（范围越大），落户意愿越高，这在户籍制度改革后的2016年和2017年尤为显著。2017年加入拥有农村权益的比重之后，拥有承包地的比重与落户意愿显著负相关，由于两者的显著相关性，模型4中拥有宅基地比重与落户意愿的关系变得不显著，在模型5中，仅考虑拥有承包地的比重时，其系数绝对值显著提高。

表5-5 城市规模、流动人口特征与落户意愿的基本关系（OLS）

变量	模型1 SW2012	模型2 SW2016	模型3 SW2017	模型4 SW2017	模型5 SW2017
城市规模	0.0236*** (0.0036)	0.0188*** (0.0042)	0.0178*** (0.0034)	0.0171*** (0.0031)	0.0172*** (0.0031)
受大专以上教育比重	-36.1380** (16.2929)	43.2027* (24.7347)	27.8608* (15.4818)	24.9104* (14.0716)	23.5635* (13.9836)
拥有城市自有房比重	45.1065*** (7.9441)	23.4114** (9.5218)	12.9145* (6.8946)	11.4249* (6.7161)	12.8094** (6.3352)
跨省迁移比重	4.2766 (4.0645)	22.0390*** (4.2692)	14.3902*** (3.5514)	10.3937*** (3.3326)	10.3814*** (3.3355)
拥有宅基地比重				-3.0539 (4.4662)	
拥有承包地比重				-19.2082*** (6.1092)	-21.0471*** (5.4293)
常数项	31.5831*** (2.5769)	3.6666 (2.9318)	13.1654*** (2.9606)	29.0681*** (5.0448)	27.7418*** (4.6828)
样本量	185	180	203	203	203
R²	0.3393	0.4279	0.3596	0.4169	0.4160

注：括号中为系数标准差；*、**、***分别表示在10%、5%、1%的水平下显著。下同。

在对各年份进行普通最小二乘法（OLS）检验的基础上，构建三个年份的面板数据进一步检验其稳健性，并加入相关城市特征指标进行分析，结果见表 5-6。考虑 2012~2017 年落户意愿的降低态势，采用时期固定的面板数据进行分析，即固定效应模型估计（FEM），后续利用双重差分法（DID）对 2014 年户籍制度改革的影响进行分析。根据表 5-6，模型 6 对三个年份的数据进行了面板数据分析，城市规模与落户意愿的关系系数依然在 0.02 左右，拥有城市自有房的流动人口比重、跨省迁移的流动人口比重与落户意愿依然显著正相关，受大专以上教育的流动人口比重与落户意愿的正相关关系不显著，这与表 5-5 显示 2012 年该自变量系数为负有关。考虑到这一点，模型 7 至模型 10 不再加入这一指标。在模型 7 中，在不考虑这一指标之后，其余指标系数依然显著，且城市规模、拥有城市自有房比重与落户意愿的关系系数均有所提高。

表 5-6 城市特征、流动人口特征与落户意愿的基本关系（FEM）

变量	模型 6	模型 7	模型 8	模型 9	模型 10
城市规模	0.0212*** (0.0019)	0.0222*** (0.0018)	0.0132*** (0.0027)	0.0123*** (0.0027)	0.0131*** (0.0027)
受大专以上教育比重	10.7152 (8.5416)				
拥有城市自有房比重	23.7426*** (3.2002)	24.4181*** (3.1561)	24.9560*** (3.1075)	24.4920*** (3.0873)	23.5627*** (3.5659)
跨省迁移比重	12.3959*** (2.2660)	12.0649*** (2.2518)	12.5514*** (2.2181)	9.5081*** (2.4086)	7.4411*** (2.5515)
行政级别			7.2440*** (1.6348)	7.4114*** (1.6232)	5.2046*** (1.7448)
沿海城市虚拟变量				4.2143*** (1.3543)	4.2884*** (1.4530)
相对收入					-0.9746*** (0.3613)
一月平均最低气温					-0.1157* (0.0620)
常数项	17.2457*** (1.6917)	18.3252*** (1.4573)	10.7723*** (2.2273)	11.1868*** (2.2143)	20.2954*** (3.7185)
样本量	568	568	568	568	551
R^2	0.3192	0.3173	0.3404	0.3516	0.3618

考虑空间均衡特征的存在，之前对城市特征的考察仅采用城市规模指标，在模型8~模型10中陆续加入城市特征指标，包括城市行政级别、沿海城市虚拟变量以及相对收入、一月平均最低气温。由于城市行政级别与城市规模的显著正相关关系，在加入行政级别指标之后，城市规模的系数显著降低，行政级别与落户意愿之间表现出显著的正相关关系，这是由于各地中心城市往往是各地规模最大、公共服务水平最高、最具吸引力的城市。沿海城市的吸引力既体现在更高的开放度和发展水平上，也体现在更高的舒适度上，因而模型9的沿海城市虚拟变量与落户意愿显著正相关，而且加入该变量之后，跨省迁移的流动人口比重的系数显著降低，这可以解释为很多跨省迁移是指迁往东部沿海地区。在模型10中加入了相对收入和衡量舒适度的一月平均最低气温指标。由于空间均衡特征的存在，收入水平、房价均与城市规模显著正相关，因而直接的回归分析均是正相关关系，并不能区分收入的吸引力和房价的挤出效应，为此利用"收入/房价"作为相对收入指标进行分析。结果发现，该项指标与落户意愿之间表现出显著的负相关关系，这可以从两方面解释：一方面，由于沿海等舒适度较高地区往往存在较高的房价溢价（既存在显著的舒适度的吸引力，又存在较高的房价的挤出效应），相对收入水平较低，同时又对应较高的落户意愿，从而使得房价溢价不高的内陆地区（舒适度较低的地区）相对收入更高，但其落户意愿较低；另一方面，这一收入房价比也可以解释为房价的挤出效应或者不平等（贫富差距）的影响，对于流动人口来说，高房价的挤出效应大于平均收入的吸引力。在城市增长研究中，一月平均最低气温是20世纪美国城市增长的重要影响因素（Glaeser et al., 2001），在中国城市增长中的作用也日趋明显。但在模型10中，一月平均最低气温与落户意愿之间呈负相关关系，这可能与北京、天津、大连、青岛等城市落户意愿显著较高，而西南和中部地区省会城市落户意愿显著较低有关，城市类型特征和制度约束变量超过了这一舒适度变量对落户意愿的影响。

（二）户籍制度改革影响落户意愿的双重差分检验

以上分析表明2012~2017年落户意愿显著降低，这与2014年发布的《国务院关于进一步推进户籍制度改革的意见》（国发〔2014〕25号）以及《国家新型城镇化规划（2014—2020年）》提出"三个一亿人"的市民化目标有关。其中，政策要求300万以下人口城市取消或放宽落户条件。本章统计描述部分以300万人口城市为分界点，表现出显著差异。为此，建立户籍制度改革影响落户意愿的双重差分模型：

$$CW_{it} = c' + a'(D \times T)_{it} + \sum_m b'_m X_{m,it} + \mu_D + \mu_T + \varepsilon_{it} \quad (5-2)$$

其中，D_{it}表示处理组城市（赋值为1，其余为0），T表示户籍改革意见发布前（赋值为0）和发布后（赋值为1），$(D \times T)_{it}$为1时表示文件发布后处理组城市。a'表示户籍制度改革对处理组城市的影响系数，为主要考察的变量。$X_{m,it}$表示影响落户意愿的一系列控制变量。μ_D、μ_T分别表示处理组虚拟变量系数、时期虚拟变量系数，ε_{it}为误差项。

根据政策要求、统计描述，首先以300万人为节点，将样本城市分为两类。为此，表5-7中模型11和模型12的D_1为300万以下人口城市虚拟变量，D_1和T均与落户意愿显著负相关，但$D_1 \times T$（300万以下人口城市在改革后的交叉项）的负相关关系并不显著。这表明，改革前后落户意愿显著降低，300万以下人口城市的落户意愿显著降低，但交叉项并不显著，结合统计分析和计量检验，可以解释为由300万以下人口城市中的各地中心城市和沿海城市较大的吸引力、较高的落户意愿引起的偏差。为此，在D_1基础上，构建300万以下人口内陆地级市的处理组虚拟变量D_2进行分析，模型13和模型14分别汇报了2012~2016年和2012~2017年的双重差分模型检验结果，D_2和T与落户意愿依然显著负相关，2012~2016年交叉项$D \times T$与落户意愿的负相关关系显著性提高，模型13在5%的水平下显著，模型14的显著性水平接近10%（为0.126），表明户籍制度改革意见对300万以下人口内陆地级市影响更大，即伴随户籍制度改革，这类城市的落户条件不断降低，当愿意落户的流动人口基本落户之后，未落户的流动人口中愿意落户的比重降低。在此基础上，模型15和模型16进一步控制了受大专以上教育的流动人口比重、拥有城市自有房的流动人口比重、跨省迁移的流动人口比重，交叉项系数的显著性进一步提高，显著性水平提高到1%和10%的水平。这进一步论证了城市流动人口特征与落户意愿关系的稳健性。其中，流动人口拥有城市自有房比重和跨省迁移比重与落户意愿显著正相关；受大专以上教育比重与落户意愿的正相关关系不显著，与前面的分析一样，这与 2012 年的该项数据有关。

综合模型 13～模型 16，2014 年户籍制度改革意见对 300 万以下人口内陆地级市落户意愿的影响更大，与其他城市比，2012～2016 年落户意愿多降低了 7～8 个百分点，2012～2017 年多降低了 4～5 个百分点。其中，2012～2017 年降低幅度略小，可以解释为 2017 年初各地中心城市陆续降低落户条件，缩小了这些城市落户条件与其他城市的差距。

表 5-7　户籍制度改革对落户意愿的影响（DID）

变量	模型 11	模型 12	模型 13	模型 14	模型 15	模型 16
年份	2012～2016	2012～2017	2012～2016	2012～2017	2012～2016	2012～2017
文件发布后处理组城市 $D \times T$	-4.8769 (4.2915)	-2.6276 (3.8689)	-6.8489** (3.1470)	-4.3872 (2.8646)	-7.9143*** (2.9100)	-5.0726* (2.7203)
处理组城市 D_1	-14.3991*** (2.7112)	-14.3991*** (2.7104)				
处理组城市 D_2			-7.4754*** (2.1428)	-7.4754*** (2.1422)	-5.9843*** (2.1602)	-6.3602*** (2.1227)
户籍改革意见发布后 T	-9.1605*** (4.0277)	-8.7626** (3.6387)	-8.6436*** (2.6659)	-8.0666*** (2.4559)	-13.2943*** (2.6262)	-12.2001*** (2.4913)
受大专以上教育比重					23.1020 (18.7833)	15.9108 (13.5915)
拥有城市自有房比重					33.2581*** (6.5057)	23.5048*** (5.7400)
跨省迁移比重					12.4626*** (3.7043)	9.3788*** (3.3940)
常数项	53.4870*** (2.4999)	53.4870*** (2.4991)	46.1660*** (1.7607)	46.1660*** (1.7602)	33.1968*** (3.3338)	36.7377*** (3.0037)
样本量	371	393	371	393	365	388
R^2	0.31	0.29	0.28	0.26	0.39	0.33

（三）稳健性说明

本章的结果是稳健的，这主要体现在四个方面。第一，在对落户意愿影响因素的分析中，分别采用了不同年份的数据进行 OLS 检验，同时采用了各个年份的面板数据固定效应（FEM）进行分析，且在双重差分模型（DID）检验中，相关系数的结果是稳健的。第二，加入城市规模的工具变量检验其与落户意愿的内生性时，发现模型中的落户意愿并不反向影响城市规模，这与本章采用的城市规模的统计口径是相符的，其中包含了未落户的流动人口，因而在短期内受落户意愿的影响不大。第三，本章考虑了空间均衡特征，避免了多重共线性的影响，相关模型通过了多重共线性检验。第四，本章的统计分析和各类计量模型（OLS、FEM、DID），以及下一部分对典型城市的解释，得到的观点和结论是一致的，且能相互印证，逻辑上是自洽的，相关关系的计量解释和经济解释是相互支撑的。

五 典型城市落户意愿的解释与讨论

以上研究分析了城市落户意愿的一般规律，考虑中国的多元化特征，各类城市的表现不同，还有一些城市的落户意愿可能跟直觉不一样，这里对一些典型城市的落户意愿结合具体指标进行解释和讨论，结果如表5-8所示。

表5-8 典型城市特征与落户意愿

单位：%，万人

典型城市		落户意愿		城市规模		城市流动人口特征（2017年）				
		2012年	2017年	2012年	2017年	PC1	PC2	PC3	PC4	PC5
高意愿超大城市	北京	79.03	78.20	1784	1877	36.61	21.77	100.00	69.44	51.81
	上海	80.66	74.26	2380	2418	31.74	32.31	100.00	74.45	48.62
	深圳	58.94	53.28	1055	1253	26.21	12.56	67.08	65.69	36.72
	广州	56.13	50.23	1015	1185	22.56	14.26	57.13	58.49	22.33
低意愿超大城市	重庆	34.98	34.51	1118	1500	25.11	42.29	34.17	72.48	62.54
高意愿大城市	厦门	71.94	61.98	273	347	16.66	10.51	46.62	89.23	57.38

续表

典型城市		落户意愿		城市规模		城市流动人口特征（2017年）				
		2012年	2017年	2012年	2017年	PC1	PC2	PC3	PC4	PC5
低意愿中心城市	合肥	36.47	25.54	307	396	25.20	55.99	4.55	83.32	72.24
	石家庄	30.53	23.45	251	284	18.05	22.70	31.75	80.47	66.94
	长沙	34.37	19.05	314	532	21.25	18.55	10.00	85.43	64.82
高意愿小城市	中卫	87.66	73.42	21	19	3.29	86.18	22.24	33.51	41.93
	酒泉	76.88	59.38	35	39	15.63	79.38	23.75	52.00	60.67
	克拉玛依	86.43	51.25	36	42	19.58	65.83	68.75	55.37	46.33

注：PC1~PC5分别表示受大专以上教育比重、拥有城市自有房比重、跨省迁移比重、拥有宅基地比重、拥有承包地比重。

高意愿超大城市包括北京、上海、深圳、广州等。近年来，北京和上海的城市规模基本稳定，深圳和广州依然在稳步增长。2012~2017年，这几个城市的落户意愿一直较高且相对稳定。这类城市较高的落户意愿与其作为人口迁移的主要目的地有关，具有很强的人口吸引力和最高的落户条件。从流动人口特征来看，北京和上海受大专以上教育的流动人口比重显著更高；流动人口拥有城市自有房比重高于深圳和广州，这与其户籍和购房资格挂钩之前尚有一部分购房者未能落户有关；作为直辖市，北京和上海的跨省迁移流动人口比重为100%，这也是这两个城市落户意愿显著高于深圳和广州的原因，深圳和广州跨省迁移的流动人口比重分别为67.08%、57.13%，其余的省内、市内迁移人口的落户意愿往往不高。

低意愿超大城市主要是重庆。重庆作为直辖市，具有较强的人口吸引力，但落户意愿并不高，低于全国总体水平。结合流动人口特征来看，这主要与其以就近迁移为主且拥有宅基地和承包地的比重较高有关，其中跨省迁移的比重仅为34.17%，显著低于其他超大城市，与其愿意落户的流动人口比重差不多；拥有宅基地和承包地的比重分别为72.48%和62.54%，其中拥有承包地的比重显著高于其他超大城市。与此同时，重庆的落户条件显著较低，在务工经商的年限、直系亲属投靠、人才和学生落户、购房落户等方面均很宽松，这也印证了落户意愿与落户条件的一体两面关系。

高意愿大城市以厦门为主进行分析,其落户意愿在2012~2017年均比深圳、广州等超大城市高。结合具体数据来看,其流动人口特征也与落户意愿的一般关系不符,衡量城市生活能力的指标比重不高,跨省迁移的比重不高,拥有农村权益的比重较高。进一步分析发现,这与其较高的舒适度和吸引力、自然空间约束和较严格的岛内落户条件有关。较高的岛内落户条件,使得福建省内、厦门市内迁移(岛外转岛内)等都变得严格,从而落户意愿较高。根据相关政策,外来务工人员落户厦门岛内或者岛外转岛内均需要房产和较长时期的居住证、社保条件(之前为8年,2018年调减为5年),调查显示的较低的自有房比重(10.51%)表明这一条件的门槛作用较强。

低意愿中心城市包括长沙、石家庄、合肥以及西南地区的一些省会城市(表5-8中省略,可参考表5-1)。这几个中心城市的落户意愿显著低于全国总体水平,且在2012~2017年显著降低。这些城市以内陆地区的中心城市为主,结合流动人口特征来看,与重庆类似,其以就近迁移为主,其中合肥和长沙的跨省迁移流动人口比重分别仅为4.55%和10.00%。同时,这些城市流动人口拥有宅基地和承包地的比重更高,分别在80%以上和60%以上。对于就近迁移且拥有较高农村权益的城乡两栖特征显著的流动人口来说,其落户意愿很低。

高意愿小城市主要包括中卫、酒泉、克拉玛依(图5-1左上角的三个城市)等50万以下人口的小城市。这些城市的样本量符合条件,因而虽然落户意愿偏高但仍保留样本进行分析。2012~2017年,这几个城市的人口规模基本稳定,落户意愿显著降低,但依然位居前列。结合流动人口特征来看,主要原因是拥有城市自有房的流动人口比重较高,中卫达86.18%。中卫和酒泉以省内迁移为主,跨省迁移比重较小,仅为22%~24%;克拉玛依的跨省迁移比重较高,达68.75%,这也是其落户意愿较高的原因。

六 结论与启示

本章通过统计分析、理论解释、计量检验以及典型城市分析,得到了一些有意义的研究结论。第一,近年来,总体的流动人口落户意愿呈现下降态势，从2012年的49.98%降低到2017年的39.01%，降低了近11个百分点，这与户籍制度改革降低了落户条件紧密相关；第二，各类城市落户意愿表现出显著的结构特征，这与城市吸引力显著相关，规模较大、行政级别较高、东部（沿海）地区城市的落户意愿较高；第三，与微观机理一致，流动人口的人力资本、居住状况、农村权益、迁移范围等城乡两栖生活特征与落户意愿显著相关；第四，2014年户籍制度改革显著降低了300万以下人口内陆地级市的落户意愿，与其他城市比，2012~2016年该类城市的落户意愿多降低了7~8个百分点，2012~2017年多降低了4~5个百分点。

基于这些研究结论，本章得到以下启示。第一，落户意愿的结构特征是由落户条件内生决定的，城市的落户意愿本质上反映了城市的落户门槛。总体落户意愿的降低以及部分吸引力较大的中心城市较低的落户意愿表明，当落户条件较低、实现"应转尽转、想落尽落"之后，其余流动人口的落户意愿将随之降低。第二，户籍制度改革需要农村土地制度、城市住房保障制度等协同推进。个体流动人口特征与城市层面流动人口的结构特征对落户意愿的影响表明，当前户籍制度改革的进程已经受到其他相关制度改革的掣肘，部分流动人口可能为了更好地保留农村权益而不愿意转户，部分流动人口可能由于城市生活能力不强不愿意转户等。为此，需要完善农村土地权益保护和交易机制，提高城市保障性住房的供给水平，协同推进系统性改革。第三，户籍制度改革的目的是消除人口迁移的制度约束，以市场调节为主。城市进入壁垒和人口迁移限制在国外也普遍存在，只是存在政策壁垒和市场壁垒的区别，户籍制度改革就是要逐步消除制约人口迁移的制度壁垒，通过提高迁移、落户的主观能动性，提高人力资本与城市特征的匹配水平（Chade et al., 2017；Duranton and Puga，2019），从而实现城市总体和个体福祉的最大化。

第六章　县域城镇化基础、趋势与推进思路

中国大部分农村在县辖范围内，县域是乡村振兴、城镇化和城乡融合发展的前沿阵地。2022年中央一号文件多次强调了县域、县城在乡村振兴中的重要地位。2022年5月，中共中央办公厅、国务院办公厅印发《关于推进以县城为重要载体的城镇化建设的意见》，党的二十大报告再次强调"推进以县城为重要载体的城镇化建设"。推进县域城镇化与"全面推进乡村振兴""构建新型工农城乡关系""推进以人为核心的新型城镇化"等息息相关，是中国城镇化的重点领域之一。一方面，在人口向大城市集聚的同时，越来越多的农村居民就近在县城就业、置业，其子女在县城接受教育，县城的县域中心功能日益凸显；另一方面，在乡村振兴战略背景下，县城是各类返乡入乡人员创业就业的重要载体。立足中国城乡发展的时代背景和县域城镇化研究基础，本章分析了中国县域城镇化的演进与趋势、特征与短板，提出了推进县域城镇化的思路和建议。

一　县域城镇化研究进展

现有关于县域城镇化的研究主要可以分为四类。一是关于中国县域城镇化格局的分析。高金龙等（2018）分析发现，2000~2015年中国县域土地城镇化率年均增长2.77%，在空间上呈现出不同于人口城镇化的扩散趋势。王婧和李裕瑞（2016）分析发现，2000~2010年32%的县域城镇化水平年均增长超过1.5个百分点，存在区域差异性和收敛性。刘彦随和杨忍（2012）分析发现，1990年以来中国县域城镇化水平时空动态的差异特征显著。二是关于县域人口就地就近城镇化的研究。蒋宇阳（2020）认为，农村家庭的决策考量由"经济收益最大化"转向"以教育为核心的综合收益最大化"，县城"半工伴读"模式日益普遍。肖磊和潘劼（2020）研究发现，不同于沿海地区，四川省县域城镇化以生活

为主导，农民进城的目标以生活与教育为主，而非进城务工。刘丽娟（2020）认为，经济成本和文化成本较低的就近城镇化是新生代农民工实现"体面进城"的最优选择。马海韵和李梦楠（2018）认为，要形成"县、镇、村"多层立体的就地就近城镇化模式。三是关于县域城镇化问题和思路的研究。杨传开（2019）认为，可以从增强农民进城定居能力、关注返乡农民工群体、提升中小城市和小城镇吸引力等方面加快县域城镇化。王耀等（2018）认为，亟须从产业发展、创新培育、人才育引、体制变革等方面推进县域城镇化。冯奎和程泽宇（2012）认为，推进县域城镇化，要在城市群与非城市群地区实施差别化政策。辜胜阻等（2008）提出，要以县城为中心推进农村城镇化，以特色产业为支撑发展县域工业化，以回流创业为途径打破人才瓶颈。四是关于各地县域城镇化的案例研究，包括各级行政区、各地县域城镇化的案例，主要集中在水平测度、空间格局、存在的问题与推进思路等方面。

二 县域城镇化的演进与趋势

县域城镇化有广义和狭义之分，广义的县域城镇化指所有县级行政区（包括县、区、县级市、旗等）的城镇化；狭义的县域城镇化是相对于市辖区而言的，以县城为中心的县域城镇化，是县域人口向县城及其建制镇建成区集中的过程。考虑市辖区的农村范围相对较小，本章重点讨论农村范围较大的以县城为中心的县域城镇化。

（一）县城人口占县域人口的比重演进

县域城镇化率指县域城镇人口（包括县城人口与建制镇建成区人口）占县域总人口的比重。由于不能获得县辖建制镇的建成区人口，本部分主要分析县城人口占县域总人口的比重[①]，采用《中国城乡建设统计年鉴》中的"（县城人口+县城暂住人口）／（县人口+县暂住人口）"进行计算。

从总人口特征来看，2010~2019 年，受城镇化和撤县设区等影响[②]，

[①] 有部分研究以此作为县域城镇化率，但不太准确，因为没有包括县域建制镇建成区的常住人口。

[②] 由于部分县改区、改市，县城个数不断减少，从 2000 年的 1674 个逐步减少到 2019 年的 1516 个。

县域总人口从7.21亿人逐步减少到6.86亿人，县城总人口从1.99亿人逐步减少到1.59亿人。如图6-1所示，县城平均人口占县域平均人口的比重稳步提升，从2010年的19.24%提高到2019年的23.13%，年均提高0.43个百分点。从平均人口特征来看，近年来，县域平均人口平稳波动，维持在45万人左右，2019年为45.25万人；县城平均人口稳步增加，从2010年的8.50万人逐步增加到2019年的10.47万人，年均增加2200人左右。虽然县城平均人口比重不断提高，但其与全国总体城镇化率的差距却越来越大，总体城镇化速度显著高于县域城镇化速度。根据图6-1，县城平均人口占县域平均人口的比重与全国总体城镇化率的差距从2006年的29.18个百分点提高到2010年的30.71个百分点，之后逐步提高到2019年的39.58个百分点，县域城镇化表现出显著滞后的特征。

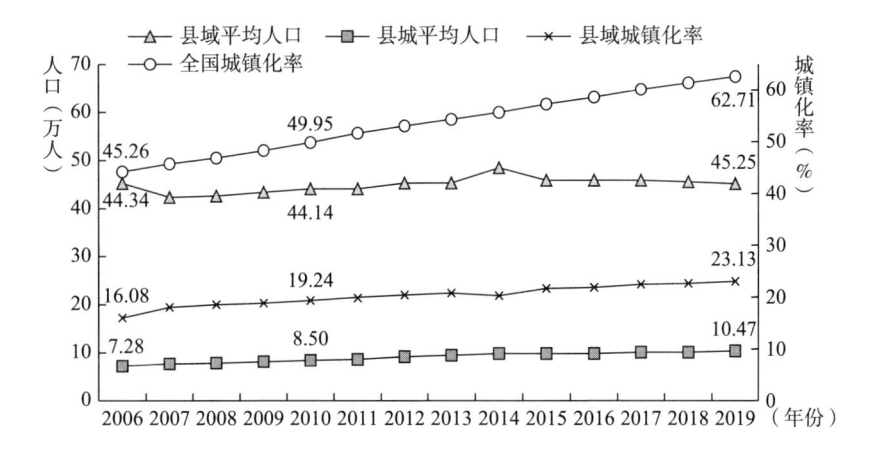

图6-1 2006~2019年中国县城人口与县域人口情况

资料来源：根据《中国城乡建设统计年鉴》相关年份数据计算、整理。

（二）城区、县城、建制镇建成区的人口结构

根据中国城镇人口统计结构，城镇人口主要包括城区、县城和建制镇建成区的人口。由于缺乏高质量的建制镇建成区常住人口数据[①]，采用总城镇人口减去城区总人口和县城总人口计算，该结果与有建制镇建成区常住人口统计的年份（2017年以来）的数据接近，是可靠的。2010~2019

[①] 《中国城乡建设统计年鉴》中2016年及之前的该指标数据为建制镇建成区户籍人口和建成区暂住人口，没有考虑户籍人口的外迁情况，从而该数据偏大。

年中国城镇化进程中,三类城镇人口增长表现出不同的特征(见表6-1)。

由于行政区划调整,以平均值进行分析,将总体数据作为参考。2010年以来,县城平均人口不断增加,其中2010~2015年县城平均人口增速最快,2015年以来其增速介于城区人口增速和建制镇建成区人口增速之间。从总体的城镇人口结构来看,2010~2019年城区、县城、建制镇建成区人口比重从"58.93:20.71:20.36"调整为"61.78:18.70:19.52"。可见,城区人口比重不断提高,县城人口和建制镇建成区人口比重表现出小幅降低的态势,这也与部分县镇行政体制改革有关。分地区来看,2010~2019年,大部分省份表现出城区人口比重不断提升、县城和建制镇建成区人口比重不断降低的态势。①

表6-1 2010~2019年城区、县城、建制镇建成区人口情况

类型	时期	个数(个)	常住人口(万人)	平均人口(万人)	占总城镇人口比重(%)
城区	2010年	657	39469	60.07	58.93
	2015年	656	45999	70.12	59.65
	2019年	679	52416	77.20	61.78
	2010~2015年年均增长率(%)		3.11	3.14	0.14*
	2015~2019年年均增长率(%)		3.32	2.43	0.53*
县城	2010年	1633	13873	8.50	20.71
	2015年	1568	15615	9.96	20.25
	2019年	1516	15865	10.47	18.70
	2010~2015年年均增长率(%)		2.39	3.23	-0.09*
	2015~2019年年均增长率(%)		0.40	1.25	-0.39*
建制镇建成区	2010年	16774	13636	0.81	20.36
	2015年	17848	15502	0.87	20.10
	2019年	18746	16562	0.89	19.52
	2010~2015年年均增长率(%)		2.60	1.42	-0.05*
	2015~2019年年均增长率(%)		1.67	0.42	-0.15*

注:*数据指年均增幅,单位为个百分点。
资料来源:根据《中国城乡建设统计年鉴》相关年份数据计算和整理。

---

① 数据来源为《中国城乡建设统计年鉴》,各省份数据省略汇报。

（三）县域城镇化的趋势估计

根据总人口、总城镇化率、三类城镇人口历史数据对县域城镇化进行趋势估计，结果见表6-2。其中，总人口和总城镇化率的值采用联合国2019年对中国的预测值。[①] 由于2015~2019年三类城镇人口的总量受到行政区划调整的影响，所以主要以平均人口增长率进行估计。

估计Ⅰ：按城区、县城、建制镇建成区2015~2019年的平均人口增长率估计2025年和2035年的平均人口，在此基础上，根据2019年三类行政区划的个数（679个、1516个、18746个），假定区划不调整（这不影响实际情况），计算三类人口总量和比重。根据估计Ⅰ，2025年的结果具有较强的可靠性，估计的总城镇人口与按联合国总人口和城镇化率估计的结果很接近，其中的偏差也与采用的总人口和城镇化率的估计值有关，若总人口预测值采用142000万人，则两者基本一致。2035年的估计值由于没有考虑增速递减问题，估计结果偏大。

估计Ⅱ：考虑估计Ⅰ的结果与按总人口、城镇化率估计存在的偏差，以估计Ⅰ的三类城镇人口比重结合总人口、城镇化率估计三类城镇人口的平均值，考察其稳健性。估计Ⅰ和估计Ⅱ的偏差主要与采用的总人口预测值有关，总人口预测值会影响其在城区、县城、建制镇建成区、乡村的分布数量。

估计Ⅲ：考虑估计Ⅰ中2035年的估计值忽视了增速递减问题，按照2019年和估计Ⅰ中2025年三类人口比重的调整趋势，推算2035年三类人口比重，据此结合总人口和城镇化率估计城区、县城、建制镇建成区的平均人口。

结合估计Ⅰ、估计Ⅱ和估计Ⅲ，可以认为估计Ⅰ和估计Ⅱ中2025年的估计值比较可靠，估计Ⅲ中2035年的估计值比较可靠。到2025年，城区、县城、建制镇建成区的平均人口分别约为90万人、11万人、0.9万人，三类城镇人口比重约为"64∶18∶18"；到2035年，城区、县城、建制镇建成区的平均人口分别约为108万人、12万人、0.86万人，三类城镇人口比重约为"68∶17∶15"。具体到县域来说，在中国未来城镇化进

[①] 联合国对中国总人口的预测值来自 https://population.un.org/wpp/Download/Standard/Population/；联合国对中国总城镇化率的预测值来自 United Nations(2019)。

程中,县城人口平均规模将稳步扩大,从2019年的10.47万人逐步提高到2025年的约11万人和2035年的约12万人,县城人口占总城镇人口的比重稳定在17%~18%;建制镇建成区的平均人口将呈现先增后趋稳再减少的趋势,2025年约为0.9万人,到2035年降至0.86万人左右,建制镇建成区人口占总城镇人口的比重逐步降低,从2019年的19.52%逐步降至2025年的约18%和2035年的约15%。

表6-2 城区、县城、建制镇建成区人口预测

单位:万人,%

指标	历史数据		估计Ⅰ		估计Ⅱ		估计Ⅲ
	2015年	2019年	2025年	2035年	2025年	2035年	2035年
总人口	137462	140005	145791	146108	145791	146108	146108
城镇化率	56.10	60.60	66.48	73.90	66.48	73.90	73.90
城区人口比重	59.65	61.78	63.96	67.48			68.31
县城人口比重	20.25	18.70	18.05	16.96			16.76
建制镇建成区人口比重	20.10	19.52	17.99	15.57			14.92
城区平均人口	70.12	77.20	89.17	113.39	91.29	107.30	108.63
县城平均人口	9.96	10.47	11.27	12.76	11.54	12.08	11.94
建制镇建成区平均人口	0.8709	0.8857	0.9084	0.9475	0.9300	0.8966	0.8595
估计的总城镇人口			94664	114099			
估计的城镇化率			64.93	78.09			

资料来源:此处总人口和城镇化率数据来自联合国的预测,其中历史数据未根据七普数据调整。

三 县域城镇化的特征

县域城镇化具有其特殊性,这一特殊性内生于其行政级别,一些发展水平较高的县会改区或设市,因而县域经济发展水平、人口集聚水平等往

往低于城区。具体而言,当前县域城镇化主要表现出以下五个方面的特征。

(一) 县城人口密度较低

县城人口密度低于城区,是符合发展规律的。近年来,县城平均建成区面积从2010年的10.16平方公里扩张到2019年的13.64平方公里,增长了34.25%,同期县城平均人口增长23.17%,由此县城人口密度不断降低,从8365人/公里^{2}降低到7675人/公里^2。2019年,县城人口密度显著低于城区(8691人/公里^2),约低1000人/公里^2,比2010年的差距(约1500人/公里^2)有所减小。[①] 分地区来看,重庆的县城人口密度显著高于其他省份的县城,其次是四川、湖南等地;东部地区县城的人口密度并不是最高的,江苏、浙江、山东等地的县城人口密度接近或低于全国县城总体水平,海南县城人口密度也较低;西藏、内蒙古、宁夏、新疆、黑龙江、辽宁等西北和东北地区县城的人口密度最低。

(二) 县城流动人口落户意愿较低

近年来,随着户籍制度改革和市民化的推进,流动人口落户意愿显著降低(苏红键,2020d)。根据2017年中国流动人口动态监测调查数据(CMDS 2017),2017年,县城流动人口的落户意愿仅为25.56%,显著低于全国总体的流动人口落户意愿(39.01%)(见表6-3),也显著低于区(市、旗等)的流动人口落户意愿(40.83%)。究其原因,主要是由于随着基本公共服务均等化的推进,加之农村产权制度改革提升了农业户口的预期价值,城乡两栖人口可以兼得城乡生活的优点,从而以近距离迁移为主的县城流动人口落户意愿往往低于城区流动人口的落户意愿(苏红键,2020a)。分地区来看,除了少数省份总体落户意愿接近或低于县城落户意愿外,大部分省份的县城落户意愿低于其总体落户意愿,有16个省份(不包括不设县的3个直辖市)的总体落户意愿高于县城落户意愿10个百分点以上。其中,差距最大的是江苏、湖北、山东、福建等地,差距在18~25个百分点;重庆、宁夏、吉林、河北、新疆等地的差距较小。

[①] 根据《中国城乡建设统计年鉴》相关年份数据计算,需要说明的是,县城常住人口的统计口径以户籍人口加上暂住人口计算,未考虑人口迁出,因而关于县城人口密度的计算并不精确。

表 6-3　2017 年各地县城落户意愿情况

单位：%，个百分点

省区市	总体落户意愿	县城落户意愿	差距	省区市	总体落户意愿	县城落户意愿	差距
全国	39.01	25.56	13.45	山西	38.08	28.24	9.84
北京	78.20	—	—	广西	36.33	25.77	10.56
上海	74.26	—	—	重庆	34.51	38.75	-4.24
天津	61.20	—	—	吉林	31.45	32.50	-1.05
海南	52.58	39.75	12.83	陕西	31.06	19.71	11.35
新疆	45.84	42.88	2.97	四川	30.70	18.91	11.79
山东	45.17	25.50	19.67	浙江	28.59	19.63	8.96
宁夏	43.33	47.30	-3.97	甘肃	28.13	17.50	10.63
黑龙江	42.53	29.06	13.46	内蒙古	27.96	15.00	12.96
辽宁	41.60	33.33	8.27	河北	27.93	28.54	-0.62
广东	39.78	25.83	13.94	河南	27.71	16.67	11.04
江苏	39.49	15.00	24.49	云南	27.62	23.27	4.34
西藏	39.08	28.50	10.58	江西	26.75	14.52	12.23
福建	38.96	20.16	18.81	贵州	25.62	21.97	3.65
湖北	38.58	15.71	22.87	安徽	21.92	17.25	4.67
青海	38.28	22.95	15.32	湖南	20.84	17.86	2.98

注：差距为总体落户意愿 - 县城落户意愿。
资料来源：根据 CMDS 2017 计算。

（三）县域经济发展水平不高

由于大部分农村在县辖范围内，县域经济发展水平往往低于全国总体水平。据统计，2013~2018 年，县域按当年价核算的总体 GDP 年均增长率（名义增长率）仅为 6.59%，显著低于同期全国的 GDP 名义增长率（8.71%）。[①] 从产业发展来看，2013~2018 年，县域三次产业结构从"13.9∶52.4∶33.6"调整为"11.8∶45.9∶42.3"，同期全国总体三次产业

---

① 根据《中国县域统计年鉴》与《中国统计年鉴》相关年份的数据计算。《中国县域统计年鉴》中的县域包括了一部分非主城区的区、县级市等，所以该县域的统计结果实际上要优于县的总体水平，可以反映县域发展水平低于全国总体水平的特征。

结构从"8.9∶44.2∶46.9"调整为"7.2∶40.7∶52.2"。可见，县域第一产业比重显著高于全国总体水平，这与县域包含了大部分农村地区有关；县域第二产业比重高于全国总体水平、县域第三产业比重显著低于全国总体水平，这与县域现代服务业发展水平显著较低有关。从发展趋势来看，县域产业呈现不断优化的态势，第一产业和第二产业比重逐步降低，第三产业比重不断提升，按此趋势预计，2021年之后县域经济总体会形成"三二一"型结构。

（四）县城公共服务有待优化

随着县城常住人口增长及其县域中心功能日益凸显，县城公共服务水平有待提升和优化。在城乡公共服务一体化快速推进的基础上，县域教育、医疗、养老服务等水平有待提升。其中，在越来越多农村子女进城入学的大背景下，城乡教育资源配置成为当前县域公共服务优化面临的主要难题。随着教育均等化的推进，外出务工人员子女基本实现了自主选择在本地或务工地接受义务教育。2019年，在外出务工人员子女中，小学随迁入学率和初中随迁入学率分别达55.17%和46.24%，分别同比提高2.01个百分点和1.77个百分点，且增速稳定[①]，这也使得城镇教育压力变大。根据表6-4，城区和镇的师均学生数显著高于乡村，其中小学的差距更大，这反映了县域农村学生进入县城或镇就读的态势。从各类学生比重的调整趋势来看，2015~2019年，在乡村就读的学生比重显著降低，其中，小学生的比重从30.60%降至24.22%，初中生的比重从16.29%降至13.47%。

表6-4 2015年和2019年城区、镇、乡村师生情况

单位：人，%

类别	年份	总体师均学生数	城区师均学生数	镇师均学生数	乡村师均学生数	城区学生比重	镇学生比重	乡村学生比重
小学	2015	17.05	18.96	18.01	14.57	31.68	37.71	30.60
小学	2019	16.85	18.42	17.63	14.01	37.53	38.25	24.22
初中	2015	12.41	12.96	12.62	10.89	33.42	50.29	16.29
初中	2019	12.88	13.12	13.08	11.65	37.43	49.10	13.47

资料来源：根据《中国统计年鉴》相关年份数据计算。

---

① 根据《中国统计年鉴》相关年份数据计算。

（五）县城建设水平快速提高

近年来，中国县城建设水平不断提高，市政公用设施配套情况与城区的差距快速缩小，由于县城人口密度较小，部分按人均计算的设施配套情况甚至优于城区。据统计，2010~2019年，县城用水普及率提高近10个百分点，至95.06%，与城区的差距从11.54个百分点降到3.72个百分点；县城燃气普及率提高超20个百分点，至86.47%，与城区的差距从27.15个百分点降低到10.82个百分点；县城人均道路面积从12.68平方米提高到18.29平方米，已经超过城区水平，这也与县城人口增速相对较低有关；县城污水处理率快速提高约33个百分点，至93.55%，与城区的差距从22.19个百分点降到3.26个百分点；园林绿化水平快速提升，人均公园绿地面积、建成区绿化覆盖率、建成区绿地率等指标差距快速缩小；城区与县城每万人拥有公厕数基本接近（见表6-5）。从2010~2019年发展趋势来看，县城市政公用设施配套中还存在部分落后指标，将在"十四五"期间达到城区水平。

表6-5 2010~2019年城区、县城市政公用设施比较

	年份	用水普及率（%）	燃气普及率（%）	人均道路面积（平方米）	污水处理率（%）	人均公园绿地面积（平方米）	建成区绿化覆盖率（%）	建成区绿地率（%）	每万人拥有公厕（座）
城区	2010	96.68	92.04	13.21	82.31	11.18	38.62	34.47	3.02
	2015	98.07	95.30	15.60	91.90	13.35	40.12	36.36	2.75
	2019	98.78	97.29	17.36	96.81	14.36	41.51	37.63	2.93
县城	2010	85.14	64.89	12.68	60.12	7.70	24.89	19.92	2.94
	2015	89.96	75.90	15.98	85.22	10.47	30.78	27.05	2.78
	2019	95.06	86.47	18.29	93.55	13.10	36.64	32.54	3.28
差距	2010	11.54	27.15	0.53	22.19	3.48	13.73	14.55	0.08
	2015	8.11	19.40	-0.38	6.68	2.88	9.34	9.31	-0.03
	2019	3.72	10.82	-0.93	3.26	1.26	4.87	5.09	-0.35

注：差距为相关指标"城区-县城"的值。若指标单位为%，则差距单位为个百分点。否则差距单位与指标单位一致。

资料来源：根据《中国城乡建设统计年鉴》相关年份数据计算。

四 推进县域城镇化的总体思路

基于县域城镇化的水平、趋势和特征,未来推进县域城镇化,要以新发展理念为引领,坚持高质量发展、多元化发展、协调发展、共享发展,全面提高县域发展质量、构建县域新型工农城乡关系。

一要坚持高质量发展。县城在中国城镇化进程中的人口承载功能基本稳定,这是符合发展趋势和发展规律的。县域城镇化的重点不是速度而是质量,要着力补短板。重点需要优化县域人居环境,提高县城对返乡创业就业人员、农村居民的吸引力,促进就地就近城镇化;优化县域产业体系,着力发展当地优势产业、完善农产品产业链、培育发展新业态,增强县城就业吸纳力;优化县城空间格局,根据县城人口规模和增长趋势加强土地和住房供给、公共服务和基础设施配套,增强县城人口承载力;增强县城中心功能,提升县城对建制镇、乡村的辐射带动力,促进县域城乡融合发展。

二要坚持多元化发展。中国的大国特征决定了县域发展的多元化,要立足各县发展基础和发展规律,因地制宜推进县域城镇化。对于城市群、大都市区或邻近县,要加强与中心城市的分工合作,为中心城市(区)提供生产制造、休闲康养、农产品供给等配套服务;对于东部沿海地区发展水平较高的县,要做好科学规划、创新体制机制,发挥县城高质量发展和县域城乡融合发展的示范引领作用;对于其他平原或丘陵地区的县,要根据县城人口增长态势,积极提升县城在县域的中心功能,带动乡村振兴,促进县域城乡融合发展;对于山区县或其他宜居性较弱地区的县,要积极提升县城服务功能,因地制宜做好县域乡村振兴或搬迁移民工作,为县域城乡居民提供高质量的公共服务和社会保障。

三要坚持协调发展。县域是乡村振兴、城镇化和城乡融合发展的前沿阵地,这是由中国行政区划设置内生决定的,因而,科学推进县域城镇化是促进工农城乡协调发展的重要举措。要注重县域城镇化与乡村振兴的协同推进,发挥县城、建制镇建成区对乡村人口的吸纳和服务功能,优化县域城镇(乡)体系,促进城乡融合发展;要注重县域三次产业协调发展、融合发展,构建城乡一体的商贸流通体系,完善农产品产业链,促进城乡电商、全域旅游发展；紧跟新一轮科技革命，以智慧农业、智慧城乡建设、智慧服务等智慧应用为抓手，促进县域城镇化与农业农村现代化、工业化、信息化同步推进。

四要坚持共享发展。城乡发展的根本是为了实现城乡居民福祉增进和均等化。县域城镇化要以人为核心，促进发展成果共享和城乡共同繁荣。要积极促进县域城乡居民增收，缩小城乡居民收入差距；加强县域教育联合体、医疗共同体、养老服务体系建设，提高县域城乡居民公共服务质量和均等化水平；加强县域城乡贫困统筹治理，着力推进脱贫攻坚与乡村振兴战略的衔接，巩固脱贫攻坚成果；在推进农村土地制度改革和户籍制度改革进程中，要充分尊重农民和城乡两栖人口的意愿和主观能动性，充分保障各类群体的权益；提高县城中心功能和辐射带动作用，促进城乡共同繁荣。

五 推进县域城镇化的重点任务

为推进高质量的县域城镇化，重点需要围绕县城中心功能提升和城乡融合发展，增强县城的吸引力、吸纳力、承载力和辐射带动力。

（一）优化县域人居环境，增强县城人口吸引力

县城作为县域人口的集聚地，也是县域优质公共服务、生活服务的集聚地，既要为县城人口提供优质服务，同时也要保障县域乡村居民的服务需求，以此增强对返乡创业就业人员和县域农村人口的吸引力。一要提升县域公共服务质量和均等化水平。优化教育资源在县城、镇、乡村的配置，特别是要科学规划、加强县城基础教育资源配置，以此保障县域农村学生进入县城接受基础教育的自主选择权，促进教育平等；提高县城医疗服务质量，完善县域医共体模式和分级诊疗体系，提高城乡居民优质医疗资源的可获得性；完善县域养老服务体系、公共文化服务体系等。二要提升县域生活服务质量。促进县域餐饮住宿、休闲娱乐、康养、家政服务等生活服务业提质升级，因地制宜发展夜间经济、地摊经济，积极培育生活服务新业态，为县域居民和返乡入乡人员提供多样化、高品质的生活服务。三要优化县域生态环境。要牢固树立"绿水青山就是金山银山"的理念，加强县域生态文明建设，坚持绿色发展，建

设美丽县城、特色小镇、美丽乡村。

（二）优化县域产业体系，增强县城就业吸纳力

县城往往具备土地和劳动力成本优势，且邻近农产品产地，部分县城具备一定的特色产业，因此，根据区域分工理论，县域（县城）要以发展符合比较优势的产业为主，带动就业和人口集聚。一是促进农村三次产业融合发展。重点要提高当地特色农产品及其加工业的发展质量，完善农产品商贸物流体系和城乡商贸体系，以农村电商带动城乡电商一体化发展，以乡村旅游带动全域旅游发展，积极完善农村金融、保险、技术服务等社会化服务体系。二是对于具备一定产业发展基础的县城，要积极促进现有产业转型升级、绿色发展。按照智慧化、绿色化、补链强链的发展思路，促进建材产业、农副产品加工业、食品制造业等传统产业转型升级。三是积极引进发展其他劳动密集型产业。在全球产业价值链转移的宏观背景下，各类县城要积极优化当地营商环境，主动承接发展电子信息、纺织服装等劳动密集型产业，带动县域经济发展和县域城镇化。四是紧跟新一轮科技革命浪潮，积极引导、鼓励发展数字经济，支持新业态新模式健康发展，从而带动扩大县域就业。

（三）优化县域空间格局，增强县城人口承载力

县城人口密度低于城区是符合发展规律的，但也要避免粗放扩张和低效利用，因而要科学推进县城低密度开发，协同推进县域人口城镇化与土地城镇化，保障土地和住房供给，增强县城人口承载力。一方面，要加强县域空间规划，优化"三生空间"。县域空间在国家空间治理体系中属于最基础的单元，要着力打造县域生产空间集约高效、生活空间宜居适度、生态空间山清水秀的"三生空间"；结合实际科学划定"三区"（生态空间、农业空间、城镇空间）、"三线"（生态保护红线、永久基本农田红线、城镇开发边界）。另一方面，要充分保障县城公共服务设施用地和保障性住房用地供给。积极推进县域城乡建设用地统筹利用，保障县城发展所需的建设用地供给，对于腾退整理的农村集体建设用地，优先支持县城教育、养老等公共服务设施用地、保障性住房用地；统筹城乡教育用地供给；建立县城保障性住房用地和农村宅基地统筹利用机制；稳定县城房地产市场。

（四）优化县域城乡关系，增强县城辐射带动力

县域是城镇化、乡村振兴和城乡融合发展的前沿阵地，要积极发挥和增强县城中心功能和辐射带动作用，精准分类以推动乡村振兴，构建县域新型工农城乡关系（苏红键，2020b）。一要促进县域城乡要素流动和资源统筹。完善县域流动人口、城乡两栖人口登记制度，完善返乡创业就业人员支持政策，健全城乡单位就业人员交流机制，完善城乡各类人才培训体系；建立完善县域城乡建设用地统筹利用机制；完善县域城乡一体化的公共服务和社会保障体系；规范和引导资本入乡；鼓励涉农技术创新和应用，引导涉农技术人才参与乡村振兴。二要分类带动乡村振兴，发挥农业农村多功能性。根据县域的乡村特征，分别对集聚提升类村庄、城郊融合类村庄、特色保护类村庄、搬迁撤并类村庄、粮食主产区村庄等实施多元化的乡村振兴举措，科学发挥农业农村在生产、生活、生态、文化、政治等领域的多功能性，包括农业农村的食品和原材料生产功能、生活和休闲养生功能、生态系统功能、农耕文化和乡风习俗传承保护功能、对迁移人口的保底功能和粮食安全保障功能等。三要分类发挥镇区功能，优化县域城镇（乡）体系。对人口集聚功能较强、发展水平较高的镇区，特别是东部地区的发达镇，要积极提升其功能，打造县域副中心；对于人口集聚功能较弱的镇区，以提升镇域服务功能、带动镇域乡村振兴为主。

六 结论与建议

本章分析了中国县域城镇化的演进、趋势、特征、总体思路与重点任务，主要结论包括以下4点。（1）近年来，县域平均人口维持在45万人左右，县城平均人口从2010年的8.50万人逐步增加到2019年的10.47万人，同期县城平均人口占县域平均人口的比重从19.24%提高到23.13%，年均提高0.43个百分点，低于总体城镇化推进速度。（2）据估计，县城人口平均规模将逐步提高到2025年的约11万人和2035年的约12万人，县城人口占总城镇人口的比重稳定在17%~18%；建制镇建成区的平均人口将呈现先增后趋稳再减少的趋势，从2019年的0.89万人增至2025年的约0.9万人，到2035年降至0.86万人左右，建制镇建成区人口占总城镇人口的比重逐步降低,从2019年的19.52%逐步降至2025年的约18%和2035年的约15%。(3)县域城镇化具有其特殊性,这一特殊性内生于其行政级别,主要表现出县城人口密度较低、县城流动人口落户意愿较低、县域经济发展水平不高、县城公共服务有待优化、县城建设水平快速提高等特征。(4)未来推进县域城镇化,要以新发展理念为引领,坚持高质量发展、多元化发展、协调发展、共享发展,积极优化县域人居环境以增强县城人口吸引力、优化县域产业体系以增强县城就业吸纳力、优化县域空间格局以增强县城人口承载力、优化县域城乡关系以增强县城辐射带动力,以此全面提高县域发展质量、构建县域新型工农城乡关系。

  为推进高质量县域城镇化,要积极落实和推进县域户籍、土地、公共服务、就业和培训服务等领域的改革。一要推进建立县域城乡统一的户籍制度。县城存在大量的城乡两栖人口,落户意愿较低,要以县域、县城为突破口,全面建立城乡统一的人口登记制度,在县域范围内,率先实现市民化率与城镇化率指标的统一。二要推进县域城乡建设用地统筹利用。县城在教育、养老等公共服务设施用地和保障性住房用地方面有待加强,要以县域、县城为突破口,将县域农村集体建设用地腾退指标优先保障县城此类用地;完善县域农村土地权益流转或退出机制,提高县域土地利用效率。三要完善县域城乡公共服务体系。加快完善县域城乡一体化的教育、医疗、养老、文化体育等公共服务和社会保障体系,优化公共服务资源配置,提升县域服务质量和均等化水平。四要完善县域就业和培训服务体系。统筹县域教育、人力资源和社会保障、农业农村等主管部门的培训功能和资源,全面优化培训体系,提升县域劳动力人力资本水平,以此实现可持续增收和居民福祉增进。

第七章　教育城镇化演进与城乡
义务教育公平之路

当前，中国义务教育阶段学生城镇化率明显高于人口城镇化率，这与教育"乡村弱、城镇挤"紧密相关，即乡村教育资源"质弱量余"与城镇教育资源"质强量缺"并存，如何优化城乡教育格局、实现城乡教育公平，成为中国城乡发展、教育发展亟待解决的重点难点。党的十九届五中全会提出"促进教育公平，推动义务教育均衡发展和城乡一体化"，党的二十大报告强调"加快义务教育优质均衡发展和城乡一体化"。在此背景下，本章融合城镇化和城乡发展研究、教育研究的观点，利用中国教育与人口统计数据[①]，分析当前中国总体和各地教育城镇化的特征、主要动力以及城乡义务教育格局，提出实现城乡义务教育公平的主要路径。

一　教育城镇化研究进展

本章与两类研究相关。一类是关于教育城镇化的研究。教育城镇化主要指义务教育阶段农村子女进入城镇就读的进程。胡俊生（2010）认为，农村教育城镇化已成趋势，农村教育的希望不在乡下而在城镇，教育城镇化是解决农村教育问题的主要举措；张欢和朱战辉（2021）认为，教育城镇化加速了农村教育的衰败，加重了农民家庭教育负担。类似的，有研究认为，有的地区教育城镇化是过度的（齐燕，2020）。教育城镇化的影响因素主要包括城乡教育资源的不均衡配置、农村阶层分化以及教育观念转变（张欢、朱战辉，2021），另有研究认为其影响因素还包括人口城镇化水平、城乡发展差距、城乡教育制度二元化等（吴磊等，2018）。另一类是关于城镇化进程中城乡教育发展与城乡教育公平的研究。习近平多次强调要努力让每个孩子都能享有公平而有质量的教育，这既体现了中国"有教无类"的传统思想，也体现在《中华人民共和国教育法》和《中国教育

---

① 若无特别说明，本章数据来自相关年份的《中国教育统计年鉴》与《中国统计年鉴》。

现代化 2035》等法律、规划以及相关政策中。其中，城乡教育差距是最主要的教育不公平之一，由此产生了较多关于城乡义务教育一体化和均衡发展的研究。有研究围绕政策目标构建指标体系对城乡义务教育一体化发展和均衡发展水平进行了评估或监测（李玲等，2012；凡勇昆、邬志辉，2014）；有研究探索了城乡义务教育发展的思路，存在城乡教育统筹治理理念（周晔、王晓燕，2014）、城乡义务教育一体化发展观（庞丽娟，2020）、"向农村倾斜"的城乡教育治理观（杨挺、李伟，2018）、城乡教育资源共生理念（孙德超、李扬，2020）等；有研究分别考察了城乡义务教育学校布局（白亮、万明钢，2018）、师资配置和交流（薛二勇、李廷洲，2015）的特征和优化思路；还有研究基于各地实践总结了不同的城乡义务教育发展模式，比如统一模式和多元化模式（杨挺、李伟，2018）、苏州和成都模式（王建，2016）等。可见，现有研究关于教育城镇化的看法还存在争论，因而对如何优化城乡教育结构、实现城乡教育公平存在困惑。

二 教育城镇化演进特征与地区特征

教育城镇化的进程可以用教育城镇化率进行衡量，主要指义务教育阶段在城镇就读的学生比重，其中，初中阶段和小学阶段向城镇集中的程度有所不同。本部分主要分析有系统的统计数据以来全国总体和各地义务教育阶段学生城镇化情况。

（一）教育城镇化演进特征

改革开放以来，伴随人口城镇化和人口迁移，教育城镇化快速推进。考虑到初中阶段学生向城镇集中的比重显著更高，分别对义务教育阶段的总体城镇化率、小学生城镇化率、初中生城镇化率与人口城镇化率进行比较分析，并对城区、县镇、乡村[①]三类学生比重和人口比重的结构进行比较分析。

根据图 7-1，从教育城镇化和人口城镇化的演进及其比较来看，其主要表现出以下特征。第一，义务教育城镇化快速推进，近年来速度提高。

[①] 《中国教育统计年鉴》中，2010 年之前分城市、县镇、农村统计，2011 年以后分城区、镇区、乡村统计，分别与国家统计局《统计上划分城乡的规定》中的城、镇、乡村对应。考虑其中的"镇区"包含县城和建制镇建成区，本章统一称"县镇"。

1987~2010年,义务教育阶段学生城镇化率和人口城镇化率分别从21.70%、25.32%提高到53.11%、49.95%,表现出同步推进的特征;由于2011年统计口径调整①,2010~2011年各类城镇化率均出现骤增,义务教育城镇化率从53.11%提高到65.13%;2011~2019年,义务教育城镇化率增幅高于人口城镇化率近3个百分点,到2019年达79.15%,高出人口城镇化率16.44个百分点。第二,小学生城镇化率表现出显著的阶段特征。由于2001年《国务院关于基础教育改革与发展的决定》要求"五三"学制统一调整为"六三"学制,小学生城镇化率在2000~2001年出现骤降;2001~2010年,小学生城镇化率显著低于人口城镇化率,这与该期间农业转移人口快速增加,但由于公共服务均等化发展滞后,随迁入学比重显著较低有关;经历2010~2011年骤增之后,2011年以来小学生城镇化率快速提高,从2011年的59.05%提高到2019年的75.78%,提高幅度高出同期人口城镇化率约5个百分点,这与近年来小学生随迁入学、就近进入县镇就读的规模快速扩大有关。第三,初中生城镇化率一直都高于人口城镇化率且增速稳定,反映了初中教育向城镇集中的普遍特征。该比重在2000~2001年受学制调整影响出现波动,之后恢复平稳提高态势;2011年统计口径调整后,初中生城镇化率从2011年的77.05%稳步提高到2019年的86.53%,略低于同期人口城镇化率增幅。

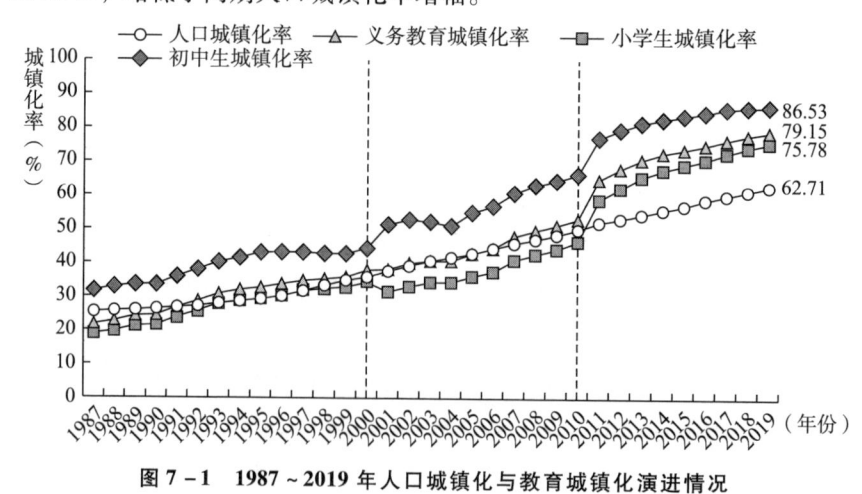

图7-1 1987~2019年人口城镇化与教育城镇化演进情况

① 2011年开始将"城乡接合区"和"镇乡接合区"分别包含在"城区"和"镇区"。

从城区、县镇、乡村三类地区的学生结构和人口结构比较来看，近年来，城区学生比重与其人口比重逐渐接近，县镇学生比重显著高于其人口比重，乡村学生比重显著低于其人口比重。根据《中国城乡建设统计年鉴》，2011～2019 年城区、县镇、乡村的人口比重从"30.36∶20.91∶48.73"调整为"37.44∶23.16∶39.40"（苏红键，2021d），同期小学生在三类地区的分布比重从"26.26∶32.78∶40.95"调整为"37.53∶38.25∶24.22"，初中生的分布比重从"28.35∶48.70∶22.95"调整为"37.43∶49.10∶13.47"。比较来看，在此期间，城区小学生比重快速提高至与城区人口比重接近的水平，县镇小学生比重显著高于县镇人口比重（从高出约 12 个百分点到高出约 15 个百分点），乡村小学生比重显著低于乡村人口比重（从低约 8 个百分点到低约 15 个百分点）。城区初中生比重快速提高至与城区人口比重接近的水平，这与城区小学生的情况一致，反映了城市公共服务均等化的推进成效，县镇初中生比重显著高于其人口比重（从高约 28 个百分点降至高约 26 个百分点，这一降低与城区分流有关），乡村初中生比重显著低于其人口比重（稳定在低约 26 个百分点）。

（二）教育城镇化地区特征

与人口城镇化的多样化特征一样，各地教育城镇化进程也表现出不同特征。各地的人口城镇化率与教育城镇化率表现出显著的正相关关系，其中，小学生城镇化率与人口城镇化率的关系比初中生城镇化率与人口城镇化率的关系更加显著（见表 7-1 和图 7-2）。

利用各省份各类教育城镇化率和人口城镇化率进行 Wald 聚类分析发现，各省份大体可以分为五类地区。第Ⅰ类地区为东部 3 个直辖市（即图 7-2 三个图的右上角三个点），也是 3 个超大城市，属于高人口城镇化率、高教育城镇化率地区，人口城镇化率均在 80% 以上，其中上海和北京的教育城镇化率位居前两位；第Ⅱ类地区包括广东、江苏、浙江、重庆、内蒙古等省区市，人口城镇化率在 59%～72%，教育城镇化率与 3 个直辖市接近，约为 90%；第Ⅲ类地区包括福建、山东、湖北、宁夏等省区，人口城镇化率接近或略低于第Ⅱ类地区，大部分略低于全国总体水平，义务教育城镇化率显著低于第Ⅱ类地区，与全国总体水平接近，在 80% 左右；第Ⅳ类地区包括河北、安徽、青海、河南等省份，人口城镇化率和教育城镇化率均低于第Ⅲ类地区，显著低于全国总体水平，教育城镇化率略高于70%；第Ⅴ类地区包括新疆、云南、西藏3个省区（即图7-2三个图的左下角三个点），教育城镇化率最低，远低于其他省份，不到60%，其中，新疆和云南的小学生城镇化率与人口城镇化率接近，在50%左右。

表7-1 2019年各省区市各类城镇化率情况（按聚类分析结果分类）

单位：%

省区市	各类城镇化率				C	省区市	各类城镇化率				C
	初中	小学	义务教育	人口			初中	小学	义务教育	人口	
全国	86.53	75.78	79.15	62.71		山西	87.24	82.69	84.20	59.55	Ⅲ
上海	97.06	96.73	96.85	88.30	Ⅰ	海南	87.76	77.14	80.35	59.23	Ⅲ
北京	94.39	93.29	93.56	86.60	Ⅰ	吉林	84.43	82.58	83.24	58.27	Ⅲ
天津	90.39	86.46	87.65	83.48	Ⅰ	江西	82.38	75.35	77.80	57.42	Ⅲ
广东	91.74	83.94	86.07	71.40	Ⅱ	湖南	83.03	77.86	79.51	57.22	Ⅲ
江苏	95.90	90.04	91.78	70.61	Ⅱ	四川	86.67	77.75	80.70	53.79	Ⅲ
浙江	91.48	87.21	88.53	70.00	Ⅱ	河北	84.25	67.30	72.46	57.62	Ⅳ
辽宁	90.19	87.05	88.13	68.11	Ⅱ	安徽	82.06	71.39	74.82	55.81	Ⅳ
重庆	92.48	86.78	88.78	66.80	Ⅱ	青海	80.85	66.53	70.98	55.52	Ⅳ
内蒙古	94.84	88.79	90.77	63.37	Ⅱ	河南	81.67	66.45	71.27	53.21	Ⅳ
黑龙江	89.29	89.73	89.55	60.90	Ⅱ	广西	87.37	62.88	70.42	51.09	Ⅳ
陕西	93.12	87.17	88.89	59.43	Ⅱ	贵州	85.50	69.87	74.81	49.02	Ⅳ
福建	86.77	81.80	83.24	66.50	Ⅲ	甘肃	82.73	68.67	73.06	48.49	Ⅳ
山东	90.72	77.35	81.74	61.51	Ⅲ	新疆	71.91	51.53	57.09	51.87	Ⅴ
湖北	87.68	79.99	82.34	61.00	Ⅲ	云南	72.66	49.68	57.12	48.91	Ⅴ
宁夏	86.69	73.19	77.76	59.86	Ⅲ	西藏	75.95	44.26	53.48	31.54	Ⅴ

注：C表示聚类分析的类别（Cluster）。

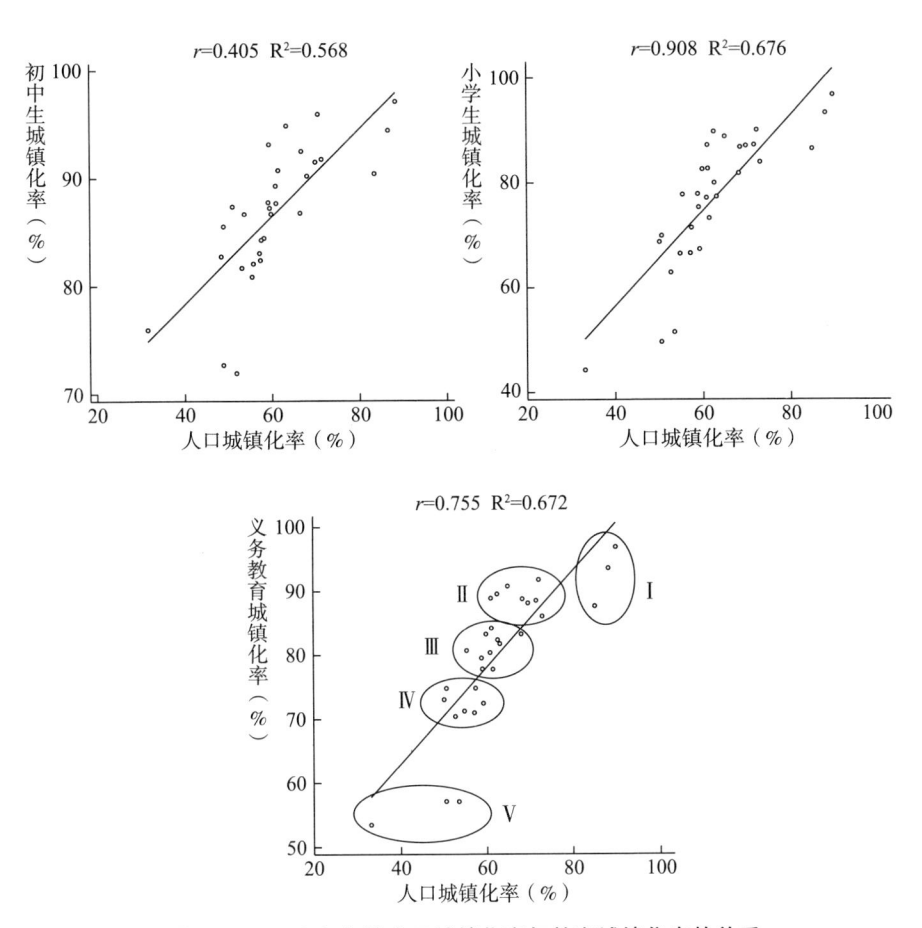

图 7-2　2019 年各地人口城镇化率与教育城镇化率的关系

三　教育城镇化加速的主要动力

近年来,在全面推进义务教育均衡发展和公共服务均等化的双重作用下,随迁就读比重提高以及越来越多的农村子女进入县镇就读成为教育城镇化加速的主要动力。

一方面,外出务工人员子女随迁就读比重不断提高,城区义务教育阶段学生比重逐渐与城区人口比重接近。随着农业转移人口市民化和公共服务均等化的推进,进城务工人员子女在务工地接受义务教育的权益保障得到加强,随迁就读比重不断提高(苏红键,2021b)。根据图 7-3

及相关数据，外出务工人员子女随迁入学比重不断提高。以《中国教育统计年鉴》中的"进城务工人员随迁子女在校生数/（进城务工人员随迁子女在校生数＋农村留守儿童在校生数）"进行计算，2011～2019年，随迁小学生比重从39.36%提高到52.96%，随迁初中生比重从30.06%提高到45.61%。随迁小学生比重显著高于随迁初中生比重，这既与子女年龄有关，也与义务教育后在当地参加升学考试政策有关。2014年存在一个显著的节点，小学阶段更加明显，这与2014年国家新型城镇化规划、户籍制度改革、加强农民工服务等相关文件[①]要求促进公共服务均等化、保障农民工随迁子女平等接受教育的权利有关。在2014年以前，随迁小学生比重稳定在40%左右，2019年快速提高到52.96%，随迁小学生规模从2014年的956万人快速提高到2015年的1014万人、2019年的1042万人。

图7-3 2011～2019年外出务工人员子女随迁入学比重情况

另一方面，越来越多的农村子女进入城镇接受义务教育，县镇成为县域义务教育阶段学生的主要集聚地，县镇义务教育阶段学生比重大幅高于其人口比重。农村子女进入县城就读以及由此引发的陪读现象，早在2008年前后便引起了关注（程方生，2008；丁秀玲、张军，2010）。虽然近年来县域义务教育均衡发展水平不断提高，但由于县域城乡教育差距的客观存在以及农村居民对子女教育日益重视，加之县城公共服务

---

① 《国家新型城镇化规划（2014—2020年）》《国务院关于进一步推进户籍制度改革的意见》《国务院关于进一步做好农民工服务工作的意见》。

均等化水平快速提高,越来越多的县域农村居民将子女送到县城接受义务教育。根据三类地区人口结构和学生结构比较可知,2011~2019年,县镇人口比重从20.91%提高到23.16%,同期县镇小学生比重从32.78%提高到38.25%,初中生比重从48.70%微调到49.10%,县镇小学生比重、初中生比重分别高于其人口比重约15个百分点和26个百分点,县镇很好地发挥了县域义务教育核心载体的功能。

四 教育城镇化背景下的城乡义务教育格局

教育城镇化与城乡义务教育资源配置格局相互影响。本部分根据中国城乡教育统计数据,从城乡教师配置、校班设置、办学条件等方面分析乡村教育资源"质弱量余"与城镇教育资源"质强量缺"的格局特征。

(一)乡村生师比显著较低,教师人力资本水平有待提高

伴随农村子女进城就读,乡村的师均学生数(生师比)显著少于城镇,即乡村生均教师数量较多,但乡村教师的人力资本水平却显著低于城镇(见表7-2)。

从全国总体来看,小学生师比及其城乡比均显著高于初中,2019年小学生师比约为16.85,初中生师比约为12.88。分阶段来看,2011~2014年[1],小学生师比和初中生师比均显著降低,其城乡比均有所扩大;2014年以来,小学生师比和初中生师比均略有提高,小学生师比的城乡比相对稳定,2019年为"1.31∶1.26∶1"[2],初中生师比的城乡比呈现逐年降低的态势,2019年为"1.13∶1.12∶1",小学生师比的城乡差别更大。各地总体生师比与其城乡比之间不存在显著的相关关系(数据省略汇报),有的地区生师比总体较低,但其城乡比较大,比如辽宁、甘肃、内蒙古、山西、黑龙江、吉林等省区小学生师比是最小的,但其城乡比是最大的;甘肃、北京、山西、吉林等省市初中生师比较小,但城乡比较大;也存在二者均较小的地区,比如上海、天津、西藏等地小学生师比及其城乡比均

---

[1] 考虑2014年的政策节点特征,汇报2014年数据。这一节点特征表现在相关数据趋势的调整上。

[2] 本部分"城乡比"采用城区(城市)、镇区(县镇)和乡村(农村)之比(乡村为1),根据统计数据特征,分别汇报城区和镇区的值,以体现城区和镇区的区别。

较小，天津、西藏等地初中生师比及其城乡比均较小。

当前，农村部分学科缺乏专业教师、部分教师适应新课程的能力不足、部分教师运用信息技术手段开展教学的能力不足等问题依然比较普遍[①]，这反映了乡村教师人力资本水平还有待提升。以本科及以上学历教师比重作为教师人力资本水平的替代指标进一步分析发现，近年来，小学和初中总体的本科及以上学历教师比重均不断提高，城乡差距不断缩小，小学该比重低于初中，2019年分别为62.51%和87.35%，其城乡比显著高于初中，2019年分别为"1.54∶1.20∶1"和"1.14∶1.04∶1"。各地该比重与其城乡比显著正相关（数据省略汇报），北京、天津、上海、江苏、浙江等省市该比重总体较高，城乡均等化水平较高；江西、四川、新疆、广西、海南等省区该比重较低，城乡差距较大。

表7-2 2011~2019年城乡教师配置情况

阶段	年份	总体	城区	镇区	乡村	城区∶镇区∶乡村
生师比及其城乡比（教师为1；乡村为1）							
小学	2011	17.71	19.09	18.12	16.64	1.15∶1.09∶1
小学	2014	16.78	18.88	17.65	14.41	1.31∶1.22∶1
小学	2019	16.85	18.42	17.63	14.01	1.31∶1.26∶1
初中	2011	14.38	14.48	14.73	13.58	1.07∶1.08∶1
初中	2014	12.57	13.39	12.70	10.93	1.23∶1.16∶1
初中	2019	12.88	13.12	13.08	11.65	1.13∶1.12∶1
本科及以上学历教师比重及其城乡比（%；乡村为1）							
小学	2011	28.47	49.59	27.01	17.74	2.80∶1.52∶1
小学	2014	41.68	61.42	39.61	29.06	2.11∶1.36∶1
小学	2019	62.51	76.65	59.47	49.65	1.54∶1.20∶1
初中	2011	68.22	81.98	64.92	58.72	1.40∶1.11∶1
初中	2014	77.89	87.81	74.89	69.46	1.26∶1.08∶1
初中	2019	87.35	93.08	84.78	81.58	1.14∶1.04∶1

---

① 《2019年全国义务教育均衡发展督导评估工作报告》，教育部网站，2020年5月19日，http://www.moe.gov.cn/fbh/live/2020/51997/sfcl/202005/t20200519_456057.html。

（二） 乡村校班数量持续减少，班均学生数显著少于城镇

中国城乡校班设置经历了两次大的政策调整和转变：第一次是在"村村办学"难以适应发展需要、各地在20世纪90年代后期开始"撤点并校"的背景下，2001年《国务院关于基础教育改革与发展的决定》正式提出"因地制宜调整农村义务教育学校布局"；第二次是在学校撤并过程中发现了一系列共性问题，2012年发布了《国务院办公厅关于规范农村义务教育学校布局调整的意见》。总体来看，乡村学校数、班级数持续减少，到2019年，乡村班均学生数显著少于城镇（见表7-3）。

结合政策演进和统计口径的调整，本部分对1990~2019年城乡小学和初中校班设置演进情况进行分析。在城乡小学校班设置方面，自1990年以来，总体的小学学校数不断减少，教学点数和班级数先减后增；城区小学学校数经历了先增后减再增的过程，镇区和乡村的学校数自2000年以来持续减少，其中，乡村学校数在2000~2010年减少了52.10%，在2011~2019年减少了47.57%。三类地区小学教学点数都经历了2000~2010年大幅减少之后大幅增加的历程，这与政策的阶段特征相符。2000~2019年城区和镇区班级数先减后增，乡村班级数持续减少。在城乡初中校班设置方面，自1990年以来，总体的初中学校数不断减少，班级数经历了先增后减再增的过程；城区初中班级数持续增加，但学校数在2000~2010年减少了42.79%，在2011~2019年又增加了24.47%；镇区初中学校数和班级数均持续增加，乡村初中学校数和班级数在2000年之后不断减少，初中阶段向镇区、城区集中的态势明显。

在学校数和班级数调整的同时，城乡班级平均规模随着教育城镇化进程与政策不断调整。小学班均学生数表现出显著的城镇多于乡村的特征，2019年城区、镇区和乡村分别为44.7人、41.7人和26.8人；近年来，小学总体班均学生数不断减少，城区和镇区学校在消除大班额政策的作用下，2011~2019年分别减少2.4人和3.9人，乡村学校则由于教育城镇化的推进，同期班均学生数减少4.2人。初中班均学生数的城乡差距较小，2019年城区、镇区和乡村分别为46.3人、47.0人和43.3人，这与乡村初中学校主要在乡中心有关，而乡中心与镇中心的差别相对较小；近年来，城乡初中班均学生数均不断减少。

表7-3 1990～2019年城乡校班设置演进情况

年份	总体			城区（城市）			镇区（县镇）			乡村（农村）		
	学校数（个）	班级数（个）	班均规模（人）	学校数（个）	班级数（个）	班均规模（人）	学校数（个）	班级数（个）	班均规模（人）	学校数（个）	班级数（个）	班均规模（人）
小学情况												
1990	766072	3980639	30.8	26565	319251	42.0	42279	333043	39.2	697228	3328345	28.8
2000	553622	3835663	33.9	32154	407317	44.6	81184	682738	39.4	440284	2745608	31.0
2010	257410	2616407	38.0	16400	381666	47.7	30116	566749	48.9	210894	1667992	32.1
2011	241249	2579093	38.5	26227	553645	47.1	45977	713236	45.6	169045	1312212	31.0
2019	160148	2807828	37.6	28461	887081	44.7	43056	967715	41.7	88631	953032	26.8
1990～2000年增长率（%）	-27.73	-3.64	3.2*	21.04	27.59	2.6*	92.02	105.00	0.3*	-36.85	-17.51	2.1*
2000～2010年增长率（%）	-53.50	-31.79	4.1*	-49.00	-6.30	3.1*	-62.90	-16.99	9.4*	-52.10	-39.25	1.1*
2011～2019年增长率（%）	-33.62	8.87	-0.9*	8.52	60.23	-2.4*	-6.35	35.68	-3.9*	-47.57	-27.37	-4.1*
初中情况												
1990	84399	786690	49.2	10779	128011	47.0	12772	136335	51.4	60848	522344	49.1
2000	72441	1108264	55.7	12723	199926	51.8	18652	307146	55.5	41066	601192	57.0

续表

年份	总体 学校数（个）	总体 班级数（个）	总体 班均规模（人）	城区（城市） 学校数（个）	城区（城市） 班级数（个）	城区（城市） 班均规模（人）	镇区（县镇） 学校数（个）	镇区（县镇） 班级数（个）	镇区（县镇） 班均规模（人）	乡村（农村） 学校数（个）	乡村（农村） 班级数（个）	乡村（农村） 班均规模（人）
						初中情况						
2010	54823	997272	52.9	7279	209542	50.5	18874	440061	55.3	28670	347669	51.3
2011	54117	977596	51.8	10758	285742	50.3	22362	459447	53.7	20997	232407	50.0
2019	52415	1044122	46.2	13390	389889	46.3	24548	504156	47.0	14477	150077	43.3
1990~2000年增长率（%）	-14.17	40.88	6.5*	18.04	56.18	4.8*	46.04	125.29	4.0*	-32.51	15.10	7.9*
2000~2010年增长率（%）	-24.32	-10.01	-2.7*	-42.79	4.81	-1.2*	1.19	43.27	-0.2*	-30.19	-42.17	-5.7*
2011~2019年增长率（%）	-3.15	6.81	-5.6*	24.47	36.45	-3.9*	9.78	9.73	-6.7*	-31.05	-35.42	-6.7*

注：①考虑版面问题，小学教学点数据省略汇报。＊指增幅，单位为人。

(三) 乡村办学条件快速改善，教育信息化水平有待提高

由于乡村学生数不断减少，加之城乡义务教育均衡发展的快速推进，生均乡村办学条件指标不断改善，且部分指标优于城镇，乡村教育信息化水平还有待提高（见表7-4）。

在生均办学条件指标方面，主要对城乡学校生均教学及辅助用房面积、运动场地面积、图书、教学用计算机等指标进行分析。在生均教学及辅助用房面积与生均运动场地面积方面，由于乡村学生不断减少，且乡村教育用地更加充裕，乡村的这两个指标均显著占优，同时，小学的该指标显著低于初中，且城乡差别更大，城镇教学及辅助用房与学校运动场地均表现出"挤"的特征。在生均图书方面，在乡村学生减少、图书配置增加的双重作用下，乡村小学的该指标快速提升，2014年以来逐渐高于城镇，乡村初中的该指标一直都高于城镇。在生均教学用计算机方面，乡村学校的该指标表现出显著的赶超态势，小学和初中该指标分别从2014年的0.06台和0.12台快速提高到2019年的0.14台和0.18台，同期小学该指标的城乡比从"1.45∶1.03∶1"调整为"0.83∶0.72∶1"，初中该指标的城乡比从"1.03∶0.81∶1"调整为"0.95∶0.79∶1"。

采用普通教室中网络多媒体教室比重衡量教育信息化水平发现，乡村该指标快速改善，小学和初中该指标分别从2014年的18.75%、39.68%提高到2019年的59.75%、73.44%，城乡差距不断缩小，2019年小学和初中该指标的城乡比分别为"1.51∶1.30∶1"和"1.20∶1.09∶1"，小学的城乡差距略大。同时，各地该比重总体水平与其城乡比显著相关（数据省略汇报），其中，北京、天津、上海、江苏、浙江等省市是该比重总体最高且城乡均等化水平最高的地区，吉林、河南、湖南、四川、西藏、青海等省区则是该比重总体较低且城乡差距较大的地区。值得注意的是，虽然城乡信息化硬件配套差距快速缩小，但还存在部分乡村学校此类设备使用率不高的问题，这进一步拉大了城乡教育信息化的差距。

表7-4 2014年和2019年城乡办学条件情况

阶段	年份	总体	城区（城市）	镇区（县镇）	乡村（农村）	城区∶镇区∶乡村
			生均教学及辅助用房面积（米²）			
小学	2014	3.79	3.23	3.31	4.88	0.66∶0.68∶1

续表

阶段	年份	总体	城区（城市）	镇区（县镇）	乡村（农村）	城区：镇区：乡村
生均教学及辅助用房面积（米²）							
小学	2019	4.11	3.44	3.71	5.81	0.59：0.64：1
初中	2014	5.00	4.94	4.69	6.01	0.82：0.78：1
初中	2019	5.75	5.75	5.43	6.90	0.83：0.79：1
生均运动场地面积（米²）							
小学	2014	7.17	4.59	5.88	11.12	0.41：0.53：1
小学	2019	7.15	4.65	6.33	12.33	0.38：0.51：1
初中	2014	9.41	7.30	9.35	13.72	0.53：0.68：1
初中	2019	10.06	8.27	10.24	14.40	0.57：0.71：1
生均图书（册）							
小学	2014	19.71	20.44	18.45	20.43	1.00：0.90：1
小学	2019	23.60	22.51	22.35	27.26	0.83：0.82：1
初中	2014	30.19	28.19	28.80	38.14	0.74：0.76：1
初中	2019	35.99	34.09	35.42	43.34	0.79：0.82：1
生均教学用计算机（台）							
小学	2014	0.07	0.09	0.07	0.06	1.45：1.03：1
小学	2019	0.11	0.11	0.10	0.14	0.83：0.72：1
初中	2014	0.11	0.13	0.10	0.12	1.03：0.81：1
初中	2019	0.16	0.17	0.14	0.18	0.95：0.79：1
网络多媒体教室比重（%）							
小学	2014	37.24	70.85	44.14	18.75	3.78：2.35：1
小学	2019	73.73	90.02	77.69	59.75	1.51：1.30：1
初中	2014	55.72	71.88	53.56	39.68	1.81：1.35：1
初中	2019	81.63	88.37	79.84	73.44	1.20：1.09：1

注：考虑版面问题，2011年数据省略汇报。

五 实现城乡义务教育公平的主要路径

教育城镇化与城乡教育质量差距的客观存在和人们对高质量教育的追求有关，是符合发展规律的。未来要坚持多元、均衡、智慧、系统的发展思路，促进城乡教育资源按需供给、促进城乡教育质量优质均衡、全面提高城乡智慧教育水平、协同推进各类体制机制改革，全面促进城乡义务教育公平。

（一）坚持多元发展，促进城乡教育资源按需供给

乡村教育资源"质弱量余"与城镇教育资源"质强量缺"的本质是城乡教育资源供给与需求的错配，部分城镇的教育资源尚不能满足教育城镇化的需求，而部分农村教育资源利用率不高。为此，要坚持多元发展，因地制宜、按需供给义务教育资源，这既是实现教育公平的路径，也是教育公平的目标。重点需要做好各地城区、县镇、乡村义务教育需求预测，根据趋势合理配置城乡教育资源、提升教育质量。一方面要适度超前布局城镇教育资源，稳步推进教育城镇化。对于学生数量有增长趋势的城镇，加大力度提高教育资源供给，充分满足随迁子女、农村子女进入城镇就读的需求。另一方面要做好乡村教育需求预测，因地制宜推进乡村教育振兴。对于学生数量稳定的乡村学校，要在保证教育资源供给数量的同时，加大投入力度、创新发展模式，全面提升教育质量；对于学生数量有减少趋势的乡村学校或教学点，要避免盲目扩张，主要通过城乡智慧教育、教师交流、学校联合体模式等提升此类学校教育质量。

（二）坚持均衡发展，促进城乡教育质量优质均衡

教育城镇化率高于人口城镇化率反映了客观存在的城乡教育质量差距。为此，要坚持均衡发展，全面促进城乡教育质量优质均衡，这是缩小城乡教育差距、破解择校问题的根本举措。一要全面推进城乡教育一体化。合理布局城乡义务教育学校，消除城镇学校大班额，因地制宜建设乡镇寄宿制学校和乡村小规模学校[①]，全面完成和巩固义务教育基本均衡县建设，稳步推进优质均衡县（市、区）创建。二要加快农村教育"补短板""强弱项"。针对乡村教师人力资本和教育信息化水平有待提高等问题，通过完善城乡教师统筹管理机制、交流机制、培训机制、信息化建设等，补齐乡村教师资源和教育信息化短板，提高乡村教育质量。

---

① 参考《国务院关于统筹推进县域内城乡义务教育一体化改革发展的若干意见》《国务院办公厅关于全面加强乡村小规模学校和乡镇寄宿制学校建设的指导意见》等。

三要创新城乡教育联合体模式。通过"教育集团""城乡教育共同体""学校联盟"等模式，因地制宜地完善城乡学校联合体建设，促进城乡教育资源和教育理念共享。四要促进城镇内部教育质量优质均衡。积极提高城镇内部薄弱学校的教育质量，以优质均衡的教育资源供给解决择校和部分片区学位紧张问题。

（三）坚持智慧发展，全面提高城乡智慧教育水平

随着农村教育信息化建设的全面推进[①]，城乡教育信息化在硬件方面的差距快速缩小，但在应用方面的差距明显，小学教育信息化的城乡差距更加显著。为此，要坚持智慧发展，充分利用新一代信息技术提高各地城乡学生对优质教育资源的可获得性，促进城乡教育公平。一要全面推进城乡智慧校园建设。加快智慧校园新型基础设施建设，实现城乡学校无线网络全覆盖，着力提高乡村网络多媒体教室的比重和使用率。二要加强"互联网+同步课堂"建设。积极推进市域、县域甚至跨省市的校际"互联网同步课堂"，以信息化促进教育资源共享，实现对薄弱地区、薄弱学校的帮扶。三要加强义务教育信息化资源建设。建立智能学习系统，逐步推进省市、国家层面义务教育资源互联互通、共建共享。四要积极建设城乡智慧教育平台，加强智慧应用。大力建设覆盖城乡学校、教师、学生、家长等所有教育行为主体的智慧教育平台，促进教育管理、教师教学、学生学习、家校联动等各环节的智慧应用。

（四）坚持系统发展，协同推进各类体制机制改革

近年来，中国城乡义务教育均衡发展成效显著，但还存在一些体制机制互相掣肘。为此，要坚持系统发展，协同推进各类体制机制改革，促进城乡义务教育公平。一要完善异地中考、高考衔接政策。部分地区随迁子女接受义务教育后在当地参加升学考试面临政策障碍[②]，这一问题主要存在于北京、天津、上海、广东等外来务工人员比重较高且存在"高考移民"问题的地区。为此，只有兼顾解决随迁子女升学问题与防

[①] 教育部、国家发展改革委、财政部联合发布《关于切实做好义务教育薄弱环节改善与能力提升工作的意见》（2019年7月18日）。

[②] 当前异地高考政策主要是以2012年《国务院办公厅转发教育部等部门关于做好进城务工人员随迁子女接受义务教育后在当地参加升学考试工作意见的通知》为指导，按照各地陆续发布的实施方案来执行。

治"高考移民",完善随迁子女义务教育后参加升学考试政策,才能真正实现城乡义务教育阶段的公平。二要协同推进教育与相关制度改革。以户籍制度和公共服务制度改革促进城乡教育服务均等化,落实"有教无类";统筹城乡教育用地,解决城市教育用地紧缺、农村教育用地低效利用或闲置等问题;切实保障农村教育投入。三要加强教育部门规划与各类规划的衔接。自2014年开展"多规合一"试点工作[①]以来,各地"多规合一"全面推进,有研究也提出"八规合一""三规协调"的建议,未来要更加重视教育部门规划与经济社会发展规划、空间规划的衔接,因地制宜地促进城乡义务教育公平。

---

① 国家发展改革委、国土资源部、环境保护部和住建部四部委2014年联合下发《关于开展市县"多规合一"试点工作的通知》。

第八章 构建新型工农城乡关系的基础与方略

党的十九届五中全会和 2021 年中央一号文件①均提出加快形成"工农互促、城乡互补、协调发展、共同繁荣的新型工农城乡关系",这是对中国工农城乡发展远景的描述,与以往重工轻农、重城轻乡、城乡分割的发展特征相对应,与近年来城乡统筹、城乡一体化、城乡融合发展的表述一脉相承。这一提法与《共产党宣言》中提出的"把农业和工业结合起来,促使城乡对立逐步消除"相呼应,符合马克思主义关于城乡关系必然从对立走向融合的历史辩证法,体现了中国特色社会主义乡村振兴道路的科学性和创新性(苏红键,2020b)。党的二十大报告进一步强调"坚持城乡融合发展,畅通城乡要素流动"。在此背景下,本章分析中国工农城乡关系的现状特征以及构建新型工农城乡关系的难点,进而提出相应的构建思路和政策建议。

一 工农城乡关系现状

近年来,中国总体工农城乡关系持续改善,各领域均等化或融合发展水平不断提升,为构建新型工农城乡关系打下了扎实的基础。

(一) 总体工农城乡关系持续改善

伴随渐进式改革、大规模人口迁移和经济社会发展,中国总体的工农城乡关系持续改善。第一,城镇化与工业化日趋协同。改革开放以来,第二产业增加值占 GDP 比重长期在 40%和 50%之间波动,近几年降到 40%以下,而城镇化率则表现出稳步提高的态势(见图 8-1),这一过程实现了从"城镇化滞后于工业化"到"城镇化与工业化协同推进"的转变。第二,工农关系不断优化。农业(即第一产业)增加值比重在经历早期波动之后,自 1990 年以来持续降低,从 1990 年的 26.6%降至 2019 年的 7.1%,

---

① 《中共中央 国务院关于全面推进乡村振兴加快农业农村现代化的意见》,农业农村部网站,2021 年 2 月 21 日,http://www.moa.gov.cn/xw/zwdt/202102/t20210221_6361863.htm。

同期农业就业比重从60.1%降至25.1%（见图8-1）。其间，自2002年前后农村富余劳动力大规模外出务工以来，农业就业比重快速降低，第二产业就业比重快速提高，经济结构、就业结构快速调整；2010年以来，随着城镇化率超过50%，我国进入城市型社会，第二产业增加值比重和就业比重均开始趋稳并有所降低，第三产业增加值比重和就业比重不断提高。第三，"不完全城镇化"问题逐步改善。自2014年新型城镇化战略推进和户籍制度改革以来，大部分城市已经陆续取消或放宽了落户条件，这促进了一部分流动人口实现落户，常住人口城镇化率和户籍人口城镇化率的差距开始缩小。近年来，随着落户意愿的降低，根据七普数据调整后，两率差距有所扩大，2019年两类人口城镇化率分别为62.7%和44.4%，两率差距为18.3个百分点。

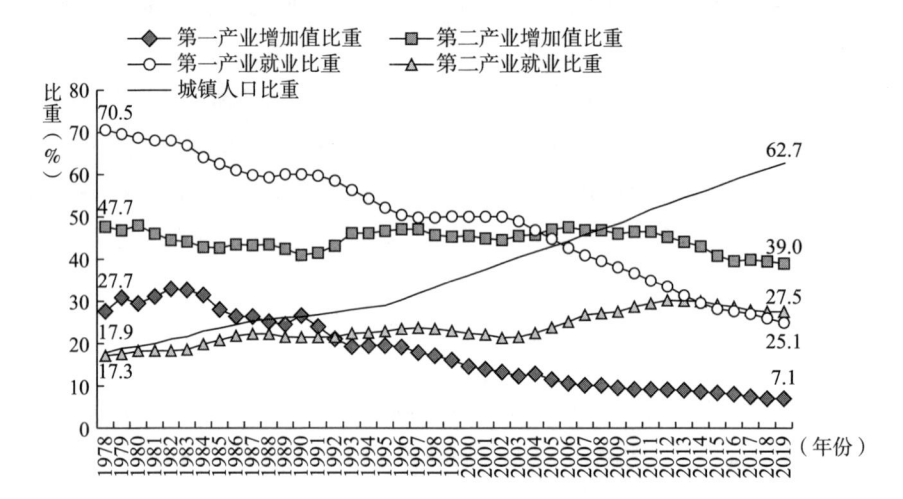

图8-1　1978~2019年中国工农城乡结构演进

资料来源：根据《中国统计年鉴》相关年份数据计算和绘制。

（二）城乡收入差距不断缩小

2002年以来，随着城乡统筹和城乡发展一体化的推进，中国城乡收入比在21世纪第一个10年稳定在3.10左右，并于2010年（3.11）开始逐步降低，这得益于乡村振兴战略、脱贫攻坚和农民增收支持政策[①]，2019年城乡居民人均可支配收入比降至2.64，2020年降至2.56。同期各地城乡收入比

---

① 《国务院办公厅关于完善支持政策促进农民持续增收的若干意见》，中国政府网，2016年12月6日，http://www.gov.cn/zhengce/content/2016-12/06/content_5143969.htm。

也不断降低，表现出"富裕的不均等化"和"不富裕的均等化"并存的现象。2019 年，城乡收入比高于全国总体水平的省份均属西部地区，甘肃、贵州、云南最高，分别为 3.36、3.20、3.04，其收入水平也显著低于全国平均水平（见图 8-2）。北京、广东的城镇居民收入水平较高，但城乡收入比与全国总体水平接近，分别为 2.55、2.56，表现出"富裕的不均等化"现象。收入较高、城乡收入比较低的地区包括天津、浙江、上海、江苏等地，收入比分别为 1.86、2.01、2.22、2.25；黑龙江、吉林、河南、湖北、江西等东北、中部地区省份虽然收入水平不高，但城乡收入比显著较低，分别仅为 2.07、2.16、2.26、2.29、2.31，表现出"不富裕的均等化"现象。

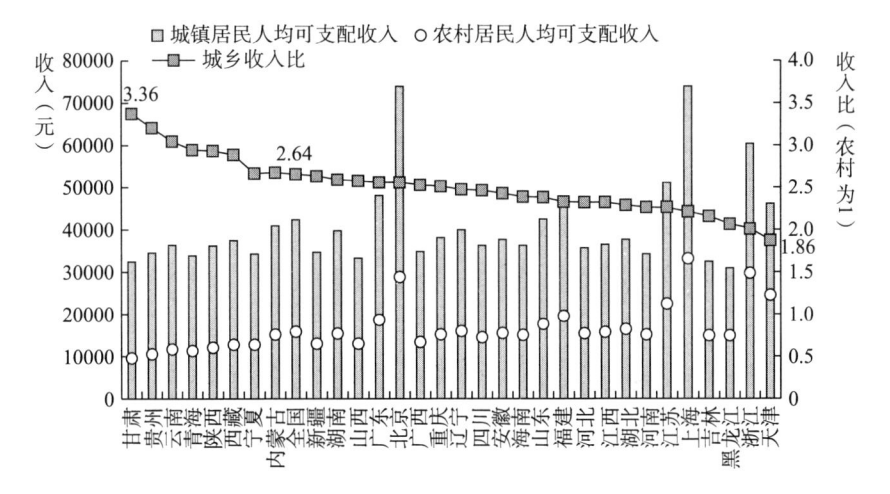

图 8-2 2019 年中国及各省区市城乡收入情况（按收入比降序排列）

资料来源：根据《中国统计年鉴 2020》计算和绘制。

（三）城乡产业融合发展水平不断提升

在乡村振兴和城乡融合发展战略背景下，伴随农村三次产业融合发展[①]的推进，工农融合发展、城乡产业融合发展水平不断提升。第一，农产品产业链不断完善，农产品加工业持续发展。2019 年，农产品加工业营业收入超过 22 万亿元，规模以上农产品加工企业达 8.1 万家，吸纳了 3000

---

① 《国务院办公厅关于推进农村一二三产业融合发展的指导意见》，中国政府网，2016 年 1 月 4 日，http://www.gov.cn/zhengce/content/2016-01/04/content_10549.htm；《国务院办公厅印发〈关于支持返乡下乡人员创业创新促进农村一二三产业融合发展的意见〉》，中国政府网，2016 年 11 月 29 日，http://www.gov.cn/xinwen/2016-11/29/content_5139802.htm。

多万人就业。① 同时，农产品商贸物流、农机、种子、化肥、农药等农产品上下游产业链不断完善。第二，乡村旅游促进城乡全域旅游发展。近年来，在农业农村部、文化和旅游部的支持下，各地建设了一批乡村旅游精品景点和线路。根据农业农村部数据，2019 年，休闲农业接待游客 32 亿人次，营业收入超过 8500 亿元。② 第三，农村电商促进城乡电商一体化发展，农村网络零售和农产品上行规模均不断扩大，农村快递物流快速发展。根据商务大数据监测，2019 年全国农村网络零售额达 1.7 万亿元，占全国网络零售总额的 16.1%，农产品网络零售额达 3975 亿元，同比增长 27.0%。③ 截至 2019 年底，全国 55.6 万个建制村直接通邮，实现全覆盖，乡镇快递网点覆盖率达到 96.6%。与此同时，智慧农业快速发展、城乡商贸物流体系不断完善、城乡金融保险全面推进等，共同促进了工农业、城乡产业融合发展。

（四）城乡服务均等化水平不断提升

近年来，随着城乡基本公共服务均等化的推进，教育、医疗、社会保障等服务均等化水平不断提升。第一，教育均等化水平显著提升，外出务工人员子女基本实现了自主选择在本地或务工地接受义务教育。2019 年，外出务工人员子女中，普通小学随迁入学占比 55.17%，初中随迁入学占比 46.24%，分别同比提高 2.01 个百分点和 1.77 个百分点，且增速稳定。④ 因此，在城乡教师资源配置方面，乡村师均学生数显著少于城区和县镇（见表 8－1）。第二，乡村医疗卫生条件不断改善，城乡医疗卫生资源基本配置差距不断缩小（见表 8－1）。2019 年，乡村每千人卫生技术人员为 4.96 人，城乡比降至 2.24，每千人医疗卫生机构床位为 4.81 张，城乡比降至 1.83。设卫生室的村庄比重不断提高，2019

---

① 《农业农村部关于印发〈全国乡村产业发展规划（2020—2025 年）〉的通知》，农业农村部网站，2020 年 7 月 16 日，http://www.moa.gov.cn/govpublic/XZQYJ/202007/t20200716_6348795.htm。
② 《农业农村部关于印发〈全国乡村产业发展规划（2020—2025 年）〉的通知》，农业农村部网站，2020 年 7 月 16 日，http://www.moa.gov.cn/govpublic/XZQYJ/202007/t20200716_6348795.htm。
③ 《中国电子商务报告（2019）》，商务部网站，2020 年 7 月 2 日，http://dzsws.mofcom.gov.cn/article/ztxx/ndbg/202007/20200702979478.shtml。
④ 根据《中国统计年鉴 2020》相关数据计算。

年达94.8%,大部分省份实现全覆盖。与此同时,随着乡村交通条件的改善、医疗保险制度的不断完善,各地农村居民对城市优质医疗资源的可获得性显著提高。第三,养老保险和医疗保险基本实现了应保尽保、城乡统一。2014年起,各地陆续将新型农村社会养老保险(简称新农保)和城镇居民社会养老保险(简称城居保)两项制度合并实施,建立了统一的城乡居民基本养老保险制度。① 2016年起,各地陆续整合原城镇居民医保和新农合,实现城乡居民医疗保险"六统一"②。

表8-1 2015年和2019年城乡教育与医疗卫生资源配置情况

教育资源					医疗卫生资源			
	师均学生数（初中）（人）		师均学生数（小学）（人）			每千人卫生技术人员（人）		每千人医疗卫生机构床位（张）	
	2015年	2019年	2015年	2019年		2015年	2019年	2015年	2019年
总体	12.41	12.88	17.05	16.85	总体	5.84	7.26	5.11	6.30
城区	12.96	13.12	18.96	18.42	城市	10.21	11.1	8.27	8.78
县镇	12.62	13.08	18.01	17.63	农村	3.90	4.96	3.71	4.81
乡村	10.89	11.65	14.57	14.01	城乡比	2.62	2.24	2.23	1.83

资料来源:根据《中国统计年鉴》相关年份数据计算和整理。

(五) 城乡基建一体化水平不断提升

近年来,在乡村振兴战略背景下,村庄道路等公共设施和新基建快速推进,城乡基础设施领域的一体化水平显著提升。一方面,村庄道路、供水、燃气、垃圾污水处理等基础设施建设有序推进(见表8-2),村容村貌明显改善。2015~2019年,村庄内道路长度、硬化道路长度、道路面积分别年均提高7.58%、19.18%、10.16%,根据交通运输部数据,已实现具备条件的乡镇和建制村100%通硬化路(2019年底)、100%通客车(2020年8月底)③。集中供水的行政村比例和供水普及率不断提高,

---

① 《国务院关于建立统一的城乡居民基本养老保险制度的意见》,中国政府网,2014年2月26日,http://www.gov.cn/zhengce/content/2014-02/26/content_8656.htm。
② "六统一"为统一覆盖范围、统一筹资政策、统一保障待遇、统一医保目录、统一定点管理、统一基金管理。参见《国务院关于整合城乡居民基本医疗保险制度的意见》,中国政府网,2016年1月12日,http://www.gov.cn/zhengce/content/2016-01/12/content_10582.htm。
③ 《全国具备条件建制村百分百通硬化路通客车》,交通运输部网站,2020年9月29日,http://www.mot.gov.cn/jiaotongyaowen/202009/t20200929_3471893.html。

2019年分别达到78.29%和80.98%；燃气普及率快速增至31.36%；排水管道沟渠长度年均提高18.75%。农村生活垃圾收运处置体系已覆盖全国90%以上的行政村，农村生活污水治理水平不断提高，95%以上的村庄开展了清洁行动。另一方面，随着农业农村信息化和数字乡村建设的推进（苏红键，2019），城乡数字鸿沟不断缩小。截至2020年底，城镇地区互联网普及率为79.8%，农村地区互联网普及率为55.9%[①]，相差23.9个百分点，较2018年底（36.2个百分点）大幅缩小。同时，电信普遍服务试点累计支持超过13万个行政村光纤网络通达和数万个4G基站建设，行政村通光纤和4G网络比例均超过98%。乡村公共服务数字化水平不断提高，全国中小学（含教学点）互联网接入率从2016年底的79.2%提高到2020年11月的99.7%，远程医疗基本实现县级全覆盖。

表8-2 村庄公共设施建设情况

指标	2015年	2019年	年均增长率（%）	指标	2015年	2019年	年均增长率（%）
集中供水的行政村比例（%）	65.58	78.29	3.18*	燃气普及率（%）	21.35	31.36	2.50*
供水普及率（%）	63.42	80.98	4.39*	集中供热面积（万平方米）	11794	28598	24.79
村庄内道路长度（公里）	2393072	3205824	7.58	排水管道沟渠长度（公里）	582129	1157519	18.75
其中：硬化道路长度（公里）	810091	1634591	19.18	对生活污水进行处理的行政村比例（%）	11.44	不断提高[a]	
村庄内道路面积（万平方米）	1600857	2357633	10.16	对生活垃圾进行处理的行政村比例（%）	62.20	90以上[a]	

*指年均增幅，单位为个百分点。
资料来源：根据《中国城乡建设统计年鉴》相关年份数据计算和整理。a《农村面貌持续改善 社会事业稳步发展》，农业农村部网站，2020年12月21日，http://www.shsys.moa.gov.cn/gzdt/202012/t20201221_6358525.htm。

---

① 《第47次〈中国互联网络发展状况统计报告〉（全文）》，国家互联网信息办公室网站，2021年2月3日，http://www.cac.gov.cn/2021-02/03/c_1613923423079314.htm。

（六）城乡文化交流融合水平不断提升

近年来，乡风文明建设在移风易俗方面取得显著成效，乡村公共文化服务水平不断提高，新媒体技术、大规模人口迁移极大促进了城乡文化交流和融合。第一，为有效遏制陈规陋习、树立文明新风、提升农村精神文明建设水平，有关部门联合发布了《关于进一步推进移风易俗建设文明乡风的指导意见》[1]，之后，各地积极推进乡风文明建设，积累了较多成功经验[2]。第二，乡村公共文化服务质量不断提高。2019年，乡镇文化站有33530个，超过当年乡镇区划数（30234个），乡镇文化站功能不断提升，从业人员不断增加，组织的文艺活动、训练班、培训、展览等数量均不断增加，带动群众业余文艺团体数从2015年的22.9万个增加到2019年的27.1万个[3]，极大丰富了乡镇文化活动，有利于营造积极健康的乡镇文化氛围。第三，农村网络普及极大促进了城乡文化交流。互联网的发展，特别是短视频等新媒体技术的繁荣，促进了城乡文化的交流、碰撞与融合，成为城乡边界消解、城乡文化交流的重要平台（姬广绪，2018）。第四，城镇化和人口迁移的过程也是城乡文化融合的过程。20世纪90年代后期开始的快速城镇化，新增了4亿左右的城镇常住人口，其中有2亿左右的城乡两栖人口，以乡城移民为主的城市人口结构和大量城乡两栖人口，极大促进了城乡文化交流和融合。

（七）城乡治理现代化水平不断提升

近年来，市域社会治理现代化的推进、新技术在社会治理中的应用以及各地在基层治理中的模式创新，提高了城乡治理一体化和现代化水平。第一，党的十九届四中、五中全会均提出"推进市域社会治理现代化"，城市治理体系和城乡基层治理体系不断完善。在新冠疫情防控过程中，市域社会治理体系发挥了重要作用，积累了丰富的经验。第二，随

---

[1] 《关于印发〈关于进一步推进移风易俗建设文明乡风的指导意见〉的通知》，农业农村部网站，2019年9月4日，http://www.moa.gov.cn/govpublic/zcggs/201910/t20191024_6330587.htm。

[2] 《农业农村部办公厅关于推介首批全国村级"乡风文明建设"优秀典型案例的通知》，农业农村部网站，2020年6月8日，http://www.moa.gov.cn/nybgb/2020/202005/202006/t20200608_6346047.htm。

[3] 根据《中国统计年鉴2020》相关数据计算。

着农业农村信息化、智慧城市和数字乡村建设的推进,"互联网+社区""互联网+政务服务"不断向农村地区延伸,乡村治理数字平台建设、乡村公共服务数字化、公共管理数字化、公共安全保障数字化等水平不断提高。据调查,2/3 的村庄建有村民微信群,1/2 左右的村民通过微信群获取村务公开信息、通过网上政务服务平台办理业务(冯献等,2020)。第三,为落实《关于加强和改进乡村治理的指导意见》[①],在各地乡村治理实践中,围绕建立完善"党组织领导的自治、法治、德治相结合的乡村治理体系",探索积累了一系列优秀经验[②]。

二 构建新型工农城乡关系的主要难点

当前构建新型工农城乡关系的难点,主要体现在农民增收渠道较少、农村土地利用低效、农业农村人才缺乏三个方面。

(一) 农民增收渠道较少

对于农村居民来说,农业经营的增收功能较弱,就近或外出务工是其增收的主要渠道。从城乡居民人均可支配收入来源看,2019 年农村居民收入中工资性收入贡献最大,为 41.09%,且呈现逐年提高的态势;经营净收入占比约为 35.97%,比重逐年降低;财产净收入占比最小,仅为 2.36%,基本稳定(见表 8-3)。分地区来看,东部地区农村居民的工资性收入比重最高,达 55.70%,其次是经营净收入,比重为 23.69%,财产净收入比重最低,仅为 3.57%;中部地区农村居民的工资性收入高于经营净收入,且转移净收入比重为 23.89%;西部和东北地区农村居民以经营净收入为主,工资性收入比重次之,其人均可支配收入显著低于东部和中部地区水平。从城乡居民收入结构比较来看,农村居民的工资性收入、财产净收入比重显著低于城市居民。结合各地各类收入来源

[①]《中共中央办公厅 国务院办公厅印发〈关于加强和改进乡村治理的指导意见〉》,中国政府网,2019 年 6 月 23 日,http://www.gov.cn/zhengce/2019-06/23/content_5402625.htm。

[②] 中央农办、农业农村部 2019 年推介首批 20 个乡村治理典型案例,2020 年第二批推介 34 个典型案例。参见《中央农村工作领导小组办公室秘书局 农业农村部办公厅关于推介第二批全国乡村治理典型案例的通知》,农业农村部网站,2021 年 2 月 1 日,http://www.moa.gov.cn/nybgb/2020/202012/202102/t20210201_6360847.htm。

与收入水平的关系来看，农村居民工资性收入与总收入显著正相关，而经营净收入与总收入的关系并不显著，甚至存在一定的负相关关系。这与农业经营收入较低有关，特别是对于粮食类作物，据调查，2019年，亩均总收入为1200元左右，自耕亩均净收入为700~800元。[①]

表8-3 2019年城乡居民人均可支配收入结构

指标	人均可支配收入	工资性收入	经营净收入	财产净收入	转移净收入
农村居民收入水平（元）	16021	6584	5762	377	3298
农村居民收入结构（%）		41.09	35.97	2.36	20.58
其中：东部	22613	55.70	23.69	3.57	17.03
中部	15177	39.21	35.36	1.54	23.89
西部	11831	32.17	42.06	2.49	23.28
东北	11507	29.30	48.83	2.93	18.94
城镇居民收入水平（元）	42359	25565	4840	4391	7563
城镇居民收入结构（%）		60.35	11.43	10.37	17.85
其中：东部	51264	61.43	8.66	12.70	17.20
中部	36499	57.95	12.97	8.71	20.37
西部	32994	61.97	11.26	7.64	19.14
东北	25755	58.74	10.43	4.95	25.88

注：各地区人均可支配收入及各类收入比重按各地区省份的平均值计算。
资料来源：根据《中国统计年鉴2020》计算和整理。

（二）农村土地利用低效

随着人口乡城迁移，土地资源表现出显著的城乡错配，在城市建设用地紧缺的同时，农村土地利用效率较低。当前，很多地区有着与城市建设用地体量接近的农村集体建设用地，违规开发或低效开发问题严重，呈现出"一边楼宇经济，一边瓦片经济"的状态。据统计，2019年，乡村建设用地占建设用地总量的比重约为53%，较2010年降低约4个百分点，乡村人口比重降低10个百分点左右，乡村建设用地比重高出乡村人

---

① 数据来源于中国社会科学院农村发展研究所"中国乡村振兴综合调查"（CRRS）（2020年）。

口比重从约 7 个百分点提高到约 13 个百分点。① 随着农民外出务工和大规模人口迁移，农村宅基地和住房闲置问题日益严重。伴随城镇化进程，农村常住人口规模总体缩小，从 1990 年的 8.41 亿人提高到 1995 年最高的 8.59 亿人之后，逐步降至 2020 年的 5.10 亿人，同期村庄户籍人口总量基本稳定，从 7.92 亿人波动式降至 7.77 亿人，仅减少了 0.15 亿人，这意味着约 2.67 亿的村庄户籍人口属于城乡两栖人口。比较可见，1990~2020 年，乡村常住人口减少近 3.31 亿人，村庄住宅建筑面积从 159 亿平方米增加到 266 亿平方米，增加 107 亿平方米。

（三）农业农村人才缺乏

人力资本水平较高的劳动力倾向于向城市迁移或集聚，乡村人力资本水平较低是符合发展规律的。农业农村人才缺乏主要体现在较高的人口抚养比和较低的平均受教育水平方面。据统计，2018 年，乡村地区人口抚养比为 49.90%，高出全国总体水平（40.44%）和县镇水平（39.49%）10 个百分点左右，高于城区总体水平（31.54%）近 20 个百分点；中部地区的人口抚养比最高，东北地区总体和乡村的人口抚养比均最低，分别仅为 23.95% 和 26.54%（见表 8-4）。2015~2018 年，各类人口抚养比均显著提高，这主要是由老龄化和全面开放二孩政策引起的，其中，各地总体的老年抚养比从 14.33% 提高到 16.77%，少儿抚养比从 22.63% 提高到 23.68%。在人口学历结构方面，2018 年，各地区乡村高中及以上学历人口比重仅为 15.22%，约为总体比重（31.56%）和县镇水平（29.63%）的一半，不到城区水平（51.48%）的 1/3；东部地区人口平均学历水平最高，东北地区人口平均学历水平最低。近年来，各地区总体和乡村的平均学历水平均显著提高，这与 2015 年前后鼓励返乡创业就业②以及 2017 年开始的乡村振兴战略紧密相关。到 2019 年，各类返乡入乡创新创业人员累计超过 850 万人，合计在乡创业人员超过 3100 万人。③

---

① 根据《中国城乡建设统计年鉴》相关年份城市、县城、建制镇、乡、村庄的建设用地（或建成区）面积核算。
② 《国务院办公厅关于支持农民工等人员返乡创业的意见》，中国政府网，2015 年 6 月 17 日，http://www.gov.cn/gongbao/content/2015/content_2893140.htm。
③ 《农业农村部关于印发〈全国乡村产业发展规划（2020—2025 年）〉的通知》，农业农村部网站，2020 年 7 月 16 日，http://www.moa.gov.cn/govpublic/XZQYJ/202007/t20200716_6348795.htm。

表 8-4　2015 年和 2018 年城乡人口结构特征

单位：%

	人口抚养比				高中及以上学历人口比重			
	总体	城区	县镇	乡村	总体	城区	县镇	乡村
2018 年全国	40.44	31.54	39.49	49.90	31.56	51.48	29.63	15.22
其中：东部	36.47	31.14	35.29	43.94	39.55	53.69	32.66	20.00
中部	42.99	34.59	39.64	51.19	31.01	52.42	32.27	16.20
西部	38.00	29.65	34.83	45.11	25.30	45.47	27.39	12.40
东北	23.95	21.81	24.55	26.54	23.99	37.82	21.97	8.64
2015 年全国	36.97	27.78	35.87	45.38	29.77	50.82	30.03	13.71
其中：东部	33.26	27.70	33.27	40.18	36.58	51.21	31.05	17.46
中部	39.88	29.96	36.61	47.53	29.30	49.09	26.34	15.16
西部	36.19	26.57	32.89	42.64	23.39	44.68	27.62	10.88
东北	21.91	20.37	21.36	23.97	22.61	37.86	21.31	6.65

注：人口抚养比为 0~14 岁与 65 岁及以上人口之和占 15~64 岁人口数的比例，高中及以上学历人口比重的分母为 6 岁及以上人口数。

资料来源：根据《中国人口和就业统计年鉴》相关年份数据计算和整理。

三　构建新型工农城乡关系的总体思路

中国城镇化将在 2035 年达到 75% 左右，进入稳定阶段，这意味着中国大规模的人口乡城迁移或转化还将持续十多年。未来一段时期，要以促进城乡要素流动和资源统筹为突破口，以发挥农业农村的多功能性为核心内容，以四化同步为战略路径，以城乡居民福祉增进和均等化为根本目标，推动形成工农互促、城乡互补、协调发展、共同繁荣的新型工农城乡关系。

（一）促进城乡要素流动和资源统筹

促进城乡要素双向自由流动、统筹利用城乡各类资源，是完善城乡融合发展体制机制和政策体系[1]的主要目标，是构建新型工农城乡关系

---

[1] 《中共中央　国务院关于建立健全城乡融合发展体制机制和政策体系的意见》，中国政府网，2019 年 5 月 5 日，http://www.gov.cn/zhengce/2019-05/05/content_5388880.htm。

的突破口。

一要促进城乡劳动力自由流动。对于常年外出务工人员，通过系统性的户籍制度改革、农村土地制度改革、城市保障制度改革，促进其市民化。对于城乡两栖人口，通过农村集体产权制度改革和土地制度改革，提高其有偿转让和退出农村权益的主观能动性。对于返乡入乡创业就业人员，加强政策支持，探索制定入乡落户制度。对于城镇单位就业人员，加强城乡人才合作交流机制，为乡村振兴提供人才支持。

二要促进城乡土地资源统筹利用。在完成确权颁证工作基础上，积极探索创新承包地流转模式，保护好农民权益，保障好经营者利益，切实提高耕种率、农业生产率和收益率。积极推进城乡建设用地统筹利用，完善农村集体建设用地和宅基地整理、腾退、指标交易和收益分配机制，提高农村集体建设用地利用效率。在试点基础上，积极探索完善农村集体经营性建设用地入市制度。

三要促进城乡公共服务资源优化配置和共享。完善城乡教育联合体模式，促进城乡教师交流和教育资源共享，优化城乡教育资源配置和质量，扩大农村子女入学的选择权，实现城乡教育公平。完善县域医共体模式，建立完善分级诊疗制度，改善乡镇卫生院和村卫生室条件，提高农村居民对优质医疗资源的可获得性。建立完善城乡统一的多层次养老服务体系。继续完善城乡公共文化服务体系、城乡统一的社会保险制度、社会救助体系和便民服务体系。

四要规范引导资本和技术入乡。规范和完善社会资本入乡机制，引导社会资本与集体经济组织合作开展农业经营，鼓励社会资本进入农村第二、第三产业，切实保护好各方利益、促进共赢。鼓励涉农技术创新、成果转化和推广，促进智慧农业发展、农村产业智慧化和数字乡村建设，推进农业农村现代化。

（二）科学发挥农业农村的多功能性

通过乡村振兴，科学发挥农业农村在生产、生活、生态、文化、政治等领域的多功能性，是实现工农互促、城乡互补、构建新型工农城乡关系的核心内容。

一是生产功能。发挥农业的食品和原材料生产功能，保障城乡居民生活和产业发展。积极推进农业供给侧结构性改革，提供符合消费结构的产品,提升农产品品质和附加值,提高农业效益,促进农民增收。对于粮食生产功能区和重要农产品生产保护区,要加强耕地保护,完善补偿性政策。

二是生活功能。积极推进城乡一体的公共服务、基础建设、生活服务等,提高乡村生活品质,促进"城乡等值化"。发挥农业农村的休闲养生功能,因地制宜发展乡村旅游和休闲农业,创新发展都市农业、康养农业、田园综合体等新业态。

三是生态功能。牢固树立"绿水青山就是金山银山"的理念,坚持"山水林田湖草是生命共同体"的系统思想,加强乡村生态文明建设,发挥农业农村生态系统的气候调节、土壤保护、水源涵养、生物多样性功能。推进农业绿色发展,积极发展生态农业,提高农业生态系统整体效益。加强农村污染防治,实施农村人居环境整治,建设美丽宜居乡村。

四是文化功能。发挥农业农村传承农耕文化、乡风习俗的功能,促进城乡文化交流与融合。充分发挥新技术、新业态在城乡文化交流中的作用,推动乡村文化传播,促进城乡文化融合创新发展。加强对乡村农耕文化遗产、地方和民族文化资源、传统特色工艺产品、传统村落、传统文化人才等的保护和合理利用,显示乡村文化价值。

五是政治功能。发挥农业农村对乡城迁移人口的保底功能,农村土地制度改革要充分尊重农民意愿、兼顾其生活能力,保障其进城返乡的自主选择权。要重视农业基础性地位,落实新形势下国家粮食安全战略,扎实推进藏粮于地、藏粮于技战略,持续提升粮食综合生产能力、供给保障能力,确保"中国人的饭碗任何时候都要牢牢端在自己的手上"。

(三)四化同步促进工农城乡协调发展

同步推进工业化、信息化、城镇化和农业农村现代化(乡村振兴),是实现工农城乡协调发展、构建新型工农城乡关系的战略路径。

一方面要协同推进乡村振兴与城镇化,促进农业农村现代化和城乡融合发展。城镇化与乡村振兴战略之间存在相互依存的关系。要积极稳妥地推进以人为核心的新型城镇化,充分发挥城镇化的集聚经济效应、农民增收效应和贫困转移效应等,提高城乡居民收入水平和均等化水平。通过乡村振兴促进农村产业发展,提高农村居民收入水平和农村教育、医疗、养老等公共服务水平,全面缩小城乡发展差距,促进城乡融合发展。

另一方面要紧跟新一轮科技革命浪潮推进四化同步,实现工农城乡协调发展。新一轮科技革命以新信息技术为核心,是工业化和信息化融合发展的产物,借此推进四化同步,有利于实现工农城乡协调发展。积极推进新技术应用于农村产业,强化现代农业科技和物质装备支撑,大力发展智慧农业、农村电商、智慧乡村旅游等新业态,促进农业现代化;积极推进新技术应用于乡村建设,推进农业农村信息化,以数字乡村建设为抓手推进教育、医疗、养老、环境、安全、治理等各领域的智慧应用,促进农村现代化;以城乡一体化的新基建和新技术应用,促进智慧城乡融合发展。

(四) 实现城乡居民福祉增进和均等化

增进居民福祉、实现均等化、促进人的全面发展,是城乡共同繁荣、构建新型工农城乡关系的根本目标。

一要拓展农民增收渠道。加强各类涉农培训,提高农民人力资本水平。促进县域产业发展,增加农民就地就近就业机会,提高其工资性收入。培育发展新型农业经营主体,完善利益联结机制,提升农产品附加值,提高经营净收入。推进农村集体产权制度改革,保护农民财产权益,提高财产净收入。进一步强化农民转移性收入保障机制,统筹整合涉农资金,完善直接补贴政策和长效机制。

二要统筹城乡贫困治理。在推进实现巩固拓展脱贫攻坚成果同乡村振兴有效衔接的同时,加快制定统筹城乡贫困治理的顶层设计,实施救助、预防、开发和成长"四位一体"的帮扶计划。实施救助性帮扶,保障城乡低收入群体的基本生活水平,明确救助标准和救助方式。实施预防性帮扶,加强社会保障领域改革,提高城乡低收入群体抵抗风险的能力。实施开发性帮扶,重视对城乡低收入群体的教育和培训,通过人力资本提升实现可持续的收入增长。实施成长性帮扶,重视贫困儿童关爱,加强对城乡低收入群体的子女成长和教育支持。

三要提高城乡居民综合福祉。居民福祉不仅包括经济福祉,还包括精神福祉和健康福祉等人的全面自由发展维度(苏红键,2020c)。在精神福祉方面,要提高教育资源供给水平和质量,确保教育公平,完善职业培训体系,构建终生学习体系,加强精神文明建设,提升城乡居民文化素养和精神福祉。在健康福祉方面，要推进城乡医疗服务高质量发展，提高健康管理水平，完善养老服务体系，优化城乡人居环境，提升城乡居民身体素质和健康福祉。

四 构建新型工农城乡关系的政策建议

立足当前工农城乡关系基础，加快完善乡村振兴政策体系，统筹推进土地、户籍及其附属权益制度改革，为构建新型工农城乡关系提供政策支持。

（一）完善乡村振兴政策体系，促进农业农村现代化

城乡发展不平衡主要体现在农村发展的不充分，要围绕乡村振兴目标和农业农村的多功能性，在乡村振兴顶层设计基础上，从生产、生活、生态、文化、治理五大发展领域和人才、土地、资本、技术、数据五大要素支撑两个维度建立完善乡村振兴政策体系。

一要完善五大发展领域政策。在生产方面，重点要加强粮食和重要农产品供给保障能力、农业高质量发展、农村三次产业融合发展、农村新业态发展、乡村创业就业等方面的政策支持。在生活方面，重点要加强农村居民各类收入持续增长、低收入群体常态化帮扶、公共服务和社会保障、就业与培训、基础设施建设等方面的政策支持。在生态方面，重点要加强农业绿色发展、农村人居环境整治、乡村生态文明建设和生态体系建设等方面的政策支持。在文化方面，重点要加强新时代农村精神文明建设、公共文化服务、农耕文化传承和保护利用等方面的政策支持。在治理方面，重点要加强乡村治理模式创新、基层组织建设、集体经济组织发展、安全生产生活等方面的政策支持。

二要加强五大要素支撑政策。在人才方面，统筹教育、人力资源和社会保障、农业农村等主管部门的人才培育功能，加强现代职业农民、技术工人、能工巧匠、乡村企业家、基层干部等人才培育，建立完善城乡人才交流机制，加强乡村振兴人才队伍建设。在土地方面，坚决守住18亿亩耕地红线，积极支持乡村旅游和休闲农业、农村电商物流、生活服务业等乡村产业发展的用地需求，按照用地类型实行分类管理，加强乡村振兴用地支持。在资本方面，继续把农业农村作为一般公共预算优

先保障领域，引导社会资本参与乡村产业发展、人才培训和社会服务等领域，强化金融扶持政策，积极探索农村金融创新。在技术方面，加大力度支持涉农技术创新、应用和推广，鼓励和引导校（院）企合作、技术人才交流，为乡村振兴提供技术支持。在数据方面，支持乡村数据资源体系建设和大数据应用，支持智慧农业和乡村产业智慧化发展、各类乡村智慧应用和数字乡村建设。

（二）稳步推进土地制度改革，提高城乡土地利用效率

城乡二元土地制度是土地资源错配的重要原因，城市之间、城乡之间土地资源短缺和低效闲置并存，要稳步推进城乡土地制度改革，优化城乡土地资源配置，提高土地利用效率。

一要科学落实人地挂钩，根据人口迁移方向合理配置建设用地指标。城市建设用地指标人地挂钩是城市用地的基本规定，在实际操作中，很多城市规划通过各种方式高估目标人口，以争取更多的用地指标。为此，要提高城市人口统计和预测的科学性，加强城市规划中对常住人口增长目标的论证。对于人口规模稳定或负增长的城市，要严格加强建设用地指标管理，谨慎扩张；对于人口迁入和增长较快的城市，要根据人口增长趋势提高城市建设用地指标，制定科学的城市发展战略，实现城市"精明增长"；对于城市现存的各类闲置或低效用地，要加强存量规划和再开发。

二要稳步推进农村土地制度改革，提高农村土地利用效率。随着人口乡城迁移，农村土地闲置或低效利用问题严重，与城市用地紧张的局面形成鲜明对比。总结农村承包地流转的经验和问题，探索创新流转、托管、合作经营等模式，降低耕地撂荒率，实现多方共赢；保障乡村旅游和休闲农业发展中的用地需求；探索推进农业转移人口"带资进城""带指标进城"的模式，完善农村权益转让和退出机制，探索农业转移人口退出农村宅基地与迁入地城市建设用地指标增减挂钩机制，提高宅基地及其建设用地指标的利用效率；稳步推进集体经营性建设用地入市，探索市地重划模式，促进城乡建设用地统筹利用。

三要加强城市公共服务设施和保障性住房用地供给。城镇化提高了城市公共服务和住房需求，教育等公共服务设施供给日趋紧张，住房成本成为农业转移人口市民化的主要壁垒（经济壁垒）。在保障用地总量

需求的基础上，一方面要加强城市教育、医养等公共服务设施用地供给，统筹城乡公共服务设施用地，保障城镇化、老龄化进程中日益增长的公共服务需求；另一方面要全面提高城市保障性住房及其用地的供给水平，稳定房地产市场，加快实现保障性住房政策覆盖全体城镇常住人口。

（三）推进户籍与各项权益脱钩，回归人口登记管理本质

当前户籍制度改革的难点主要在于城市落户意愿与落户条件的结构性矛盾（苏红键，2020d），亟须消除户籍壁垒，扩大人口迁移的自主选择权。之所以说"回归"，是因为在新中国成立之初，户口管理制度的初衷是对人口迁移进行登记和管理。之后，伴随城乡二元结构的演进，户籍附属的权益不断调整。为此，要推进户籍与相关权益脱钩，实现权益均等化，促进户籍制度回归人口登记管理本质。

一要全面推进公共服务均等化，促进户籍和城市公共服务权益脱钩。近年来，基本公共服务均等化快速推进，还存在一些没有实现均等化的领域，为此要加快实现更广泛、更高质量的公共服务均等化。加快建立城乡统筹的贫困治理体系，将流动人口纳入城市最低生活保障的覆盖范围；提高保障性住房供给水平，扩大其覆盖面；按照城镇化进程优化城乡教育资源配置，加大城市教育资源供给力度，满足日益提高的进城务工人员子女随迁入学、农村居民子女就近进城入学的需求；全面提高社会保障的统筹层次，解决人口流动和迁移中的社会保障转移接续问题。

二要完善农村权益制度，促进户籍和农村权益脱钩。农村承包地、宅基地、集体收益分配等权益是影响农业转移人口在城市落户的重要因素（苏红键，2020a），为此要加快完善农村权益制度。一方面，要加快完善进城落户农民依法自愿有偿转让和退出农村权益的制度、平台和价格机制，通过"带资进城"提高农业转移人口城市生活能力和落户意愿；另一方面，要加快完善农村权益保护和继承制度，解决农民进城落户（特别是举家迁移）的后顾之忧。

三要加快推进落户条件较高城市的户籍制度改革，攻克最后难关。当前户籍制度改革的难点主要在500万人以上的特大、超大城市以及一些存在空间约束的大城市，要积极推进城市各类资源与常住人口挂钩（而不是与户籍人口挂钩），攻克户籍制度改革最后难关。在此基础上，对于人口迁入压力较大的特大、超大城市，比如北京、上海、广州等，

要积极推进城乡建设用地统筹利用或市地重划，推进大都市区化，满足城市人口增长的用地和空间需求。对于自身空间约束较强的城市，比如深圳、厦门（主要是本岛）等，要积极推进大都市区发展模式，辐射带动周边地区一体化和均衡发展；加快推进各地中心城市发展，优化城市体系，促进福祉空间均衡，缓解部分超大、特大城市的人口迁入和增长压力。

第九章 数字城乡融合发展基础与导向

当前，在数字经济快速发展，叠加城乡融合发展、扎实推动共同富裕的新时期，对数字城乡建设和融合发展的研究具有一定的理论和实践意义。在理论方面，数字经济发展通过降低经济活动成本（Goldfarb and Tucker，2019）、提高效率和包容发展水平（世界银行，2017），为经济增长和发展理论引入了新的变量，数字红利成为促进经济增长、城乡发展、共同富裕的重要影响因素。在实践方面，从城乡各领域信息化战略实施、2010年以来智慧城市建设、2017年开始推进数字乡村建设等，到《"十四五"数字经济发展规划》正式提出"推动数字城乡融合发展"，数字城乡建设进入全面提质增效、促进城乡融合和共同富裕的新时期。本章分析数字城乡融合发展的基础和挑战，提出推进数字城乡融合发展的基本思路和重点任务。

一 数字城乡研究进展

现有对数字城乡建设的研究，与数字城乡发展实践一样，总体处于城乡各领域"条块分割"的状态，综合性的数字城乡研究较少。以往数字赋能城乡各领域的研究与实践，为数字城乡融合发展提供了良好基础。相关研究主要包括两类。第一类是学者对数字城乡相关领域的研究，这为本章研究提供了理论基础。唐斯斯等（2020）分析了新型智慧城市发展的现状和形势，并提出了相应的政策建议；苏红键（2019）、王胜等（2021）、沈费伟（2021）研究了数字乡村建设的基础、机理和对策建议；蒋敏娟和翟云（2022）、苏岚岚等（2021）分析了数字素养特征及其提升对策。另有大量文献分别研究了各领域信息化与智慧化问题，包括城乡数字经济（包括农村电商、智慧农业、智慧旅游、数字金融等）、城乡智慧公共服务（包括智慧教育、智慧医疗、智慧养老等）、城乡数字治理（包括电子政务、智慧交通、数字生态治理、社会治理等）、城乡网络文化等。第二类是各部门和机构发布的数字城乡相关研究报告，这为本章研究提供了权威的数据和资料，比如中国互联网络信息中心自1997年以来每年发布两份《中国互联网络发展状况统计报告》、国家互联网信息办公室发布了2020年和2021年《数字中国发展报告》、中央网信办和农业农村部自2019年开始联合发布《中国数字乡村发展报告》、中国网络空间研究院自2017年开始发布《中国互联网发展报告》（世界互联网大会蓝皮书）等。

在这一新的宏观背景、新的发展阶段，基于以往数字赋能城乡发展各领域的研究和实践，本章分析了当前数字城乡融合发展的基础和挑战，并提出以数字城乡建设促进城乡融合与共同富裕的发展导向，以期为数字经济、城乡发展、共同富裕的理论与实践提供参考。

二 数字城乡融合发展基础

数字技术发展通过降低交易成本、提高效率、促进包容和创新，为经济社会发展提供新的强大动力，在城乡发展领域，同样呈现出明显的数字红利。20世纪90年代以来，各领域信息化、智慧化、数字化发展成效显著，为数字城乡融合发展打下了扎实基础。

（一）智慧城市与数字乡村建设加快推进

2000年，习近平总书记在福建提出建设"数字福建"，这是中国各地数字化发展的较早探索。之后，自2010年开始推进智慧城市建设、2017年底开始推进数字乡村建设以来，智慧城市与数字乡村建设逐步加速推进。

随着2009年智慧城市建设理念被引入中国，"十二五"期间，各地开始推进智慧城市建设，其中，个别智慧城市的范畴为行政区划的"城市"概念，包含了乡村的范围[①]（苏红键，2019）。截至2016年底，提出智慧城市规划的城市超过300个，所有副省级以上城市、89%的地级

[①] 比如，自2010年起，广州市在智慧城市建设中提出了建设智慧乡村的要求，开发并不断完善广州智慧乡村综合信息平台。2014年底，上海市为推进智慧城市建设，启动了"智慧村庄"试点工作，并作为智慧城市建设的重点项目。

及以上城市、47%的县级及以上城市均提出建设智慧城市。① 在此基础上，智慧城市群逐步形成。2019年，长三角地区探索异地政务互通，率先实现政务服务"一网通办"；2020年，广东政务服务网正式上线泛珠三角区域"跨省通办"专栏（中国网络空间研究院，2021）

2017年底，党的十九大报告提出实施乡村振兴战略，同时提出全面实施国家大数据战略，"数字乡村"战略应运而生。自2019年5月《数字乡村发展战略纲要》发布以来，数字乡村建设开始全面推进。2020年，浙江、河北、江苏、山东、广东等22个地区相继出台数字乡村政策文件；中央网信办会同农业农村部等七部门组织开展国家数字乡村试点工作②，117个县（市、区）入选首批国家数字乡村试点地区名单。2022年1月，中央网信办等10部门印发《数字乡村发展行动计划（2022—2025年）》。

2020年，在县域城镇化推进背景下，按照分级分类推进新型智慧城市的要求，有序引导各地区因地制宜地推进县城智慧化改造③，智慧县城、数字县城建设开始得到重视。作为城镇化、乡村振兴和城乡融合发展的重要载体，智慧县城建设将成为智慧城市、数字乡村协同推进的重要抓手（苏红键，2021d）。

（二）城乡网络基建快速覆盖

随着城乡一体化的信息基础设施建设和升级、智能手机的普及，城乡网络普及率快速提高，城乡网络普及率差距不断缩小。

在城乡信息基础设施建设方面，2018年以来，工业和信息化部联合财政部组织实施了六批电信普遍服务试点④，支持13万个行政村通光纤

---

① 中国信息通信研究院：《新理念新模式新动能：新型智慧城市发展与实践研究报告》，2018年4月，http://www.caict.ac.cn/kxyj/qwfb/bps/201804/P020180426349379469367.pdf。
② 主要从开展数字乡村整体规划设计、完善乡村新一代信息基础设施、探索乡村数字经济新业态、探索乡村数字治理新模式、完善"三农"信息服务体系、完善设施资源整合共享机制、探索数字乡村可持续发展机制等方面实施试点建设。
③ 《国家发展改革委办公厅关于加快落实新型城镇化建设补短板强弱项工作 有序推进县城智慧化改造的通知》（发改办高技〔2020〕530号）。
④ 《财政部 工业和信息化部关于深入推进电信普遍服务试点工作的通知》（财建〔2018〕226号）。

和 5 万个 4G 基站建设,全国行政村通光纤和通 4G 比例均超过 99%,农村信息基础设施加快建设,城乡互联网基本实现全覆盖。5G 网络、数据中心等新基建加快布局,2021 年新建 5G 基站超 65 万个,总数达 142.5 万个,占移动电话基站总数的 14.3%。

智能手机的发展极大地提高了互联网普及率。根据相关年份《中国互联网络发展状况统计报告》,手机网民规模从 2010 年底的 3.03 亿人快速增长到 2021 年底的 10.29 亿人,增长 2.40 倍,同期互联网普及率从 34.3% 快速提高到 73.0%;2021 年底,我国 10.32 亿网民中,使用手机上网的比例高达 99.7%,而使用台式电脑、笔记本电脑、平板电脑和电视上网的比例分别仅为 35.0%、33.0%、27.4% 和 28.1%。

随着城乡信息基础设施快速一体化以及智能手机的普及,城乡互联网普及率分别快速提高到 2021 年的 81.3%、57.6%,城乡数字鸿沟不断缩小。根据图 9-1,2010 年前,城乡互联网普及率的绝对差距呈现扩大态势,2010~2018 年绝对差距基本平稳,维持在 36 个百分点左右,2018 年以来绝对差距不断缩小,到 2021 年仅为 23.7 个百分点,这与近年来乡村振兴和数字乡村建设快速推进有关;其相对差距(城乡比)则从 2005 年的 6.50 快速降低到 2007 年的 3.85,之后呈现逐步降低的态势,到 2021 年仅为 1.41。

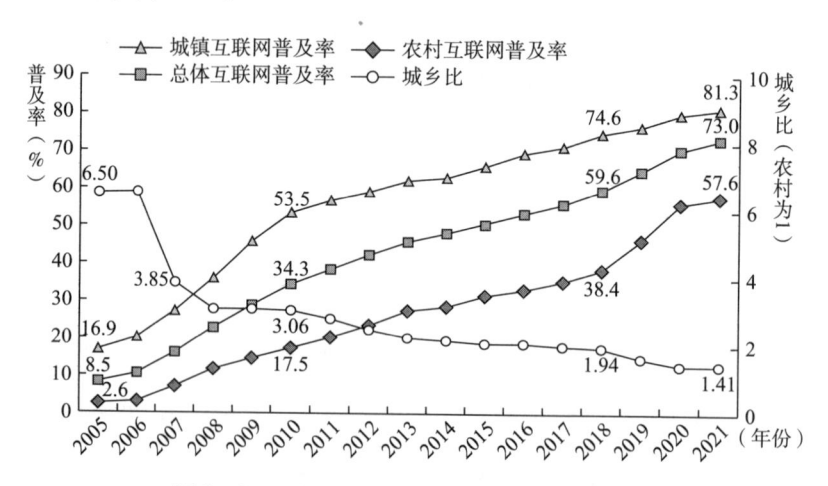

图 9-1 2005~2021 年城乡互联网普及率演进

资料来源:根据各年份《中国互联网络发展状况统计报告》数据整理。

（三）城乡数字经济方兴未艾

在数字经济发展大趋势下，城乡数字经济中的电商、智慧旅游、智慧农业、数字金融等融合型业态快速发展，农村资源资产数字化交易平台在多地开始实践。

农村电商快速发展，体系不断完善。2020年，全国农村网络零售额达1.79万亿元，占全国网络零售总额的15.3%，同比增长8.9%，"十三五"期间年均增长19.1%。[1] 按照顶层设计，"互联网+"农产品出村进城工程进入部署实施阶段[2]，在110个县（市）开展试点。全国建设县级电商公共服务和物流配送中心2000多个，村级电商服务站点超过13万个，快递网点已覆盖全国3万多个乡镇，覆盖率达97.6%。与此同时，农村电商体系创新发展，电商集群、直播带货、社区生鲜电商、直采基地建设等新模式不断涌现、快速发展。

随着乡村旅游和休闲农业的发展，全域旅游智慧化快速推进。国际化和全国层面的智慧旅游平台、省市县层面的全域旅游智慧化平台以及各个景点的智慧旅游应用（App）加快布局建设。2020年6月和2021年12月，文化和旅游部陆续发布了文化和旅游信息化发展典型案例与智慧旅游典型案例[3]，主要包括智慧旅游景区、度假区、乡村建设运营和智慧旅游公共服务平台建设运营两类。与此同时，网络视频成为乡村旅游的重要推广渠道，农业农村部指导各地创新开展乡村休闲旅游"云观赏""云体验""云购物"等线上体验活动，短视频媒体平台也开启了"乡村旅游"专门话题频道。

农业信息化向智慧农业转型升级。当前智慧农业发展主要围绕农业各领域、农业产业链，依托各类主体，不断创新完善精准农业生产管理系统、农产品质量溯源系统和农业专家服务系统等。其中，种植业、畜

---

[1]《中国电子商务报告（2020）》，商务部网站，2021年9月15日，http://dzsws.mofcom.gov.cn/article/ztxx/ndbg/202109/20210903199156.shtml。

[2]《农业农村部 国家发展改革委 财政部 商务部关于实施"互联网+"农产品出村进城工程的指导意见》，农业农村部网站，2020年4月12日，http://www.moa.gov.cn/nybgb/2020/202001/202004/t20200412_6341320.htm。

[3]《文化和旅游部科技教育司关于发布2020年度文化和旅游信息化发展典型案例名单的通知》（2020年6月12日）、《文化和旅游部资源开发司关于发布2021年智慧旅游典型案例的通知》（2021年12月24日）。

牧业、渔业、种业等领域的农情监测体系，技术数字化与专家线上指导，大数据管理服务平台加快推进；遥感与传感器系统、农业大数据与云服务技术、智能化农业装备等①快速发展。截至 2020 年 7 月初，国家农产品质量安全追溯管理信息平台共有 9.41 万家生产经营主体，产品种类有 981 个。②

数字普惠金融加快推进。随着移动支付、互联网小贷、互联网众筹等数字金融领域的快速发展、模式的快速创新，乡村数字普惠金融加速推进。在基础金融服务基本全覆盖的基础上，中国人民银行深入推进农村基础金融服务覆盖工作，探索开发一体化数字服务平台，积极推进全国农业信贷担保体系建设运营。

农村资源资产数字化交易平台创新推进。为避免农村资源资产闲置浪费以及农资交易过程中可能存在的暗箱操作、低价合同等损害农民利益的情况，各地积极创新推进农资交易数字化，比如成都的"数字农交"平台、浙江永嘉的农村"三资"智慧监管系统、江门新会的"新会三资"平台、贵州的"息烽产权交易"等。2022 年 5 月印发的《乡村建设行动实施方案》进一步提出，"推进农村集体经济、集体资产、农村产权流转交易数字化管理"。

（四）城乡智慧服务分类繁荣

20 世纪 90 年代以来，农村各领域信息化为城乡公共服务智慧化打下了良好的基础，之后随着智慧城市建设、数字乡村建设以及新一代信息技术的快速发展，城乡教育、医疗、养老、文化等各类公共服务从传统的信息化向智慧化快速升级、繁荣发展。

城乡智慧教育加快普及。信息技术在乡村教育的应用可以追溯到 20 世纪 90 年代的教育信息化。近年来，教育部陆续发布多个教育信息化规划、行动计划③，智慧学校建设和智慧教育应用快速发展，城乡智慧教育加快推进。截至 2020 年底，全国中小学（含教学点）互联网接入率达

---

① 《发展智慧农业　建设数字乡村》，农业农村部网站，2020 年 4 月 30 日，http://www.jhs.moa.gov.cn/zlyj/202004/t20200430_6342836.htm。
② 农业农村信息化专家咨询委员会：《中国数字乡村发展报告（2020 年）》，2020 年 11 月。
③ 《教育信息化十年发展规划（2011—2020 年）》《教育信息化"十三五"规划》《教育信息化 2.0 行动计划》等。

100%，98.35%的中小学已拥有多媒体教室。[①] 近年来，随着网络信息技术的不断提速，加之疫情影响，"互联网+课堂"加快普及应用，同步互动混合课堂、同步互动专递课堂、多媒体课堂、有组织的在线学习平台（慕课）、基于新媒体的知识分享平台等多种模式加快创新、推广。2019年和2020年，教育部开展了两批次"智慧教育示范区"创建项目，各地积极创新探索城乡智慧教育发展模式，且成效显著。

城乡医疗智慧化水平快速提升。"互联网+医疗"有力促进了城市优质医疗服务向农村延伸，提高了优质医疗服务的可获得性和共享性。智慧医疗根据应用类型主要可以分为智慧医院系统、区域卫生系统以及家庭健康系统[②]。近年来，在《"健康中国2030"规划纲要》、《国务院办公厅关于促进"互联网+医疗健康"发展的意见》（国办发〔2018〕26号）指导下，互联网诊疗服务、互联网医院、远程医疗服务等快速发展，村镇、社区等基层医疗机构智慧化水平快速提升。截至2020年底，远程医疗协作网覆盖所有地级市2.4万余家医疗机构，5595家二级以上医院普遍提供线上服务。[③] 2021年9月，工业和信息化部、国家卫生健康委员会确定了987个5G+医疗健康应用试点项目[④]，5G智慧医疗健康新产品和新模式快速发展。

城乡智慧养老逐步推广。近年来，民政部等各部门积极加强养老服务信息平台建设、开展智慧健康养老产品与服务推广应用、开展智慧健康养老应用试点示范工作，智慧养老快速发展。截至2021年底，民政部联合工业和信息化部、国家卫生健康委员会已经开展了四批智慧健康养老应用试点示范评选工作，共评选出167家智慧健康养老示范企业、297个智慧健康养老示范街道（乡镇）、69个智慧健康养老示范基地。《智慧

[①] 《国家互联网信息办公室发布〈数字中国发展报告（2020年）〉》，国家互联网信息办公室网站，2021年7月2日，http://www.cac.gov.cn/2021-06/28/c_1626464503226700.htm。

[②] 智慧医院系统主要包括数字医院管理和远程智慧诊疗，区域卫生系统主要包括区域卫生信息平台、电子健康档案和区域卫生监管防控系统，家庭健康系统主要是对有居家医疗服务需求人员的视讯医疗、远程照护、健康监测、智能服药系统等。

[③] 《国家互联网信息办公室发布〈数字中国发展报告（2020年）〉》，国家互联网信息办公室网站，2021年7月2日，http://www.cac.gov.cn/2021-06/28/c_1626464503226700.htm。

[④] 《工业和信息化部办公厅 国家卫生健康委员会办公厅关于公布5G+医疗健康应用试点项目的通知》（工信厅联通信函〔2021〕220号）。

健康养老产业发展行动计划（2021—2025 年）》[①] 也将极大地推动智能养老服务产品和技术发展，促进智慧养老服务、智慧养老产业融合发展。

城乡公共文化服务数字化快速推进。在基本公共文化服务体系城乡全覆盖、一体化基础上，各地积极推进城乡公共文化服务数字化。以整合图书馆、文化馆、博物馆、乡镇综合文化站、农家书屋等公共文化服务资源的基本公共文化服务智慧化快速发展。文化和旅游部持续实施公共数字文化建设项目，截至 2020 年上半年，数字图书馆推广工程已覆盖全国 41 家省级图书馆（含少儿馆）、486 家市级馆（含少儿馆），服务辐射 2744 家县级馆，建设了 230 多个不同层次的地方文化云。[②]

（五）城乡数字治理不断创新

随着新一代信息技术在城乡治理各领域的应用，智慧交通、数字社会、生态环境和自然资源数字化管理平台等领域的治理现代化水平不断提升。

智慧交通为全域交通治理现代化和一体化提供了新的路径，实践中，智慧交通往往是智慧城市建设的先行领域。近年来，智慧交通管理、智慧交通基础设施以及智能交通装备在政府与企业的协同推进下快速发展。政府主要从路网规划、数字交通管理、互联网交通管理与服务系统等方面推进智慧交通发展；交通运输企业、互联网企业、装备类企业等主要在智慧交通和停车、共享用车、网约车、无人驾驶等领域积极推进新业态和新产品开发。在农村交通方面，在具备条件的乡镇和建制村 100%通硬化路的基础上，农村公路数字化工作持续推进，建立了全国农村公路基础数据和电子地图数据库，实现动态更新。2021 年 10 月，交通运输部发布《数字交通"十四五"发展规划》，将系统推进全域交通数字化。

在数字社会治理方面，"互联网+政务服务""互联网+村务""互联网+基层党建""雪亮工程""四治融合""互联网+应急管理"等的创新促进了社会治理现代化。各地加快将"互联网+政务服务"平台延伸至乡镇，农业行政审批流程电子改革初见成效，数字化平台让"三资"管理更透明，农村宅基地和承包地信息管理平台基本建成[③]；部分

[①] 《工业和信息化部　民政部　国家卫生健康委关于印发〈智慧健康养老产业发展行动计划（2021—2025 年）〉的通知》（工信部联电子〔2021〕154 号）。
[②] 农业农村信息化专家咨询委员会：《中国数字乡村发展报告（2020 年）》，2020 年 11 月。
[③] 农业农村信息化专家咨询委员会：《中国数字乡村发展报告（2020 年）》，2020 年 11 月。

地区已建立较为完善的"电子村务"平台，方便村民随时随地通过手机关注和监督村务情况[1]；各地积极创新"互联网+党建""移动议事厅""互联网+公共法律服务"等模式；"雪亮工程"覆盖广度不断扩大，为数字乡村治理、平安乡村建设提供了有力支撑；浙江等地率先在"三治融合"基础上加上"智治"，提出了"四治融合"的基层治理模式；对于台风等灾害天气较多的省份，如浙江、广东等，积极创新推进城市管理、气象、水利、交通等多部门协同的数字应急管理体系。同时，2020年以来的新冠疫情倒逼我国基层数字治理水平快速提高。

生态环境和自然资源治理数字化水平稳步提升。[2] 生态环境综合管理信息化平台"一张图"不断优化完善，各地积极推进大气、水、土壤、固体废弃物等污染监控以及质量监测、分析和调控，以此促进精准治污、科学治污、依法治污，同时智慧绿色乡村建设稳步推进；自然资源三维立体"一张图"和国土空间基础信息平台基本建成；气象大数据治理和应用效能显著提高；水利"一张图"加快完善；林草综合感知监测能力不断优化。

（六）城乡数字文化加快融合

数字技术的发展，尤其是新媒体的迅猛发展，降低了信息交流成本，提高了信息交流的频次和效率，降低了地区之间、城乡之间文化交流的壁垒，对城乡文化融合起到了极大的促进作用。

乡村网络文化管理与创作加速优化。中央宣传部、中央网信办、国家广电总局积极推动县级融媒体中心发展，各地积极创新"报、刊、网、端、微、屏"等一体化的融媒体宣传矩阵，开展新闻宣传、节目宣传和公益宣传；实施"网络视听节目精品创作传播工程"，支持鼓励"三农"题材网络视听作品创作生产。2020年上半年，共有118部农村题材重点网络影视剧通过拍摄规划备案。[3]

除网络通信之外，网络直播、网络视频等新一代社交媒体极大促进

---

[1] 中国互联网络信息中心：《第49次中国互联网络发展状况统计报告》，2022年2月。
[2] 《国家互联网信息办公室发布〈数字中国发展报告（2020年）〉》，国家互联网信息办公室网站，2021年7月2日，http://www.cac.gov.cn/2021-06/28/c_1626464503226700.htm。
[3] 《国家互联网信息办公室发布〈数字中国发展报告（2020年）〉》，国家互联网信息办公室网站，2021年7月2日，http://www.cac.gov.cn/2021-06/28/c_1626464503226700.htm。

了文化交流、传播和融合。近年来，我国短视频用户规模快速扩大，截至2021年底，网络视频（含短视频）用户规模达9.75亿人，比2010年底（2.84亿人）增长了2.43倍，占网民整体的94.5%，其中，短视频用户规模为9.34亿人，占网民整体的90.5%。新媒体技术的兴起和乡村网络文化的快速发展，在城乡二元物理世界之外，创造了一个不分城乡的数字文化世界，成为城乡边界消解、城乡文化拼接的重要平台，促进了城乡文化融合。一方面，借助网络视频等新媒体，农村居民可以更便捷地了解城市或其他各地的生活方式，促进文化交流与融合；另一方面，越来越多的农村居民参与到短视频的制作中，通过短视频传播具有乡村特色的生活方式和民俗活动，从而推进乡村文化和各地文化的广泛传播和融合（姬广绪，2018；王建华、苏日古嘎，2020）。

三 数字城乡融合发展面临的挑战

数字城乡发展在不同阶段面临的挑战不同。2000年前后，互联网发展初期的挑战主要在于网速慢、网费高；智能手机普及之前，挑战主要在于部分群体电脑技能不足。现阶段，随着手机网民规模大幅扩大、城乡网络实现全覆盖，数字城乡融合发展的主要挑战不再是城乡网络基础设施的鸿沟，而主要体现在数字城乡统筹规划有待加强、农村居民数字素养有待提升、地区之间数字鸿沟有待缩小等方面。

（一）数字城乡统筹规划有待加强

当前，数字城乡发展还处于"条块分割、各自为政"的状态，亟待明确统筹发展理念，提高统筹发展水平。

第一，智慧城市与数字乡村各自推进。自2010年前后各地全面推进智慧城市建设以来，只有上海、广州等少数发展水平较高的城市将智慧城市建设理念推广到乡村范围，大部分地区在2017年提出实施乡村振兴战略之后，才开始推进数字乡村建设。当前，各地智慧城市建设往往以市辖区（城区）为主体，县城的智慧化（智慧县城）推进滞后，数字乡村建设则主要由区县负责推进。比如，国家智慧城市试点以地级及以上城市为主（另有少量发展水平较高的县镇）；国家数字乡村试点名单以区县为主，由区县抓落实。

第二，数字城乡建设缺乏统一的组织。智慧城市建设和数字乡村建设从顶层设计上便分别由国家发展改革委、住房和城乡建设部、农业农村部等不同的部委主导，在各地实践中也往往分属于不同职能部门负责，缺乏数字城乡融合发展的统一组织。

第三，各个领域智慧化、数字化发展体现了需求导向特征，有待通过数字城乡建设实现统筹发展，以整合资源、提高效率。比如，在当前数字乡村建设中，多以"雪亮工程"为代表的监控系统为主，其基本功能可以向基层治理、公共服务、应急管理等各个领域拓展。

第四，对数字城乡融合发展的重视程度有待提高。《"十四五"数字经济发展规划》虽提出了"推动数字城乡融合发展"的任务，但其仅作为"持续提升公共服务数字化水平"中的一项子任务。实际上，数字城乡建设具有统筹引领智慧城市、数字县城、数字乡村的功能，其战略性和引领性有待提高。

（二）农村居民数字素养有待提升

当前，城乡数字鸿沟的主要表现不再是城乡信息基础设施的差距，而是城乡居民数字素养的差距，即"硬鸿沟"（"接入鸿沟"）基本弥合、"软鸿沟"（"使用鸿沟"和"能力鸿沟"）明显。

农村居民数字素养不高，既与农村居民总体受教育水平相对较低有关，也与城镇化进程中农村以留守老人、儿童为主的人口结构有关。截至2021年12月，农村地区互联网普及率依然低于城镇地区约23.7个百分点，农村地区非网民占总体非网民的54.9%。[①] 当前非网民的日常生活受到的影响主要包括没有"健康码"出入不便、线下服务效率低于线上、无法进行手机支付等，主要原因在于使用技能缺乏、文化程度限制、设备不足和年龄限制等。

从数字素养的不同类型来看，根据城乡网民使用不同应用的情况，城乡居民在社交软件、网络媒体等基本数字技能上的差异较小；随着"互联网+村务"的推进，加之新冠疫情的影响，城乡数字社会治理方面的应用差距和居民数字素养差距不断缩小；城镇网民在网络购物、旅行预订、网上支付、数字金融等方面的使用率明显高于农村网民，城乡

---

① 中国互联网络信息中心：《第49次中国互联网络发展状况统计报告》，2022年2月。

居民数字经济素养差距明显。[1]

（三）地区之间数字鸿沟有待缩小

地区之间的数字鸿沟决定了各地数字城乡建设的基础不同。数字鸿沟的特征与城乡地区发展特征一样，地区之间的差距明显。虽然各地区互联网普及率大幅提高、差距不断缩小，但信息化、数字化、数字经济等发展水平表现出明显的地区差距。

各地区信息化、数字化表现出明显的地区结构特征，呈现东部地区、中部地区、东北地区和西部地区递减的梯队特征。国家互联网信息办公室组织开展的2020年和2021年数字中国发展水平评估均发现，浙江、北京、上海、广东、江苏、山东、天津、福建、湖北、四川等地区数字化综合发展水平位居全国前10名，以东部地区省份为主，这两年的排序略有微调；广西、山西、吉林、云南、宁夏、内蒙古、黑龙江、甘肃、新疆、青海、西藏等11个省区的数字化综合发展水平滞后，以西部和东北地区省份为主。[2] 另有研究对中国各地互联网发展情况进行评价发现，2021年，北京、广东、上海、山东、江苏、浙江、四川、福建、天津、湖北为排名前10位的省市（中国网络空间研究院，2021），同样是以东部地区省份为主，与上述结果基本一致。

以各地信息传输、软件和信息技术服务业（ICT部门）就业比重衡量的地区数字经济发展水平同样表现出显著的地区结构特征，且地区差距有所扩大（见表9-1）。从2010~2020年各地ICT部门就业人口年均增长率来看，东部地区明显最高，其次是中西部和东北地区，上海和广东是增速最快的两个地区；从各地ICT部门就业比重的标准差和变异系数来看，2010~2020年，标准差从1.00提高到2.16，变异系数从0.73提高到0.87，地区之间数字经济发展差距略有扩大；从2020年各地ICT部门就业比重来看，东部地区最高、东北地区次之、中西部地区较低，

---

[1] 中国互联网络信息中心：《第41次中国互联网络发展状况统计报告》，2018年1月；中国互联网络信息中心：《第42次中国互联网络发展状况统计报告》，2018年8月。
[2] 《国家互联网信息办公室发布〈数字中国发展报告（2020年）〉》，国家互联网信息办公室网站，2021年7月2日，http://www.cac.gov.cn/2021-06/28/c_1626464503226700.htm；《国家互联网信息办公室发布〈数字中国发展报告（2021年）〉》，国家互联网信息办公室网站，2022年8月2日，http://www.cac.gov.cn/2022-08/02/c_1661066515613920.htm。

北京、上海、广东是该比重最高的三个省市。

表9-1 各地信息传输、软件和信息技术服务业就业演进

（地区内部按2020年就业比重降序排）

单位：%

地区	2010~2020年就业人口年均增长率	就业比重 2010年	就业比重 2020年	地区	2010~2020年就业人口年均增长率	就业比重 2010年	就业比重 2020年
全国总体	10.12	1.42	2.86	西部地区	7.72	1.22	1.93
东部地区	11.73	1.75	3.80	陕西	7.05	1.94	2.86
北京	8.26	6.45	12.47	四川	14.13	1.11	2.75
上海	20.90	1.71	6.94	西藏	11.63	1.65	2.64
广东	15.46	1.57	3.55	内蒙古	1.64	1.57	1.70
浙江	9.75	1.26	2.76	重庆	7.51	1.07	1.59
天津	12.06	1.09	2.74	云南	4.21	1.09	1.48
江苏	14.25	1.13	2.44	广西	5.15	1.13	1.44
海南	12.68	0.89	2.21	甘肃	7.35	0.91	1.37
河北	5.22	1.20	1.85	贵州	5.42	1.21	1.37
山东	11.75	0.69	1.81	青海	1.41	1.49	1.36
福建	8.29	0.92	1.70	新疆	8.04	0.72	1.24
中部地区	9.22	0.93	1.74	宁夏	2.22	1.08	1.16
湖北	13.71	0.89	2.60	东北地区	4.20	1.43	2.56
河南	14.16	0.65	1.90	辽宁	7.06	1.36	2.92
安徽	9.81	1.02	1.71	黑龙江	4.42	1.21	2.72
湖南	4.13	1.12	1.41	吉林	-1.67	1.95	1.71
江西	5.17	1.12	1.22	均值		1.36	2.48
山西	2.35	1.05	1.17	标准差		1.00	2.16
				变异系数		0.73	0.87

资料来源：根据《中国统计年鉴》相关年份数据计算。

四 数字城乡融合发展导向

数字城乡建设是在智慧城市、数字乡村建设的基础上，数字赋能城乡发展的主要抓手，是新技术革命背景下城乡融合和共同富裕的必由之路。

（一）数字城乡融合发展的基本思路

城乡融合、共同富裕是城乡发展的高级状态，也是数字赋能城乡发展的主要目标。

一方面，数字城乡建设旨在以数字技术促进城乡融合。数字技术以其高效性和包容性为城乡融合发展带来了新动力。在推进乡村振兴和城乡融合发展战略的基础上，要以数字技术赋能城乡各领域融合发展；统筹推进智慧城市、数字县城和数字乡村建设，推进数字城乡建设和融合发展；创新完善城乡数字化资源资产平台，促进城乡要素自由流动，助力城乡融合发展体制机制改革。

另一方面，数字城乡建设旨在以数字技术促进城乡共同富裕。城乡共同富裕是共同富裕的重要维度之一。数字技术有利于促进城乡各领域一体化和成果共享。在推动城乡共同富裕的进程中，要加快缩小城乡之间、地区之间的数字鸿沟，普及提升全体居民数字素养，防治数字贫困，以数字技术提高城乡要素流动效率和效益，促进农村居民福祉增进和城乡居民共同富裕。

为促进城乡融合和共同富裕，数字城乡建设和融合发展要坚持共享、统筹、多元、创新的发展原则。

第一，坚持共享发展。共享发展是中国特色社会主义的本质要求。在全面推进城乡融合、共同富裕的新时期，数字赋能城乡发展要始终以人民为中心。普及提升各类群体数字素养、全面缩小城乡之间及地区之间的数字鸿沟，防治数字贫困，促进城乡发展各领域数字红利的全民全面共享；积极提高数字城乡建设中城乡居民的参与度，充分调动人民的积极性、主动性、创造性，从而促进数字城乡的共建共享。

第二，坚持统筹发展。统筹发展数字城乡是城乡融合的必由之路。树立统筹发展理念，以数字城乡融合发展为目标，促进政府引导和市场主导协同推进、供给侧与需求侧协同推进；推动"自上而下"的顶层设计与"自下而上"的地方探索相互联动，创新数字城乡建设模式；在城乡网络基础设施一体化的基础上，统筹智慧城市和数字乡村建设，统筹推进各领域数字化；加强数字县城建设，以县域数字化带动数字城乡融合发展。

第三，坚持多元发展。多元发展是大国经济社会发展的基本原则。各地发展基础和发展趋势不同，城乡发展格局及其对应的数字城乡建设目标、重点领域、模式也不同。立足各地城乡融合发展基础和数字化基础，顺应各地发展趋势，因地制宜地设定数字城乡建设目标、重点领域和路径，推进数字城乡融合发展；在乡村振兴和城乡融合进程中，针对不同类型村庄的发展基础和需求，分类推进数字乡村建设和城乡融合发展。

第四，坚持创新发展。创新是新一轮科技革命的本质，也将渗入数字赋能城乡发展的全过程、全领域。鼓励各地积极探索数字城乡建设模式，创新统筹机制、突出重点领域、促进要素流动，引领城乡融合体制机制创新；在供给侧，积极推进数字技术创新及其在城乡产业发展、公共服务、社会治理、文化融合等各领域的应用创新；加强供求结合，创新居民参与和反馈机制，积极引导城乡居民参与到数字城乡技术应用和模式创新进程中。

（二）数字城乡融合发展的重点任务

立足数字城乡融合发展基础，针对当前面临的挑战，未来要坚持共享、统筹、多元、创新的发展原则，统筹数字城乡建设、普及提升数字素养、分类建设数字城乡、建立完善数字平台、积极建设数字县城，扎实推动数字城乡融合发展和共同富裕（见图9-2）。

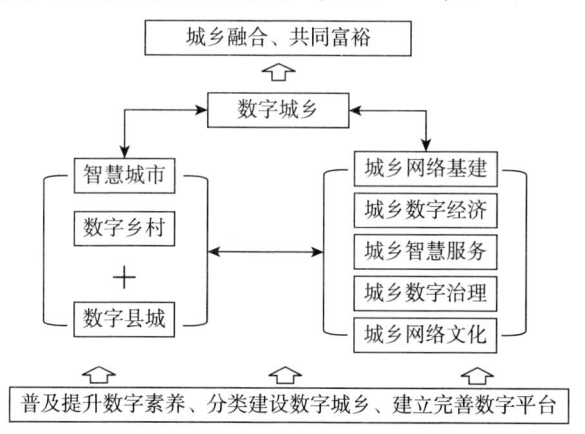

图9-2 数字城乡融合发展框架

1. 统筹数字城乡建设，促进城乡共同富裕

统筹数字城乡建设，提高数字城乡融合发展战略的统领性，是数字赋能城乡发展亟待解决的问题，对城乡融合、共同富裕具有重要的促进作用。

第一，树立和强化数字城乡统筹建设理念。数字经济本身的共享性与城乡融合发展的目标，增强了数字城乡统筹建设的可行性和必要性，亟待提高数字城乡建设对智慧城市、数字县城、数字乡村、城乡各领域数字化的统领性，增强其战略意义。

第二，加强数字城乡建设组织保障。组建数字城乡建设领导小组，制定总体的数字城乡建设规划，促进各地智慧城市的各项功能向县城、乡村延伸，加快实现各地智慧城市建设与数字乡村建设项目统筹推进。

第三，继续推进乡村信息基础设施优化升级和城乡"同网同速"，积极完善城乡全域新基建。

第四，以数字城乡建设引领城乡各领域数字化。促进城乡智慧农业、农村电商、智慧旅游、数字金融等产业发展，创新发展城乡数字经济新业态新模式；提高城乡教育、医疗、养老、文化等各类公共服务领域的智慧化水平，创新智慧发展模式，促进各类公共服务优质均衡发展；提高城乡交通、应急管理、生态环境、自然资源等领域的数字化治理水平，促进各领域治理城乡一体化、全域治理现代化。

2. 普及提升数字素养，充分挖潜数字红利

在数字经济快速发展的背景下，普及提升城乡居民数字素养，尤其是作为城乡数字鸿沟短板的农村居民数字素养，是充分挖潜数字红利、防治数字贫困的重要途径。

第一，建立顺应数字技术革命的全民数字技能教育培训体系。培养提升全民数字技能是顺应新一轮科技革命的必然选择。2021年10月，中央网信办发布了《提升全民数字素养与技能行动纲要》，为全民数字技能的普及与提升提供了指引。相关部门、各地政府需要加快制定行动方案，积极提升全民数字化适应力、胜任力、创造力。

第二，提升城乡居民各项数字素养。保障农村居民使用社交软件、网络媒体等的基本数字技能；培育提升农村居民参与发展智慧农业、农村电商、智慧旅游、数字金融等的数字经济素养；培育增强农村居民在

获取城乡公共服务、参与社会治理等领域的数字应用技能；培育农村居民数字安全素养。

第三，普及提升农村居民数字素养、老年人数字素养。充分调动政府部门、学校、企业、集体经济组织、家庭、农村高技能人才等多方力量，提升农村居民对数字技术的参与意愿和应用水平，补强农村居民数字素养短板；积极落实《国务院办公厅印发关于切实解决老年人运用智能技术困难实施方案的通知》（国办发〔2020〕45号），帮助老年人提升数字素养、共享数字红利。

3. 分类建设数字城乡，缩小地区数字鸿沟

数字鸿沟不仅体现在城乡之间，也体现在地区之间，由此，需要明确分类推进的理念，因地制宜地推进各地数字城乡建设。

第一，北上广深等数字经济发展和数字城乡建设的先行城市，应积极推进技术创新和新技术在城乡发展各领域的应用，完善数字城乡体系，在建设"网络强国"和"数字中国"中发挥引领作用。

第二，其他中心城市和东部地区城市具有较好的智慧城市和数字乡村建设基础，应率先全面推进数字城乡建设，探索数字城乡融合发展模式，为其他地区和城市发挥示范带动作用。

第三，后发展地区应在补齐城乡网络基础设施建设短板的基础上，着力提升城乡居民数字素养，加强人才队伍建设，因地制宜地培育发展数字经济，加快提升智慧服务和数字治理水平，带动数字城乡建设。

第四，加强地区之间数字城乡发展的经验交流与合作。加强省内城市之间、城市群内部、对口帮扶省市之间在智慧城市、数字乡村建设领域的合作，全面推进各地数字经济合作发展，推进智慧教育、智慧医疗等领域的跨省市合作与帮扶，加强各地政府之间数字治理领域的经验交流与合作。

4. 建立完善数字平台，促进城乡要素流动

城乡要素自由流动是城乡融合发展的主要路径与核心目标，这体现在《中共中央 国务院关于建立健全城乡融合发展体制机制和政策体系的意见》（2019年4月15日）中。在数字赋能城乡各领域发展的基础上，加强数字平台建设，有利于促进城乡要素自由流动。

第一，加强城乡数字化土地交易平台建设。在农村宅基地信息化管

理平台、农村土地承包信息数据库和应用平台基础上，总结并推广现有部分地区城乡土地交易数字化平台的建设经验，促进各地城乡土地资源交易和统筹利用；在省级平台建立完善的基础上，逐步整合建立全国层面的城乡土地交易平台，逐步促进跨地区的城乡土地资源统筹利用。

第二，积极推广城乡资源资产数字化交易平台。当前部分地区在农村资源资产数字化交易平台建设方面积累了一些经验，基本达到了"三资"科学管理和公平交易的预期目标，下一步可以根据各地实际情况逐步推广。

第三，加强城乡智慧人才服务平台建设。建立完善覆盖城乡的就业信息公共服务平台；继续推进各级地方政府实施覆盖城乡的网络扶智工程，着力提高各类群体的人力资本水平、数字素养和就业创业能力；在加强就业服务和培训服务的基础上，逐步整合建立综合型人才服务数字化平台。

第四，加快建设城乡统一的数字金融平台。建立完善全国农业信贷担保体系等数字金融平台，加快推进数字金融支农创新试点，积极拓展乡村数字普惠金融覆盖面，提高农村居民数字金融素养，创新金融支农模式，提高金融支农服务水平。

5. 积极建设数字县城，完善数字城乡体系

数字县城建设是链接智慧城市和数字乡村的重要环节，是完善数字城乡体系的枢纽和关键。实践中，数字县城建设相对滞后。2022年5月发布的《关于推进以县城为重要载体的城镇化建设的意见》也提出，"建设新型基础设施，发展智慧县城"。

为促进数字县城建设，一要以地级及以上城市为主体，根据下辖县城发展条件，逐步将智慧城市建设覆盖到各个县城；二要在县城数字基础设施建设基础上，积极推进县城运行一网统管、行政服务一网通办、公共服务一网通享，积极推进县城数字经济、智慧服务、数字治理和融媒体发展，推进数字县城建设；三要以数字县城引领城乡各领域数字化，带动数字乡村建设，以此促进数字城乡融合发展。

理论篇

福祉增进与福祉均衡理念，贯穿城镇化实践和改革进程，与扎实推动共同富裕的理念是一致的。理论篇主要围绕城镇化和城乡发展相关的福祉理论、福祉空间均衡理论展开，对应本书的关键词"城乡福祉""空间均衡"，旨在分析城镇化福祉效应，为分析现实问题、提出政策建议提供理论基础。第十章到第十二章，在明确福祉内涵的基础上对地区福祉、城乡福祉和城市福祉进行分析；第十三章到第十六章，引入福祉空间均衡的观点，并在特征分析的基础上，利用空间均衡模型对城镇化改革红利、人地挂钩效应进行量化空间分析。理论篇的研究结合了古典福祉思想、福祉评价方法、现代福祉均衡理论和前沿的量化空间分析方法，体现了较强的理论意义。

第十章　地区福祉内涵与评价

2017年党的十九大报告指出，中国特色社会主义进入新时代，我国社会主要矛盾从社会主义初级阶段"人民日益增长的物质文化需要同落后的社会生产之间的矛盾"，转化为"人民日益增长的美好生活需要和不平衡不充分的发展之间的矛盾"。到2020年，在打赢脱贫攻坚战、全面建成小康社会的基础上，习近平（2021）指出："适应我国社会主要矛盾的变化，更好满足人民日益增长的美好生活需要，必须把促进全体人民共同富裕作为为人民谋幸福的着力点。"福祉增进与均等化为不平衡不充分发展、共同富裕的研究提供了理论基础，本章通过明确地区福祉内涵，并利用中国各省份数据对地区福祉进行评价和讨论，为促进中国地区之间共同富裕提供参考，并为城乡福祉、城市福祉研究提供理论和方法基础。

一　从经济福祉到综合福祉

追根溯源，经济学起源于对人类生活而不是商品生产的兴趣，但在经济学科建设过程中，经济学关于人类福祉的研究聚焦经济福祉领域，即以提高经济收入与效用为目标。Pigou（1920）论述了这一聚焦过程，"对影响福祉的要素进行一般性的探讨是一项异常繁复的任务，具有相当的不可操作性，……因此，我们的研究范围将局限于可以与货币这种度量单位建立起关系的那部分福祉，即经济福祉"。随着经济社会快速发展，哲学、经济学、社会学、心理学等不同学科的相关研究相互借鉴和融合，单一经济福祉研究开始向综合福祉研究转变。受其影响，实践应用中产生了"人类发展指数"这一尝试引领经济学回归传统动因的项目。正如森（2002a）指出，"导致经济学诞生的广泛的人文关怀与评价经济成功经常依赖的狭隘与机械性的衡量标准之间存在巨大反差，当哈克先生在联合国开发计划署的支持下组织撰写《人类发展报告》时，在很大程度上，他也就回归到了构成经济学学科基础的传统动因"，"人类发展分析路径的评价重新恢复了经济学的动机遗产"。可见，在经济学研究领域，对福祉的关心经历了从综合福祉聚焦单一经济福祉，再向综合福祉转变的过程，其中后一个正在经历的阶段，实际是回归经济学关心人类生活、人类福祉与人类发展的初衷。

本章基于以往的福祉理论及其评价研究展开。从现有研究来看，关于福祉的内涵和评价可以分为客观福祉和主观福祉两个方面。其中，客观福祉是利用可收集的客观指标来衡量福祉水平；主观福祉可以称为主观幸福感，是自我描述的快乐和生活满意度（孔塞桑、班德罗，2013）。

客观福祉的内涵与评价经历了从早期单一维度的 GDP 标准向多维标准的转变。20 世纪 70 年代，人们就开始探讨加入非经济指标作为 GDP 标准的补充。比如，考察经济因素之外的社会因素、环境因素；加入不平等因素；加入休闲（时间利用）（檀学文、吴国宝，2014b）等因素；还有诺德豪斯和托宾提出的净经济福利标准（Nordhaus and Tobin, 1971）。目前，最具代表性的多维福祉评价方法是联合国开发计划署（UNDP, 1990）提出的人类发展指数（Human Development Index, HDI）。该指数以各国的预期寿命、教育水平和生活质量三项指标衡量各个国家的发展水平。该指标是在阿马蒂亚·森提出可行能力理论之后，在森的协助下设计的，在简易性、可操作性的背后极具福祉理论内涵和哲学基础。2010 年，UNDP 首次加入不平等维度对 HDI 三大指标进行调整。在国内，有学者参考该指标考察中国总体和地区的发展情况，比较有代表性的有宋洪远和马永良（2004）、胡鞍钢等（2013）、胡鞍钢和王洪川（2017）。森的可行能力理论为福祉评价提供了较好的理论基础，除 HDI 之外，还有研究设计了相应的福祉评价体系，其本质都是从多维功能视角构建指标进行评价。比如，Sen（1985）构建了包含预期寿命、婴儿死亡率、儿童死亡率三个方面和包含营养状况、死亡率、发病率三个方面的功能实现状况评价体系；国内相关研究包括方福前和吕文慧（2009）、吴士炜和汪小勤（2016）的研究。需要说明的是，以往人类发展指数在中国的应用以直接参考或指标讨论和调整为主，较少有研究讨论其背后的福祉内涵。

主观福祉或者主观幸福感长期属于哲学领域,之后进入心理学、精神病学领域,20 世纪 50 年代开始进入社会学、经济学研究领域。经济学家往往将快乐、生活满意度、幸福感等当作同义词使用。关于主观幸福感的研究一般基于问卷调查。比如,盖洛普民意测验(Gallup Poll)中的"总的来说,你觉得自己很快乐、相当快乐或者不是很快乐?"。利用这一主观福祉调查数据以及其他数据,Easterlin(1974)进一步探讨和验证了 Abramovitz(1959)对产出和福祉呈现正相关关系的质疑,被后来学者称为 Easterlin 悖论。该悖论的本质是经济福祉(收入)与主观福祉(快乐)的关系悖论。世界价值观调查(World Values Survey)利用 0 ~ 10 的生活满意度量表要求被调查者进行打分。根据其调查结果,1990 ~ 2000 年,中国居民的平均幸福感由 7.3 下降到 6.5,自我感觉"非常幸福"的居民比例也由 28% 下降到 12%(何立新、潘春阳,2011)。从个体主观角度看,Frey 和 Stutzer(2002)、孔塞桑和班德罗(2013)将决定快乐的因素分为经济因素(如收入、失业、通货膨胀和不平等)和非经济因素(如个性、社会人口统计因素和制度因素)。

还有一些福祉评价包含主观和客观两个方面,比如经济合作与发展组织(OECD)的美好生活指数、不丹的国民幸福指数、英国国家统计局的国民福祉指数、加拿大的福祉指数等(檀学文、吴国宝,2014a)。

基于以往研究,本章通过对福祉内涵的理论分析,明确地区福祉内涵,建立福祉比较分析框架,并与人类发展指数的评价框架契合,相对而言,在福祉理论基础研究方面较以往福祉评价研究更加丰富。同时,在评价研究基础上,利用各种统计计量分析方法,讨论了不同经济指标、不平等因素、资源环境因素、教育和医疗服务质量对福祉质量的影响,相对而言,在评价分析部分较以往大部分的福祉评价研究更进一步。

二 地区福祉内涵与评价方法

本章采用客观福祉评价方法,因为主观福祉主要应用于个体研究领域,客观福祉主要应用于宏观领域,宏观层面的客观福祉评价可以避免微观层面个体差异(个性、心理、人口统计因素、信仰等)的影响。

（一）地区福祉内涵

对福祉的讨论源自对人类存在和生命意义的反思，系统的论述可以追溯到古希腊哲学家。亚里士多德（2007）将"善"（"good"指好处、幸福）分为三类，即外在的善、精神①的善和身体的善，其中，身体的善和精神的善为自身内在的善，与外在的善相对应。亚里士多德的幸福哲学，实际上秉承了柏拉图在《理想国》中的论述。Pigou（1920）将经济学的研究集中到经济福祉时，将福祉分为经济福祉和非经济福祉，分别对应"人作为生产工具"和"人作为活着的目的"，其中的经济福祉对应外在福祉、非经济福祉对应内在福祉。同时可以发现，人类发展指数（HDI）中的三个维度也与这三个方面一一对应，体现了幸福哲学的内涵。本章遵从外在福祉、内在福祉的划分，并进一步将内在福祉分为精神福祉和健康福祉（见表10-1）。

表10-1　福祉评价的方法溯源与对应

福祉三分法	HDI	福祉	福祉评价	指标
外在的善	收入状况	外在福祉	经济福祉（收入水平）	各地平均收入水平
精神的善	教育状况	内在福祉	精神福祉（教育水平）	各地平均受教育程度
身体的善	健康状况		健康福祉（健康长寿）	各地平均预期寿命

外在福祉即外在的善对人们幸福的促进作用。在幸福哲学中，无论是中国传统幸福哲学还是西方幸福哲学，都将外在的善作为影响幸福的不那么重要的因素，或者说是辅助工具。"一个好人，同时忍受贫困、老年，固然不容易，但是一个坏人虽然有钱，到了老年其内心也是得不到满足和宁静的。"（柏拉图，2009）当然，"幸福仍然需要外在的善加以补充，因为没有工具就不可能，或者难以做出高贵的行动"（亚里士多德，2007）。森（2002b）从自由发展的角度认为，"有时候，实质的自由的缺乏直接与经济贫困相联系，后者剥夺了人们免受饥饿、获得足够营养、得到对可治疾病的治疗、拥有适当的衣服和住所、享用清洁用水

---

① 英文为"soul"，可译为"灵魂"，也可译为"精神"或"心灵"。

和卫生设备等的自由"。随着经济学作为一门独立学科诞生，这一幸福的辅助工具，成为经济学研究增进人类福祉的核心问题。在经济学中，用"效用水平"来衡量福祉水平。相应的，影响"效用水平"的产品总量、收入水平、消费水平等因素，则成为常用的经济福祉评价指标，主要是人均GDP、人均收入、消费支出等。

内在福祉与外在福祉对应。"我们幸福的原因存在于我们的自身之内，而不是自身之外"；"对人的幸福起首要关键作用的，是属于人的主体的美好素质，包括高贵的品格、良好的智力、愉快的性情和健康良好的体魄"（叔本华，2005）。同时，根据亚里士多德的划分，内在福祉可以分为精神福祉和健康福祉两个方面。

①精神福祉。精神福祉即精神的善对人们幸福的促进作用。从幸福哲学角度看，精神的善是最恰当的、最高的善。考虑精神福祉较难量化，往往以人文素养（即受教育水平）为替代指标进行衡量。这主要是基于教育的本质或目的，"教育所要培养的人的质量和规格的总要求，即解决把受教育者培养成什么样的人的问题"，"培养智、仁、勇兼备的人"（董方奎、陈夫义，2007），这与精神福祉的内涵是契合的。不过，在实践中，不同国家、不同发展阶段的教育体系设计会影响到教育目的的实现。比如，Pigou（1920）转引道："道森先生在大战前数年出版的著作中写道'德国的教育体系，当其目的是生产学者和教师，或者生产官僚和公务员，去为复杂的国家机器发动引擎、拧紧螺钉、拖拽滑轮或者润滑轮轴时，是无与伦比的，但是在塑造品格与个性方面却距同等成功相差甚远。……即为造就人们成为良好工具的努力，可能引致造就人们成为良好个人的失败'。"实际应用中，考虑难以具体考量各地人们的精神内在，基于教育的目的，采用受教育程度指标对教育体系合理性和教育结果合意性的思考则以讨论为主。

②健康福祉。健康对福祉的影响显而易见，也正因为其如此明了，以至于并不需要也没有太多的学术研究。"关于这点，只要互相对照一下我们在健康、强壮的日子里和当疾病降临、我们被弄苦恼焦虑的时候，外在境况和事件所留给我们不同的感觉印象，一切就都清楚了。……缺少了健康，一切外在的好处……甚至那些属于人的主体（精神）的好处，都会大打折扣。"（叔本华，2005）森（2002b）的可行能力理论传

承了这一幸福观,"一个身有残疾者,或者一个老者,或者一个疾病缠身者,与一个身体健康者进行比较,即使他拥有超越于健康者之上的基本物品,但在实际生活中,前者仍然是一个弱者"。少有的关于健康对福祉影响的研究主要体现在讨论定点理论[①]时的发现,健康的恶化对快乐有着持续的负面影响,而且人们对于恶化的健康状况不能完全适应(孔塞桑、班德罗,2013)。对各地人们身体健康状况的评价,往往采用人口平均预期寿命指标。人口平均预期寿命与体质、遗传因素、生活条件等自身条件相关,同时也反映了各地的经济社会发展情况、医疗卫生水平和环境状况等。

(二) 评价方法

本章的评价分析分两步:第一步,利用三个维度指标和各地1990年、2000年、2010年和2017年4个年份的数据,对各地福祉进行纵向和横向比较,分别考察三个维度的指标特征以及各地发展阶段与福祉的关系;第二步,关于发展过程中出现的一些受到广泛关注的问题,比如不平等问题、可持续发展问题、教育和医疗服务质量问题等,考虑到部分数据不连续,只利用2017年相关数据做进一步讨论。

本章指标选择遵从以下原则。第一,简约,即每一类指标选择可得的、最具代表性的1个指标。这与HDI的方法一致。这是因为同一维度的多个指标往往是强相关的,多个指标在增加指标体系复杂性的同时,并不能带来更多的有价值的信息,我们将同类指标在讨论部分进行拓展分析。第二,考虑时间连续性,进行灵活处理。由于居民收入指标的统计口径在2013年进行了调整,为了保证纵向可比性,经济维度采用各地人均GDP指标;为考察可能存在的偏差,在讨论部分,对2017年的产出、消费、收入三个经济指标对福祉的影响进行比较分析。

指标选择与数据来源:在基础评价中,经济维度采用人均GDP指标,并按照不变价进行调整,讨论部分加入各地居民人均可支配收入和人均消费支出两个指标进行讨论;教育维度采用"各种受教育程度人口

[①] 心理学中的定点理论显示,人们在生活中有一种固定的快乐设置点,它是由个性和遗传所决定的,反映了人们对变化的适应性。证据显示,人们能够完全适应收入上的变化,但对于其他生活事件或者非金钱方面的变化却不能完全适应。

数"计算平均受教育年限；健康维度采用"各地区人口平均预期寿命"指标，由于该数据仅汇报人口普查年份数据，故2017年数据根据各地2010年数据和新近数据，按照各地近几年的平均变化进行调整。以上数据主要来源于《中国统计年鉴》《中国教育统计年鉴》；各地人均预期寿命的新近数据主要通过网络查找。

标准化方法：标准化方法采用最大最小值法，为实现纵向比较，按照取整的方法统一选取阈值。其中，人均GDP指标采用其对数标准化形式。① 各地人均GDP按1990年不变价进行调整后取［800元，37000元］，各地平均受教育年限的区间为［2年，13年］，各地人口平均预期寿命的区间为［59岁，84岁］。

综合福祉计算方法：HDI关于三个维度指标的综合方法经历了从算术平均值到几何平均值的调整，在国内的相关研究中（胡鞍钢等，2013；周恭伟，2011；王圣云，2016），也以各个维度的算术平均值和几何平均值为主。基于此，本章对综合福祉的计算采用标准化值的几何平均数。

三　地区福祉评价结果

按照地区福祉内涵和评价方法，利用中国各省份4个年份的数据，对中国地区福祉进行评价和比较分析。

（一）各地福祉基本特征

中国地区福祉特征主要体现在四个方面。第一，1990~2017年，中国总体和各地福祉均得到大幅提升。全国总体福祉指数从1990年的0.3077提高到2017年的0.7157，提高了0.4080；各地福祉指数大幅提升，1990~2017年，作为2017年福祉最大值和最小值的北京和西藏两地分别提高了0.4272、0.4099，提升幅度比较接近（见表10-2）。第二，1990~2017年，各地福祉排名基本稳定。北京、上海、天津三个直辖市一直位列前三位；重庆由于在1997年升格为直辖市，行政地位优势凸

---

① 这与HDI的方法一致，主要是考虑经济收入对可行能力的影响是凹的，即边际收入增长对可行能力的边际提升较小。

显,成为位次提升最大的地区,从1990年的第24位提升至2017年的第10位;黑龙江、山西则是位次后移较大的省份,分别从第9位和第12位后移至第17位和第19位,这与两地在改革开放和经济转型升级过程中发展相对滞后有关。第三,1990~2017年,地区福祉均等化水平不断提高。各地福祉指数的变异系数从1990年的0.4051不断降低到2017年的0.1408,同时结合各地福祉提升情况、平均值大幅提升和方差微降等特征来看,各地福祉表现出同步提升、均等化水平不断提高的趋势。这一趋势符合地区经济收敛理论的观点。第四,分地区来看,东部地区福祉水平最高,东北地区次之,中西部地区福祉水平略低。这与经济发展水平的地区分布基本一致。1990~2017年,东部、中部、西部、东北四大地区的福祉平均值分别从0.4014、0.3581、0.2558、0.1926提高到0.8039、0.7256、0.6865、0.6374,中西部地区增速较快,表现出后发追赶态势和收敛特征。

表10-2 1990~2017年各地福祉评价结果

省区市	1990年 数值	1990年 位次	2000年 数值	2000年 位次	2010年 数值	2010年 位次	2017年 数值	2017年 位次	位次调整
全国	0.3077		0.4755		0.6396		0.7157		
北京	0.5353	2	0.7070	2	0.8680	1	0.9625	1	1
上海	0.5733	1	0.7303	1	0.8420	2	0.9375	2	-1
天津	0.4807	3	0.6322	3	0.8078	3	0.8972	3	0
江苏	0.3714	6	0.5505	7	0.7176	4	0.7994	4	2
浙江	0.3680	7	0.5592	4	0.7126	5	0.7707	5	2
广东	0.4130	5	0.5560	5	0.7059	7	0.7629	6	-1
辽宁	0.4143	4	0.5549	6	0.7073	6	0.7590	7	-3
山东	0.3377	8	0.5202	8	0.6832	8	0.7548	8	0
福建	0.3102	13	0.5193	9	0.6733	11	0.7472	9	4
重庆	0.2227	24	0.4328	18	0.6328	18	0.7256	10	14
湖北	0.2849	15	0.4506	15	0.6380	15	0.7225	11	4
海南	0.3187	11	0.4785	13	0.6388	14	0.7210	12	-1
内蒙古	0.2624	16	0.4382	17	0.6741	10	0.7192	13	3
吉林	0.3273	10	0.5046	11	0.6744	9	0.7174	14	-4

续表

省区市	1990年 数值	位次	2000年 数值	位次	2010年 数值	位次	2017年 数值	位次	位次调整
湖南	0.2455	19	0.4295	19	0.6221	19	0.7049	15	4
陕西	0.2490	18	0.4100	22	0.6364	17	0.7004	16	2
黑龙江	0.3328	9	0.5085	10	0.6545	12	0.7003	17	-8
河北	0.3057	14	0.4868	12	0.6374	16	0.6858	18	-4
山西	0.3104	12	0.4535	14	0.6398	13	0.6833	19	-7
宁夏	0.2556	17	0.4034	25	0.5990	21	0.6761	20	-3
河南	0.2432	20	0.4388	16	0.6118	20	0.6744	21	-1
四川	0.2151	25	0.4068	24	0.5858	26	0.6717	22	3
广西	0.2284	23	0.4128	21	0.5948	22	0.6713	23	0
安徽	0.2370	21	0.4073	23	0.5874	25	0.6689	24	-3
江西	0.2136	26	0.3893	26	0.5935	23	0.6653	25	1
新疆	0.2365	22	0.4134	20	0.5908	24	0.6383	26	-4
贵州	0.0581	31	0.2485	30	0.4741	29	0.6044	27	4
云南	0.1764	28	0.3097	29	0.4721	30	0.5953	28	0
甘肃	0.1993	27	0.3278	27	0.5243	27	0.5917	29	-2
青海	0.1490	29	0.3209	28	0.5136	28	0.5857	30	-1
西藏	0.0589	30	0.1982	31	0.3828	31	0.4688	31	-1
平均值	0.2882		0.4580		0.6353		0.7091		
方差	0.1167		0.1167		0.1020		0.0998		
变异系数	0.4051		0.2548		0.1606		0.1408		

注：位次调整为1990~2017年的位次调整结果，正数表示提升，负数表示降低。

（二）各地福祉三个维度的特征

结合三个维度来看，一方面，图10-1显示了2017年各地以人均GDP衡量的经济维度与福祉指数的分布，分布图的非线性关系表明了综合福祉与经济福祉之间的差异，印证了经济发展并不意味着较高的居民福祉水平。其中，西藏福祉指数最低，主要是由于其平均受教育年限和平均预期寿命两个指标均为全国最低，1990年和2017年分别为2.72年、59.64岁和5.58年、70.60岁（见表10-3）。另一方面，1990~2017

年，各地三个维度指标均表现出大幅提升、均等化水平提升的特征。1990~2017 年，全国人均 GDP 按当年价从 1663 元提高到 59201 元，变异系数从 0.5923 降到 0.4531；全国人均预期寿命从 68.55 岁提高到 76.70 岁，提高了 8.15 岁，各地人均预期寿命增幅在 4.68 岁（广东）和 11.42 岁（青海）之间，变异系数从 0.0519 降低到 0.0366；全国人均受教育年限从 6.39 年提高到 9.21 年，提高了 2.82 年，各地人均受教育年限增幅在 2.12 年（黑龙江）和 4.03 年（北京）之间，变异系数从 0.1705 降低到 0.1265。

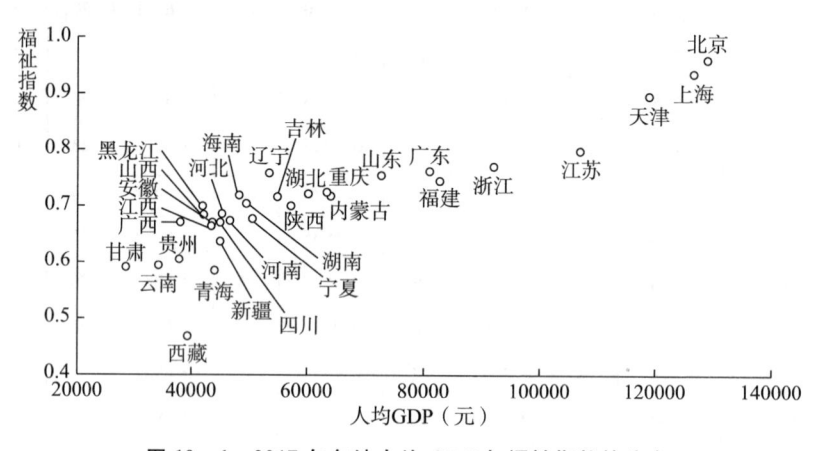

图 10-1 2017 年各地人均 GDP 与福祉指数的分布

表 10-3 1990 年和 2017 年各地三个维度基本情况

省区市	人均预期寿命（岁）		人均受教育年限（年）		人均 GDP（元）	
	1990 年	2017 年	1990 年	2017 年	1990 年	2017 年
全国	68.55	76.70	6.39	9.21	1663	59201
北京	72.86	82.15	8.64	12.67	4635	128994
天津	72.32	81.68	7.97	11.01	3487	118944
河北	70.35	76.37	6.39	9.09	1465	45387
山西	68.97	74.92	6.89	9.86	1528	42060
内蒙古	65.68	75.80	6.65	9.52	1478	63764
辽宁	70.22	78.86	7.50	9.93	2698	53527
吉林	67.95	76.57	7.29	9.51	1746	54838
黑龙江	66.97	77.33	7.24	9.36	2028	41916

续表

省区市	人均预期寿命（岁）		人均受教育年限（年）		人均GDP（元）	
	1990年	2017年	1990年	2017年	1990年	2017年
上海	74.90	83.37	8.25	11.41	5911	126634
江苏	71.37	78.99	6.50	9.44	2109	107150
浙江	71.78	78.51	6.18	9.13	2138	92057
安徽	69.48	76.70	5.43	8.56	1182	43401
福建	68.57	77.46	6.16	9.08	1763	82677
江西	66.11	76.00	6.14	8.72	1134	43424
山东	70.57	78.84	6.28	9.06	1815	72807
河南	70.15	75.81	6.38	8.89	1091	46674
湖北	67.25	76.77	6.51	9.35	1541	60199
湖南	66.93	76.51	6.59	9.40	1228	49558
广东	72.52	77.20	6.85	9.70	2484	80932
广西	68.72	77.35	6.50	8.71	1066	38102
海南	70.01	77.84	6.63	9.42	1562	48430
重庆	66.33	77.22	6.08	9.14	1181	63442
四川	66.33	76.90	6.08	8.50	1136	44651
贵州	64.29	73.78	5.14	8.09	810	37956
云南	63.49	73.63	5.03	8.13	1224	34221
西藏	59.64	70.60	2.72	5.58	1276	39267
陕西	67.40	75.70	6.42	9.24	1241	57266
甘肃	67.24	73.41	5.19	8.60	1099	28497
青海	60.57	71.99	5.33	7.97	1558	44047
宁夏	66.94	74.90	6.00	9.13	1393	50765
新疆	62.59	72.35	6.79	9.46	1799	44941
变异系数	0.0519	0.0366	0.1705	0.1265	0.5923	0.4531

注：由于各地2017年人均预期寿命数据不全，缺失的数据根据各地2010年数据和近年数据推算；1990年重庆人均预期寿命采用四川数据；此处人均GDP为当年价，计算福祉指数时采用1990年不变价。

（三）各地发展阶段与福祉的基本关系

各地发展阶段与福祉存在显著相关关系，一般来讲，城镇化水平越高、工业化水平越高，福祉水平也就越高，这里结合各地数据进行验证。城镇化水平利用各地城镇化率衡量；工业化水平实际上是包含人均收入、非农产业比重等的综合指标，为直观起见，这里主要采用非农产业比重表示，因为伴随工业化进程，农业比重下降、非农产业比重提高。

图 10-2 显示了 2017 年相关数据的基本关系，城镇化率与福祉指数显著正相关，拟合优度 R^2 在 0.9 以上，当年数据的弹性系数为 0.0081；非农产业比重与福祉指数表现出 U 形关系，这主要是受海南、黑龙江两个省份非农产业比重较低的影响，根据图 10-2 右图，大部分省份的非农产业比重在 85% 及以上，并与福祉指数表现出显著的正相关关系。

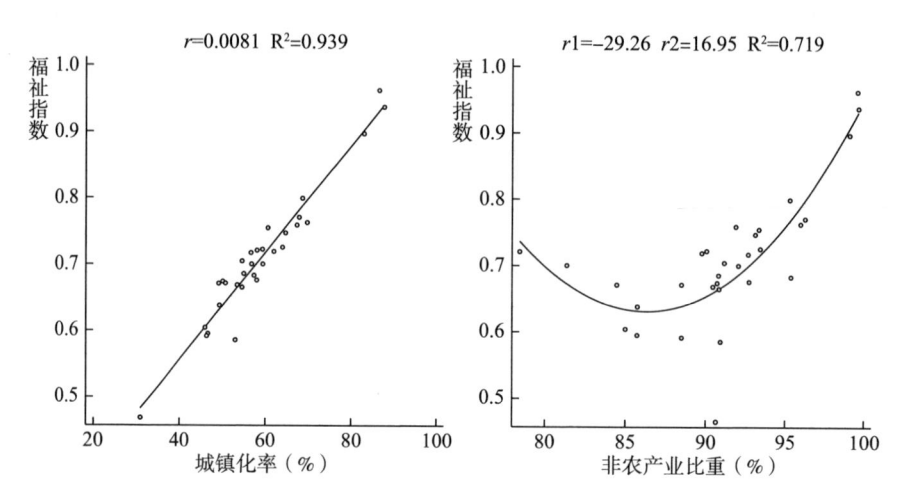

图 10-2 2017 年各地城镇化率、非农产业比重与福祉指数的分布

注：左图的 r 表示斜率；右图的 $r1$ 表示一次项的系数，$r2$ 表示二次项的系数。

表 10-4 利用 2000 年、2010 年、2017 年 3 个年份的数据进一步分析了发展阶段与福祉指数的关系，主要汇报了控制省份和年份的固定效应估计结果。模型 1 显示了城镇化率与福祉指数的显著正相关关系，在控制省份和年份变量之后，正相关关系依然稳健，可见，城镇化率越高，地区福祉水平越高。模型 2 至模型 4 显示了非农产业比重与福祉指数的关系，采用双向固定效应时，仅线性关系显著，U 形关系仅在时期固定或个体固定时显著，双向固定时 U 形关系不显著，故未汇报。模型 3 和模型 4 中，极值点的非农产业比重分别为 60.46% 和 73.67%，基本处于

样本范围之外,可见,正相关关系更加稳健。

表 10-4 各地发展阶段与福祉指数的关系

	模型 1	模型 2	模型 3	模型 4
城镇化率	0.0019*** (0.0006)			
非农产业比重		0.2752*** (0.0789)	-5.5639*** (-2.62)	-7.3304*** (-4.55)
非农产业比重^2			4.6013*** (3.59)	4.9752*** (5.27)
常数项	0.3838*** (0.0253)	0.2320*** (0.0649)	1.9243*** (2.20)	3.1807*** (4.64)
F	976.85	1027.36	116.99	61.31
R^2	0.7193	0.6016	0.6486	0.6365
样本数	31×3	31×3	31×3	31×3
备注	双向固定	双向固定	个体固定	时期固定

注:括号中为系数的标准差;***表示在1%的水平下显著。

四 福祉评价背后的福祉质量

考虑经济指标特征以及不平等、可持续发展、公共服务等福祉质量问题,本部分利用2017年数据进行分析和讨论。

(一) 产出、收入、消费视角的福祉比较

考虑统计数据在时间序列上的连续性,在各地福祉演进特征分析中,采用人均GDP数据进行分析。实际上,从福祉的内涵来看,需要衡量的是人们的收入水平,而非产出水平。另外,从效用的角度来看,有研究采用消费水平来衡量福祉水平。为此,利用2017年数据,对各地人均产出、人均收入、人均消费与福祉的关系做进一步探讨。对2017年三个维度指标的当年值按照最大最小值法进行标准化,取几何平均数计算综合福祉。其中,人均预期寿命、人均受教育年限的数据不变,经济维度的指标分别采用人均GDP、人均可支配收入、人均消费支出衡量。计算结果如表10-5所示。

收入指标、消费指标与其相应福祉的相关性,高于产出指标与其相应

福祉的相关性。由于人均GDP与人均收入水平相关但不完全一致，各地在人均GDP排名和人均可支配收入排名上可能会存在出入。比如，天津和江苏的人均GDP（118944元、107150元）均高于浙江（92057元），但浙江的人均可支配收入（42046元）明显高于这两个省市（37022元、35024元）；北京和上海的这两个数据也分别在第1位和第2位出现互换。当产出指标与收入指标位次差别较大时，便会影响总体的福祉排名。比如，以人均GDP计算的福祉，江苏排名第4，浙江排名第5，以收入和消费计算的福祉，位次则互换。从福祉结果来看，浙江、辽宁、海南、内蒙古、湖南、黑龙江、宁夏等地以人均GDP计算的福祉排名，低于以收入计算的福祉排名，可以认为这些省区较好地实现了地区经济增长与人民增收、福祉增进的协同；部分省市如江苏、广东、山东、重庆、湖北、吉林、陕西、河南、四川等地，以人均GDP计算的福祉排名，高于以收入计算的福祉排名，可以认为这些地区需要加强地区经济增长与人民增收、福祉增进的同步性。

表10-5 2017年采用不同收入指标衡量的福祉水平

省区市	福祉（产出指标） 数值	位次	福祉（消费指标） 数值	位次	福祉（收入指标） 数值	位次
全国	0.4869		0.4694		0.4543	
相关系数	0.9180		0.9280		0.9270	
北京	0.9379	1	0.9242	1	0.9286	1
上海	0.9042	2	0.9082	2	0.9056	2
天津	0.8327	3	0.7678	3	0.7365	3
江苏	0.6655	4	0.5920	5	0.5909	5
浙江	0.6109	5	0.5956	4	0.6024	4
广东	0.5838	6	0.5736	7	0.5470	7
辽宁	0.5403	9	0.5779	6	0.5503	6
山东	0.5715	7	0.4909	9	0.5021	9
福建	0.5642	8	0.5173	8	0.5035	8
重庆	0.5106	10	0.4717	10	0.4412	12
湖北	0.4982	11	0.4551	12	0.4349	13
海南	0.4708	14	0.4500	14	0.4414	11

续表

省区市	福祉（产出指标） 数值	位次	福祉（消费指标） 数值	位次	福祉（收入指标） 数值	位次
内蒙古	0.4921	12	0.4679	11	0.4473	10
吉林	0.4787	13	0.4322	16	0.3999	16
湖南	0.4478	16	0.4548	13	0.4222	14
陕西	0.4558	15	0.3881	20	0.3602	20
黑龙江	0.4138	17	0.4417	15	0.4068	15
河北	0.4090	18	0.4084	18	0.3834	17
山西	0.3784	23	0.3584	24	0.3569	22
宁夏	0.4032	19	0.3740	21	0.3376	25
河南	0.3968	20	0.3501	25	0.3423	24
四川	0.3912	21	0.4089	17	0.3555	23
广西	0.3561	25	0.3629	23	0.3581	21
安徽	0.3819	22	0.3999	19	0.3757	18
江西	0.3745	24	0.3656	22	0.3708	19
新疆	0.3011	26	0.2973	26	0.2635	26
贵州	0.2645	27	0.2597	28	0.1935	29
云南	0.2282	29	0.2491	29	0.2364	27
甘肃	0.1048	30	0.2701	27	0.1679	30
青海	0.2399	28	0.2455	30	0.1998	28
西藏	0.0459	31	0.0215	31	0.0212	31

注：省级的排序按照表 10-2 中 2017 年福祉评价的排序，其中有部分出入是由最大最小值的取法不同导致的。相关系数指人均 GDP、人均消费支出、人均可支配收入与对应的福祉指数之间的相关系数。

对于收入与消费的关系，2017 年各地人均可支配收入与人均消费支出的相关系数达到 0.9880，高于人均 GDP 与人均可支配收入的相关系数（0.9330）。各地两类福祉的结果排序基本一致，不一致的地区较少。其中，重庆、四川的消费福祉水平明显高于其收入福祉水平，这与当地居民较强的消费倾向有关。根据《中国统计年鉴 2018》，2017 年，各地食品烟酒、衣着、生活用品及服务三项支出占总消费支出的比重，四川和重庆分别为 48.50% 和 47.96%，明显高于全国总体水平（42.20%）和其他收入水平接近的地区。

(二) 收入不平等、教育不平等与福祉调整

在宏观层面评价经济福祉，需要进一步考虑不平等状况。在人类发展指数2010年的版本中，首次加入了不平等维度。融入不平等指标的计算方法参考HDI的方法，用"（1－变异系数）×对应的维度标准化值"进行衡量。

考虑数据可得性，这里主要考察收入不平等和教育不平等情况。收入不平等采用各地区分行业就业人员平均工资的变异系数进行衡量，教育不平等采用不同受教育程度的人口数的变异系数进行衡量，数据来源于《中国统计年鉴》。

结合图10-3和图10-4，各地平均受教育年限与教育不平等呈现负相关的关系，即平均受教育年限越高，教育不平等程度越小；从图10-4上图的斜率来看，教育不平等调整后的福祉指数降低程度较小，仅降至0.9649，对原福祉指数各地排序的影响很小。

与教育不平等问题刚好相反，各地平均收入水平与收入不平等呈现正相关关系，即收入水平越高，收入不平等程度越高；从图10-4下图的斜率来看，收入不平等调整后的福祉指数降低程度较大，斜率从1降至0.7853；从散点图的离散情况来看，收入不平等调整后的福祉指数与原福祉指数的排序存在一些偏差。其中，北京、上海由于收入不平等程度较高，收入不平等调整引起的福祉指数降低较多；天津、山东等收入不平等程度较低，按照收入不平等调整的福祉指数高于平均趋势。

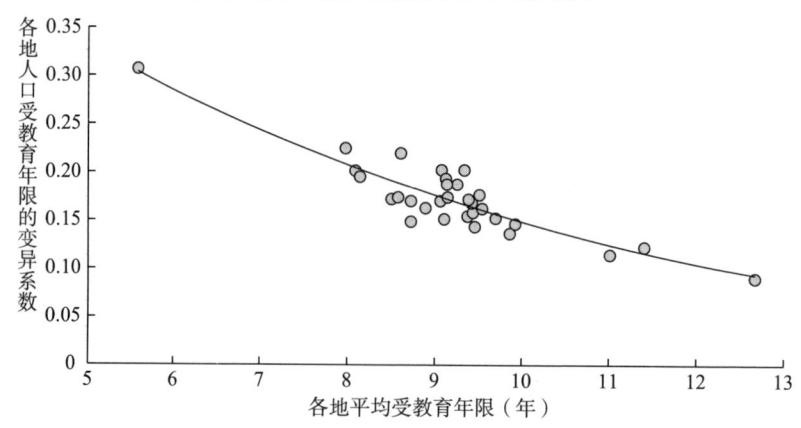

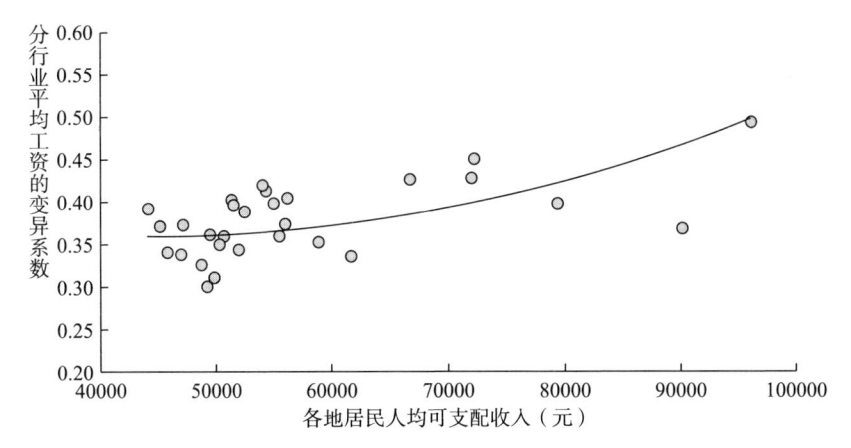

图 10-3　2017 年两类指标与其变异系数的基本关系

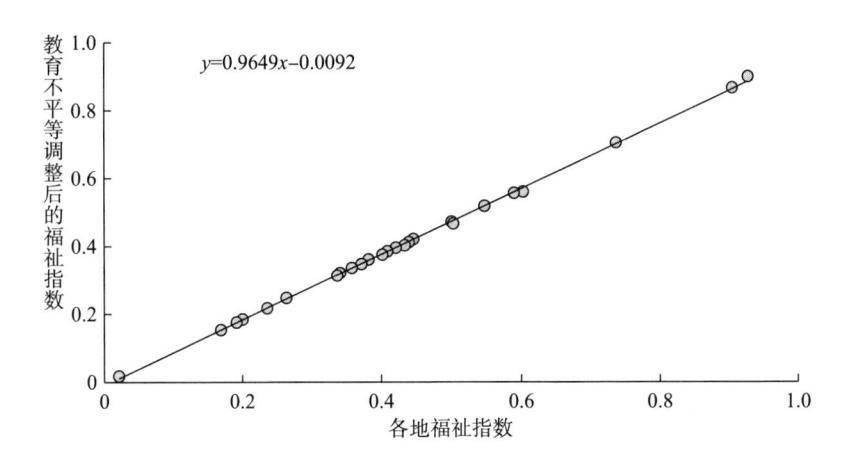

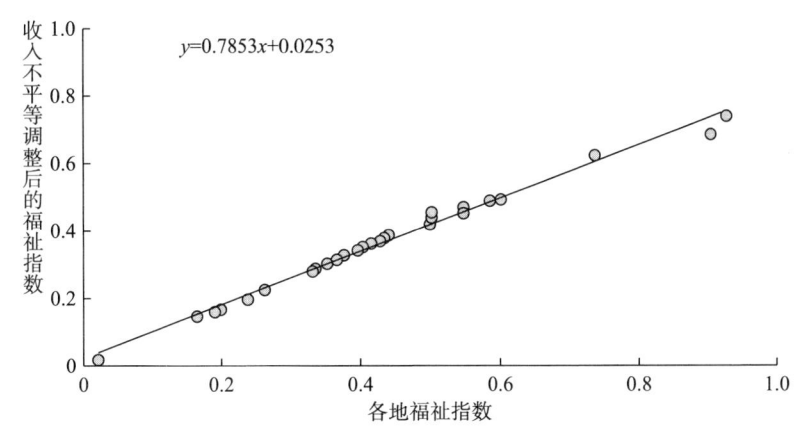

$y=0.9649x-0.0092$

$y=0.7853x+0.0253$

图 10-4　2017 年各地福祉指数与不平等调整后的福祉指数的关系

（三）生态环境与福祉的关系

有研究在解释 Easterlin 悖论时指出，处于发展早期阶段的国家非常重视经济增长，超过某一临界点之后，人们就要求更高的生活质量，开始关注环境保护等问题，即以马斯洛需求层次理论发展起来的 Inglehart（1990）的价值观变迁理论。当研究同一地区不同个体时，由于接受同一资源约束和处于同一生产生活环境，环境福祉不存在差异；对于不同地区来说，由于各地环境不同，需要考虑不同地区的环境福祉。在对 HDI 的相关讨论中，较多的研究关注到可持续发展指标的缺失（李晶、庄连平，2003）。更多的、影响更广泛的指标体系调整，主要是可持续发展指标、绿色发展指标，比如李晓西等（2014）的人类绿色发展指数（HGDI）[①]。除了作为可行条件之外，环境对福祉的影响还体现在对人类健康和寿命的影响方面。相关研究显示，2004~2013 年大气污染导致的中国潜在人均预期寿命减少量在 0.67 年和 1.85 年之间（Ma et al.，2016）；中国《大气污染防治行动计划》的实施，使人均预期寿命增加值在 0.3 年以内（马国霞等，2019）。同时，心理学或经济学领域的研究均表明，环境污染、极端天气均会对主观幸福感产生直接的负面影响（鲁元平、王韬，2010）。

这里主要采用两类指标做进一步讨论。一类是排放指标，以废气中主要污染物排放指标为主，采用"排放量/土地面积"来衡量；另一类是净化能力指标，以森林和人工林覆盖情况为主，采用"覆盖率/人口密度"来衡量，这是因为有的地方虽然森林覆盖率低但人口密度也低，比如新疆、内蒙古等地。从各地 2017 年数据来看，各地污染物排放量的密度差距很大，以林地覆盖情况衡量的净化能力指标差距也很大，变异系数甚至大于 1（详见表 10-6）。

从与福祉水平的关系来看，排放量指标与福祉指数显著正相关，这主要是因为发展水平越高的地方往往意味着越高的排放量、人口密度和经济密度；以覆盖情况衡量的净化能力指标与福祉指标负相关，这主要是因为更高的发展水平往往意味着更高的开发水平，反之开发水平较低、

[①] 在 HDI 和可行能力理论基础上，李晓西等（2014）认为人的可行能力与人的可行条件是不可分割的，可行条件则是自然条件和总体的资源环境约束。

林地覆盖水平较高，在这一指标中，西藏、内蒙古的值最大，中西部地区的值显著高于东部地区，上海、天津的值最小。从与平均预期寿命的关系来看，排放量指标与平均预期寿命正相关，可以认为二者之间并非因果关系，而是因为先发展地区往往排放量较高，同时又有着较好的生活条件和较高的医疗服务质量；类似的，净化能力指标与平均预期寿命负相关，二者也并非因果关系，而是因为开发强度越高的地方往往发展水平越高、医疗服务质量越好。需要强调的是，虽然平均预期寿命与发展水平相关，但是各地人们所处的生产生活环境与空气污染情况、林地覆盖情况是显著相关的，即一种是低环境质量下的较高的平均寿命，一种是高环境质量下的略低的平均寿命。

表10-6 2017年各地废气排放与净化能力情况

		废气中污染物排放量的密度			净化能力指标
		二氧化硫	氮氧化物	烟尘	覆盖率/人口密度
最大值		493.61（天津）	3047.23（上海）	738.98（上海）	438.11（西藏）
最小值		0.28（西藏）	2.46（西藏）	0.54（西藏）	0.56（上海）
各地平均值		184.34	399.05	183.24	38.38
各地标准差		145.00	573.02	174.55	77.65
变异系数		0.7866	1.4360	0.9526	2.0231
相关系数	平均预期寿命	0.416*	0.731**	0.646**	-0.503**
	福祉指数（收入）	0.360*	0.743**	0.613**	-0.478**

注：*、**分别表示相关系数在0.05、0.01的水平下显著。下同。

（四）教育质量、医疗质量与福祉的关系

在福祉评价中，对人的内在精神和健康的考察分别采用平均受教育年限和预期寿命。然而，更高的平均受教育年限并不一定意味着更高的教育质量以及精神福祉；更高的预期寿命也不一定意味着更健康的身体状况。根据数据可得性，这里对各地教育质量和医疗质量做进一步的考察。

在教育质量方面，采用小学生均教师数和中学生均教师数来考察，同时对教育体系设置中的问题做进一步的讨论。总体来看，近年来，全

国生均教师数不断提高，普通小学、初中和高中的每千学生教师数分别从 2005 年[①]的 51 人、56 人、54 人提高到 2017 年的 59 人、80 人、75 人。从各地 2017 年数据来看，各地每千学生教师数差距较大，其中，高中教师配置的差距最大（见表 10-7）；也存在部分地区小学和初中生均教师数较多，但高中生均教师数较少的情况，比如吉林（88 人、104 人、72 人）、辽宁（72 人、103 人、82 人）、黑龙江（83 人、99 人、76 人）。另外，从各地各级学校教师配置情况与相关指标的关系来看，小学每千学生教师数与各地受教育年限、2017 年福祉指数的关系并不显著，这表明相对于中学教育来说，各地区小学教育资源配置差距较小、更加均衡。

表 10-7 2017 年各地各级学校教师配置情况

		每千学生教师数（人）		
		高中	初中	小学
最大值		131（北京）	129（北京）	88（吉林）
最小值		57（广西）	63（江西）	52（湖南）
各地平均值		79.19	85.03	63.10
各地标准差		15.71	14.38	9.33
变异系数		0.1983	0.1691	0.1478
相关系数	平均受教育年限	0.633**	0.645**	0.308
	福祉指数（收入）	0.711**	0.506**	0.118

在教育方面，需要进一步讨论的是教育体系设置问题，较高的受教育年限并不意味着较多的知识和技能，也不意味着能够体会更多的精神上、思想上的乐趣。正如前文转引的道森先生对德国教育体系的批评，"简言之，德国人的注意力过分集中于学习如何做事，而未如早期那样学习如何做人"。类似的，当时的英国亦是如此，"通过你们的工作对你们有所了解，你们在机械技艺方面的成就，刚好反映出你们在所有内在精神方面的失败"（Pigou，1920）。可见，伴随人类工业革命和经济快速增长，就业导向的技术人才培养和相应的教育体系设置对人类精神文明和内心福祉的反噬，少有国家和地区能幸免。在经济发展到一定阶段、增长趋缓之后，

[①] 2004 年统计口径有所调整，故从 2005 年的连续数据进行说明。

人们开始回头思考和重视"何以成人"的问题。

在医疗服务质量方面，采用各地卫生技术人员和执业（助理）医师数据进行考察，按各地年末常住人口数进行平均。总体来看，近年来，全国人均拥有医疗资源数不断增加，每万人口卫生技术人员和执业（助理）医师数从2005年的35.0人、15.6人增加到2017年的64.7人、24.4人。从各地2017年情况来看，医疗资源配置差距较大，最大值超过最小值的2倍，两个数据的变异系数分别为0.1779和0.1834（详见表10-8）。可以看到，医疗资源配置情况与平均预期寿命、福祉指数表现出显著的正相关关系，其中，与福祉指数的相关系数更大。这可以解释为，由于各地医疗资源配置情况还与各地经济发展情况（即福祉中的收入指标）密切相关，所以提高了相关系数。

表10-8　各地各类卫生人员配置情况（2017年）

		每万人口拥有医疗资源（人）	
		卫生技术人员	执业（助理）医师
最大值		113（北京）	43（北京）
最小值		49（西藏）	18（江西）
各地平均值		65.87	24.68
各地标准差		11.72	4.53
变异系数		0.1779	0.1834
相关系数	平均预期寿命	0.474**	0.470**
	福祉指数（收入）	0.626**	0.632**

五　结论与启示

从中国社会主要矛盾转变和不平衡不充分发展的现实背景出发，契合经济学关于人类福祉研究的初衷和人文关怀，本章聚焦中国地区福祉的内涵与评价。基于以往福祉理论研究，结合哲学、社会学、经济学等不同视角的观点，本章从外在福祉和内在福祉两个方面三个维度明确了地区福祉的内涵和评价方法，利用中国各省份1990年、2000年、2010年和2017年的数据，分析中国地区福祉的基本特征。并在此基础上，结合发展和福祉研究中值得关注的问题，进一步讨论了不同经济维度指标、不平等、环境、教育和医疗水平等方面的地区差异及其对福祉质量的影响。

本章主要结论和启示如下。第一，从外在的经济福祉、内在的精神福祉和健康福祉三个维度明确了地区福祉内涵，与古希腊哲学家关于"善"的提法、Pigou 对福祉的论述、人类发展指数（HDI）等观点是一致的，具有较好的哲学基础和逻辑性。第二，评价分析发现，1990～2017 年，中国总体和各地福祉在三个维度均表现出大幅提升、均等化水平不断提高的态势。第三，各地福祉水平的提升与城镇化、工业化的推进显著正相关，未来"以人为核心"推进高质量的城镇化和工业化，有利于各地福祉提升和福祉均等化。第四，以收入指标衡量的经济维度比产出和消费指标更加合理，部分地区存在显著的人均 GDP 排名优于居民收入排名的情况，在经济增长的同时，要积极促进居民收入同步增长。第五，在不平等方面，由于平均受教育程度高的地区，教育不平等程度低，而收入水平高的地区，收入不平等程度高，所以，教育不平等对福祉的调整较小，收入不平等对福祉的调整较大。第六，在生态环境方面，当前，排放指标与经济发展水平显著正相关，林地覆盖情况与开发水平显著负相关，为此，先发展地区实施绿色发展战略、落后地区实施保护式开发战略，是因地制宜推进可持续发展、提升环境福祉的重要路径。第七，教育质量对福祉的影响较大，各地小学教育资源配置差距较小、中学教育资源配置差距较大，教育体系的设置需要更加关注对"何以成人"问题的反思，培养智、仁、勇兼备的人。第八，各地医疗资源的配置差距较大，医疗服务质量是影响身体健康状况（人均预期寿命）的核心因素。全面提升落后地区的医疗服务水平，是补齐落后地区福祉短板、缩小各地福祉差距的重要举措。综合研究结果来看，为提高各地居民福祉水平和福祉质量，各地要"以人为核心"推进高质量的城镇化和工业化；在经济增长的同时，实现居民收入同步增长；在居民收入增长的同时，创建更加公平的社会环境、可持续的生态环境、优质的公共服务环境。

本章福祉评价和讨论部分还发现了一些开放式的议题，比如城镇化的福祉增进效应、预期寿命与环境质量的关系悖论、"何以成人"与教育体系的反思问题等，有待进一步深入探讨。结合发展观来看，福祉导向的发展观相对 GDP 导向的发展观来说更进了一步，与"增进人民福祉、促进人的全面发展""全体人民共同富裕"相呼应，未来还需逐步加强对"人的全面发展"的研究。一方面，"促进人的全面发展"是马克思主义思想的基本命题[①]，是习近平新时代中国特色社会主义思想的重要内容。同时，在福祉研究领域，"促进人的全面发展"与森（2002b）在可行能力理论基础上提出的聚焦人类自由的发展观是一致的。另一方面，要加强对如何实现"人的全面发展"的相关研究。党的二十大报告强调"着力维护和促进社会公平正义，着力促进全体人民共同富裕，坚决防止两极分化"，为此要更加重视以机会公平、程序公平来促进结果公平。

---

① 《共产党宣言》明确提出"每个人的自由发展是一切人的自由发展的条件"。

第十一章 城乡福祉均等化评价

城乡发展不平衡、农村发展不充分的现状以及构建新型工农城乡关系、增进民生福祉的发展导向，对乡村振兴、城镇化和城乡融合发展提出了新要求。结合福祉理论，城乡福祉均等化与城乡融合、共同富裕的发展目标是一致的，为其提供了理论基础。在此背景下，本章基于福祉理论和城乡发展理论的观点，着力分析城乡福祉均等化的内涵，利用中国各地城乡数据，考察各地城乡福祉均等化状况，进一步分析其与城镇化的关系，以期为促进城乡融合、共同富裕提供学术参考。

一 城乡收入与城乡福祉

2002年以来，随着城乡统筹和城乡发展一体化的推进，中国城乡居民收入差距逐步趋稳并不断缩小，2021年城乡居民收入比降到2.50。除城乡收入差距之外，城乡生活各有利弊。通俗地讲，乡村的悠闲生活、开敞空间、清新空气、健康食品，城市的多样化、便利性、拥挤性等，都是影响城乡居民福祉，进而影响人口迁移、城镇化和城乡格局的因素。由于城乡各方面的差异，构建新型工农城乡关系并不要求城乡收入相等，而是强调城乡综合福祉的均等化。因此，如何评价城乡福祉以及中国城乡福祉均等化的现状如何，成为本章研究的问题。

现有文献对城乡福祉的评价研究较少。根据福祉评价理论（孔塞桑、班德罗，2013），可以将其分为城乡客观福祉评价和城乡居民主观福祉评价两个方面。在城乡客观福祉评价方面，宋洪远和马永良（2004）参考人类发展指数（HDI）的方法计算了分城乡的收入指数、教育指数和出生时预期寿命指数，发现1990~2002年中国总体的城乡福祉差距呈现扩大态势。金恩焘等（2019）利用城乡比指标构建了城乡福祉差距测评指标体系，发现2000~2017年中国城乡福祉差距逐步缩小。在城乡居民主观福祉评价方面，以城乡居民幸福感评价为主。

张军华（2010）对国内涉及幸福感城乡差异的 18 项调查研究进行分析，发现城镇居民幸福感比农村居民幸福感强。王天啸等（2014）利用《中国综合社会调查（CGSS）》（2008 年）提供的数据，从自我期望体验、身心健康体验、心态平衡体验三个层次分析发现，城镇居民幸福感强于农村居民幸福感。

在以往研究的基础上，本章研究具有一定的探索性。第一，结合地区福祉评价理论与城乡发展理论的研究，从外在福祉、精神福祉、健康福祉三个维度构建城乡福祉均等化的分析框架。第二，由于乡村生活的优越性较难量化，以往研究没有考察乡村人居环境相对于城市拥挤效应或"城市病"的比较优势，而这一比较优势正是其与城市集聚经济的平衡因素。本章以城市人口密度衡量这一拥挤效应，对城乡发展差距指标进行调整。

二 城乡福祉均等化的内涵与评价方法

本部分结合福祉理论和城乡发展理论，分析城乡福祉均等化的内涵，参考人类发展指数（UNDP，1990）和地区福祉评价方法（苏红键，2020c），设计城乡福祉均等化的评价方法。

（一）城乡福祉均等化的内涵

本章研究集中在城乡客观福祉方面，不考虑微观层面的个体偏好异质性。实际上，个体拥有不同的偏好，个体效用函数具有不可比较性和不确定性，从而某些不均等的分配可能会产生更大的福利。然而，由于我们不知道个体福祉函数的具体形式和分布状况，我们只能假定在总产出和总收入平均分配时福祉最大（Sen，1973）。黄有光（2005）在比较分析城乡居民效用时，也认为"假设个人偏好完全相同，并不会影响问题的实质……至少在一般情况下，我们可以忽略个人偏好差异来简化讨论"。显然，不考虑个体异质性，并不影响宏观层面对客观福祉的比较分析。基于这一前提，本章采用地区层面数据比较分析城乡客观福祉。

结合上一章关于地区福祉内涵的分析，基于福祉内涵的哲学基础及其在人类发展中的应用，城乡福祉均等化是指城乡居民外在福祉、精神福祉、健康福祉方面的均等化水平。在具体指标选择时，考虑数据可得性，先采用收入、受教育水平、医疗水平三个维度的指标评价城乡发展均等化水平，再融入人居环境指标考察城乡福祉均等化水平。

①城乡居民外在福祉比较。外在经济因素或者人居环境因素是衡量福祉的重要维度之一，相应的，对城乡居民外在福祉的比较是城乡福祉均等化的重要维度之一。城乡居民外在福祉的比较类似城乡收入差距的研究，本章主要采用城乡居民人均可支配收入之比先进行衡量，之后加入城乡人居环境差异指标进行调整。

②城乡居民精神福祉比较。根据数据可得性，本章对城乡居民精神福祉的比较，以各地城乡受高中及以上教育的人口比重之比来衡量。为弥补替代指标的信息不足问题，考虑人居环境对人们精神面貌的影响，之后加入城乡人居环境差异指标进行调整。

③城乡居民健康福祉比较。由于缺乏各地分城乡的预期寿命或其他城乡居民健康状况数据，本章以城乡医疗资源配置的数据进行替代，主要采用城乡每千人口卫生技术人员之比。同样，为弥补替代指标的信息不足问题，考虑人居环境对人们健康状况的影响，之后加入城乡人居环境差异指标进行调整。

评价过程中，在城乡收入、教育、医疗指标基础上，加入城乡人居环境差异指标进行调整。由于数据可得性，以上选取的三个维度指标以替代指标为主，存在信息不足问题，忽略了乡村人居环境和自然环境的相对优越性，为此，考虑加入城乡人居环境差异指标对以上三个城乡发展指标进行调整，衡量综合的城乡福祉均等化状况。关于乡村在人居环境方面的优越性，亚当·斯密（2011）在分析城乡分工和城乡关系时，较早指出"乡村的美，乡村生活的愉快，乡村心理的怡静……当有很多吸引人类的优点在"。而在城市方面，伴随快速城镇化和城市增长，"城市病"日益普遍和严重。城市拥挤效应和生活方式对健康存在不利影响的观点得到了越来越多的佐证。研究发现，城市较差的空气质量、静坐的工作方式、不健康的饮食和生活习惯对城市居民的身体健康、心理健康造成了显著不利的影响（World Bank, 1997; Wang and Smith, 2000; Brajer and Mead, 2003; 吉黎, 2013）。可以认为，乡村自然环境相对于城市拥挤效应的优越性，既直接影响外在福祉，也会影响精神福祉和健康福祉，因而，以此对以上三个维度的发展指标进行调整。在具体指标选择上，由于乡村自然环境较难量化，本章以"城市病"、城市拥挤效应指标衡量城市人居环境的比较劣势，以此来反衬乡村自然环境的比较优势。考虑数据可得性并假定各地城市治理水平一致，选取城市人口密度指标衡量拥挤效应，即假定城市人口密度越大，拥挤效应越大[①]，以此作为城市在收入、教育和医疗水平等指标方面优越性的平衡。

（二）数据说明与评价方法

数据说明：考虑2013年中国农村居民收入统计口径进行了调整，本章采用2013~2018年各省份数据进行评价分析。（1）城乡收入比采用《中国统计年鉴》中城镇居民人均可支配收入和农村居民人均可支配收入的数据进行计算。2013~2018年，城乡居民人均可支配收入快速提高，总体的城乡居民收入比从2.81降至2.69，各省城乡收入比的平均值和标准差均不断降低，收入水平表现出地区、城乡收敛的态势（见表11-1）。（2）城乡教育差距采用《中国人口和就业统计年鉴》"各地区分性别、受教育程度的人口（分城市、镇、乡村）"中的受高中及以上教育人口占总人口的比重来衡量，其中城市和镇的数据合并为城镇数据。城市人力资本水平优于乡村人力资本水平，2018年，城镇受高中及以上教育的人口比重为42.60%，乡村仅为15.22%，城乡比为2.80；2013~2018年，全国总体的城乡受高中及以上教育的比重均有所提高，乡村比重提高更快，城乡比快速降低，各省城乡比的平均值和标准差均显著降低，表现出显著的均等化态势（见表11-1），这也与近年来鼓励返乡创业就业有关。（3）城乡医疗差距采用《中国卫生健康统计年鉴》中各地区城乡每千人口卫生技术人员之比来衡量。据统计，城乡医疗资源配置同样表现出显著的均等化态势，全国总体和各省平均的城乡每千人口卫生技术人员数之比均不断降低，且各省该指标的标准差显著降低（见表11-1）。（4）城市人口密度指标采用《中国城市建设统计年鉴》各省份"（城区人口+城区暂住人口）/建成区面积"计算。

---

① 有研究从效率角度考虑了最优密度问题，与这里关于拥挤效应的假设不矛盾。

表 11-1　2013 年和 2018 年城乡发展三个维度指标的基本统计

		城镇 2013 年	乡村 2013 年	城乡比 2013 年	城镇 2018 年	乡村 2018 年	城乡比 2018 年
人均可支配收入（元；乡村为1）	全国总体	26467	9430	2.81	39251	14617	2.69
	各省平均值	9811	25279	2.67	37750	15228	2.55
	各省标准差	3346	6344	0.39	9723	5129	0.35
受高中及以上教育人口比重（%；乡村为1）	全国总体	41.10	11.79	3.49	42.60	15.22	2.80
	各省平均值	40.99	11.92	3.68	43.23	15.90	2.86
	各省标准差	8.43	4.03	1.06	8.47	5.09	0.63
每千人口卫生技术人员（人；乡村为1）	全国总体	9.18	3.64	2.52	10.91	4.63	2.36
	各省平均值	9.84	4.01	2.58	11.27	5.06	2.31
	各省标准差	2.61	1.27	0.81	2.30	1.43	0.48

标准化方法：本章采用最大最小值法对数据进行标准化。其中，考虑纵向可比性，同时为避免极端值的影响，正向指标和逆向指标分别采用各个指标 2013~2018 年的第 10 大值和第 10 小值表示，标准化值大于 1 时取 1。城乡发展差距 3 个指标为逆向指标，比值越小表明均等化水平越高，故采用逆向指标的方法进行标准化；城市密度指标为正向指标，城市密度与拥挤效应较大时，会抵消城市集聚经济，从而缩小城乡福祉差距。

综合评价方法：本章的综合评价分两步进行。第一步，对衡量城乡发展差距的三个维度指标进行综合以构建城乡发展均等化指标（$D_{u/r}$），参考人类发展指数及相关研究的方法，一般采用算术平均数或者几何平均数，这里考虑存在部分标准化值为 0 的情况，取算术平均数。第二步，根据前面的解释，将各个城市人口密度标准化指标融入 $D_{u/r}$ 中以计算城乡福祉均等化指标（$W_{u/r}$），考虑城乡人居环境指标是对以上三个指标信息缺失的补充，将其与城乡发展均等化指标进行算术平均。按照指标体系权重的方式也可以解释三个城乡发展差距指标以衡量城市的优越性为主，城市人口密度指标以衡量城市的拥挤效应（乡村的相对优越性）为主，取算术平均值相当于对三个城乡发展差距指标与城市人口密度两类指标平均赋权，分别用公式表述为：

$$D_{u/r,i,t} = \left(\frac{\widehat{income}_{u,i,t}}{income_{r,i,t}} + \frac{\widehat{education}_{u,i,t}}{education_{r,i,t}} + \frac{\widehat{health}_{u,i,t}}{health_{r,i,t}} \right)/3 \qquad (11-1)$$

$$W_{u/r,i,t} = (D_{u/r,i,t} + \widehat{Density}_{i,t})/2 \qquad (11-2)$$

其中，下标 i 和 t 分别表示地区和时期。$D_{u/r}$ 越大，表示城乡发展均等化水平越高，反之越低；$W_{u/r}$ 越大，表示城乡福祉均等化水平越高，反之越低。$\frac{\widehat{income}_u}{income_r}$、$\frac{\widehat{education}_u}{education_r}$、$\frac{\widehat{health}_u}{health_r}$ 分别表示城乡收入比、城乡受高中及以上教育人口比重之比、城乡每千人口卫生技术人员数之比的逆向标准化值，$\widehat{Density}$ 表示城市人口密度的正向标准化值。

三 各地城乡发展和福祉均等化评价结果

本部分首先计算各地城乡发展均等化指标，再融入城乡人居环境差异计算城乡福祉均等化指标，比较分析各地城乡发展均等化和城乡福祉均等化特征。

（一）各地城乡发展均等化指标评价结果

2013～2018 年，全国城乡发展均等化指标显著提高，各省城乡发展均等化指标的平均值从 2013 年的 0.6548 提高到 2018 年的 0.7696（见表 11-2）。其中，各个维度的城乡差距均不断缩小。（1）城乡收入比不断降低，各省城乡人均可支配收入之比的平均值从 2.6675 降至 2.5538，城乡收入差距的最大值（2018 年为甘肃 3.4026）和最小值（2018 年为天津 1.8632）均显著降低。（2）城乡教育差距呈现缩小态势，各省城乡受高中及以上教育人口比重之比的平均值从 3.6803 降低到 2.8585。结合表 11-3 来看，2018 年该比值的最大值黑龙江的该值从 2013 年的 5.6479 降至 4.6238，差距依然较大；浙江、江苏、北京等地的这一比值较小，在 2 左右，即城镇受高中及以上教育人口的比重为乡村的 2 倍左右。（3）城乡医疗差距呈现缩小的态势，各省城乡每千人口卫生技术人员数之比的平均值从 2.5793 降低到 2.3093，2018 年该比值的最大值为海南的 3.3310，且海南的该比值有所提高，最小值为天津的 1.1825，且天津的该比值逐渐接近于 1，表现出城乡医疗服务均等化的态势。

分地区来看，东部地区的城乡发展均等化水平最高，中部地区次之，东北地区和西部地区的城乡发展均等化水平略低（见表11-2）。结合各项指标来看，东部地区三个维度指标的均等化水平均最高，并且均呈现出不断提高的态势。中部地区的城乡发展均等化指标显著提升，高于东北地区，相对于东北地区的比较优势主要体现在城乡受教育水平方面。东北地区城乡发展均等化水平显著提升，三个维度的均等化水平均有所提升，其城乡居民受教育水平差距显著高于其他地区，2018年东北地区城乡受高中及以上教育人口比重分别为45.16%和11.52%，分别显著高于和低于全国总体水平。西部地区的城乡发展均等化水平显著最低，主要是由于其较大的城乡收入差距和城乡医疗差距，另外，西部地区城乡受教育水平差距较小，呈现出一种较低水平的均等化。

分省份来看，如表11-3所示，天津、浙江、江苏、北京等东部地区省市的城乡发展均等化指标在2013年和2018年均位居前列，是城乡发展均等化水平较高的省市。贵州、西藏、青海、甘肃、云南等西部地区省区在2013年和2018年的值均较小。从2013~2018年的位次调整来看，山西、内蒙古、湖南、新疆等省区的位次后移较多，这主要与其城乡教育或医疗差距扩大有关。比如，2013~2018年，山西每千人口卫生技术人员数之比从2.8757提高到3.2000，内蒙古城乡受高中及以上教育人口比重之比从2.7219提高到3.2950，湖南主要是因为城乡受教育水平差距扩大，新疆主要是因为城乡收入比扩大。另外，广西、吉林、四川、广东、河北位次前移较多，其中，广西从2013年的第23位提高到2018年的第10位，三个维度指标的均等化水平均显著提升，但也存在低水平均等化的特征。

表11-2　2013年和2018年城乡发展均等化的基本特征和地区特征

指标	平均值	最小值	最大值	东部	中部	西部	东北
$D_{u/r}$2013	0.6548	0.2523	0.9330	0.7895	0.7272	0.5329	0.5485
$D_{u/r}$2018	0.7696	0.5778	0.9900	0.8701	0.7830	0.6901	0.7261
$I_{u/r}$2013	2.6675	1.8876	3.5560	2.3906	2.5448	3.0403	2.3445
$I_{u/r}$2018	2.5538	1.8632	3.4026	2.3077	2.4411	2.8823	2.2857
$E_{u/r}$2013	3.6803	2.2829	6.1096	3.0254	3.0841	3.9682	5.9039

续表

指标	平均值	最小值	最大值	东部	中部	西部	东北
$E_{u/r}$2018	2.8585	1.8401	4.6238	2.4084	2.6642	3.0402	4.0208
$H_{u/r}$2013	2.5793	1.3634	4.8441	2.3313	2.6550	2.7517	2.5656
$H_{u/r}$2018	2.3093	1.1825	3.3310	2.1053	2.6762	2.2597	2.4542

注：$D_{u/r}$、$I_{u/r}$、$E_{u/r}$、$H_{u/r}$分别表示城乡发展均等化指标、城乡人均可支配收入比、城乡受高中及以上教育人口比重之比、城乡每千人口卫生技术人员数之比。下同。

表11-3　2013年和2018年各地城乡发展均等化基本情况

省区市	2013年 $I_{u/r}$	$E_{u/r}$	$H_{u/r}$	$D_{u/r}$	位次	2018年 $I_{u/r}$	$E_{u/r}$	$H_{u/r}$	$D_{u/r}$	位次	调整
北京	2.6059	2.5229	1.9509	0.8219	4	2.5666	2.0675	1.8272	0.8721	5	-1
天津	1.8876	3.5809	1.6420	0.8827	2	1.8632	2.6522	1.1825	0.9589	2	0
河北	2.4192	2.9605	3.2327	0.7144	14	2.3503	3.0141	2.0398	0.8310	9	5
山西	2.8000	2.9005	2.8757	0.6655	17	2.6413	2.6171	3.2000	0.6957	25	-8
内蒙古	2.8941	2.7219	2.8775	0.6589	18	2.7752	3.2950	2.6053	0.6626	26	-8
辽宁	2.6273	6.1096	1.8406	0.5324	25	2.5478	3.1378	2.7449	0.7141	24	1
吉林	2.1809	5.9543	3.5514	0.4938	27	2.1946	4.3008	2.1612	0.7495	20	7
黑龙江	2.2253	5.6479	2.3048	0.6194	20	2.1148	4.6238	2.4565	0.7148	23	-3
上海	2.3364	4.0938	1.4530	0.7807	7	2.2398	2.7324	1.8469	0.8960	4	3
江苏	2.3360	2.6476	2.2589	0.8449	3	2.2643	1.9975	1.7788	0.9442	3	0
浙江	2.1196	2.6490	1.8102	0.9330	1	2.0355	1.8401	1.7554	0.9900	1	0
安徽	2.5751	3.8376	2.3878	0.6822	15	2.4573	3.3737	2.2655	0.7575	18	-3
福建	2.4703	2.6229	2.7299	0.7751	8	2.3636	2.6372	2.5012	0.8181	11	-3
江西	2.4337	2.8799	2.7559	0.7599	9	2.3229	2.4781	2.4586	0.8405	7	2
山东	2.5155	3.1960	1.8028	0.8000	5	2.4268	2.7536	2.0681	0.8327	8	-3
河南	2.4239	3.0775	3.0227	0.7223	13	2.3046	3.2559	2.2174	0.7990	13	0
湖北	2.3389	3.5263	2.0926	0.7868	6	2.3004	2.8920	2.0791	0.8487	6	0
湖南	2.6972	2.2829	2.7953	0.7464	11	2.6041	2.4066	2.7982	0.7568	19	-8
广东	2.6688	2.7915	3.8750	0.6154	21	2.5828	2.2938	2.7221	0.7776	15	6
广西	2.9115	4.3229	2.2567	0.5785	23	2.6085	2.2833	2.1860	0.8202	10	13
海南	2.5463	3.1885	2.5573	0.7269	12	2.3839	2.0954	3.3310	0.7800	14	-2

续表

省区市	2013 年					2018 年					调整
	$I_{u/r}$	$E_{u/r}$	$H_{u/r}$	$D_{u/r}$	位次	$I_{u/r}$	$E_{u/r}$	$H_{u/r}$	$D_{u/r}$	位次	
重庆	2.7151	3.4310	1.3634	0.7502	10	2.5317	3.0172	1.8050	0.8108	12	-2
四川	2.6522	5.4258	2.1573	0.5549	24	2.4916	3.4539	1.9154	0.7742	17	7
贵州	3.4869	5.3378	2.5854	0.3371	30	3.2515	2.8430	2.2787	0.6218	27	3
云南	3.3405	4.0676	3.0459	0.4335	28	3.1100	3.3941	2.6237	0.5778	31	-3
西藏	3.1121	3.4931	4.8441	0.3727	29	2.9518	3.7631	2.2661	0.6146	28	1
陕西	3.1508	3.0504	1.9846	0.6534	19	2.9715	2.2960	1.7364	0.7775	16	3
甘肃	3.5560	3.5366	2.0547	0.5164	26	3.4026	2.8964	2.2819	0.5833	30	-4
青海	3.1497	5.1285	4.5922	0.2523	31	3.0322	4.2330	2.9051	0.5836	29	2
宁夏	2.8262	3.5230	2.9164	0.6049	22	2.7243	2.8639	2.2643	0.7396	21	1
新疆	2.6880	3.5800	2.3418	0.6821	16	2.7361	3.1436	2.2488	0.7154	22	-6

注：最后一列位次调整为 2013 年位次减 2018 年位次，正数表示位次前移，负数表示位次后移。

（二）各地城乡福祉均等化指标评价结果

在以往城乡发展差距的评价中，由于乡村自然环境较难量化以及数据获取问题，往往并不考虑城乡人居环境差异，从而大多数可量化的城乡发展指标均单方面体现城市的优越性。本章以城市人口密度作为拥挤效应的替代指标，反衬乡村自然环境的优越性，并融入城乡发展均等化指标，从而考察各地城乡福祉均等化状况。

当融入城市人口密度指标之后，2013~2018 年，全国各省城乡福祉均等化指标的平均值同样表现出显著提升的态势，从 0.5566 提高到 0.6060（见表 11-4）。分地区来看，各地区城市人口密度大多呈现降低趋势，城市人口密度调整后的城乡福祉均等化水平依然是东部地区最高、中部地区次之、东北地区和西部地区较低。各地区城乡福祉均等化指标 2013~2018 年均显著提升，中部地区提升幅度较小。

从省份排序来看，上海、天津、北京、浙江、重庆等直辖市或东部沿海省份的城乡福祉均等化水平较高，宁夏、甘肃、西藏、新疆等西部地区省区的城乡福祉均等化水平较低。从城乡福祉均等化指标位次变化来看，海南和广东等省份位次前移较多；河南、福建、江西和新疆等省从 2018 年城乡福祉均等化指标位次和城乡发展均等化指标位次的比较来看，山西、湖南、青海等省份的城乡福祉均等化指标位次提升较大，根据理论和指标计算的逻辑，这主要是由这些省份偏高的城市人口密度造成的，城市的拥挤效应降低了城市的福祉优势，从而缩小了城乡之间的福祉差距；山东、江西、江苏和新疆等省区的城乡福祉均等化指标位次相对后移，这是由于这些省区的城市人口密度较低，城市的拥挤效应较低，从而对城乡发展差距的调减作用较小。

表 11-4　2013 年和 2018 年各地城乡福祉均等化基本情况

	2013 年			2018 年			调整 1	调整 2
	Density	$W_{u/r}$	位次	Density	$W_{u/r}$	位次		
全国平均	0.9174	0.5566		0.8871	0.6060			
东部平均	1.0548	0.6595		1.0386	0.7224			
中部平均	0.9180	0.6161		0.8787	0.6201			
西部平均	0.8163	0.4570		0.7843	0.5161			
东北平均	0.8623	0.4928		0.8100	0.5498			
北京	1.3970	0.9109	1	1.2684	0.9022	3	-2	2
天津	0.8881	0.6756	4	1.2032	0.9058	2	2	0
河北	0.9001	0.5988	11	0.8798	0.6447	10	1	-1
山西	1.0161	0.6451	9	0.9818	0.6393	12	-3	13
内蒙古	0.7333	0.4694	23	0.7354	0.4725	26	-3	0
辽宁	0.9737	0.5526	17	0.8612	0.5750	19	-2	5
吉林	0.8390	0.4513	25	0.7923	0.5507	21	4	-1
黑龙江	0.7741	0.4745	22	0.7765	0.5237	24	-2	-1
上海	2.4182	0.8903	2	1.9582	0.9480	1	1	3
江苏	0.7570	0.5769	15	0.7418	0.6172	14	1	-11
浙江	0.8328	0.6671	6	0.8720	0.7195	4	2	-3
安徽	0.7768	0.5076	20	0.7625	0.5365	23	-3	-5
福建	0.8746	0.6137	10	0.8258	0.6054	16	-6	-5

续表

	2013 年			2018 年			调整 1	调整 2
	Density	$W_{u/r}$	位次	Density	$W_{u/r}$	位次		
江西	0.8336	0.5811	13	0.7767	0.5866	18	-5	-11
山东	0.7034	0.5217	19	0.7155	0.5455	22	-3	-14
河南	1.0137	0.6720	5	0.8995	0.6408	11	-6	2
湖北	0.9172	0.6454	8	0.9100	0.6720	6	2	0
湖南	0.9504	0.6455	7	0.9419	0.6455	9	-2	10
广东	0.9455	0.5770	14	0.9560	0.6645	8	6	7
广西	0.8164	0.4799	21	0.7976	0.5892	17	4	-7
海南	0.8314	0.5632	16	0.9654	0.6714	7	9	7
重庆	1.0162	0.6875	3	1.0073	0.7124	5	-2	7
四川	0.9064	0.5229	18	0.8703	0.6105	15	3	2
贵州	0.8954	0.4073	29	0.7432	0.4569	27	2	0
云南	0.8612	0.4346	27	0.8272	0.4861	25	2	6
西藏	0.5129	0.1920	31	0.6761	0.4123	30	1	-2
陕西	0.9416	0.5936	12	0.8837	0.6204	13	-1	3
甘肃	0.7814	0.4275	28	0.7244	0.4261	29	-1	1
青海	1.0401	0.4531	24	0.9541	0.5663	20	4	9
宁夏	0.6274	0.3779	30	0.6148	0.4375	28	2	-7
新疆	0.6635	0.4384	26	0.5773	0.4025	31	-5	-9

注：*Density* 为城市人口密度的实际值，单位为万人/公里^2。最后两栏中，"调整1"为2013年位次减2018年位次；"调整2"为2018年各地城乡发展均等化指标的位次减2018年各地城乡福祉均等化指标的位次。

四 城镇化与城乡福祉均等化的基本关系

消除城乡对立、实现城乡融合发展是城镇化和城乡发展的目标。Harris 和 Todaro（1970）较早论述了城镇化和城乡人口迁移对缩小城乡收入差距的作用。以上对各地各个维度的城乡发展和福祉均等化进行了评价，本部分讨论其与城镇化的基本关系。

表11-5显示了各变量之间的相关关系。（1）在城乡发展三个维度

指标中，各地城乡收入差距与城乡医疗差距正相关，这两个指标与城乡教育差距的关系并不显著。这一方面与中国较早实施义务教育有关[①]，通过各项举措保障了全部适龄儿童、少年接受义务教育的权利，由此缩小了各地城乡教育差距，降低了城乡教育差距与发展水平之间的关系；另一方面与人口迁移有关，人力资本水平较高的劳动力倾向于向城市或发达地区集聚，从而拉大城乡或者地区之间的人力资本差距。（2）城乡发展均等化指标、城乡福祉均等化指标与各个指标之间的关系，与指标算法，即式（11-1）、式（11-2）相符，即其与三个维度指标负相关，与拥挤效应指标（城市人口密度）正相关。拥挤效应指标（城市人口密度）通过降低城市综合福祉，缩小城乡差距，提高城乡均等化水平。（3）从城镇化率（$Urbanization$）与各个指标的关系来看，城镇化率越高，三个维度的发展差距越小，城乡发展均等化水平和福祉均等化水平越高；城镇化率与城市人口密度显著正相关。

表 11-5　各变量之间的相关关系

变量	$I_{u/r}$	$E_{u/r}$	$H_{u/r}$	Density	$D_{u/r}$	$W_{u/r}$	Urbanization
$I_{u/r}$	1						
$E_{u/r}$	0.0822	1					
$H_{u/r}$	0.4376*	0.0399	1				
Density	-0.2166*	-0.1161	-0.2356*	1			
$D_{u/r}$	-0.7634*	-0.5708*	-0.6853*	0.2765*	1		
$W_{u/r}$	-0.5616*	-0.4272*	-0.4852*	0.7560*	0.7263*	1	
Urbanization	-0.5814*	-0.2457*	-0.4957*	0.6164*	0.6376*	0.7867*	1

注：* 表示相关系数在 0.01 的水平下显著。

在相关分析的基础上，对城镇化率与城乡发展相关指标的关系进行回归分析。在采用时期固定效应或个体固定效应时，城镇化率与相关指标的关系均显著，仅汇报时期固定效应的结果；在采用双向固定效应时，城镇化率仅与收入的关系显著。根据表 11-6，模型 1 显示了城镇化率与城乡收入比之间双向固定效应分析结果，其负相关关系在 0.05 的水平下

---

① 《中华人民共和国义务教育法》1986 年 7 月 1 日起施行。

显著，模型2采用时期固定效应，显著性提高到0.01。模型1和模型2表明了城镇化率与城乡收入差距之间负相关关系的稳健性。结合系数来看，模型1双向固定效应的稳健性更强，可以认为，在控制其他因素时，城镇化率增幅1%时，城乡收入比降幅0.86%。这与Harris和Todaro（1970）关于城乡二元结构和人口迁移的基本观点是一致的，印证了城乡收入差距与城乡人口迁移的稳健关系。同时，城镇化率与城乡教育差距、城乡医疗差距在时期固定时显著负相关，表明同期城镇化率越高的省份城乡教育和医疗差距越小，或者说，同一省份城镇化率的提高往往会伴随城乡教育和医疗差距的缩小（模型3和模型4）。根据城镇化率与城乡发展均等化指标、城乡福祉均衡化指标的关系检验发现（模型5和模型6），同一时期不同省份之间（或者同一省份不同时期）城镇化率越高，城乡发展均等化水平越高，城乡福祉均等化水平也就越高，这与表11-5中相关分析的结果一致。

表11-6 城镇化率与城乡发展指标的关系

变量	模型1 $I_{u/r}$	模型2 $I_{u/r}$	模型3 $E_{u/r}$	模型4 $H_{u/r}$	模型5 $D_{u/r}$	模型6 $W_{u/r}$
Urbanization	-0.8559** (0.3696)	-1.6818*** (0.0279)	-1.5321*** (0.2362)	-2.9197*** (0.2541)	0.7186*** (0.0238)	0.8747*** (0.0270)
常数项	3.1335*** (0.2028)	3.5627*** (0.0160)	4.1308*** (0.1352)	4.2341*** (0.1454)	0.2946*** (0.0136)	0.0741*** (0.0155)
R^2	0.6391	0.3331	0.0471	0.2435	0.3957	0.6191
样本数	31×6	31×6	31×6	31×6	31×6	31×6
备注	双向固定	时期固定	时期固定	时期固定	时期固定	时期固定

注：括号中为标准误；**、***分别表示在0.05、0.01的水平下显著。

五 结论与启示

改革开放以来，中国城镇化快速有序推进，但尚未实现城乡发展一体化，城乡发展不平衡、农村发展不充分成为当前不平衡不充分发展的重点领域。在此背景下，本章结合福祉理论和城乡发展理论的观点，分析了城乡福祉均等化的内涵，利用中国各省份2013~2018年城乡数据，考察各地城乡福祉均等化状况，并进一步讨论相关指标与城镇化的关系。

基于福祉理论，本章从城乡居民外在福祉、精神福祉、健康福祉三个维度，明确了城乡福祉及其均等化的内涵。在评价分析中，考虑数据获取问题和替代指标信息缺失，在选取城乡收入比、城乡受高中及以上教育人口比重之比、城乡每千人口卫生技术人员数之比三个指标构建城乡发展均等化指标的基础上，融入以城市人口密度为替代指标的城乡人居环境差异指标，从而构建了城乡福祉均等化指标。根据评价结果，近年来，全国平均的城乡发展均等化水平、城乡福祉均等化水平不断提高；分地区来看，东部地区的城乡福祉均等化水平较高，其次为中部地区，东北和西部地区较低；上海、天津、北京、浙江、重庆等直辖市或东部沿海省份城乡福祉均等化水平较高，宁夏、甘肃、西藏、新疆等西部地区省区城乡福祉均等化水平较低；城镇化与城乡收入差距的关系稳健，城镇化率增幅1%时，城乡收入比降幅0.86%，同时，城镇化与城乡福祉均等化的相关指标均显著相关。基于此，本章得到以下三点启示。

第一，城乡发展要围绕福祉内涵，推动实现高水平的均等化。根据福祉的内涵，城乡福祉增进和均等化可以从多个维度考察，不仅仅是收入水平，还包括居民文化素养与健康状况，内部的不平等、可持续发展等影响福祉质量的因素也逐步受到广泛关注（苏红键，2020c），为此，在提高城乡居民收入水平、缩小城乡收入差距的同时，要围绕居民福祉内涵，积极提高城乡居民精神福祉（教育文化）和健康福祉（医疗健康），提高城乡公共服务领域的均等化水平。这一观点与"城乡等值化"的概念类似，即在承认城乡差别的前提下，使城乡居民享有同等的福祉水平。目前，各地区还存在低水平的均等化、高水平的非均等化等现象，要因地制宜地推动实现高水平的均等化。

第二，协同推进新型城镇化与乡村振兴，促进城乡福祉增进和均等化。现阶段，新型城镇化与乡村振兴战略之间存在相互依存的关系，城镇化还将快速推进十多年的时间，协同推进两大战略是城乡融合发展、城乡福祉增进和均等化的重要举措。一方面，城镇化与城乡收入水平、城乡福祉水平之间存在显著的正相关关系，由此，要积极推进以人为核心的新型城镇化，以此充分发挥城镇化进程中的集聚效应、农民增收效应等，提高城乡居民收入水平。另一方面，要通过乡村振兴促进农村产业发展，提高农村居民收入水平和农村教育、医疗、养老等公共服务水平，缩小城乡发展差距、增进城乡居民福祉、促进城乡福祉均等化和城乡融合发展。

第三，落后地区要以城乡公共服务为突破口，促进福祉增进和均等化。根据福祉内涵，可以重点围绕收入水平、文化教育、医疗健康等领域促进福祉增进和均等化。对于不同地区，由于发展基础和短板不同，其路径选择也不一样。由于发展阶段问题，提升落后地区和乡村的经济发展水平往往比较困难，相对而言，可以比较高效地通过优化公共服务资源配置，提高落后地区的公共服务和福祉水平。为此，落后地区一方面要以农村产业发展为重点，以环境友好型、劳动密集型产业为主导方向，带动就地就近城镇化、缩小城乡收入差距，稳步发展地方经济；另一方面要积极提升其教育、医疗、养老、文化等优质公共服务的可获得性，在数量均等化基础上积极提高质量，以此加快促进城乡居民精神福祉、健康福祉均等化。

发展的本质是实现福祉增进和均等化，本章对各地城乡福祉的比较研究具有一定的探索性。这一探索的意义在于，明确居民福祉的内涵和特征是有必要的，有益于区分城乡发展的目标和路径，使目标更具体、路径更有效。其中，收入水平、精神文化素养、身体健康状况是居民福祉的核心构成，城乡融合发展的举措和体制机制则是实现城乡福祉增进和均等化的路径，落后地区需要更加重视文化、教育、医疗、养老等公共服务的福祉效应。这一探索有待拓展或深化的方面在于，可以进一步挖掘数据，对城乡福祉及其不同维度进行比较分析。结合 HDI 的最新发展（UNDP, 2019）来看，2010 年开始将不平等、可持续发展等衡量发展质量的指标融入评价体系，未来可以进一步探索采用其他统计指标或微观调查数据衡量各地城乡人居环境差异或乡村人居环境的优越性。

第十二章 城市规模与城市福祉

改革开放以来，中国城市规模战略经历了"控制大城市"到"大中小城市和小城镇协调发展"的转变，城市体系日趋优化。同时，自20世纪80年代"离土不离乡"的小城镇优先发展战略实施以来，在城市规模战略导向方面，效率视角的"大城市论"和公平视角的"小城镇论"便长期存在，其本质是城市发展的价值导向之争。考虑效率视角集聚经济的客观存在性，基于"增进民生福祉是发展的根本目的"的理念，本章通过评价中国城市居民福祉，并考察其与城市规模的关系，从福祉视角提出不同类型城市的发展导向。

一 城市生活质量与城市福祉

关于城市福祉的研究主要有三类。第一类研究是通过建立评价指标体系对城市生活质量进行评价。早在1931年，Angoff 和 Mencken（1931）就利用106个量表发现密西西比州是美国最糟糕的州，引起了社会各界的广泛兴趣。到20世纪70年代中期，随着各国政府和学者对生活质量、综合福祉的关注超过了单纯的经济增长，越来越多该领域的评价研究开始兴起。Ben-Chieh（1976）通过对一系列便利设施进行加权对美国大都市区的生活质量进行了评价，引起了广泛关注。与此同时，以人类发展指数（HDI）（UNDP, 1990）为代表的客观福祉评价研究兴起；在城市研究领域，则出现了一些关于城市宜居性、幸福城市的评价体系。第二类研究是基于空间均衡假设以隐性价值衡量城市生活质量。Rosen（1979）最早将这一方法应用到城市生活质量评价中。之后，很多学者使用这一思路，采用不同的均衡模型和指标对城市生活质量的隐性价值进行衡量。比如，Roback（1982）在原有消费者均衡中引入了包括劳动力和土地要素的一般均衡模型，分析了工资和租金是如何引导劳动力流向存在福祉差异的地区；Blomquist 等（1988）构建了包含城市内部和城市之间的均衡系统，分析舒适度、工资和租金在其中的差异；Greenwood 等 (1991) 考虑了市场不能及时出清时隐含的补偿价格偏差。第三类研究主要体现在城市模型中的舒适度评价，这体现了前两类思想的结合。Desmet 和 Rossi-Hansberg (2013) 考察了气候条件、邻近水域以及其他生活质量指标（如交通、教育、健康、犯罪、艺术、娱乐和休闲）对舒适度的影响；Diamond (2016) 对 6 种类型（便利店、城市交通、城市犯罪、生态环境、学校质量和工作质量）15 个指标进行主成分分析，构建了舒适度指标。

在此理论研究基础上，区别于以往效率视角对城市规模战略的讨论，本章结合福祉理论、福祉评价方法和城市经济理论，构建城市福祉评价指标考察中国城市福祉特征，研究城市规模与城市福祉的关系，从福祉视角提出城市规模的发展导向。

二 城市福祉指标构建及其与城市规模的关系

本部分结合福祉理论和城市经济理论，分析城市居民福祉的影响因素、构建福祉指标，通过区分城市规模内生和外生的福祉因素，明确城市福祉与城市规模的相互关系。

(一) 城市福祉影响因素与综合指标

城市居民福祉可分为外在福祉（经济福祉）和内在福祉（精神福祉和健康福祉）。结合福祉评价理论（UNDP, 1990, 2018；苏红键，2020c）和城市经济理论，城市福祉的影响因素可分为集聚经济（收入）、拥挤效应（通勤成本与闲暇）、不平等、公共服务、生态环境等方面。其中，城市规模内生的福祉因素主要包括集聚经济和拥挤效应，分别影响城市居民收入水平（外在福祉）和城市居民通勤成本与闲暇；在城市规模外生的福祉因素方面，不平等通过影响收入分配和个体经济状况、心理状况等影响居民福祉，城市公共服务与生态环境通过影响居民的文化素养、健康状况等影响城市居民内在福祉。由于内在福祉与外在福祉之间存在相互影响，比如，收入通过影响可获得的医疗、教育资源影响个体健康状况和人力资本水平，从而各个因素对内在福祉或外在福祉的影响也是相互关联的。

1. 集聚经济（收入）对城市福祉的影响

收入是影响福祉的重要因素，长期以来是经济学关心人类福祉的主要领域，是福祉评价的重要维度。城市收入水平主要由城市生产函数决定。考虑集聚经济效应时，城市人均收入水平可以简化表示为 $y_i = A_i e^{\alpha N_i} k_i^\beta$，其中，$y_i$ 表示城市 i 的人均收入水平，N_i 表示城市 i 的总人口，A_i 表示城市 i 的异质性生产率，$e^{\alpha N_i}$ 表示城市 i 的集聚经济效应，k_i 表示人均资本投入水平。

2. 拥挤效应对城市福祉的影响

城市拥挤效应与集聚经济对应，是影响城市综合福祉的另一重要方面（Duranton and Puga，2019）。城市拥挤效应可以用通勤成本和住房价格来衡量，根据城市内部空间均衡特征，一般量化为总体的通勤成本（Desmet and Rossi-Hansberg，2013；Duranton and Puga，2019）。通勤成本既影响收入也影响闲暇时间。现代很多福祉评价指标将时间利用作为一个重要维度。闲暇时间越多意味着越多的自由利用时间，对城市居民福祉产生直接影响。通勤所需时间越多，闲暇越少；反之则多。根据以往的研究，通勤成本一般可表示为城市内部到中心的平均距离（$d_i = \frac{2}{3}\sqrt{Area_i/\pi}$）的单调函数，因而，本章的福祉评价分析中，用 d_i 衡量通勤成本 CC_i，将其作为闲暇时间的替代指标。同时，通勤成本 CC_i 和城市规模的关系一般可以表示为 $CC_i = c N_i^\gamma$。

3. 不平等对城市福祉的影响

不平等作为影响居民福祉的重要因素受到越来越多的关注（Sen，1973；孔塞桑、班德罗，2013）。人类发展指数评价在 2010 年首次加入了不平等维度，2019 年的人类发展报告以不平等为主题（UNDP，2019）。本章采用收入房价比（$I_i = \frac{y_i}{HP_i}$）来衡量城市内部收入不平等程度。给定城市平均房价 $\overline{HP_i}$，会对应一个可承受该房价的收入水平 $\widehat{y_i}$，即收入水平等于或大于 $\widehat{y_i}$ 的群体有能力购买住房，城市平均收入水平假定为 $\overline{y_i}$。可以认为，一个城市的 $\overline{y_i}/\widehat{y_i}$ 越大，即 $\overline{y_i}/\overline{HP_i}$ 越大，则该城市内部收入差距越小，不平等程度越低；反之则表明不平等程度越高。[①] 之所以将这一指标视为外生的，主要是因为除了受住房需求影响之外，

---

① 由于城市房价对城市居民福祉的影响存在较强的个体异质性，对有房居民存在较强的财富效应，对无房居民则存在较强的挤出效应，对于有房有贷居民，则会影响其可支配收入，从而反映出收入差距。

这一指标与城市自然环境、土地和住房供给政策等紧密相关。一方面，收入和房价存在均衡关系，由于舒适度会资本化到房价中，从而收入房价比与自然环境密切相关（Glaeser and Gottlieb，2009）。比如，很多舒适度较高的沿海城市的收入房价比偏低。另一方面，收入房价比与城市的土地和住房供给政策紧密相关。比如，重庆、长沙等中心城市由于土地和住房供给限制较小，房价比较稳定。

4. 公共服务对城市福祉的影响

城市教育、医疗、养老等公共服务水平会影响城市居民的文化素养和健康状况等，这是内在福祉的核心因素，与 HDI 中的受教育程度和预期寿命紧密相关。由于在城市层面缺乏 HDI 中这两个内在福祉目标性指标的数据，所以采用城市公共服务相关数据进行替代。城市公共服务和基础建设，主要指教育、医疗、养老等公共服务供给以及相应的城市配套设施建设。考虑城市地方财政预算内支出主要是投向公共服务、社会保障、基础建设和城市管理等领域，假定各地财政资金使用效率接近，人均地方财政支出规模可以反映城市的公共服务和建设管理水平。为此，本章主要采用城市人均地方财政预算内支出作为城市公共服务水平（PS_i）的替代指标。

5. 生态环境对城市福祉的影响

城市生态环境主要通过影响城市居民健康状况进而影响综合福祉。一些研究指出，早期的 HDI 缺乏对可持续发展的考量，之后一些研究尝试在 HDI 中增加资源环境指标，比如李晓西等（2014）的人类绿色发展指数（HGDI）。近年来，HDI 开始被纳入对环境可持续性的评价中，包括化石燃料能源消耗、可再生能源消耗、二氧化碳排放、森林面积、淡水获取量、环境威胁等（UNDP，2018）。另有研究验证了空气质量与居民福祉之间的关系，发现 2004~2013 年大气污染导致中国潜在人均预期寿命减少量在 0.67 年和 1.85 年之间（马国霞等，2019）；孙伟增等（2019）发现空气污染对流动人口健康状况具有显著的负向影响。根据数据可得性和数据质量，本章主要采用空气质量指标（AQ_i）进行分析，该指标与城市产业结构、各类空气污染物排放和净化能力有关，综合反映了环境可持续性特征。

6. 城市福祉评价指标

参考 UNDP（1990，2019）的人类发展指数和地区福祉评价方法（苏红键，2020c），用 $\widetilde{X_{i,j}}$ 表示城市 i 第 j 个福祉因素（包括 y_i、CC_i、I_i、PS_i、AQ_i）的标准化值，用 P_j 表示第 j 个因素的权重，城市 i 居民福祉 W_i 可以加权获得：

$$W_i = \sum_{j=1}^{n} P_j \widetilde{X_{i,j}} \qquad (12-1)$$

具体计算方法如下。（1）为纵向可比，对收入和公共服务投入指标按 2010 年不变价换算。（2）标准化方法：各个指标标准化方法采用最大最小值法，为避免极端值的影响，最大最小值分别取 2006 年或 2018 年指标的第 5 大值或第 5 小值。为避免 0 值，正向指标、负向指标分别采用 x_i / x_{large5}、x_{small5} / x_i 进行标准化，之后，大于 1 的值取 1。（3）赋权方法：参考人类发展指数对收入、教育、健康三个维度的平均赋权法，考虑本章在教育、健康方面的非目标性指标，因而对传统的收入、公共服务支出（包含教育和医疗等内容）分别赋权 35%，对不平等指标、闲暇和空气质量等新增调节变量分别赋权 10%。

（二）城市福祉对城市规模的影响

城市福祉作为收入、房价、闲暇、公共服务、生态环境的综合指标，是吸引人口迁入、影响城市规模增长的决定因素，这与人口迁移理论和城市增长理论相符，Duranton 和 Puga（2014）将其归纳为舒适度、收入、住房成本、通勤成本等。用 σ_i 表示迁入城市 i 的迁移成本，用 $\overline{N}$ 表示可迁移的总人口，假定城市人口自然增长率为 n。加入系数 a、b 分别表示城市规模的历史依赖性和城市福祉对人口的吸引力。当期城市规模可以表示为：

$$N_{i,t} = a(1+n)N_{i,t-1} + b(1-\sigma_i)W_{i,t-1}\overline{N} \qquad (12-2)$$

（三）模型与数据说明

基于以上分析的城市规模与城市福祉之间的关系，建立联系方程模型。根据集聚经济和拥挤效应的公式，分别用 $\alpha N_{i,t}$ 和 $\gamma \ln N_{i,t}$ 替代收入和通勤成本变量，将公式（12-2）中的 σ_i、$\overline{N}$ 以及相关常数项以城市异质性放入城市个体虚拟变量或者相关系数中，考虑到存在滞后期变量，故引入时间维度，则有：

$$\begin{cases} \ln W_{i,t} = c_1 + \alpha N_{i,t} + \gamma \ln N_{i,t} + \omega_1 \ln I_{i,t} + \omega_2 \ln PS_i + \omega_3 \ln AQ_i + \delta_{i,t} + \varepsilon_{i,t} \\ N_{i,t} = c_2 + a N_{i,t-1} + b W_{i,t-1} + \delta_{i,t} + \varepsilon_{i,t} \end{cases}$$

（12-3）

相关变量及数据来源如表12-1所示。城市数据主要来自《中国城市建设统计年鉴》和《中国城市统计年鉴》，收入和房价数据来自国家信息中心宏观经济与房地产数据库，城市空气质量数据来自哥伦比亚大学世界PM2.5密度图。计量分析部分采用中国284个地级及以上城市2006～2018年的面板数据，部分城市样本缺乏是由于数据不全。结合数据可得性，为使数据尽量匹配，人均财政支出指标采用市辖区财政支出与城区总人口的比值代替。

表12-1 变量与数据来源

变量名	指标	指标说明	单位	来源
城市人口	N	城区人口+城区暂住人口	万人	《中国城市建设统计年鉴》
建成区面积	Area	建成区面积	平方公里	
城市公共服务水平	PS	人均地方公共财政支出	万元	《中国城市统计年鉴》
收入水平	y	城镇居民人均可支配收入	元	国家信息中心宏观经济与房地产数据库
房价	HP	城市商品住宅平均销售价格	元/米²	
空气质量	AQ	PM2.5指数	微克/米³	哥伦比亚大学世界PM2.5密度图

三 城市规模与城市福祉的统计描述

本部分对城市规模和城市福祉两个核心指标进行统计描述，主要通过分地区分行政级别城市2010年和2018年数据，明确其基本特征和近期趋势特征。

（一）城市规模基本特征

表12-2汇报了城市规模的基本特征。第一，从284个样本城市总

体来看，随着城镇化的快速推进，中国城市人口平均规模不断扩大，从2010年的112万人增长到2018年的149万人，年均增长3.60%。第二，分地区来看，平均城市规模表现出"东部＞东北＞中西部"的特征，中西部地区的平均城市规模较小且比较接近；城市规模年均增长率呈现出"西部＞东部＞中部＞东北"的特征，东北地区的年均增长率显著最低，仅为1.31%，这反映了近年来东北地区衰退和人口流出现象。第三，分行政级别来看，中国城市规模体系与行政体系相对应，各类中心城市往往也是各地规模较大的城市。2018年，4个直辖市平均城区人口规模为1773万人，拉萨之外的省会城市及其他副省级城市的平均规模为477万人，地级市的平均规模为82万人；2010～2018年，各行政级别城市的人口年均增长率表现出"省会等＞地级市＞直辖市"的特征，各地中心城市（省会等）年均增长更快（4.59%），北京和上海2个直辖市的城区人口规模趋稳。

表 12-2 城市规模基本特征

		数量（个）	2010年平均值（万人）	2018年平均值（万人）	年均增长率（%）
全部样本城市		284	112	149	3.60
分地区	东部	86	179	243	3.91
	中部	80	80	105	3.44
	西部	84	78	108	4.22
	东北	34	106	118	1.31
分行政级别	直辖市	4	1416	1773	2.85
	省会等	31	333	477	4.59
	地级市	249	64	82	3.20

注：拉萨等城市由于数据不全，未汇报。

（二）城市福祉基本特征

表 12-3 汇报了 2010 年和 2018 年城市福祉的统计特征。第一，总体来看，城市居民福祉的全部样本均值和分类样本均值均表现为不断增加的态势，2010～2018 年城市平均福祉指数从 0.3436 提高到 0.4917，年均增长 4.58%；变异系数略有提高，城市之间的福祉差距略有扩大。

第二，分地区来看，东部地区城市福祉显著更高，各地福祉增长率基本呈现东中西部地区同步增长（年均4.70%左右）、东北地区增速显著较低（仅3.43%）的态势，这与地区发展态势基本一致。结合变异系数来看，中部和东北地区城市之间的差距较小，且差距有所缩小，表现出较低水平的均等化，东部地区城市之间的福祉差距有所扩大。第三，分行政级别来看，直辖市的福祉优势明显，省会等城市与地级市的福祉水平比较接近，近年来省会城市优势逐渐显现，福祉增进情况表现为"直辖市＞省会等＞地级市"的特征。北京、上海的福祉水平更高，近年来两个城市的增长放缓，这主要是由较高的迁入壁垒导致的。

表12-3 城市福祉基本统计特征

		2010年			2018年			年均增长率（%）
		平均值	标准差	变异系数	平均值	标准差	变异系数	
全部样本城市		0.3436	0.0555	0.1616	0.4917	0.0853	0.1736	4.58
分地区	东部	0.3645	0.0557	0.1528	0.5321	0.1006	0.1890	4.84
	中部	0.3215	0.0482	0.1499	0.4646	0.0647	0.1393	4.71
	西部	0.3412	0.0568	0.1664	0.4902	0.0791	0.1613	4.63
	东北	0.3489	0.0492	0.1411	0.4569	0.0581	0.1273	3.43
分行政级别	直辖市	0.3870	0.0842	0.2176	0.5971	0.1509	0.2526	5.57
	省会等	0.3314	0.0647	0.1952	0.4953	0.0932	0.1883	5.15
	地级市	0.3445	0.0537	0.1558	0.4895	0.0825	0.1684	4.49

分地区分维度指标来看（见表12-4，各省份平均数据略），第一，在地区分异方面，东部地区较高的福祉主要是由较高的收入水平和公共服务水平决定的；西部地区福祉水平略高于中部和东北地区，原因在于西部地区的空气质量较好（PM2.5指数显著较小），也由于西部地区部分省份的地级以上城市样本较少，比如新疆仅乌鲁木齐和克拉玛依两个城市样本，青海仅西宁样本；东北地区福祉水平较低主要是因为收入水平和公共服务投入方面的劣势。第二，4个直辖市的收入和公共服务优势明显，在通勤成本、不平等指标和空气质量方面存在劣势。其中，重庆具有其特殊性，在通勤成本（闲暇时间）接近的情况下，重庆的收入水平、公共服务投入相对较低，在不平等指标方面的优势比较明显。第三，从具体指标来

看，在收入水平方面，北京和上海2个直辖市的收入水平显著高于其他地区；在不平等指标方面，北京、上海、天津3个直辖市的收入房价比显著最低，除此之外是海南（包括海口和三亚2个城市样本），这与其较高的气候舒适度有关；在闲暇时间（通勤成本）方面，4个直辖市由于建成区面积更大，通勤成本更高，高于其他类型城市水平；在公共服务方面，东部地区城市的公共服务水平显著高于其他地区，即便不包括东部3个直辖市，优势依然明显；在空气质量方面，东北、西部地区和海南城市的PM2.5指数显著低于其他地区城市的平均水平。

表12-4 2018年各地福祉维度特征

		样本数（个）	福祉	收入水平	通勤成本	不平等	公共服务	空气质量
全部样本城市		284	0.4917	34779	4.30	5.90	18661	32
分地区	东部	86	0.5321	40467	5.38	4.35	22675	34
	中部	80	0.4646	32603	3.83	6.22	17615	41
	西部	84	0.4902	32875	3.71	6.67	17463	26
	东北	34	0.4569	30217	4.08	7.15	13930	21
分行政级别	直辖市	4	0.5971	53472	13.64	2.79	28693	36
	省会等	31	0.4953	43968	8.07	3.98	17166	32
	地级市	249	0.4895	33335	3.68	6.19	18686	32

注：由于西藏城市数据不全，未统计。

四 城市规模与城市福祉的关系检验

基于理论分析，对公式（12-3）中城市规模与城市福祉的联立方程模型进行估计，结果见表12-5。模型1至模型4分别使用滞后1期和滞后3期的双向固定SEM-OLS、SEM-3SLS估计。不同模型中估计结果均显著，且系数接近，验证了城市规模与城市福祉之间稳健的相互促进关系。以$\ln W_t$为因变量的分析中，城市规模N_t来自集聚经济的收入方程，城市规模与城市福祉之间表现出显著的正相关关系，验证了城市规模的集聚经济效应；$\ln N_t$来自拥挤效应（通勤成本）的方程，其与城市福祉表现出显著的负相关关系，与理论相符。不平等指标（I）、城市公共服务水平（PS）、空气质量（AQ）与城市福祉的计量关系与理论模型和评价设计一致。以 N_t 为因变量的四个模型系数均在 0.01 的水平下显著，验证了滞后期城市规模、滞后期城市福祉与当期城市规模的正相关关系。其中，滞后 1 期城市规模系数在 0.84 左右，滞后 3 期城市规模系数在 0.48 左右，结果稳健，体现了城市增长的历史依赖性，系数的大小与滞后期数有关。滞后期城市福祉与当期城市规模的显著正相关关系验证了城市福祉对城市增长的促进作用，这与人口迁移理论的基本观点一致，即人口倾向于向收入和福祉水平较高的城市迁移。

表 12-5　城市规模与城市福祉的关系检验

变量	模型 1	模型 2	模型 3	模型 4
因变量：$\ln W_t$				
N_t	0.0004***	0.0005***	0.0003***	0.0006***
	（0.0000）	（0.0000）	（0.0000）	（0.0000）
$\ln N_t$	-0.0639***	-0.0632***	-0.0699***	-0.0671***
	（0.0066）	（0.0065）	（0.0072）	（0.0082）
$\ln I_t$	0.2211***	0.2193***	0.2181***	0.2179***
	（0.0052）	（0.0050）	（0.0056）	（0.0053）
$\ln PS_t$	0.2236***	0.2220***	0.2344***	0.2339***
	（0.0027）	（0.0026）	（0.0028）	（0.0026）
$\ln AQ_t$	-0.1399***	-0.1399***	-0.1245***	-0.1249***
	（0.0058）	（0.0055）	（0.0062）	（0.0058）
常数项	-2.8423***	-3.0205***	-2.7959***	-3.3775***
	（0.0668）	（0.0649）	（0.0725）	（0.0793）
因变量：N_t				
N_{t-1}	0.8439***	0.8383***	0.4822***	0.4775***
	（0.0099）	（0.0094）	（0.0158）	（0.0149）
W_{t-1}	38.9330***	72.8700***	97.3039***	119.3155***
	（10.6822）	（10.1060）	（17.0591）	（15.5204）
常数项	285.1658***	280.9616***	944.6445***	944.1010***
	（17.6287）	（16.8421）	（27.5655）	（26.0944）

续表

变量	模型1	模型2	模型3	模型4
因变量：N_t					
样本量	3408	3408	2840	2840
R^2	0.9738	0.9735	0.9742	0.9722
备注	滞后1期双向固定SEM-OLS	滞后1期双向固定SEM-3SLS	滞后3期双向固定SEM-OLS	滞后3期双向固定SEM-3SLS

注：括号中为标准误，*、**、***分别表示在0.1、0.05、0.01的水平下显著。下同。

进一步对分地区、分行政级别的城市规模与城市福祉的关系进行检验，表12-6汇报了滞后1期双向固定SEM-3SLS模型的估计结果。从模型5至模型10来看，各类城市样本模型中变量的方向均与模型1和模型2中的系数方向一致且显著，表现出较强的稳健性。在所有类型的城市样本中，衡量集聚经济效应的N_t均与城市福祉表现出显著的正相关关系；衡量拥挤效应的城市规模对数形式$\ln N_t$与城市福祉表现出显著的负相关关系；不平等指标、城市公共服务水平、空气质量的系数均与理论相符。城市规模与滞后1期城市规模、滞后1期城市福祉的关系依然显著。其中，对于东部地区和地级以上城市，由于城市福祉和城市规模的均值较大，滞后期城市福祉的系数也较大，即表现出较强的人口吸引力；对于其余类型的城市，由于样本中城市规模和城市福祉的均值相对较小，城市福祉对城市增长促进作用的系数较小，因此人口规模稳定或负增长的西部和东北地区城市样本的该系数变得不显著。

表12-6 分类型城市规模与城市福祉的关系检验

变量	模型5（东部）	模型6（中部）	模型7（西部）	模型8（东北）	模型9（地级）	模型10（地级以上）
因变量：$\ln W_t$						
N_t	0.0005*** (0.0000)	0.0008*** (0.0001)	0.0003*** 0.0000	0.0015*** (0.0003)	0.0008*** (0.0001)	0.0002*** (0.0000)
$\ln N_t$	-0.0638*** (0.0107)	-0.0861*** (0.0118)	-0.0600*** (0.0110)	-0.2082*** (0.0614)	-0.0810*** (0.0089)	-0.1398*** (0.0220)

续表

变量	模型5（东部）	模型6（中部）	模型7（西部）	模型8（东北）	模型9（地级）	模型10（地级以上）
$\ln I_t$	0.2030*** (0.0094)	0.2191*** (0.0077)	0.2006*** (0.0096)	0.3313*** (0.0125)	0.2256*** (0.0052)	0.1474*** (0.0132)
$\ln PS_t$	0.2488*** (0.0061)	0.2410*** (0.0040)	0.2247*** (0.0042)	0.1599*** (0.0060)	0.2242*** (0.0026)	0.2297*** (0.0068)
$\ln AQ_t$	-0.0960*** (0.0141)	-0.1072*** (0.0115)	-0.0998*** (0.0101)	-0.1594*** (0.0157)	-0.1509*** (0.0057)	-0.0973*** (0.0137)
常数项	-3.4502*** (0.1272)	-3.0941*** (0.0865)	-2.7579*** (0.0820)	-2.0280*** (0.2855)	-2.7279*** (0.0559)	-2.2330*** (0.1746)
因变量：N_t							
N_{t-1}	0.7621*** (0.0181)	0.7935*** (0.0183)	1.0393*** (0.0111)	0.8126*** (0.0324)	0.6492*** (0.0112)	0.7767*** (0.0307)
W_{t-1}	177.5034*** (29.0047)	76.4511*** (13.9218)	5.6598 (9.4686)	18.7628 (13.9645)	18.5872*** (6.2610)	269.3604*** (67.9286)
常数项	367.1535*** (31.9147)	54.2022*** (7.2329)	-2.5541 (4.4963)	94.5348*** (16.8905)	60.4600*** (4.2448)	286.3403*** (53.8193)
样本量	1032	960	1008	408	2988	420
R^2	0.9787	0.981	0.9751	0.9607	0.9739	0.9867

由于以上分析中包含了城市规模的不同形式（N_t 与 $\ln N_t$）以及正向、负向关系，为考察城市规模与城市福祉之间的综合关系，对公式（12-3）进行线性化单调变换，直接考察城市规模与城市福祉之间的关系，分析结果见表12-7。模型11和模型12仅考察城市规模的一次项，分别采用滞后1期双向固定的SEM-OLS方法和SEM-3SLS方法，验证了城市规模与城市福祉的正相关关系；在模型13和模型14中，引入城市规模的二次项，考察福祉视角是否存在最优规模，结果发现，在现有样本中，二次关系显著，但利用估计系数计算的最大值点分别在6500万人和4700万人左右，远大于实际城市规模，进而支持了线性正向关系的观点。其他变量与福祉的关系依然显著，只是由于采用了绝对数，系数变小。各个模型中滞后期城市规模、滞后期城市福祉与当期城市规模的关

系依然显著，系数比较接近，证明了城市规模与城市福祉关系的稳健性。

表 12-7 城市规模影响城市福祉的基本形式检验

变量	模型 11	模型 12	模型 13	模型 14
因变量：W_t				
N_t	1.13e-4***	1.47e-4***	1.35e-4***	1.98e-4***
	(6.12e-6)	(6.96e-6)	(1.21e-5)	(2.19e-5)
N_t^2			-1.04e-8**	-2.11e-8***
			(4.94e-9)	(8.03e-9)
I_t	0.0142***	0.0141***	0.0142***	0.0141***
	(0.0003)	(0.0002)	(0.0003)	(0.0003)
PS_t	9.99e-6***	9.92e-6***	1.00e-5***	9.92e-6***
	7.38e-8	(4.02e-5)	(7.45e-8)	(7.47e-8)
AQ_t	-6.03e-4***	-6.10e-4***	-5.98e-5***	-6.08e-4***
	(4.22e-5)	(4.02e-5)	(4.23e-5)	(4.15e-5)
常数项	0.0789***	0.0234*	0.0718***	-0.0003
	(0.0116)	(0.0129)	(0.0121)	(0.0174)
因变量：N_t				
N_{t-1}	0.8439***	0.8396***	0.8439***	0.8372***
	(0.0099)	(0.0094)	(0.0099)	(0.0094)
W_{t-1}	38.9330***	62.2057***	38.9330***	70.7167***
	(10.6822)	(10.1311)	(10.6822)	(10.0614)
常数项	285.1658***	283.0941***	285.1658***	283.6544***
	(17.6287)	(16.8426)	(17.6287)	(16.8428)
样本量	3408	3408	3408	3408
R²	0.9842	0.9840	0.9842	0.9840
备注	双向固定 SEM-OLS	双向固定 SEM-3SLS	双向固定 SEM-OLS	双向固定 SEM-3SLS

本章考察的城市规模与城市福祉之间的关系是稳健的。第一，表12-5中分别采用滞后1期和滞后3期的面板数据SEM-OLS、SEM-3SLS方法进行了检验，结果基本一致；第二，表12-6中分类型城市样本的检验结果与表12-5中全体样本的检验结果基本一致；第三，表12-7通过线性变换

的模型，采用 SEM-OLS 和 SEM-3SLS 检验得到的结论与表 12-5、表12-6的结论基本一致，且对该模型分类型城市的检验结果[①]也较为一致。

五 福祉视角的城市规模发展导向

区分城市规模内生和外生的福祉因素，为从福祉视角分析各类规模城市发展导向提供了思路。本部分从城市规模战略的价值导向、分类推进策略方面提出建议。

第一，城市规模战略应当坚持福祉导向，以福祉增进和均等化为目标。改革开放以来，关于城市规模战略选择的争论最初是在城乡二元制度背景下，为实现工业化与城镇化协调发展，选择了小城镇主导的城镇化战略，对应于当时"村村点火、户户冒烟"的状况。之后，部分学者从效率的角度，研究城市集聚经济以及相应的最优城市规模问题，支持了大城市主导的城镇化战略。但是，从效率角度分析城市规模战略，在目标导向和价值取向上是片面的。城市发展的根本目标是提升居民福祉水平，城市体系不断优化的结果是实现福祉均等化，其背后是微观的人口迁移机制。基于此，城市规模之争的本质不应是效率之争，而是要回答在城镇化和人口迁移进程中如何促进各类城市的福祉增进和均等化。

第二，城市福祉增进要围绕福祉内涵着力提升城市居民经济福祉、精神福祉和健康福祉。这源自哲学、经济学、社会学、心理学领域对福祉内涵的解释。(1)增进经济福祉的关键在于发展好城市经济、促进就业、提高居民收入水平。当前，在经济新常态下，要充分发挥城市集聚经济效应，因地制宜发展符合各地禀赋优势的产业和顺应新一轮技术革命趋势的新兴产业；保障城市土地和住房供给，缓和高房价导致的不平等问题。(2)增进精神福祉的关键在于积极提升教育水平和质量。随着人口乡城迁移和乡村撤点并校，城乡区域间教育资源配置数量的均等化水平不断提升，未来重点在于提高优质教育资源供给水平，促进教育公平，完善职业教育和培训体系，构建终生学习体系，提升全民文化素养和精神福祉。(3)增进健康福祉的关键在于提升医疗服务水平、创新完

[①] 该模型对分类型城市的检验结果基本一致，本章仅汇报全体样本的分析结果。

善养老服务体系、不断优化城市生态环境等。

第三,各类大城市(各级中心城市)发展的重点在于充分发挥集聚经济优势、降低城市拥挤效应。充分发挥集聚经济优势在于允许大城市科学增长,降低人口迁入的制度壁垒。重点包括提高各级中心城市建设用地供给水平,避免城市人口增长受到不必要的空间约束;积极推进大都市区化,减少行政边界对城市增长空间和城市人口增长的限制;逐步降低和取消部分中心城市尚存的户籍壁垒,推进户籍制度回归人口登记管理的本质。在降低城市拥挤效应方面,要全面提升城市治理效能,优化城市空间结构和交通体系,降低通勤成本,防治各类"城市病"。与此同时,按照福祉内涵,要积极完善各类中心城市住房供给体系,提高保障性住房供给水平并扩大覆盖面,缓解城市内部收入不平等问题;要积极提高优质公共服务的供给水平、提升城市环境质量,提升城市居民综合福祉水平。

第四,中小城市要积极改善规模外生的福祉因素,这是与大城市实现福祉均等化的关键。中小城市要加大公共服务领域的财政投入力度,考虑就地就近城镇化趋势,科学规划配置城市(县城)教育、医疗、养老等公共服务资源,全面提升公共服务质量。在生态环境方面,重点要在承接产业转移过程中,严格禁止高污染高排放产业发展,促进传统产业转型升级,保护良好的生态环境;有条件的中小城市可以实施低密度绿色城镇化,优化人居环境。在不平等指标方面,中小城市虽然收入水平不高,但是收入差距较小、不平等程度较低,要稳定房地产市场,避免房价上涨导致的不平等。在经济发展方面,中小城市要积极发展符合当地比较优势的产业。对于存在特色资源优势的城市,要积极发展其特色产业;充分发挥劳动力和土地成本优势,发展劳动密集型产业;充分发挥中小城市和县镇在城乡关系中的纽带功能,推进城乡商贸物流和电商、农产品加工业、乡村旅游等三次产业融合发展。

六 结论与启示

本章结合福祉理论、福祉评价方法和城市经济理论,区分城市规模内生和外生的福祉因素,构建城市福祉评价指标,并对中国城市福祉进行评价，利用中国地级及以上城市2006~2018年面板数据，采用联立方程模型检验城市规模与城市福祉的关系，并从福祉视角提出各类规模城市的发展导向。本章的结论和启示主要包括以下三个方面。

第一，基于福祉理论及其评价方法，与城市经济理论结合，从收入、闲暇、不平等、公共服务、生态环境等五个方面构建了城市福祉评价指标。评价研究发现，近年来，中国城市平均福祉水平不断提升，城市之间的福祉差距略有扩大。东部地区城市居民福祉显著更高；趋势上呈现东中西部地区同步增长、东北地区增速显著较低的态势，反映了东北地区的衰退。直辖市的优势比较明显，主要是北京、上海和天津在收入和公共服务方面的优势比较显著；省会等中心城市与地级市的福祉水平接近，近年来的福祉增进情况表现为"直辖市 > 省会等 > 地级市"的特征；北京和上海城市福祉水平位居前列，其城市人口增长放缓主要是由于较高的人口迁入壁垒。

第二，验证了城市规模与城市福祉的相互促进关系，未来将在动态调整中实现福祉均等化。本章验证的城市规模与城市福祉的正相关关系与空间均衡理论并不矛盾，这不仅与我国城镇化处于快速推进阶段有关，也可以用迁移成本、空间类聚等进行解释。一方面，城市规模通过影响收入水平、闲暇时间等影响城市福祉，综合城市规模的正向和负向效应后发现，城市规模与城市福祉显著正相关；另一方面，当期城市规模与滞后期城市福祉显著正相关，较高的城市福祉有利于促进城市增长，这符合人口迁移理论和城市增长理论的观点。估计结果在分类型城市样本、不同估计方法中是稳健的。人口在地区间、城市间的迁移过程，也是居民福祉增进、城市间福祉趋同、城市体系优化的过程。为此，通过改革，降低人口向福祉较高城市迁移的制度壁垒，既有利于充分发挥城市集聚经济优势，也有利于提高迁移人口福祉和总体福祉，促进城市间的福祉均等化。

第三，区分了城市规模内生和外生的福祉因素，为城市规模发展导向提供了新视角。城市规模内生的福祉因素主要体现在收入水平（集聚经济）、闲暇时间（拥挤效应）方面；城市规模外生的福祉因素主要有不平等、城市公共服务和生态环境等。这一区分是有意义的，从理论角度看，可以用城市规模替代收入水平和闲暇时间两个变量，建立城市规模与城市福祉的关系模型；从实践角度看，城市规模外生福祉因素的存在使不同规模城市福祉均等化成为可能，这也是 Rosen-Roback 基于空间均衡思想计算隐性生活质量价值的基础，为不同类型城市发展战略和福祉增进提供了新视角。因此，城市规模战略要以福祉增进和均等化为导向，各类大城市（各级中心城市）重点要通过充分发挥集聚经济优势、降低城市拥挤效应等促进福祉增进；中小城市重点要以促进社会平等、改善公共服务、优化生态环境等城市规模外生的福祉因素为着力点，促进其福祉增进，以实现其与大城市之间的福祉均等化。

第十三章 中国城市空间均衡特征

空间均衡是区域和城市研究的核心理念,当考虑迁移成本和空间类聚时,其存在性受到挑战。一方面,人口的可迁移性是 Rosen-Roback 空间均衡假设(Rosen,1979;Roback,1982)成立的一个重要前提,当存在迁移限制或迁移成本时,空间均衡关系有待考证(Glaeser and Gottlieb,2009);另一方面,有观点认为在个体存在人力资本异质性和偏好异质性的世界里,所有地区效用水平相等的空间均衡假设将不成立(Behrens and Robert-Nicoud,2015)。针对这一争论,本章在分析空间均衡理论的基本逻辑以及迁移成本和空间类聚的挑战基础上,综合利用中国城市统计数据、调查数据和网络大数据,考察中国城市空间均衡特征。

本章的创新之处在于:(1)本章区分了城市规模外生的自然舒适度和内生的便利设施,两者对空间均衡的影响机制不同,这一区分是有意义的;(2)基于网络大数据,分析了城市便利设施特征,并利用餐饮多元化指标验证了城市规模与城市生活多样化的关系;(3)本章研究结果不同于 Chauvin 等(2016)对中国的研究结论,中国城市的空间均衡特征显著,已经发展到了愿意为舒适度支付的阶段,冬季温暖地区、沿海地区表现出显著的高舒适度特征。

一 空间均衡理论及其挑战、解释

空间均衡理论首先被 Alonso(1964)和 Muth(1969)应用于单中心城市内部的土地价格和土地利用分析,之后被 Rosen(1979)和 Roback(1982)应用于城市之间的生活质量比较。由于空间均衡隐含的可迁移性、个体同质性假设,近年来其受到迁移成本、空间类聚观点的挑战。

(一)空间均衡的基本理论

在区域和城市经济学研究领域,自 Rosen(1979)和 Roback(1982)的开创性工作以来,一个国家内部跨城市的研究往往假设劳动力迁移会实现一种空间均衡,即效用在城市之间的均等化。根据一般规律,城市规模越大往往收入水平越高,但这并不意味着生活得更好,因为城市之间的福祉水平是均等的,高收入往往会被城市的负面效应所抵消,比如高房价、高拥堵、快节奏等。

城市内部的空间均衡为城市体系的空间均衡提供了基础。继 Alonso (1964) 对城市内部空间均衡的开创性研究之后,很多文献研究了城市内部的空间均衡关系。这一研究的共识是,住房价格会随着通勤成本的上升而下降;还有一些研究分析了住房价格和所在区位舒适度(宜居性和非宜居性)的关系,比如学校配置、机场位置和治安等。这反映了城市内部交通区位、舒适度与住房价格的一般规律。参考 Duranton 和 Puga (2004) 单中心城市模型的设定,在城市内部,效用水平可以表示为 $U_{i,t}\{A_{i,t}, v_{i,t}[P(x), w - \tau x]\}$,其中,$U_{i,t}$ 表示城市 i 第 t 期的效用水平,$A_{i,t}$ 表示舒适度水平,$v_{i,t}[P(x), w - \tau x]$ 表示离城市中心 (CBD) x 处的一般商品和住房消费的间接效用,$P(x)$ 表示住房价格,w 为工资水平,τ 为单位距离通勤成本。由于 $A_{i,t}$ 的外生性,效用均等化要求 $v_{i,t}[P(x), w - \tau x] = \overline{v_{i,t}}$。进一步结合 Alonso-Muth 条件,令 $P(0)$ 为城市中心的房价,$\underline{R}$ 表示城市边缘处的地租,N 表示城市规模,可得:

$$v_{i,t}[P(x), w - \tau x] = \overline{v_{i,t}} = v_{i,t}[P(0), w] = v_{i,t}[c(\underline{R} + \tau N), w] \quad (13-1)$$

$$U_{i,t,x} = U_{i,t,x}(A_{i,t}, \overline{v_{i,t}}) = \overline{U_{i,t}} \quad (13-2)$$

城市体系空间均衡与城市内部空间均衡的主要区别在于,在城市内部,工资和外生舒适度通常被视为给定的,主要考虑住房成本和通勤成本的均衡。在城市之间,如果一个城市有较高的工资和舒适度,那么其住房价格也会较高;如果一个城市有较高的舒适度,那么其相对工资(控制住房价格的工资)往往较低。在静态模型中,城市体系空间均衡假设是指效用水平在空间上是均衡的;在动态模型中,空间均衡假设意味着全生命周期的预期效用水平在空间上是均衡的。源自 Rosen (1979) 和 Roback (1982) 的基本逻辑,空间均衡模型往往假定 $U_{i,t}$ 等于 $\overline{U_t}$,以此推导城市舒适度或生活质量水平。结合公式 (13-1) 和公式 (13-2) 以及集聚经济理论 $[w = w(N)]$,有:

$$U_{i,t}\{A_{i,t}, v_{i,t}[c(\underline{R} + \tau N), w(N)]\} = \overline{U_t} \quad (13-3)$$

效用函数采用 Cobb-Douglas 函数形式表示为 $A_{i,t} w_{i,t} P_{i,t}^{\beta-1}$ (Glaeser and

Gottlieb，2009）时，存在：

$$\ln \overline{U_t} = \ln U_{i,t} = \ln w_{i,t} - (1-\beta)\ln P_{i,t} + \ln A_{i,t} \qquad (13-4)$$

（二）迁移成本对空间均衡的挑战与解释

空间均衡假设的一个前提条件是人口可以自由迁移，而迁移成本是客观存在的。一方面，如果个人被禁止跨越省界或者禁止国内迁移，那么就没有理由实现效用的空间均衡；如果存在严格的劳动力迁移限制，区域模型将类似于国家模型，而国家模型不要求国家之间的福祉均衡。现实中，各国内部对人口迁移的限制是不同的。基于此，Chauvin 等（2016）对美国、巴西、中国和印度的空间均衡特征进行考察，认为不同国家由于发展水平和人口迁移政策的区别，存在不同的空间均衡特征，并认为由于户籍制度以及发展阶段问题，中国城市空间均衡关系不显著。另一方面，迁移成本的影响还体现在当存在外部冲击时，人口不能即时迁移以快速实现新的均衡。Blanchard 和 Katz（1992）对这一调整过程的研究发现，地方冲击会被人口迁移和房价消化，大概需要 5 年的时间来调整；Glaeser 和 Gyourko（2005）认为，住房的耐用性可能会导致生产力变化对城市的影响持续数十年；Saks 和 Wozniak（2007）发现，商业周期对人口迁移有显著影响，并且对处于职业生涯不同阶段的劳动力的影响不同。

这一缓慢调整至均衡的过程并不意味着空间均衡需要长期调整才能实现，由于房价的敏感性，通过房价调整也会实现空间均衡。只要房价或租金能够迅速变化，这一价格调整就足以维持空间均衡。Glaeser 等（1995）利用一个空间均衡模型分析发现，即使假定迁移对冲击的反应缓慢，但由于房价调整的灵敏性，空间均衡关系依然存在。Hsieh 和 Moretti（2019）、Glaeser 和 Gyourko（2018）以及 Duranton 和 Puga（2019）的研究表明，土地和住房供给的限制会体现在房价的上涨上，由此，制度壁垒会转化为经济壁垒，从而实现空间均衡。

考虑迁移成本的客观存在性，有研究将迁移成本加入效用函数中，构建新的均衡关系。在城市体系中，城市福祉在扣除迁移成本（$MC_{i,t}$）后实现均等化，结合公式（13-3），可以得到两个本质上一致的表达式：

$$\overline{U_t} = U_{i,t} - MC_{i,t} \qquad (13-5)$$

$$\overline{U_t} = (1 - \widehat{MC_{i,t}})U_{i,t} \qquad (13-6)$$

（三）个体异质性、空间类聚对空间均衡的挑战与解释

空间均衡理论关于个体同质性的假设，容易受到个体异质性的挑战。个体异质性主要表现为不同的人力资本水平或不同的个体偏好。

一方面，个体在人力资本上的异质性通过空间类聚（sorting）[①]挑战空间均衡关系。空间类聚是城市集聚的一个重要特征，这在近期的文献中达成了共识（Chade et al.，2017）。城市间人力资本质量的差异解释了城市规模与生产率关系的40%~50%（Combes et al.，2008）。简而言之，个体人力资本水平会与不同的城市相互匹配（matching），从而形成空间类聚现象。这在实际中表现为，城市规模越大，城市平均人力资本水平往往越高，进而通过动态外部性提高城市生产率水平和收入水平。因此，Behrens 和 Robert-Nicoud（2015）认为，考虑异质性个体空间类聚时，空间均衡假设不再适用。

空间类聚挑战空间均衡的逻辑问题基于某一前提条件，即假设人力资本水平高的个体往往意味着更高的收入水平，从而人力资本水平更高的城市效用水平更高。这一前提条件值得讨论。（1）人力资本水平虽然与收入水平正相关，但较高人力资本水平的个体已经付出较高的人力资本投资成本，并且也会因为选择在更大的城市而面临更高的拥挤成本。（2）从福祉或效用本身来看，较高的收入水平并不意味着较高的效用水平。个体效用或福祉会受到不同因素的影响，这正是经济学关于人类福祉的研究从早期单一维度 GDP 标准向多维标准转变的原因，也体现在 Easterlin 悖论中（高收入不一定更快乐）（Easterlin，1974）。

另一方面，个体异质性还体现在偏好的异质性上，但这一点在城市层面的分析中可以忽略。在城市层面或总体福祉的分析中，不考虑个体偏好差异，并不会影响分析结果。Sen（1973）指出，个体拥有不同的偏好会导致个体效用函数具有不可比较性和不确定性，从而某些不均等的分配可能会产生更大的福祉。然而，由于我们不知道那些福祉函数的具体形式和分布状况，只能（且可以）假定，在总产出和总收入平均分配

---

① 张可云和何大梽（2020）译为"空间类分"。考虑 sorting 表示异质性人力资本在不同类型城市的"类分"，且城市本身有集聚的含义，本章译为"空间类聚"。

时，福祉最大。黄有光（2005）在比较分析城乡居民效用时也指出，假设个体偏好相同，并不会影响问题的实质。

可见，空间类聚主要是丰富了影响收入水平和效用水平的内在机制。如前所述，由于房价对收入调整的敏感性，空间类聚的存在并不会拒绝空间均衡关系。正如 Glaeser 和 Gottlieb（2009）指出的，理论和经验证据中均很难拒绝空间均衡假设。考虑 Chauvin 等（2016）对中国的研究得到了不同的结论，本章后续将利用城市数据分析中国城市空间均衡特征。

二 数据说明

本章主要采用中国城市 2018 年数据进行分析，数据来源包括《中国城市建设统计年鉴》、国家卫生健康委中国流动人口动态监测调查数据（CMDS）、中国居民收入调查数据库（CHIPS）、国家信息中心宏观经济与房地产数据库以及网络大数据挖掘等。

1. 城市规模与收入指标

各个城市的城区人口规模来自《中国城市建设统计年鉴》。根据数据质量和可得性，本章采用城镇居民人均可支配收入（I）替代工资水平，住房价格为商品房平均销售价格，数据来自"国信房地产信息网"。

2. 迁移成本与制度约束指标

本章考察的迁移成本以制度约束为主，中国的人口迁移和城镇化会受到户籍、土地制度的限制。本章主要采用 CMDS 落户意愿水平进行衡量。一个城市的流动人口愿意落户的比重越高，则这个城市的户籍壁垒越高，反之户籍壁垒越低。本章合并 2016 年和 2017 年的调查数据进行分析，考虑改革的渐进特征，这两年的结果差别较小，因而对两年的样本进行合并分析，选取其中样本量大于 120 个的城市数据。

3. 城市舒适度和便利设施指标

英文 amenity 有舒适度和便利设施的意思，结合以往研究及其释义，本章分别考察城市规模内生的便利设施指标和城市规模外生的舒适度指标。一类是城市便利设施指标，Desmet 和 Rossi-Hansberg（2013）、Diamond（2016）的研究包含了气候条件之外的便利设施指标。本章采用城市大数据挖掘（2020 年 4 月百度地图数据），收集一组城市便利设施数据。（1）选取生活便利设施、休闲设施、医养设施、文化设施4类12个指标衡量人均便利设施水平。首先得到4类便利设施指标类别的第一主成分，然后使用4个便利设施类别第一主成分创建一个综合指数，表13-1中的KMO检验结果和第一主成分的方差贡献率证明了结果的合理性。(2) 以餐饮多样化指标衡量城市生活多样化水平，中国八大菜系中，苏菜、浙菜、闽菜在各地分布较少，故未采用相关指标；经过比较，又加入分布较多的东北菜、西北菜指标；国外菜系主要采用分布较多的西餐、日餐、韩国料理三个指标。另一类是自然环境的舒适度，参考Glaeser和Gottlieb（2009）、Chauvin等（2016）的空间均衡研究，本章采用各个城市一月平均最低气温、七月平均最高气温、年均降水量，以及各个城市2018年的PM2.5指标和沿海城市虚拟变量来表示。

表13-1 城市舒适度和便利设施指标采用的数据说明

舒适度和便利设施指标		采用的数据
人均便利设施（0.837, 83.99%）	人均生活便利设施（0.761, 71.27%）	每万人餐厅指标、每万人超市指标、每万人便利店指标、每万人购物中心指标
	人均休闲设施（0.687, 79.16%）	每万人电影院指标、每万人KTV指标、每万人景点指标
	人均医养设施（0.500, 76.18%）	每万人敬老院指标、每万人医院指标
	人均文化设施（0.659, 81.68%）	每万人书店指标、每万人图书馆指标、每万人培训机构指标
生活多样化指标	餐饮多样化指标	利用城市鲁菜、川菜、粤菜、徽菜、湘菜、东北菜、西北菜、西餐、日餐、韩国料理等主要餐饮类型指标计算的熵指数
自然环境指标	气候条件	七月平均最高气温（$HT\ July$）、一月平均最低气温（$LT\ Jan.$）、年均降水量（$Preci.$）
	生态环境指标	2018年城市PM2.5值
	是否沿海	沿海城市虚拟变量（$Coast$）

注：第1列和第2列括号中为KMO检验结果和第一主成分的方差贡献率。

4. 空间类聚与人力资本指标

在对空间类聚特征进行分析时，采用中国居民收入调查数据库（CHIPS 2013）的城镇居民数据和中国流动人口动态监测调查（CMDS 2017）的流动人口数据，分别计算各个城市城镇居民、流动人口的平均人力资本水平。

5. 中国城市古城规模指标

古城规模指标采用各个城市明清时期的古城墙数据（$citywall$）。本章找到城市市辖区在明清时期的名称进行了匹配；对于无法完全匹配的市辖区，采用最邻近的下辖市（区）数据进行匹配。回归分析中，对古城墙的长度 d 按照"$(d/4)^2$"的近似方式换算为古城的面积，并根据需要取对数。

三　中国城市空间均衡关系检验

本部分利用中国城市数据，检验收入、房价和舒适度之间的空间均衡关系，并对迁移成本、空间类聚、城市规模与相关指标的关系进行检验。

（一）房价与收入的基本关系

考虑间接效用函数通常采用对数函数或线性函数形式，分别考察房价（P）和收入（I）的对数关系和线性关系（见图 13-1）。在对数形式的估计中，系数为 1.6945；在线性形式的估计中，系数为 0.4540，显著性和拟合优度均较强。这不同于 Chauvin 等（2016）的估计结果，他们认为中国城市住房成本与收入的关系较弱，并解释为中国的户籍制度弱化了空间均衡关系，房地产市场政策扭曲了住房租赁市场和住房价格。图 13-1 表明，中国城市住房价格和收入之间存在显著的均衡关系，较高的房价在一定程度上抵消了高收入带来的高福祉。

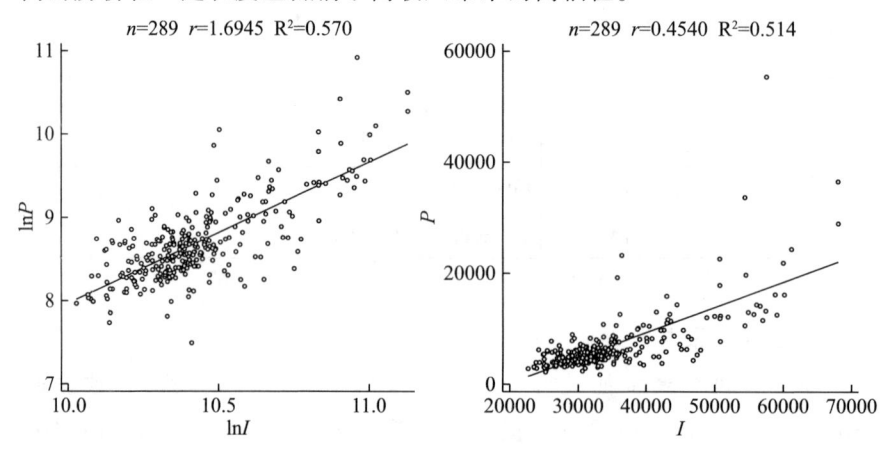

图 13-1　房价与收入的基本关系

(二) 相对收入与舒适度的关系

空间均衡理论和数量关系内含了舒适度和相对收入之间的关系，其中相对收入在对数模型 [式 (13-4)] 中表示为 $\ln w_{i,t} - (1-\beta)\ln P_{i,t}$，在线性模型中往往表示为 w/P。参考 Glaeser 和 Gottlieb (2009)、Chauvin 等 (2016) 的研究，这里主要考察自然环境舒适度的影响，这类舒适度指标的优势在于其外生性，城市规模内生的便利设施和多样化水平在之后部分进行讨论。采用相对收入 (RI) 代替实际工资水平，即 $\ln\left(\dfrac{I}{P}\right)$，这与模型中的 $\ln w - (1-\beta)\ln P$ 的关系一致。[①]

表 13-2 显示了中国城市收入、房价、相对收入与舒适度指标的关系。根据表 13-2 模型 (1) 和模型 (2)，气候条件与收入的关系显著性较弱，一月平均最低气温与房价的关系是显著的，其与住房价格显著正相关，支持了人们对冬季温暖地区的偏好；降水量与住房价格正相关，这与中国南方地区降水量较多有关，降水量与一月平均最低气温存在一定的相关性，而一月平均最低气温与房价显著相关。沿海地区与收入、房价均表现出显著的正相关关系，这既反映了沿海地区开放度和发展水平较高，也反映了沿海地区较高的舒适度水平。空气质量指标 PM2.5 与收入、房价表现出一定的正相关关系，这主要是由于人口规模较大、密度较高、经济发展水平较高的城市的空气质量往往不如中西部地区人口规模较小、密度较低、工业发展水平较低的城市的空气质量。

表 13-2 模型 (3) 至模型(5) 显示了相对收入与舒适度的关系。表 13-2 模型 (3) 中，一月平均最低气温与相对收入水平表现出显著的负相关关系，即冬季温暖地区的相对收入较低，表现出舒适度与相对收入的均衡关系；降水量同样表现出与相对收入的负相关关系，这支持了人们更喜欢温暖而不潮湿的天气 (Black and Henderson, 2003)，但该关系不显著与其和气温 (南方) 的相关性有关；沿海地区虚拟变量与相对收入显著负相关，反映了沿海地区舒适度与相对收入之间的均衡关系。考虑降水量与气温 (南方) 的相关性，表 13-2 模型 (4) 中不考虑降水

[①] 不考虑系数 $(1-\beta)$ 不会影响实际关系，只是体现在最终系数大小上 (而系数大小在这里意义不大，因为舒适度本身不可量化)。

量进行分析,发现一月平均最低气温与相对收入的系数绝对值显著提高,印证了这一相关关系的存在。结合前面的模型,考虑PM2.5与经济发展水平的内生关系,七月平均最高气温、降水量与一月平均最低气温的相关关系,以及一月平均最低气温和沿海城市虚拟变量与因变量的显著关系,表13-2模型(5)专门检验一月平均最低气温、沿海城市虚拟变量与相对收入的关系,进一步验证了冬季温暖的沿海地区的高舒适度与低相对收入的空间均衡关系。

表13-2 收入、房价、相对收入与舒适度指标的关系

变量	模型(1) $\ln I$	模型(2) $\ln P$	模型(3) $\ln RI$	模型(4) $\ln RI$	模型(5) $\ln RI$
LT Jan.	-0.0007 (0.0019)	0.0080** (0.0038)	-0.0090*** (0.0030)	-0.0123*** (0.0022)	-0.0129*** (0.0019)
HT July	0.0090* (0.0049)	0.0084 (0.0086)	0.0017 (0.0063)	-0.0001 (0.0063)	
Preci.	3.94e-5 (3.65e-5)	0.0001* (0.0001)	-0.0001 (0.0001)		
Coast	0.2163*** (0.0379)	0.4957*** (0.0795)	-0.2772*** (0.0574)	-0.2747*** (0.0574)	-0.2741*** (0.0560)
PM2.5	0.0014 (0.0009)	0.0034* (0.0017)	-0.0019 (0.0014)	-0.0012 (0.0013)	
常数项	10.0316*** (0.1484)	8.1487*** (0.2722)	1.8390*** (0.1981)	1.7724*** (0.1916)	1.7342*** (0.0193)
样本量	285	284	284	284	289
R^2	0.1877	0.3221	0.2914	0.2852	0.2843

注:括号中为系数的标准误,***、**、*分别表示在1%、5%、10%的水平下显著。下同。

这一研究结果不同于Chauvin等(2016)对中国的检验,该研究发现中国的舒适度变量与相关变量之间几乎没有相关性。其主要解释为,中国还不够富有,不愿意为居住在气候更温暖的地方支付溢价。Liu和Shen(2014)也认为,中国城市气候与人口增长之间的关系远弱于美国。本章研究发现,当前中国城市舒适度与相对收入之间表现

出显著的相关关系,这体现在日益明显的南北差距,同时也反映出,随着中国经济的快速发展,我国已经发展到愿意为良好的自然舒适度支付溢价的阶段。

(三) 迁移成本与效用指标的关系

图13-2显示了以制度约束衡量的迁移成本与各个变量之间的显著关系,其中,制度约束与收入、房价显著正相关,与相对收入负相关,与人口规模显著正相关。制度约束与房价显著正相关,根据指标来源,这反映了落户意愿与房价的关系,大城市的户籍、土地和住房供给等制度约束与经济壁垒产生叠加的效果。在此基础上,表13-3显示了在表13-2模型(5)的基础上加入制度约束的空间均衡关系检验结果,与图13-2一致,制度约束与收入、房价依然表现出显著的正相关关系,而与相对收入表现出显著的负相关关系。

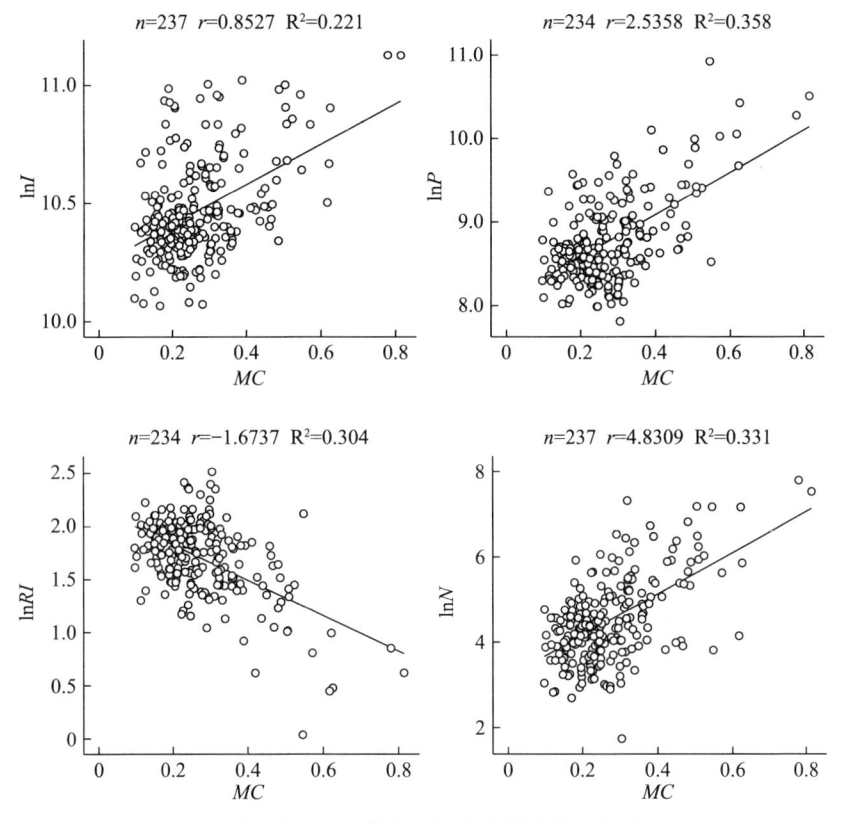

图13-2 制度约束与相关变量的基本关系

表 13-3 加入制度约束的空间均衡关系

变量	模型（1） ln I	模型（2） ln P	模型（3） ln RI
LT Jan.	0.0028** (0.0012)	0.0162*** (0.0024)	-0.0134*** (0.0020)
Coast	0.1771*** (0.0397)	0.3199*** (0.0733)	-0.1445*** (0.0500)
MC	0.6612*** (0.1219)	2.1555*** (0.2431)	-1.4869*** (0.1777)
常数项	10.2680*** (0.0313)	8.1715*** (0.0604)	2.0956*** (0.0446)
样本量	237	234	234
R^2	0.3499	0.5509	0.484

在国外学者对中国的研究中，Chauvin 等（2016）注意到了中国户籍制度改革和人口流动性的提高，Shen（2013）也注意到了这一特征。实际上，2000 年以来，随着政策鼓励农村富余劳动力外出务工，中国人口流动性显著提高，这促进了中国城市体系空间均衡。这也是本章研究结果不同于 Chauvin 等（2016）的原因。

（四）城市规模、空间类聚与效用指标的关系

考虑城市规模与相关指标的内生关系，本部分利用中国城市古城规模指标作为城市规模的工具变量，检验城市规模、空间类聚与相关变量之间的关系，并分析城市规模内生的人均便利设施和多样化水平。

1. 城市规模与收入、相对收入的关系

图 13-3 左上图显示了城市规模与收入之间的正相关关系，右上图显示了城市规模与房价之间的正相关关系，下图显示了城市规模与相对收入的负相关关系，可见，城市规模与相对收入之间表现出显著的负相关关系，从而印证了大城市高收入的溢价会在一定程度上被高房价抵消。

表 13-4 利用工具变量法检验了城市规模与相关指标的关系，与图 13-3 的结论一致。中国城市古城规模作为城市规模的工具变量是可行的。一方面，根据第一阶段的估计结果，古城规模与城市规模之间表现出显著的正相关关系，系数为 0.2956；另一方面，作为历史数据，古城

规模不会受到因变量的影响,这也是城市研究中习惯以历史数据作为工具变量的原因。与此同时,在引入城市规模变量之后,一月平均最低气温与沿海城市虚拟变量两个舒适度变量与相关指标的关系依然稳健。

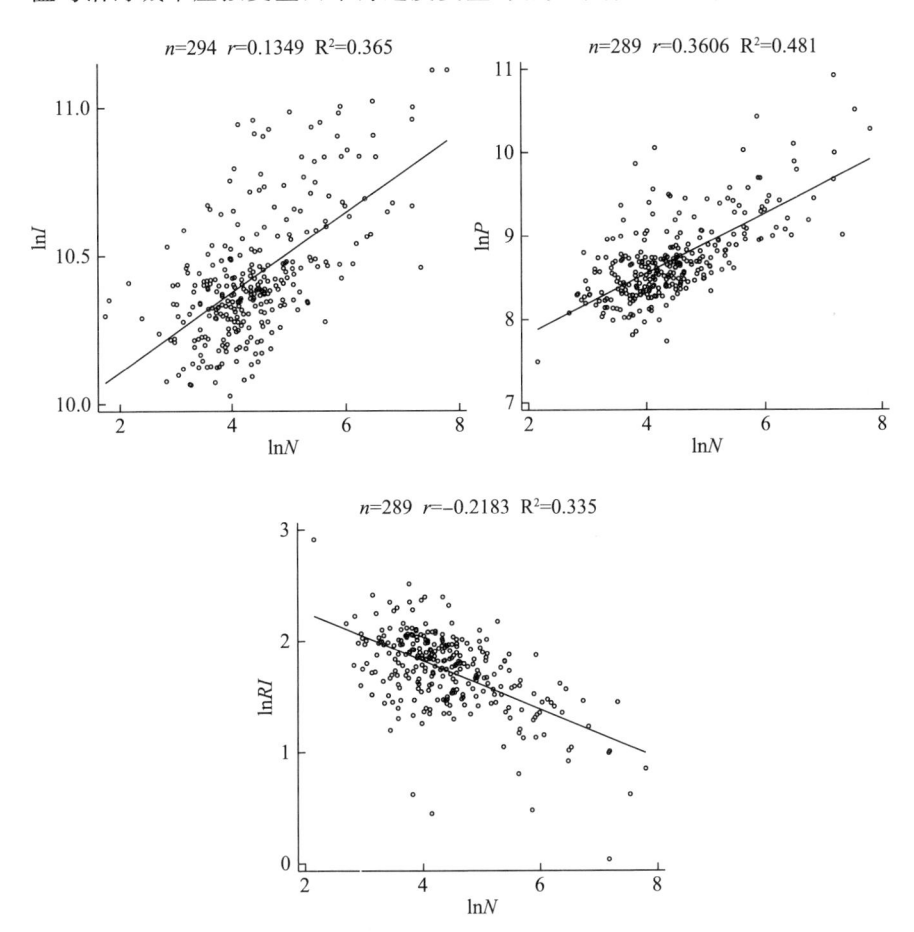

图 13-3 城市规模与相关指标的基本关系

表 13-4 城市规模与相关指标的关系 (2SLS)

变量	模型 (1) ln$I$	模型 (2) ln$P$	模型 (3) lnRI
ln$N$	0.1685 *** (0.0270)	0.3742 *** (0.0503)	-0.2056 *** (0.0416)
LT Jan.	0.0012 (0.0012)	0.0117 *** (0.0022)	-0.0105 *** (0.0018)

续表

变量	模型（1） ln*I*	模型（2） ln*P*	模型（3） ln*RI*
Coast	0.0952 *** (0.0328)	0.2411 *** (0.0612)	-0.1458 *** (0.0506)
工具变量（ln*citywall*）	控制	控制	控制
常数项	9.6715 *** (0.1166)	7.0512 *** (0.2175)	2.6203 *** (0.1798)
样本量	262	262	262

2. 城市规模、空间类聚与效用指标的关系

图 13 - 4 分别利用 CHIPS 2013 和 CMDS 2017 数据描述了城市规模（N）与人力资本水平（HC）之间的关系。左图根据 CHIPS 2013 数据绘制，纵轴为调查对象平均受教育年数，显示了城市规模与城市户籍居民平均人力资本水平之间的正相关关系。右图根据 CMDS 2017 数据绘制，纵轴为城市流动人口受大专以上教育比重，显示了城市规模与流动人口人力资本水平之间的正相关关系。采用户籍居民数据和流动人口数据表明，城市规模与城市居民人力资本水平、新进入者的人力资本水平之间均存在显著的正相关关系。

进一步利用 CHIPS 2013 数据①，采用工具变量法对城市规模、空间类聚与相关变量之间的关系进行分析。表 13 - 5 模型（1）验证了城市规模与城市居民平均受教育年限（HC）的正相关关系，证明了空间类聚特征。在表 13 - 5 模型（2）和模型（3）中，城市人力资本水平与城市收入之间表现出显著的正相关关系，这符合空间类聚、动态外部性提高收入水平的观点，城市规模与收入的正相关关系稳健且系数与前文的模型结果接近；沿海城市虚拟变量与收入水平之间显著正相关。在表 13 - 5 模型（4）中，城市规模、一月平均最低气温、沿海城市虚拟变量等与房价之间的关系依然显著，人力资本水平与房价的正向关系不显著，这说明人力资本水平不直接影响房价。在表 13 - 5 模型（5）中，与前面的检验一致，城市规模、一月平均最低气温与相对收入水平之间表现出显著

---

① 这是因为 CHIPS 中的收入数据质量较好。

的负相关关系,证明了空间均衡关系的稳健性;人力资本水平与相对收入水平的关系不显著,证明了空间类聚主要影响城市生产率,并不会挑战空间均衡关系。在表13-5模型(6)中,利用微观数据,控制城市劳动力个体特征之后,依然显示出城市规模与收入之间显著的正相关关系,进一步证明了城市集聚经济的存在性和稳健性。其城市规模的系数低于表13-5中模型(2)和模型(3)的系数,这主要是因为控制了个体人力资本水平的影响。通过系数比较进一步证明了空间类聚和动态外部性的存在。

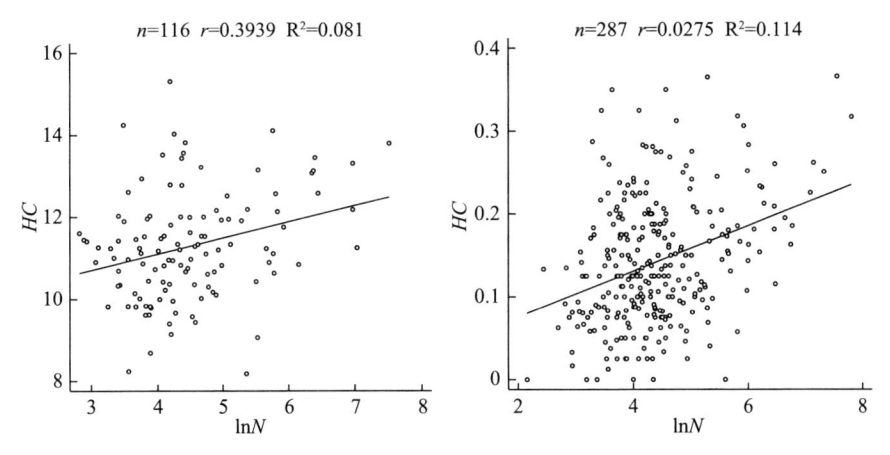

图13-4 城市规模与城市人力资本水平的基本关系

表13-5 城市规模、空间类聚与相关变量的关系(2SLS)

变量	模型(1) HC	模型(2) $\ln I$	模型(3) $\ln I$	模型(4) $\ln P$	模型(5) $\ln RI$	模型(6) $\ln I$
$\ln N$	0.8202*** (0.2924)	0.1566*** (0.0532)	0.1622*** (0.0420)	0.2855*** (0.0705)	-0.1233** (0.0586)	0.1293*** (0.0100)
HC		0.0312** (0.0152)	0.0279** (0.0128)	0.0317 (0.0234)	-0.0038 (0.0209)	0.0557*** (0.0028)
$LT\ Jan.$			-0.0003 (0.0019)	0.0074** (0.0037)	-0.0078** (0.0035)	
$Coast$			0.1516*** (0.0433)	0.1510* (0.0830)	0.0007 (0.0817)	
工具变量 ($\ln citywall$)	控制	控制	控制	控制	控制	控制
个体特征						控制

续表

变量	模型（1） HC	模型（2） $\ln I$	模型（3） $\ln I$	模型（4） $\ln P$	模型（5） $\ln RI$	模型（6） $\ln I$
常数项	7.6170*** (1.3074)	9.0276*** (0.1579)	9.0155*** (0.1381)	6.7264*** (0.2446)	2.2891*** (0.2057)	9.9217*** (0.2697)
样本量	111	111	111	111	111	8816

注：其他个体特征包括工作年限、行业、职业、是不是雇主等。

3. 城市规模与其内生的便利设施的关系

以上讨论舒适度问题时，为避免城市规模的内生性，没有考察城市规模内生的便利设施及其多样化问题。根据图13-5可知，城市规模与人均便利设施（$Amenities\_PC$）之间的负相关关系并不显著，与多样化水平（$Diversity$）显著正相关。

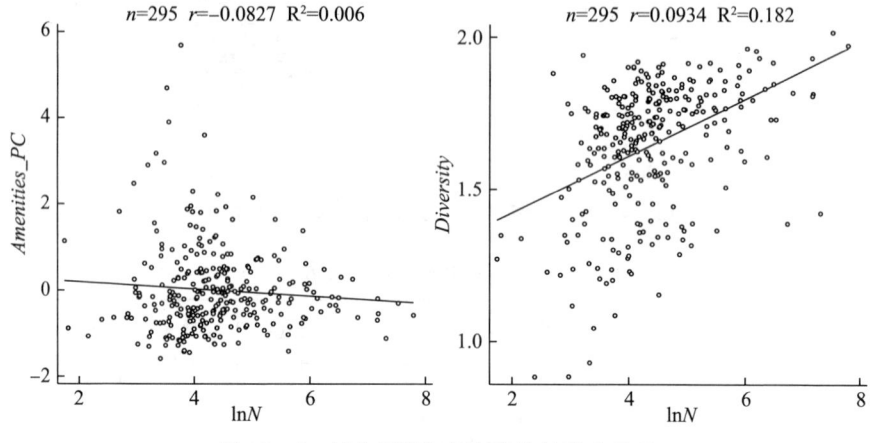

图13-5 城市规模与便利设施的基本关系

表13-6利用不同方法验证了城市规模与便利设施的关系。在表13-6模型（1）中，采用OLS方法时，城市规模与人均便利设施呈现出负相关关系，这是因为人均便利设施受到拥挤效应影响；表13-6模型（2）采用工具变量法发现，人均便利设施与城市规模正相关；结合图13-5左图来看，可以认为人均便利设施与城市规模关系的显著性不强，这是小城市可以通过优化便利设施提高宜居水平和效用水平的原因。在表13-6模型（3）和模型（4）中，多样化水平与城市规模显著正相关，采用OLS估计和2SLS估计的结果很接近，这表明城市规模越大，城

市多样化水平越高。人们能够享受更加多样化的服务是大城市更具吸引力的原因之一。

表 13-6 城市规模与人均便利设施、多样化的关系

变量	模型（1） Amenities_PC OLS	模型（2） Amenities_PC 2SLS	模型（3） Diversity OLS	模型（4） Diversity 2SLS
ln$N$	-0.0827 (0.0529)	0.3729** (0.1808)	0.0934*** (0.0127)	0.0817*** (0.0315)
工具变量（ln$citywall$）		控制		控制
常数项	0.3624 (0.2669)	-1.6519** (0.8071)	1.2359*** (0.0590)	1.2797*** (0.1408)
样本量	295	262	295	262
R^2	0.0063	—	0.1821	0.1666

四 典型城市空间均衡特征

表 13-7 中的具体指标印证了空间均衡关系，比如城市规模越大，收入和房价越高，相对收入越低，多样化水平越高，迁移成本越高，人力资本水平越高等，不同类型的城市表现出不同的空间均衡特征。

表 13-7 2018 年典型城市空间均衡相关指标

		城市规模（万人）	平均收入（元/年）	平均房价（元/米²）	相对收入	最低气温（摄氏度）	多样化水平	迁移成本	平均受教育年限（年）
全国平均（295）		145	34647	6944	5.97	-3.7	1.64	0.27	11.28
超大城市	北京	1863	67990	36571	1.86	-9.0	2.02	0.81	13.80
	上海	2424	68034	29022	2.34	1.0	1.97	0.78	—
	天津	1297	42976	15907	2.70	-8.0	1.93	0.62	—
	重庆	1508	34889	8191	4.26	6.0	1.42	0.32	11.25
	广州	1315	59982	21894	2.74	10.0	1.81	0.50	12.18
	深圳	1303	57544	55441	1.04	11.0	1.81	0.54	13.31

续表

	城市规模（万人）	平均收入（元/年）	平均房价（元/米²）	相对收入	最低气温（摄氏度）	多样化水平	迁移成本	平均受教育年限（年）
其他中心城市（30）	408	42711	11628	4.12	-4.3	1.72	0.39	12.17
东北地区城市（34）	118	30217	4599	7.15	-19.2	1.81	0.26	11.35
沿海地区城市（52）	278	41987	11749	4.56	2.2	1.79	0.35	11.34
中西部资源型城市（110）	73	31975	5077	6.73	-6.6	1.63	0.24	11.17

注：分类城市样本的括号中为样本个数。部分指标由于数据不全，城市样本数略有不同，故未汇报。

2018年，中国有6个城市的城区人口超过1000万人，其中，重庆表现出不同的空间均衡特征。北京、上海、天津、广州和深圳的空间均衡特征表现为高工资、高房价、较低的相对收入，集聚经济和拥挤效应均较强，迁移成本和人力资本水平大幅高于全国平均水平。重庆的空间均衡特征表现不同，主要体现在其接近全国平均水平的工资、房价上，相对收入水平远高于其他超大城市。重庆较低的房价与较高的土地和住房供给有关，其迁移成本和人力资本水平显著低于其他超大城市，与全国平均水平接近。

其他中心城市为6个超大城市之外的其他省会和副省级城市，其空间均衡特征体现在较高的工资、较高的房价，其相对收入水平显著高于超大城市水平，迁移成本显著低于超大城市水平、高于全国平均水平。其相对于超大城市的主要优势在于较低的房价、较低的进入壁垒，相对于其他城市的主要优势在于较高的经济社会发展水平。未来，在超大城市房价畸高、迁移成本较高的情况下，各地中心城市将成为人口迁移的重要目的地。

东北地区城市的空间均衡特征有其特殊性，由于其较低的气温对应较低的舒适度水平，其相对收入水平显著高于全国平均水平和其他城市水平，这体现了舒适度与相对收入之间的空间均衡关系。其迁移成本和进入壁垒较低，略低于全国平均水平，这也反映了东北地区城市较弱的人口吸引力。

沿海地区城市的空间均衡特征主要表现在较高的舒适度和较高的经济发展水平，沿海城市的收入、房价和相对收入水平与各地中心城市的平均水平接近，反映了舒适度与房价的正向关系，这是沿海地区城市最显著的空间均衡特征。房价排名靠前的城市除了北京、南京等城市之外，主要是沿海地区城市；三亚、舟山等沿海舒适度较高的中小城市房价在全国城市房价中位居前列。

还存在一些收入水平较高的内陆中小资源型城市，比如鄂尔多斯、克拉玛依、金昌等，虽然其工资水平较高，但由于舒适度较低，表现出高工资、低房价、高相对收入的特征，其相对收入水平显著高于全国平均水平。本章采用《全国资源型城市可持续发展规划（2013—2020年）》中的名单进行分析，为区别东北和沿海城市样本，仅考虑中西部地区的资源型城市样本。这类城市的平均收入水平略低于全国平均水平，但房价水平远低于全国平均水平，这与其较低的舒适度水平（也包括偏远的区位特征）紧密相关。

五 结论与启示

针对迁移成本和空间类聚给空间均衡带来的挑战，本章进行了解释和检验，并得到以下结论。第一，中国城市住房价格与工资之间存在显著的均衡关系，较高的住房价格在一定程度上抵消了大城市高工资的福利溢价。与 Chauvin 等（2016）的研究结论比较发现，由于数据质量和时期问题，所以结论不同。第二，相对工资与舒适度之间存在显著的均衡关系，舒适度较高的城市房价较高，从而抵消了舒适度的福利溢价。这也不同于 Chauvin 等（2016）的研究结论。本章对外生自然环境舒适度与工资、房价、相对收入的均衡特征研究表明，人们愿意为冬季温暖地区、沿海地区支付溢价。第三，制度约束与收入、房价存在显著的正相关关系，与相对收入的关系显著为负，这表明较大的制度约束和较高的迁移成本往往会反映在更高的房价上，从而降低当地的实际收入水平。

这支持了 Glaeser 和 Gottlieb（2009）、Hsieh 和 Moretti（2019）关于城市制度约束会在一定程度上转化为高房价的结论。第四，利用中国城市古城规模作为工具变量，检验了城市规模与相关变量之间的均衡关系，证明了城市规模与收入、房价正相关，与相对收入负相关，验证了城市规模的集聚经济和拥挤效应。第五，城市规模越大，平均人力资本水平越高，验证了空间类聚的存在性及其与空间均衡指标的关系。第六，区分了城市规模内生和外生的舒适度变量。外生的自然环境舒适度是空间均衡关系的重要维度，既反映了个体偏好，也直接影响房价和相对收入水平；内生的便利设施变量主要体现在大城市生活多样性的优势上。

由于空间均衡思想与福祉理论同源，本章的启示不只局限在经济学视角，还涉及综合福祉的观点。一方面，区域和城市经济学中的空间均衡是普遍存在的，强调的是工资、房价与舒适度等效用变量之间的空间均衡关系。实证分析中，工资与房价之间的关系、舒适度与收入房价比之间的关系不受迁移成本、空间类聚的影响，这被多国经验证明，也被本章的中国经验证明。另一方面，从微观角度来看，个体异质性中的偏好差异和人力资本差异决定了个体之间的效用和福祉并不相同，但这并不能拒绝城市内部与城市体系中工资、房价和舒适度之间的基本均衡关系。

总之，讨论福祉空间均衡时，可以在经济学领域分析城市规模、收入、住房价格、相对收入和舒适度之间的空间均衡关系；当讨论微观个体福祉时，则需要从福祉理论角度进行综合分析。在理论维度，这一辨析在亚当·斯密将经济学从哲学中分离出来之际就埋下了伏笔。对人类福祉增进和人类发展的研究，是哲学社会科学的根本问题，经济学将其集中到经济福祉和反贫困领域，但在综合福祉、多维贫困、人的发展角度，则需要超越经济学范畴。在实践维度，这一分析对个体、地区发展的意义在于，要积极促进各地居民福祉增进和均等化，这与"扎实推动共同富裕"的内涵是一致的。

第十四章　空间均衡与城市增长

中国正在经历大规模的人口迁移、快速城镇化和城市增长，并且这一进程还将持续到 2035 年前后。近年来，随着户籍制度改革的快速推进，对人口迁移的限制不断减少，市场机制在引导人口迁移中逐渐占据主导地位，只有少数特大、超大城市在控制人口增长。同时，在城市人口规划中，还存在一些典型的、普遍的问题，比如特大、超大城市人口规划目标较快突破，中小城市人口规划目标往往较难达到。这既缘于"人地挂钩"制度的影响，也反映了实践领域城市人口预测的科学性有待加强。在此现实背景下，研究明确城市增长的决定因素，对制定合理的城市人口政策、城市土地和住房供给政策等都具有一定的参考价值。本章结合空间均衡理论，构建城市增长影响因素的分析框架，并利用中国城市数据进行检验和解释。

一　发展中国家的城市增长研究

在以往关于城市增长决定因素的研究中，对发展中国家的研究较少，且以单因素研究为主。Duranton 和 Puga（2014）构建了发达国家城市增长分析框架，同时认为对发展中国家城市增长的驱动因素知之甚少，少有的关于发展中国家城市增长的研究主要有 Da Mata 等（2007）对巴西城市的研究。之后，Duranton（2016）研究了哥伦比亚的城市增长问题。同时，Duranton（2016）指出除了 Glaeser 等（1995）的研究之外，以往关于城市增长的研究以单因素研究为主。比如，Glaeser 等（1992）侧重于分析城市结构的影响，Glaeser 和 Saiz（2004）着重研究了人力资本的影响，Rappaport（2007）、Carlino 和 Saiz（2008）研究了舒适度的影响，等等。在中国，于涛方（2012）分析了影响中国城市增长的社会、经济、技术、制度等因素，魏守华等（2015）检验了集聚效应和公共服务的影响。

本章创新之处主要体现在以下两个方面。一方面，本章在 Duranton 和 Puga（2014）、Duranton（2016）的城市增长研究基础上，结合集聚的历史依赖性、空间均衡、迁移成本等观点，构建了城市增长影响因素的分析框架，结合中国城市增长的阶段特征进行了检验，并对典型城市增长进行了解释，对发展中国家城市增长研究进行了补充。另一方面，利用中国城市明清时期的古城墙数据作为基期城市规模的工具变量，解决了城市规模的内生性问题，同时也进一步验证了城市增长的历史依赖性，这支持了 Krugman（1992）关于产业集聚的历史依赖性的观点在城市人口集聚方面同样适用。

二 中国城市增长阶段特征

改革开放以来，伴随户籍制度改革和人口迁移政策调整，中国城市经历了缓慢增长、快速增长、差异化增长三个阶段，城市体系不断优化。

第一个阶段是改革开放初期到1995年，是以限制迁移、就近迁移为主的阶段，城镇化缓慢推进，城市缓慢增长。中国的人口迁移以改革开放之初农村土地制度改革、形成大量农村富余劳动力为起点，最初以"离土不离乡"的小城镇战略为主，"严格控制大城市规模"。1978~1995年，中国城镇化率从17.9%提高到29.0%，1995年前后是缓慢推进向快速推进的转折点。在这一期间新增新设大量城市，城市数量从1978年的193个增长到1985年的324个，之后继续快速增加到1995年的640个，城市平均规模从1985年的38.20万人降至1995年的33.11万人（由于新设一些小城市，平均规模缩小）。以1992年邓小平南方谈话和党的十四大报告提出建立社会主义市场经济体制为契机，东部沿海地区经济快速发展，由市场主导的外出务工以及由此引致的城市增长开始逐步加快。20世纪90年代，城镇化和人口迁移的过渡特征明显，考虑1995年作为城镇化由慢到快的转折点，故选择1995年作为节点。

第二个阶段是1995~2010年，为鼓励外出务工、远距离迁移阶段，以市场主导的人口迁移为主，城市快速增长。这一阶段是中国人口大规模迁移的阶段，中国城镇化率从1995年的29.0%快速提高到2010年的50.0%，年均提高1.39个百分点。考虑1997~2017年冻结县改市，1995年有县级及以上城市640个，1997年为668个，2010年为657个。在城市数量基本稳定的情况下，城市人口平均规模从1995年的33.11万人快速增长到2010年的62.14万人，年均增长1.94万人。城市规模战略从2000年开始转向"大中小城市和小城镇协调发展"，并提出鼓励农村富余劳动力外出务工增收，外出务工人员逐年增长，到2010年约有1.5亿人，实现城镇化快速推进、城市快速增长。因而，不同于前一阶段以小城镇为主的就近城镇化，这一阶段的"大中小城市和小城镇协调发展"战略表现为各类城市的快速增长。

第三个阶段是2010年以来，为差异化引导人口迁移的阶段，吸引和控制并存，部分城市快速增长，部分城市增速放缓，部分城市出现衰退。2020年城镇化率为63.9%，年均提高1.39个百分点，与上一阶段的推进速度一致。在城市平均规模方面，2020年城市数量小幅增至687个，城市人口平均规模为78.45万人，年均增长约1.63万人，略低于上一阶段的增幅。与此同时，"城市病"日益凸显，各个城市开始采用不同的人口政策。一方面，部分特大、超大城市的治理能力和综合承载力跟不上人口增长的速度，人口迁入与人口控制的矛盾明显。比如，北京和上海的人口增长显著放缓，近年来，北京人口出现负增长，上海人口自2013年以来维持在2420万人左右。另一方面，各地中心城市、中小城市逐步降低甚至取消落户条件，出台各种政策吸引人口，积极鼓励流动人口返乡创业就业。

伴随制度变迁、人口迁移和城市增长，中国城市规模体系不断优化。根据中国城市统计特征，对城市规模大于20万人（$\ln 20 \approx 3$）的城市进行规模位序分析，估计Zipf法则中的ξ值，结果如图14-1所示。在限制迁移的1985~1995年，城市规模的分散度有所提高，ξ值从1.2652提高到1.3505，这与这一阶段"离土不离乡"的就近城镇化战略、控制大城市发展的城市均衡发展战略紧密相关；1995年以后，随着鼓励外出务工以及相关政策的渐进式改革，伴随市场引导的人口大规模迁移进程，城市规模体系不断优化，ξ值降低到2020年的1.0785。

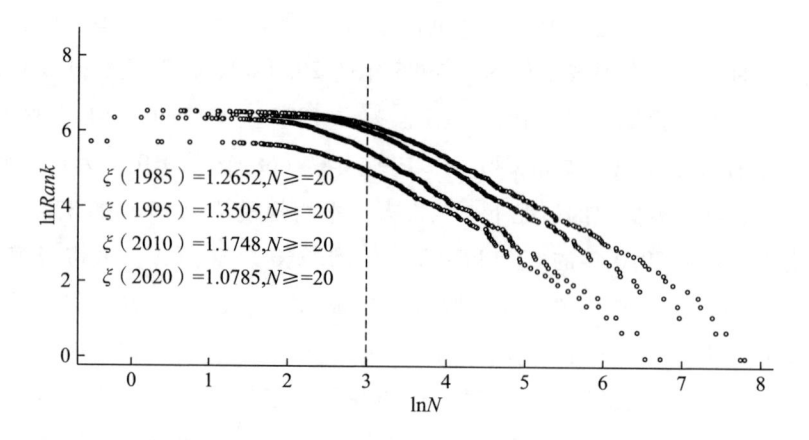

图 14-1　中国城市规模位序分布演进

注：曲线从上到下依次为1985年、1995年、2010年和2020年的规模位序分布。此处与第二章的图2-7中样本量略有不同，故系数略有差异，但变量含义一致。

三　城市增长影响因素分析框架

综合以往研究，基于中国人口迁移特征，结合城市增长理论、空间均衡思想和人口迁移理论的观点，本部分从城市增长的历史依赖性、城市福祉及其空间均衡关系、迁移成本三个方面构建城市增长影响因素的分析框架。

（一）基期城市规模与历史依赖性对城市增长的影响

从城市人口增长的来源来看，一方面，基期人口规模对城市增长的影响体现在人口自然增长方面；另一方面，基期城市规模反映了城市自然条件的吸引力以及由此产生的循环累积效应。对于人口大规模迁移的发展中国家，城市人口自然增长的影响较小，本章侧重于从集聚经济效应、区位地理特征角度解释其历史依赖性。

基期城市规模对城市增长的影响体现在人口增长的循环累积效应，这与Krugman（1992）关于产业集聚的历史依赖性的观点类似。Krugman（1992）在研究美国制造业的历史演进时指出，"收益递增和累积性过程不仅普遍存在，而且它们通常会使得历史上的偶然性事件发挥决定性作用"。集聚经济和报酬递增在产业集聚和城市人口集聚方面的基本逻辑是一致的，主要包括前后向联系、劳动力共享和知识溢出（Marshall，1890），或者 Duranton 和 Puga（2004）总结的匹配、共享和学习，因而，Krugman（1992）关于产业集聚历史依赖性的逻辑同样适用于城市增长。

城市增长的历史依赖性还体现在基期城市规模内含了区位地理特征，即城市自然条件的吸引力。有研究表明，城市遭遇外部巨大冲击后，依然会回到原来的增长路径。Davis 和 Weinstein（2002）研究发现，尽管在第二次世界大战中，受到原子弹袭击的城市遭遇了巨大的人口损失，但之后又很快回到了原来的人口增长路径。Brakman 等（2004）发现战争对德国城市体系的影响是显著但短暂的，联邦德国的城市体系演进与战争无关，民主德国的城市体系则受到战后末期状态影响。Gabaix 和 Ioannides（2004）也指出，欧洲城市曾不断被摧毁，但又会延续其原有模式进行重建。本章研究发现，中国城市虽然多次受到战争的影响，但当前城市人口规模依然与明清古城规模显著正相关。

（二）空间均衡的福利指标对城市增长的影响

收入是传统人口迁移理论和城市增长理论中强调的主要影响因素，当考虑收入、房价、舒适度的福利空间均衡关系时，基期城市规模的增长效应变得复杂。根据空间均衡理论，工资的提升会导致房价上涨，舒适度的价值也会"资本化"在当地的住房价格中（Rosen，1979；Roback，1982；Glaeser and Gottlieb，2009）。因此，讨论工资、房价、舒适度等福利指标对城市增长的影响时，需要考虑其空间均衡关系。

收入对城市增长的促进作用与人口迁移理论一致，在城市增长研究中，有几点需要说明。一方面，收入的影响力大小并不好识别，主要原因如下。(1) 空间均衡特征的存在，使得收入、房价和舒适度之间存在显著的相关关系，使得其影响大小较难分离；(2) 在微观层面，劳动力实际迁移决策中的工资水平往往是长期工资或者全生命周期的期望工资，而不只是某一年份的工资；(3) 较高的收入吸引劳动力迁入，由此导致劳动力供给的增加，从而会降低工资水平。另一方面，城市人力资本水平、交通区位条件、开放度等因素与城市发展水平、收入水平存在相互作用，共同影响城市增长。其中，人力资本对城市增长的影响既体现在人力资本外部性（包括空间类聚）对生产率的影响，也体现在高人力资本类聚形成更好的人文环境及由此形成的良好宜居性。

舒适度对城市增长的影响，也会受到其与收入之间空间均衡关系的影响。以往对舒适度的研究包括两类，一类仅考虑自然条件的舒适度，另一类包含公共服务和便利设施，这与英文 amenities 既有舒适度又有便利设施的含义有关，不同研究会根据各自的研究对象进行选择。参考以往关于舒适度与空间均衡的研究（Glaeser and Gottlieb，2009；Chauvin et al.，2016），本章主要考察外生的自然条件因素。现有研究表明，舒适度对人口增长的影响在发达国家尤为显著。Glaeser 和 Gottlieb（2009）认为，一月气温是美国过去 50 年城市增长的重要影响因素。Cheshire 和 Magrini（2006）利用欧洲城市数据证明了气候舒适度的影响。Black 和 Henderson（2003）研究发现，海边温暖干燥的城市增长更快。另外，现有对发展中国家的研究发现，气候舒适度的影响并不显著。比如，Duranton（2016）对哥伦比亚城市增长的研究，Chauvin 等（2016）对印度和中国的研究。近年来，中国沿海气候宜人地区的"房地产热"以及南北经济的差距扩大，证明了中国已经发展到人们愿意为气候舒适度支付溢价的阶段。

城市住房供给与交通会影响城市居住成本，进而影响城市人口增长和空间扩张，这符合经典城市模型的观点（Alonso，1964；Muth，1969）。在住房供给方面，如果一个城市的住房供给随城市人口增长而不断增加，则会吸引更多的劳动力迁入；反之，如果一个城市限制住房供给，则城市集聚经济会更多地被房价上涨所抵消，而不是体现在人口增长上。在交通成本方面，交通基础设施会通过影响城市通勤效率、经济发展和收入从而影响福祉水平和城市增长。城市内部交通发展可以使居民通勤更远、更频繁，更低的交通成本会降低土地的稀缺性和住房价格。正因如此，第二次工业革命时期，小汽车与有轨电车的普及，促进了美国城市扩张和郊区化。同时，交通基础设施促进城市增长还因为其能够便利化城市内外交通、激发市场潜能和提高商贸水平。

（三）制度、距离与迁移成本对城市增长的影响

人口迁移和城市增长会受到迁移成本的限制。现实中，迁移成本是必然存在的，包括人口迁移所需的时间、距离、社会融入和适应等显性成本，以及制度约束的隐性成本等。

很多国家会制定政策引导人口流动,控制城市增长(Duranton,2016)。正如 Desmet 和 Henderson(2015)总结的,80%的国家政府会关注或引导人口迁移,其中70%的国家通过政策减少人口在国内区域间的迁移。发达国家城市对人口迁移的限制,主要体现在土地和住房供给方面。Hsieh 和 Moretti(2019)研究发现,尽管纽约、旧金山和圣何塞的劳动生产率和劳动力需求增长最快,但住房供给紧张限制了这些城市的就业增长。类似的,位于旧金山和圣何塞之间的硅谷拥有全球最具生产力的劳动力,但由于土地使用限制,该地区的密度相对全球城市标准来说很低(Glaeser and Gyourko,2018)。在发展中国家,由于各地发展差距较大,它们往往会通过制度约束限制人口过度向福祉较高的中心城市集聚,以缓解或避免中心城市过度拥挤现象(Duranton,2016)。在中国,人口迁移和城市增长会受户籍制度、土地制度的制约。随着户籍制度改革的不断推进,各个城市的户籍壁垒不断降低,户籍附属的公共服务在不同群体之间日趋均等化,但还略有差别。土地制度约束城市增长的内在逻辑体现在,城市建设用地的供给限制往往会导致人口净迁入城市的房价上涨,提高新进入者的经济壁垒。

迁移成本还体现在距离上,换言之,腹地人口规模越大的城市,越有利于增长,这决定了可以迁往该城市的人口规模。例如,Redding 和 Sturm(2008)研究发现,德国西部靠近铁幕的城市在铁幕竖立后失去了大部分的腹地人口,近30年人口不断减少。Black 和 Henderson(2003)研究发现,较大的市场潜能有利于大城市保持其相对地位。

四　数据说明

结合中国城市增长阶段特征,本章采用1985年、1995年、2010年、2020年4个年份的城市数据进行跨期检验。(1)根据中国城市数据的可得性和统计数据的特征,1985年和1995年的数据分别为相关年份《中国城市统计年鉴》市辖区非农业人口数据,考虑当时的中国人口流动限制和规律,这一数据基本接近当年的城区人口;2010年和2020年的数据为相关年份《中国城市建设统计年鉴》中的城区人口与城区暂住人口数据之和,相当于当年的城区总人口。(2)城市腹地规模指标,主要利用各期城市人口规模数据结合城市间距离数据计算城市腹地规模（M_{it}），采用各省份人口按距离加权表示。(3) 本章采用各个城市的古城规模，即明清时期古城墙数据（$citywall$）作为基期城市规模的工具变量，数据来源于中国历史地理信息系统（CHGIS）。(4) 制度约束指标，本章的制度约束主要体现在两个方面。一是体现在发展阶段上，即总体的制度变迁，其与缓慢增长、快速增长、差异化增长的阶段特征对应。二是体现在近期城市之间差异化的制度约束上。本章采用 CMDS 流动人口落户意愿衡量制度约束，可以认为，一个城市愿意落户的比重越高，则这个城市的壁垒越高，反之壁垒越低。该问题在 2016 年和 2017 年的调查数据中存在，考虑改革的渐进式特征，为增加样本量，合并两年数据，取两年样本量之和大于 120 个的城市数据进行分析。(5) 工资及其相关指标，采用相关年份《中国城市统计年鉴》中的职工平均工资数据，同时为控制城市异质性对平均工资的影响，在一些模型中控制人力资本、交通状况、开放度等指标，分别采用每万人大学生数（CS）、每万人货运量（FT）和每万人客运量（PT）、每万人实际利用外资水平（FDI）等数据。(6) 气候舒适度指标，包括各个城市的一月平均最低气温（$LT\ Jan.$）、七月平均最高气温（$HT\ July$）、降水量（$Preci.$）、空气质量（PM2.5）等指标。

五　城市增长影响因素检验

基于城市增长影响因素的分析框架，参考 Black 和 Henderson (2003)、Duranton (2016) 的研究，本章的实证分析按照以下基准模型展开：

$$\Delta \ln N_{i,t,t+1} = c + \alpha \ln N_{i,t} + \beta M_{i,t} + \sum_{j} \gamma_j X_{j,i,t} + \varepsilon_{i,t} \quad (14-1)$$

其中，i 和 t 分别表示城市和时期。$\Delta \ln N_{i,t,t+1}$ 为不同时间段的城市年均人口增长规模的对数，结合中国城市增长的阶段特征，本章对 1985 年、1995 年、2010 年和 2020 年 4 个时点的不同时期组合进行检验。$N_{i,t}$ 表示基期城市规模，$M_{i,t}$ 表示城市 i 第 t 期的腹地规模，$X_{j,i,t}$ 表示其他基期城市特征，包括工资、舒适度变量等。后续采用不同计量模型和方法时不再列出公式。

(一) 城市增长的历史依赖性检验

采用 Hausman 检验基期城市规模与城市增长的内生性问题,除了 1985~1995 年阶段不能显著拒绝"所有解释变量均为外生"的假设之外（这与这一阶段人口迁移限制有关),其余阶段均显著拒绝该假设。本章采用明清时期古城墙数据作为基期城市规模的工具变量。根据表 14-1,在 2SLS 第一阶段估计中,古城规模的系数为 0.19~0.25,结果显著,系数略有不同是由于内生解释变量分别为不同基期年份的人口规模,历史城市规模与基期城市规模显著正相关；同时,当前的城市增长显然不会影响明清时期古城规模,这证明了该工具变量的合理性。这符合城市研究领域往往采用历史数据作为工具变量的传统 (Duranton, 2016)。

历史数据与基期城市规模、基期城市规模与城市增长的显著正相关关系也验证了城市增长的历史依赖性。这与理论和以往研究结果一致,符合 Krugman (1992) 关于集聚的历史依赖性的观点,也与 Duranton (2016) 关于城市增长的研究结论一致。结合城市规模与其他变量的空间均衡关系,这一历史依赖性意味着城市规模内生的各种因素都与城市增长存在相关关系。

腹地规模与城市增长的关系检验发现,以 1985 年为基期的腹地规模与城市增长的关系较显著,后期显著性降低。这一点与阶段特征类似,在最初的人口限制迁移阶段,由于以就地就近城镇化为主,腹地规模越大的城市,人口增长越快；之后,当人口接近自由迁移,邻近城市之间的腹地规模差距较小,从而降低了腹地规模的作用。这也可以解释为,随着交通全面快速发展,交通成本快速降低,距离对迁移的限制作用减弱。

表 14-1 分阶段城市增长与基期人口、腹地规模的关系检验 (2SLS)

变量	(1) $\Delta \ln N_{1985,1995}$	(2) $\Delta \ln N_{1985,2010}$	(3) $\Delta \ln N_{1985,2020}$	(4) $\Delta \ln N_{1995,2010}$	(5) $\Delta \ln N_{1995,2020}$	(6) $\Delta \ln N_{2010,2020}$
主函数						
$\ln N_t$	0.3911*** (0.1440)	0.9805*** (0.2046)	1.2945*** (0.2515)	1.4518*** (0.2744)	1.8632*** (0.3917)	1.4969*** (0.2664)

续表

变量	(1) $\Delta \ln N_{1985,1995}$	(2) $\Delta \ln N_{1985,2010}$	(3) $\Delta \ln N_{1985,2020}$	(4) $\Delta \ln N_{1995,2010}$	(5) $\Delta \ln N_{1995,2020}$	(6) $\Delta \ln N_{2010,2020}$
$\ln M_t$	0.3765*** (0.1417)	0.3049 (0.2011)	0.4556* (0.2433)	0.0299 (0.2205)	0.1794 (0.3124)	-0.0722 (0.2741)
常数项	-3.0304*** (0.8326)	-4.0803*** (1.1838)	-5.7222*** (1.4405)	-4.6211*** (1.3286)	-6.8498*** (1.8818)	-5.1164*** (1.5907)
因变量：$\ln N_t$						
lncitywall	0.2339*** (0.0524)	0.2349*** (0.0520)	0.2295*** (0.0516)	0.1911*** (0.0470)	0.1895*** (0.0468)	0.2507*** (0.0545)
常数项	2.9501*** (0.0995)	2.9471*** (0.0985)	2.9587*** (0.0976)	3.4015*** (0.0893)	3.4023*** (0.0887)	3.9894*** (0.1055)
样本量	205	208	209	204	206	187

注：括号中为系数的标准误，***、**、*分别表示在1%、5%、10%的水平下显著。下同。

（二）收入相关指标影响城市增长的检验

在明确城市增长历史依赖性的基础上，加入基期工资水平考察高收入的人口吸引力。当直接引入工资水平时，其对城市增长的影响并不显著，考虑空间均衡关系的存在，这主要是由其与城市规模的多重共线性引起的。参考 Duranton（2016）的研究，将影响生产率和工资的人力资本、交通、开放等变量加入模型，采用联立方程的 SEM-2SLS 进行估计，结果见表 14-2。另外，考虑集聚经济的存在，在基期工资方程中引入基期城市人口规模进行 SEM-3SLS 估计，主要变量的估计结果接近，故未单独汇报。

表14-2第一阶段的基期城市规模函数估计中，古城规模系数大小与表14-1中的系数接近且显著，这进一步证明了该工具变量的合理性和稳健性。将主函数回归分析结果与表14-1进行比较，可见加入工资指标不影响城市增长的历史依赖性。基期人口规模的系数在各个模型中是基本稳定的，系数为0.48~0.80；基期平均工资的系数为1~3；腹地规模指标依然表现为1985年基期的数据比较显著，后期显著性较低。在第一阶段的工资函数估计中，以每万人利用外资额衡量的对外开放变量

与工资在各个模型中均显著正相关,开放度指标与工资水平显著正相关;以每万人大学生数衡量的人力资本变量与工资的关系根据不同的基期数据存在差异,仅利用1985年数据时,结果显著,这可能与该指标的质量有关(不同于微观层面的分析,城市层面的人力资本水平缺乏质量较好的统计数据);以每万人货运量和每万人客运量衡量的交通情况与工资的关系不稳定,这与不同阶段的特征相关,另外,由于这两个指标之间的多重共线性,客运量指标的系数为负。

表14-2 分阶段城市增长与基期人口、腹地规模、工资的关系检验(SEM-2SLS)

变量	(1) $\Delta \ln N_{1985,1995}$	(2) $\Delta \ln N_{1985,2010}$	(3) $\Delta \ln N_{1985,2020}$	(4) $\Delta \ln N_{1995,2010}$	(5) $\Delta \ln N_{1995,2020}$	(6) $\Delta \ln N_{2010,2020}$
主函数							
$\ln N_t$	0.4877*** (0.1113)	0.4847*** (0.1203)	0.5518*** (0.1336)	0.6337*** (0.1307)	0.7139*** (0.1716)	0.7948*** (0.2194)
$\ln M_t$	0.6240** (0.2910)	0.6179* (0.3147)	0.8179** (0.3493)	0.1607 (0.1977)	0.4873* (0.2569)	-0.0712 (0.2787)
$\ln W_t$	2.9867*** (0.9127)	3.0674*** (0.9872)	2.8232*** (1.0956)	2.0082*** (0.4095)	2.3684*** (0.5351)	1.0049 (1.2184)
常数项	-25.7966*** (7.2112)	-25.6870*** (7.7993)	-25.0514*** (8.6559)	-19.4712*** (3.4009)	-24.5099*** (4.4427)	-12.5045** (11.7093)
第一阶段因变量:$\ln N_t$							
$\ln citywall$	0.2488*** (0.0630)	0.2488*** (0.0630)	0.2488*** (0.0630)	0.2042*** (0.0508)	0.2036*** (0.0508)	0.2313*** (0.0541)
常数项	3.4187*** (0.1359)	3.4187*** (0.1359)	3.4187*** (0.1359)	3.5058*** (0.1002)	3.5022*** (0.1001)	4.0684*** (0.1064)
第一阶段因变量:$\ln W_t$							
$\ln CS_t$	0.0368** (0.0172)	0.0368** (0.0172)	0.0368** (0.0172)	-0.0102 (0.0207)	-0.0101 (0.0206)	-0.0028 (0.0232)
$\ln FT_t$	0.0432 (0.0293)	0.0432 (0.0293)	0.0432 (0.0293)	0.1023*** (0.0210)	0.1008*** (0.0208)	-0.0398 (0.0253)

续表

变量	(1) $\Delta\ln N_{1985,1995}$	(2) $\Delta\ln N_{1985,2010}$	(3) $\Delta\ln N_{1985,2020}$	(4) $\Delta\ln N_{1995,2010}$	(5) $\Delta\ln N_{1995,2020}$	(6) $\Delta\ln N_{2010,2020}$
$\ln PT_t$	-0.0517** (0.0220)	-0.0517** (0.0220)	-0.0517** (0.0220)	-0.0200 (0.0168)	-0.0202 (0.0168)	-0.0495** (0.0249)
$\ln FDI_t$	0.0349*** (0.0097)	0.0349*** (0.0097)	0.0349*** (0.0097)	0.0922*** (0.0098)	0.0926*** (0.0097)	0.0709*** (0.0115)
常数项	6.9777*** (0.1380)	6.9777*** (0.1380)	6.9777*** (0.1380)	8.0015*** (0.1341)	8.0059*** (0.1336)	10.5122*** (0.1847)
样本量	106	106	106	170	172	176

（三）气候舒适度影响城市增长的检验

在以上分析基础上，加入外生的气候舒适度变量进行分析，结果见表14-3。基期人口规模和基期工资依然采用表14-2的方式进行控制，不再汇报第一阶段估计结果。

在气候舒适度指标中，一月平均最低气温表现出与城市增长的显著关系，除了在1985~1995年这一限制迁移的阶段之外，在人口迁移限制降低之后，人口倾向于向冬季更加温暖的地方迁移，这与以往研究结果一致。在大部分模型中，七月平均最高气温与人口增长负相关，但显著性不强，结合以往研究可以认为，随着空调的发展，人们对高温的适应性变强，从而高温对人口的影响减小；降水量与城市增长之间负相关，但显著性有所不同，总体可以认为，人们倾向于避免向降水量较多、阴雨天较多的地方迁移，倾向于向更多晴天的地方迁移，这与Black和Henderson（2003）的观点一致。

在加入衡量气候舒适度的指标之后，基期城市规模和基期工资的系数发生变化，这主要是由于变量之间存在空间均衡关系。而且，在加入气候舒适度指标之后，部分阶段的工资指标系数变得不显著。结合检验结果来看，一月平均最低气温对城市增长具有更加显著、更加稳健的影响力，这与东北地区城市长期衰退有关，也是近年来中国南北经济差距扩大的重要原因。这与Glaeser和Gottlieb（2009）强调的一月气温影响美国城市增长的观点一致。三个阶段的系数大小进一步表明，人们越来越倾向于向舒适度更高的地方迁移,人们对舒适度的支付意愿会随经济发展而不断增强。

表14-3 分阶段城市增长与基期人口、腹地规模、工资、舒适度的关系检验(SEM-2SLS)

变量	(1) $\Delta\ln N_{1985,1995}$	(2) $\Delta\ln N_{1985,2010}$	(3) $\Delta\ln N_{1985,2020}$	(4) $\Delta\ln N_{1995,2010}$	(5) $\Delta\ln N_{1995,2020}$	(6) $\Delta\ln N_{2010,2020}$
主函数							
$\ln N_t$	0.4687*** (0.1553)	0.7828*** (0.1369)	1.0652*** (0.1556)	1.0115*** (0.1811)	1.3562*** (0.2493)	0.6779** (0.2224)
$\ln M_t$	0.9191** (0.3989)	0.2052 (0.3517)	−0.0964 (0.3997)	0.0951 (0.2038)	0.3224 (0.2711)	−0.2703 (0.2994)
$\ln W_t$	3.0131*** (1.0885)	1.2641 (0.9597)	−0.0724 (1.0905)	0.6602 (0.5882)	0.0681 (0.8047)	1.8568 (1.2281)
LT Jan.	0.0121 (0.0166)	0.0658*** (0.0146)	0.1028*** (0.0166)	0.0520*** (0.0139)	0.1010*** (0.0188)	0.0576*** (0.0142)
HT July	−0.1028** (0.0487)	−0.0743* (0.0429)	−0.0427 (0.0488)	−0.0414 (0.0268)	−0.0724** (0.0355)	0.0242 (0.0372)
Preci.	−0.0002 (0.0003)	−0.0006** (0.0002)	−0.0008*** (0.0003)	−0.0003 (0.0002)	−0.0006*** (0.0002)	−0.0005* (0.0003)
常数项	−23.9070*** (8.5854)	−8.9002 (7.5694)	0.4810 (8.6015)	−7.3278 (4.9571)	−3.3300 (6.7720)	−20.0608** (11.9120)
$\ln N_t$	第一阶段(同表14-2)					
$\ln W_t$	第一阶段(同表14-2)					
样本量	106	106	106	170	172	176

注:三方程模型中基期人口规模函数和基期工资函数的结果与表14-2结果一致,故省略。

(四)其他福利指标检验

由于各个城市的PM2.5、差异化的制度约束、住房价格等指标近期才有,故引入这些指标对2010~2020年的城市增长进行检验。在表14-3模型的基础上,(1)加入住房价格指标(HP)考察高房价的挤出效应;(2)加入PM2.5指标检验空气质量对城市增长的影响;(3)加入制度约束指标(MC)考察差异化的制度约束对城市增长的影响。由于这些指标之间及其与基期城市规模之间均存在空间均衡关系和显著的多重共线性，计量检验结果显著性不强，故未汇报。

图14-2显示了这三个指标与城市增长的正相关关系，但并不能解释为对城市增长的促进作用。（1）由于房价与工资的空间均衡关系，房价与城市增长正相关，并不能解释为较高的房价能促进城市增长。（2）PM2.5与城市规模的正相关关系进一步体现在其与城市增长的正相关关系中，由于人口或者经济活动的规模与空气质量之间呈现负相关关系，基本的回归分析不能识别较低空气质量的挤出效应。（3）由于规模越大的城市往往制度约束越强，所以制度约束与城市增长之间呈现正相关关系。

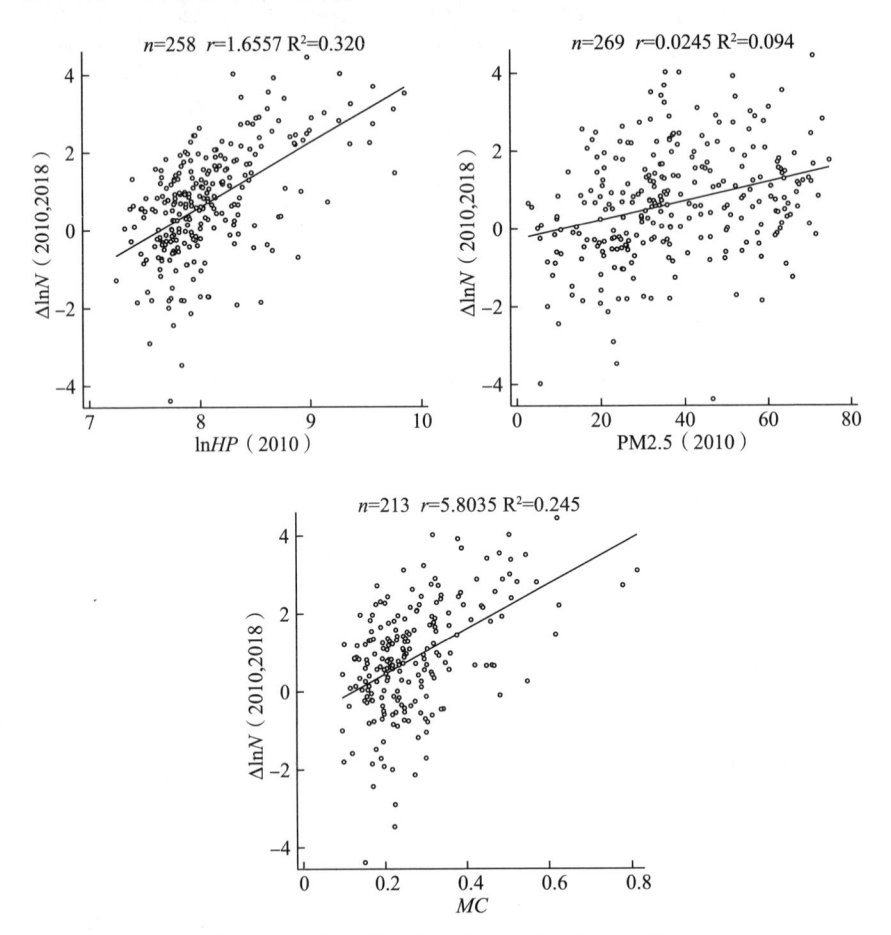

图14-2 相关福祉指标与城市增长的基本关系

六 对典型城市增长的解释

本部分在城市增长影响因素的分析框架下，对典型城市增长进行讨论（具体数据见表14-4），检验这些特征虚拟变量与城市增长的关系，以论证城市增长规律的一般性及其现实表现的多样性。

表 14-4 典型城市增长相关指标

		近期城市增长速度	城市规模（万人）				福祉指标			制度约束
			1985年	1995年	2010年	2020年	2010年人均工资（元）	2010年房价（元/米^2）	舒适度	
总体平均		慢	38	33	62	78	33601	3580	—	0.2698
典型超大城市	上海	稳定	687	834	2302	2428	71924 高	14212 高	高	0.7796 高
	北京	稳定	510	619	1686	1916	66459 高	17151 高	高	0.8147 高
	重庆	中快	208	275	1060	1610	37288 中	4040 中	中	0.3195 较低
	广州	中	257	317	869	1386	56755 高	10615 高	高	0.5042 高
	深圳	中	19	75	1036	1344	50455 高	18954 高	高	0.5447 较高
	天津	中	420	474	615	1174	53192 高	7913 高	高	0.6216 高
中心城市（36个）		中	152	190	445	641	42855 较高	7033 较高	较高	0.4220 较高
东北城市（34个）		稳定	56	43	52	54	31914 中	2999 中	较低	0.2554 低
沿海城市（52个）		中	63	75	199	294	38020 较高	6190 较高	较高	0.3506 中
中西部资源型城市（76个）		慢	22	30	51	67	31940 较高	2526 中	较低	0.2244 低

注：分类城市样本的括号中为有数据的样本个数，各年份和各指标的样本根据数据量略有不同，不影响规律分析结果，不单独汇报样本数量。

2020年中国有6个城市的城区人口超过1000万人，各个城市的空间均衡和城市增长均存在不同特征。（1）上海和北京属于前两大城市，人口规模较为稳定。根据表14-4，其空间均衡体现在高工资、高房价、高舒适度、高制度约束。2010年以来，这两大城市的增速先后趋稳，考虑其较高的福祉水平存在较强的吸引力，主要是制度约束限制了人口增长，制度约束分别为0.7796和0.8147。（2）重庆属于第三大城市，但其收入和房价均不高，依然处于中快速增长状态。其空间均衡体现在接近全国平均水平的工资、房价，其较低的房价与其弹性较高的土地和住房供给有关，同时作为超大城市的拥挤成本，降低了其舒适度，制度约束显著低于其他超大城市，依然保持较快增长。（3）深圳属于第五大城市，虽是政府主导发展的典型，但其规模增长也与其自身优越的区位条件有关。深圳是改革开放以来中国增长最快的城市，从1985年的19万人增长到2020年的1344万人，并依然保持一定的增速。第四大城市广州（2020年有1386万人）和第六大城市天津（2020年有1174万人）近年来的城市增长、空间均衡特征与深圳类似。

中心城市大多是超大或特大城市，其空间均衡特征体现在较高的工资、较高的房价，同时拥挤效应的存在，在一定程度上降低了舒适度，其综合福祉略低于超大城市，制度约束也略低，平均为0.4220。其相对于超大城市的主要优势在于较低的房价、较低的进入壁垒，相对于其他城市的主要优势在于较高的经济社会发展水平。在此空间均衡条件下，近年来，各地中心城市依然保持较快的人口增长速度，在上海和北京增长趋稳的情况下，中心城市平均规模从2010年的445万人增长到2020年的641万人，增速高于全国平均水平。其中，武汉、成都、南京、杭州、郑州人口规模分别从2010年的640万人、434万人、495万人、332万人、500万人增长到2020年的865万人、888万人、682万人、811万人、718万人。在2017年前后的"抢人大战"中，各地中心城市全面降低落户标准，并且出台了多项政策吸引各类人才。未来，在一线城市房价较高、制度约束较高的情况下，各地中心城市将成为人口迁移的重要目的地，是中国城镇化的重要载体。

东北地区城市的衰退是伴随东部沿海地区开放、人口迁移约束逐步降低出现的现象，是中国南北经济差距扩大的重要来源。1985～1995

年，由于新增较多中小城市，城市平均规模总体是缩小的，东北地区也是一样；在1995年之后的阶段，东北是人口增长规模最小的地区，城市增长低于全国平均水平，2010年以来基本处于稳定状态。缓慢增长、逐步趋稳的城市规模体现了东北地区城市的衰退，这在一定程度上与其冬天比较寒冷有关。由于较低的气候舒适度，东北地区房价较低，即便制度约束较低，其城市人口增长依然比较缓慢。东北地区四大中心城市沈阳、哈尔滨、长春、大连城市规模排名分别从1985年的第4位、第7位、第12位、第14位，下降至2020年的第15位、第17位、第19位和第24位，其余东北城市的衰退更加明显。

沿海城市最主要的优势在于舒适度和开放发展，这与其自然地理条件紧密相关。根据空间均衡理论，较高的舒适度往往会导致较高的房价，这在沿海地区城市表现得非常明显。沿海城市的平均工资水平略高于全国平均水平，但平均房价远高于全国平均房价，接近中心城市的平均水平。房价排名靠前的城市中，除了北京、南京等少数内陆中心城市之外，其余均为沿海城市；三亚、舟山等沿海舒适度较高的中小城市房价已经处于全国城市房价前列。该类城市的平均规模、平均制度约束低于中心城市，增长速度维持在中等水平。

还存在一些高工资水平的内陆中小资源型城市，比如鄂尔多斯、克拉玛依、金昌等，虽然其工资水平较高，但由于舒适度较低，城市规模不大、城市增长缓慢。本章采用《全国资源型城市可持续发展规划（2013—2020年）》中的名单进行分析，为区别东北和沿海城市样本，仅考虑中西部地区的资源型城市样本。根据表14-4，这类城市的平均收入水平略低于全国平均水平，但房价水平远低于全国平均水平，这与其较低的舒适度或者较偏远的区位紧密相关。相应的，由于区位条件相对较差、舒适度较低，这类城市的人口规模和增长速度均低于全国平均水平。工资水平较高的中西部资源型城市有鄂尔多斯、晋城、金昌等，2020年，这三个城市的人口规模分别约为55万人、51万人、20万人。

在典型城市案例分析基础上，表14-5对城市特征虚拟变量和城市增长的关系进行检验，进一步验证了典型城市增长特征。结合以上计量分析结果，同时考虑空间均衡的存在性，仅控制基期城市规模和一月平均最低气温。基期城市规模依然对城市增长表现出稳健的促进作用，一月平均最低气温在1995年之后的阶段与城市增长正相关,这与以上计量分析结果一致。在各个城市特征的虚拟变量中,(1)中心城市虚拟变量与城市增长显著正相关,在1985~1995年系数较小,这进一步验证了这一阶段以就近城镇化为主,属于限制迁移阶段,后期系数明显提高;(2)东北城市虚拟变量与城市增长负相关,这进一步印证了东北地区城市的衰退;(3)沿海城市虚拟变量与城市增长正相关,这与Black和Henderson(2003)的研究结果一致,体现了沿海城市优越的舒适度和开放发展条件对城市发展、城市增长的促进作用;(4)中西部资源型城市虚拟变量与城市增长的关系显著性不强,体现了中西部地区城市相对缓慢的人口增长,非显著的负相关关系反映了资源型城市存在的收入优势,弱化了中西部地区特征与城市增长的负相关关系。

表14-5 分阶段城市增长与分类型虚拟变量的关系检验

变量	(1) $\Delta \ln N_{1985,1995}$	(2) $\Delta \ln N_{1985,2010}$	(3) $\Delta \ln N_{1985,2020}$	(4) $\Delta \ln N_{1995,2010}$	(5) $\Delta \ln N_{1995,2020}$	(6) $\Delta \ln N_{2010,2020}$
$\ln N_t$	0.4484*** (0.0557)	0.4284*** (0.0729)	0.3710*** (0.0615)	0.6092*** (0.0829)	0.5721*** (0.0695)	0.6802*** (0.0886)
$\ln M_t$	0.5046*** (0.1132)	0.3905*** (0.1356)	0.5023*** (0.1591)	0.1922 (0.1758)	0.1661 (0.1700)	0.0831 (0.1901)
LT Jan.	−0.0007 (0.0045)	0.0014 (0.0063)	0.0119** (0.0057)	0.0102* (0.0059)	0.0191*** (0.0058)	0.0366*** (0.0080)
中心城市	0.4961*** (0.1396)	0.9961*** (0.1745)	1.2717*** (0.1689)	0.9528*** (0.1810)	1.1196*** (0.1658)	0.9383*** (0.1917)
东北城市	−0.0691 (0.1464)	−0.6479*** (0.1439)	−0.9867*** (0.1718)	−0.8193*** (0.1776)	−1.2895*** (0.2146)	−0.7930* (0.4521)
沿海城市	0.2081* (0.1206)	0.4862*** (0.1160)	0.5540*** (0.1022)	0.4804*** (0.1260)	0.5392*** (0.1046)	0.2142 (0.1721)
中西部资源型城市	−0.0722 (0.0875)	−0.1763 (0.1388)	−0.2771** (0.1109)	0.0199 (0.0954)	−0.2449** (0.1235)	−0.1941 (0.1544)
常数项	−3.9521*** (0.5119)	−2.8567*** (0.6562)	−3.0741*** (0.7236)	−2.5386*** (0.7867)	−2.1362*** (0.7896)	−2.4531** (0.9565)
样本量	226	228	228	223	223	198
R^2	0.5590	0.5869	0.6958	0.6474	0.6474	0.6277

七 结论与启示

本章综合历史依赖性、福祉及其空间均衡关系、迁移成本构建了城市增长影响因素的分析框架，总结了改革开放以来与制度变迁相伴随的中国城市增长的阶段特征和演进特征，采用中国城市数据进行检验，并进一步对典型城市增长进行解释。本章的研究结论主要包括：第一，改革开放以来，伴随制度变迁，分别以1995年和2010年为节点，中国城市增长可以分为缓慢增长、快速增长、差异化增长三个阶段，城市体系不断优化；第二，采用中国城市明清时期古城墙数据作为工具变量，检验了城市增长与历史城市规模、基期城市规模的显著正相关关系，验证了城市规模和城市增长的历史依赖性；第三，城市规模内生的工资、房价、舒适度存在显著的空间均衡关系，这决定了这些变量之间的相互关系及其与城市增长之间的关系；第四，外生的气候舒适度变量与城市增长显著相关，其中，一月平均最低气温的影响最显著，这在一定程度上解释了东北城市衰退和南北经济差距扩大现象；第五，制度约束通过迁移成本影响城市增长，这既体现在发展阶段上，也体现在现阶段差异化的城市制度约束上，现阶段的制度约束与城市规模和空间均衡特征显著相关。

本章研究的出发点是中国城市人口发展问题，基于研究结论，主要得到以下三个方面的启示。第一，各地政府应尊重人口增长规律，专注于城市居民福祉增进。城市规模、城市增长具有显著的历史依赖性，对于政府来说，需要明确的是，城市发展的根本目的是增进城市居民福祉。第二，各类城市应根据自身特点增进城市居民福祉。福祉空间均衡决定了各个城市在福祉的不同维度存在优势。对于中心城市来说，考虑集聚经济和拥挤效应并存的客观规律，要通过充分发挥集聚经济作用、着力降低拥挤成本，通过科学的土地和住房供给政策、城市交通体系、城市治理体系、公共服务体系等降低住房价格、提高舒适度。对于沿海地区城市来说，要通过科学合理的土地和住房供给政策，缓解高房价对高舒适度的抵消作用。对于一些中小城市来说，可以专注于规模效应之外的福祉增进，通过科学合理的绿色低密度开发，提高公共服务水平和舒适度，弥补低收入水平（低集聚经济）。对于东北地区城市来说，可以通过促进当地优势产业专业化和相关多样化发展，促进就业，同时积极提升当地的公共服务水平，控制住房价格，提高本地的就业水平和舒适度。第三，应降低城市增长的制度约束，优化资源空间配置，促进福祉增进和均等化。制度约束会限制人口迁移和城市增长。在积极推进户籍制度改革的基础上，应按照人口迁移的规律、城市人口增长的趋势，制定符合人口发展规律的城市建设用地和住房供给政策，优化土地资源配置，以此促进劳动力优化配置，从而提高总体效率和福祉水平。

第十五章 城镇化改革红利的量化空间分析

改革开放以来，伴随中国经济的快速增长，城镇化快速推进。城镇化进程中户籍制度和土地制度等渐进式改革对经济增长形成了强大的促进作用，改革红利明显。当前约束人口迁移的不只是户籍制度，农村土地制度的拉力和城市土地制度的推力同时存在，与户籍制度一起影响着中国人口迁移和城乡结构调整。未来需要进一步通过制度改革实现劳动力和土地资源在城市之间、城乡之间优化配置，提高综合效率和福祉，这与"健全城乡统一的土地和劳动力市场"[①] 要求一致。蔡昉（2014）指出在人口红利消失后，中国应通过户籍制度改革等措施，获得改革红利；Tombe 和 Zhu（2019）研究发现，中国的改革降低了国内贸易和人口迁移成本，这贡献了 28% 的总生产率增长，但迁移成本仍然很高，进一步改革的潜在收益较大。本章利用包含制度约束的空间均衡模型，量化分析城镇化改革红利，并从中得到一些启示和建议。

一 城镇化改革量化研究进展

通过制定人口政策引导城镇化和人口迁移的做法在世界各国普遍存在（Duranton，2016）。80% 的国家会关注人口迁移，其中 70% 的国家通过政策影响人口在国内地区间迁移（Desmet and Henderson，2015）。发达国家对人口迁移的限制以市场化的住房供给约束为主，目的在于维持现有城市居民较高的福祉溢价，但往往会以总体的效率和福祉损失为代价。有研究利用一个空间均衡模型分析发现，这一限制因素使美国 1964~2009 年的总增长率降低了 36%，如果将纽约、旧金山和圣何塞的住房供给限制降低到中等城市水平，将有利于增加居民总体收入和总体福

[①] 《中共中央 国务院关于加快建设全国统一大市场的意见》（2022 年 3 月 25 日）。

祉（Hsieh and Moretti，2019）。另有研究采用一个城市模型量化分析美国城市住房规制对城镇化的影响及其综合效应，发现现有城市居民通过规划条例提高移民的进入壁垒，使得城市规模偏小，如果纽约、旧金山和圣何塞放松规制，则会产生大约8%的收益增长（Duranton and Puga，2019）。

不同于一些发达国家以市场机制影响人口迁移为主，一些发展中国家由于各地发展差距较大，往往会通过制度约束限制人口过度向福祉较高的中心城市集聚，以避免或缓解中心城市过度拥挤现象（Duranton，2016）。在中国，这主要体现在用户籍制度、土地制度等对人口迁移和城镇化进行调节，相关研究大体可以分为四类。一是对迁移成本的综合模拟。Au 和 Henderson（2006）较早利用包含集聚经济和拥挤效应的模型分析发现，由于人口迁移限制，中国大部分城市规模偏小，存在较大的收入损失。但 Desmet 和 Rossi-Hansberg（2013）利用一个量化城市模型研究发现，当将迁移成本设置为中值时，福祉水平下降1.5%，由此认为中国的迁移成本在解释城市规模分布方面并不重要。二是对户籍制度改革效应的模拟。梁琦等（2013）建立了包含户籍制度约束的城市空间摩擦下的劳动力区位选择模型，分析发现放松户籍制度有利于优化中国城市层级体系。都阳等（2014）利用移民影响生产率的理论框架分析发现，劳动力流动有利于扩大劳动力市场规模和提高城市全要素生产率，全面深化户籍制度改革在未来几年内将为中国经济发展带来明显收益。三是对土地制度改革效应的模拟。黄文彬和王曦（2021）基于 Hsieh 和 Moretti（2019）的研究模型分析发现，一线城市的土地管制放松，有助于劳动力配置改善与经济增长。有研究基于 Tombe 和 Zhu（2019）的量化空间模型分析发现，对东部发达省份配置更多的土地，会抑制东部地区城市房价上涨，但会扩大区域间人均收入差距（赵扶扬、陈斌开，2021）。四是对户籍和土地制度改革进行综合模拟。周文等（2017）利用一个内生城镇化模型，研究发现土地流转和户籍制度松绑的联合改革能够加快中国城镇化进程及促进城镇化红利的共享。

总体来看，以往关于城镇化进程中改革红利的综合研究较少，且量化城市模型在国内的研究和应用还较少。为此，在快速城镇化和全面深化改革的背景下，本章利用包含制度约束的空间均衡模型，采用中国城市数据估计集聚经济和集聚成本的规模弹性，对不同制度约束条件下的城市规模、收入和福祉进行反事实分析，以期得到进一步推进城镇化改革的启示。

本章的创新之处主要体现在以下三个方面。第一，根据流动人口落户意愿的特征及其影响因素，采用国家卫生健康委员会中国流动人口动态监测调查数据（CMDS）中各个城市流动人口落户意愿的统计结果作为制度约束的替代指标；第二，利用中国明清时期城市古城面积作为城市规模的工具变量，结合微观调查数据和城市统计数据估计城市集聚经济和集聚成本的规模弹性，以解决城市规模与收入、房价等变量互为因果所产生的内生性问题；第三，设计不同的制度约束调整方式进行反事实分析，考察其对城市规模体系以及收入和福祉的影响。

二　城镇化制度约束的特征事实

伴随户籍、土地等相关制度改革，中国城镇化快速推进。现有制度约束主要体现在户籍制度和土地制度对人口迁移和城市空间扩张，进而对劳动力和土地资源配置的影响方面，未来城镇化改革将通过资源优化配置实现效率提升和福祉增进。

在户籍制度方面，随着户籍制度改革和农业转移人口市民化的加快推进，当前面临的主要问题在于流动人口落户意愿与城市落户条件的结构性矛盾。在2014年发布《国家新型城镇化规划（2014—2020年）》和《国务院关于进一步推进户籍制度改革的意见》（国发〔2014〕25号）之后，户籍人口城镇化率从2014年的35.90%大幅提高到2015年的39.90%，近年来以年均约1.1个百分点的速度稳步推进，2020年为45.40%，低于常住人口城镇化率18.49个百分点（苏红键，2022）。2019年相关文件进一步提出"全面取消城区常住人口300万以下的城市落户限制"。[①] 由此，大部分地区或城市已经陆续取消或放宽落户条件，大量流动人口实现户籍"想落尽落"，随之而来的难题转变为流动人口

---

① 《发展改革委关于印发〈2019年新型城镇化建设重点任务〉的通知》，中国政府网，2019年4月8日，http://www.gov.cn/xinwen/2019-04/08/content_5380457.htm；《中共中央办公厅　国务院办公厅印发〈关于促进劳动力和人才社会性流动体制机制改革的意见〉》，中国政府网，2019年12月25日，http://www.gov.cn/zhengce/2019-12/25/content_5463978.htm。

落户意愿与城市落户条件的结构性矛盾,即"想落不能落、能落不想落"的现象并存(苏红键,2020d)。具体来看,根据2017年中国流动人口动态监测调查数据分析发现,城市流动人口愿意落户的比重(或简称落户意愿)不断降低,从2012年的49.98%降低到2017年的39.01%[①],且不同类型城市流动人口落户意愿的结构特征显著(见表15-1)。一般来说,城市行政级别越高或城市规模越大,落户条件越高,流动人口落户意愿越强。直辖市流动人口愿意落户的比重最高,平均为62.04%。其中,北京、上海、天津是流动人口落户意愿较高的城市,分别为78.20%、74.26%、61.20%,同时这3个直辖市也是落户条件较高的城市;重庆由于以就近迁移为主,流动人口落户意愿不高,愿意落户的比重仅为34.51%,落户条件也不高。其他中心城市流动人口愿意落户的比重次之,平均为40.66%。其中,广州和深圳的落户意愿分别为50.23%和53.28%;也有一些中西部地区省会城市流动人口落户意愿较低,比如昆明的28.40%、贵阳的27.85%、合肥的25.54%、长沙的19.05%,这些城市落户条件较低且以省内就近迁移为主。地级市流动人口愿意落户的比重平均仅为27.15%。从城市规模来看,超大和特大城市流动人口落户意愿较高,为46.16%;中小城市流动人口落户意愿较低,平均为25.5%~27.5%。按城市规模分类统计发现,300万人口以上城市流动人口落户意愿(44.72%)大幅高于300万人口以下城市(27.70%),高约17个百分点,这恰好也反映了落户条件的高低。

表15-1 2017年各类样本城市流动人口落户意愿

单位:%,个

分类	平均值	标准差	样本数	分类	平均值	标准差	样本数
全国总体	39.01			城市样本	29.94	12.44	205
直辖市	62.04	19.74	4	300万人口以上城市	44.72	13.93	27
北京	78.20			特大和超大城市	46.16	16.81	14

---

① 国家卫生健康委员会中国流动人口动态监测调查数据中,涉及流动人口落户意愿调查的年份主要有2012年、2016年和2017年,此处主要汇报2017年的情况。

续表

分类	平均值	标准差	样本数	分类	平均值	标准差	样本数
上海	74.26			Ⅰ型大城市	43.18	10.45	13
天津	61.20			300万人口以下城市	27.70	10.55	178
重庆	34.51			Ⅱ型大城市	30.51	9.41	55
其他中心城市	40.66	10.27	32	中等城市	25.60	9.14	68
地级市	27.15	10.35	169	小城市	27.47	12.60	55

注：流动人口落户意愿用有落户意愿的流动人口占全部流动人口的比重（"城市流动人口愿意落户的比重"）表示；城市规模划分参照《国务院关于调整城市规模划分标准的通知》（国发〔2014〕51号），参见 http://www.gov.cn/zhengce/content/2014-11/20/content_9225.htm。

资料来源：2017年中国流动人口动态监测调查数据，其中的城市样本为流动人口样本量大于120个的城市。

在土地制度方面，快速城镇化、大规模人口进城与"严控新增建设用地"[①] 的要求存在一定矛盾，由此产生了城市之间、城乡之间土地资源错配问题[②]。城市之间的土地资源错配表现在，部分城市扩张遇到严格的建设用地指标限制，而部分城市则出现大规模的建设用地闲置或低效利用情况，不同规模、不同行政级别、不同地区城市的人均用地（或人口密度）差异明显。根据表15-2可知，人均用地面积随城市规模、行政级别的提高而递减，超大城市的人均建成区面积和人均居住用地面积不到Ⅱ型小城市的1/2，直辖市、省会等城市的两类人均用地面积分别约为县级市的1/2左右、2/3左右；东中部地区城市人均用地面积明显小于西部和东北地区城市。城市之间土地资源的错配，进一步导致了住房市场供求关系和价格在不同城市间显著的结构特征，与人口迁移的方向相对应，一些超大、特大城市住房市场往往供求紧张、房价较高，一些中小城市房地产市场则基本稳定。城乡之间的土地资源错配表现在，城市建设用地空间或指标紧缺，而农村集体建设用地低效利用的情况较多。比如，北京和

[①] 《国务院关于印发全国国土规划纲要（2016—2030年）的通知》，中国政府网，2017年2月4日，http://www.gov.cn/zhengce/content/2017-02/04/content_5165309.htm。

[②] 近年来出台的多份文件对此提出了改革方案。在近年来中央一号文件多次提出稳步推进农村土地制度改革的同时，《中共中央 国务院关于加快建设全国统一大市场的意见》（2022年3月25日）进一步强调要"完善城乡建设用地增减挂钩节余指标、补充耕地指标跨区域交易机制。完善全国统一的建设用地使用权转让、出租、抵押二级市场。"

上海均有着与城市建设用地体量接近的农村集体建设用地，违规开发或低效开发问题严重，呈现出"一边楼宇经济，一边瓦片经济"的状态，近年来情况有所改善。与此同时，随着农民外出务工和大规模人口乡城迁移，农村宅基地和住房低效利用的情况比较普遍。根据《中国统计年鉴》和《中国城乡建设统计年鉴》相关年份数据，伴随城镇化进程，农村常住人口不断降低，从1990年的8.41亿人（小幅提高到1995年的8.59亿人之后）逐步降至2020年的5.10亿人，减少约3.31亿人，而同期村庄住宅建筑面积从159亿平方米增加到266亿平方米，增加约107亿平方米。

表15-2 2020年各类城市人均用地面积

单位：个，平方米

类型		样本数	人均建成区面积		人均居住用地面积	
			均值	标准差	均值	标准差
总体样本		685	144.67	80.04	43.83	21.77
分规模	超大城市	6	82.18	19.45	21.43	4.04
	特大城市	11	108.21	17.69	31.22	4.84
	Ⅰ型大城市	14	107.75	16.09	32.16	6.09
	Ⅱ型大城市	67	123.67	27.32	36.51	10.42
	中等城市	120	130.59	33.33	40.27	11.89
	Ⅰ型小城市	265	136.13	37.05	41.71	14.94
	Ⅱ型小城市	202	177.61	131.59	53.34	32.31
分行政级别	直辖市	4	81.13	22.59	23.89	1.71
	省会等	32	108.02	19.75	30.58	6.67
	地级市	260	138.58	39.15	41.37	14.71
	县级市	389	152.42	99.99	46.77	25.62
分地区	东部城市	212	133.60	38.37	41.46	15.44
	中部城市	178	131.03	39.31	40.01	14.09
	西部城市	203	165.85	126.05	46.01	30.57
	东北城市	92	149.87	69.19	51.91	20.75

资料来源：根据《中国城市建设统计年鉴2020》计算。

可见，一方面，伴随户籍制度渐进式改革，城镇化快速推进，人口大规模迁移，同时由于户籍制度改革尚未完成，城乡两栖现象非常普遍，户籍及其附属权益改革面临最后难关,从而影响人口迁移和劳动力配置;另一方面,城乡二元土地制度以及城市用地管理制度,使得土地指标较难随人口迁移及时调整,由此导致了人地空间错配,这进一步提高了人口迁移壁垒,约束了城市空间扩张和城市人口增长。这一制度约束在超大、特大城市表现明显,2010 年以来,中国第一大城市上海和第二大城市北京的城区人口规模陆续趋稳,上海城区人口自 2013 年以来维持在 2420 万人左右,北京城区人口自 2016 年以来在 1880 万人左右波动(2020 年小幅增至 1916 万人)。在此城镇化制度改革背景下,进一步推进相关制度改革,将有利于优化劳动力和土地资源配置,提高总体效率和福祉水平,释放改革红利。

三 包含制度约束的空间均衡模型

量化空间分析的优势在于能够为经济活动的空间均衡分析提供充分的可处理性,可以对政策调整或者其他外生因素变化进行反事实分析(Redding and Rossi-Hansberg,2017)。本部分基于 Duranton 和 Puga (2019)、Desmet 和 Rossi-Hansberg (2013)、Hsieh 和 Moretti (2019) 的量化空间模型,构建包含制度约束的空间均衡模型。

(一) 城市生产函数

假设最终产品在规模报酬不变和完全竞争条件下生产,中间产品以不变替代弹性 ($\frac{1+\sigma}{\sigma}$) 参与生产,根据 Duranton 和 Puga (2019) 的模型,城市 i 在时期 t 的最终产出为:

$$Y_{it} = A_{it} \left\{ \int_0^{m_{it}} [q_{it}(\omega)]^{\frac{1}{1+\sigma}} d\omega \right\}^{1+\sigma} \quad (15-1)$$

其中,ω 表示中间产品,$q_{it}(\omega)$ 表示最终产品中使用的某类中间产品规模,m_{it} 表示城市 i 在时期 t 可用的中间产品的数量(种类),A_{it} 表示城市 i 在时期 t 的生产率。

假设中间产品利用人力资本作为投入进行生产,$q_{it}(\omega) = H_{it}(\omega)$,其中,$H_{it}(\omega)$ 是生产中间产品 ω 所使用的人力资本量,H_{it} 表示城市的总人力资本。由于中间产品生产具有对称性,假定中间产品均使用相同水

平的人力资本 $H_{it}(\omega) = \dfrac{H_{it}}{m_{it}}$。公式（15-1）可以改写为：

$$Y_{it} = A_{it} \left[m_{it} \left(\dfrac{H_{it}}{m_{it}} \right)^{\frac{1}{1+\sigma}} \right]^{1+\sigma} = A_{it} (m_{it})^{\sigma} H_{it} \quad (15-2)$$

对于中间产品数量 m_{it}，假定其与当地人力资本总量（H_{it}）成一定比例，即 $m_{it} = \rho H_{it}$，$\rho > 0$，结合公式（15-2）可以得到一个总体的生产函数：

$$Y_{it} = \rho^{\sigma} A_{it} H_{it}^{1+\sigma} \quad (15-3)$$

令人力资本占总人口的比重为 h_{it}，$H_{it} = h_{it} N_{it}$。考虑人力资本在城市类聚的存在性（Chade et al.，2017），城市规模越大，人力资本水平越高，令 h_{it} 是城市规模的不变弹性函数，将 $h_{it} = h_t N_{it}^{\beta}$ 代入公式（15-3），可得个体收入或产出函数为：

$$y_{it} = \dfrac{Y_{it}}{N_{it}} = \rho^{\sigma} A_{it} h_t^{1+\sigma} (N_{it})^{\sigma+\beta} \quad (15-4)$$

这一设定的优点在于，通过建立中间产品数量和人力资本总量的关系 ρ，兼顾了最终产品规模报酬不变和城市层面的规模报酬递增（集聚经济），人力资本对总产出或收入的弹性从公式（15-2）中的1提高到公式（15-3）中的 $1+\sigma$。同时，通过建立人力资本与总人口的关系，结合空间类聚理论，得到公式（15-4）中集聚经济的弹性 $\sigma+\beta$。

（二）城市集聚成本

城市集聚经济的另一面是城市的集聚成本，对城市集聚成本的分析一般从城市内部空间结构进行，源自标准的单中心城市模型（Alonso，1964；Muth，1969），表现为城市内部不同位置（离中心的不同距离）住房成本和通勤成本的均衡关系。有研究采用 $R_{it}(d) + T_{it}(d) = T(\overline{d_{it}}) = \kappa \left(\dfrac{N_{it}}{\pi} \right)^{\frac{1}{2}}$ 表示均衡条件下城市内部所有位置通勤和住房的总成本（Desmet and Rossi-Hansberg，2013），其中 $R_{it}(d)$ 表示距离城市中心 d 的租金，$T_{it}(d)$ 表示通勤成本，$T(\overline{d_{it}})$ 表示假定 $R(\overline{d_{it}}) = 0$ 时城市边缘的通勤成本，κ 表示单位距离的通勤成本。类似的，参考 Duranton 和 Puga（2019）的研究，大城市的通勤成本会随距离（城区面积）增大而增加，即 $T_{it}(d) = \kappa_{it} d^{\gamma}$，同时，单位通勤成本（$\kappa_{it}$）会随通勤人口增加而增加，即 $\kappa_{it} = \kappa_t N_{it}^{\theta}$，$\kappa_t$ 表示与交通技术等系统性因素有关的通勤成本。结合单中心城市模型，假定 $R(\overline{d_{it}}) = 0$ 或 $T(0) = 0$，$d \propto N_{it}$，城市内部任意位置的两类成本之和可以表示为城市中心住房的租金或城市边缘处的通勤成本：

$$R_{it}(d) + T_{it}(d) = R_{it}(0) = T(\overline{d_{it}}) = \kappa_{it} N_{it}^{\gamma} = \kappa_t N_{it}^{\gamma+\theta} \quad (15-5)$$

（三）制度约束下的空间均衡

空间均衡意味着城市之间、城乡之间存在均衡效用水平。现实中，由于迁移成本的存在，空间均衡需要考虑迁移成本。迁移成本不仅包括迁移距离、时间产生的物理成本，还包括制度约束导致的福祉损失。参考以往量化空间模型对制度约束的处理方式，假定存在 $0 < (1-\delta_{it}) \leq 1$，对于城市现有居民（incumbent）和城市新进入者（new），城市 i 在时期 t 的福祉水平 c_{it} 可分别表示为：

$$c_{it}(incumbent) = y_{it} - T_{it}(d) - R_{it}(d) \quad (15-6)$$

$$c_{it}(new) = (1-\delta_{it}) \cdot c_{it}(incumbent) \quad (15-7)$$

假设新进入者选择留在农村工作生活，那么他可以达到的个人收入和福祉水平为：

$$c_{rt} = y_{rt} = A_{rt} N_{rt}^{-\lambda} \quad (15-8)$$

其中，N_{rt} 表示第 t 期的农村总人口，A_{rt} 为 t 期的农村生产率，$0 < \lambda < 1$，农村生产函数符合劳动力报酬递减规律。

在均衡状态下，新进入者选择不同的城市（i 或 k）和乡村是无差异的：

$$(1-\delta_{it}) \cdot c_{it}(incumbent) = (1-\delta_{kt}) \cdot c_{kt}(incumbent) = c_{rt} \quad (15-9)$$

通过求解最大化居民福祉水平 $c_{it}(incumbent)$，可得均衡条件下的城市规模，结合公式（15-4）和公式（15-5）有：

$$\max_{(N_{it})} c_{it}(incumbent) = y_{it} - T_{it}(d) - R_{it}(d) = \rho^{\sigma} A_{it} h_t^{1+\sigma} (N_{it})^{\sigma+\beta} - \kappa_t N_{it}^{\gamma+\theta}$$

$$(15-10)$$

均衡城市规模和福祉水平可表示为：

$$N_{it}^* = \left[\frac{\rho^\sigma(\sigma+\beta)}{\gamma+\theta}\frac{A_{it}\,h_t^{1+\sigma}}{\kappa_t}\right]^{\frac{1}{\gamma+\theta-\sigma-\beta}} \qquad (15-11)$$

$$c_{it}^*(incumbent) = \left(\frac{\gamma+\theta}{\sigma+\beta}-1\right)\kappa_t\,N_{it}^{\gamma+\theta} \qquad (15-12)$$

四 将落户意愿作为制度约束的指标

对于模型中制度约束或迁移成本系数（δ_{it}），考虑落户条件（门槛）与落户意愿的对应关系，本章根据流动人口落户意愿的特征及其影响因素，采用城市流动人口的落户意愿（SW）作为制度约束的替代指标。该替代指标的合理性体现在三个方面。一是反身性，一个城市流动人口落户意愿的高低，反映了这个城市的落户条件。落户意愿越高，表明想落户而未能落户的流动人口比重越高，这就意味着落户条件越高，反之则越低。二是综合性，落户意愿的影响包含了户籍制度、农村土地制度、城市公共服务制度等一系列制度的影响（苏红键，2020d），内含了现行制度约束对人口自由迁移的影响。三是规律性，本章采用 CMDS 中各个城市流动人口愿意落户的比重进行衡量，虽然个体的落户意愿是主观的，具有个体异质性，但根据大数定律，各个城市中流动人口愿意落户的比重呈现明显的规律性。为提高样本量和可靠性，量化分析中合并 2016 年和 2017 年的数据（约 34 万流动人口样本），取两年样本量之和大于 200 个的地级及以上城市的数据进行分析。

图 15-1 显示了制度约束指标（SW）、城市人口规模（$\ln N$）、房价（$\ln HP$）三者之间显著的正相关关系。一般来说，城市规模越大，制度约束越强，房价越高，这与国际经验是一致的。规模越大的城市落户条件越高，同时城市规模越大，土地和住房供给往往越紧张（也存在特例），从而住房价格越高，这提高了城市新进入者的制度壁垒和经济壁垒，使得想落户而较难落户的人较多（落户意愿较高）。其中，在城市规模与落户意愿的关系上，存在一些离散度较高的点，比如重庆和三亚，但同样支持了落户意愿与落户条件的关系。重庆作为超大城市，落户意愿和住房价格均较低，接近自由迁移和城市自由增长的

特征，这与其较高的城市建设用地供给弹性有关，反映了其较低的制度约束，支持了用落户意愿衡量制度约束的合理性；三亚作为舒适度较高的南方沿海城市，属于中等城市，但落户意愿和住房价格明显较高，这与其优越的气候舒适度形成了空间均衡关系，也反映了其较高的落户条件。

可见，虽然在城市规模与落户意愿之间存在离散度较高的点，但落户意愿与落户条件之间是基本对应的。制度约束水平与落户意愿之间的关系可以表示为 $\delta_{it} \propto SW_{it}$，或者 $(1-\delta_{it}) \propto 1/SW_{it}$。

（a）城市规模与落户意愿的基本关系
（b）城市规模与房价的基本关系
（c）房价与落户意愿的基本关系

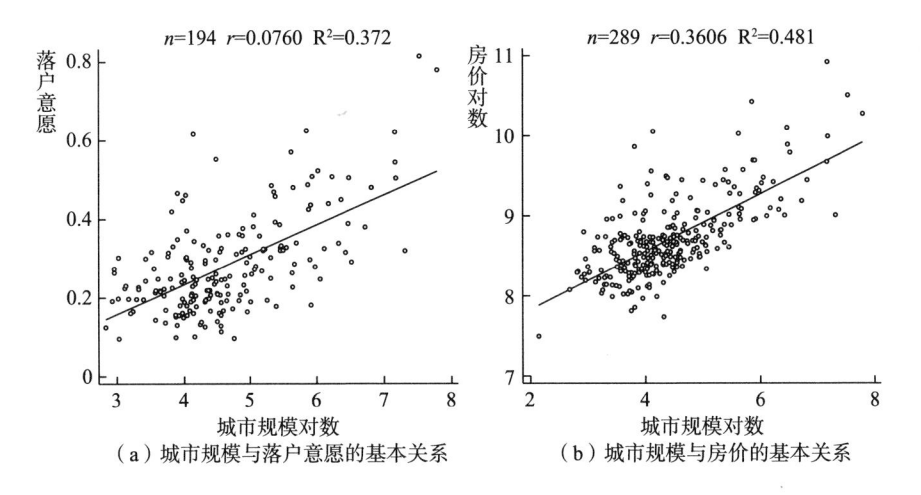

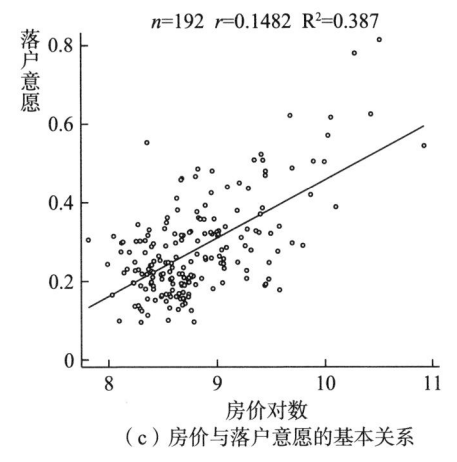

图 15-1　落户意愿、城市规模与房价的基本关系

五 参数估计

已有国外研究对城市集聚经济和集聚成本的规模弹性进行了估计,考虑统计口径、发展阶段不同可能存在不同的弹性,本部分利用中国城市数据、相关调查数据进行估计,并对模型中农村收入的人口弹性进行设定。

(一) 城市集聚经济的弹性估计

根据模型设计,集聚经济的弹性包括 σ 和 β,本章主要结合中国家庭收入调查数据（CHIP 2013）和中国城市数据进行估计。参考 De la Roca 和 Puga（2017）、Duranton 和 Puga（2019）的方法,首先对个体收入函数进行估计,模型为:

$$y_{it}^j = a_i + \sum_n b_n h_{nt}^j + \sum_m c_m X_{mt}^j + \varepsilon_{it}^j \qquad (15-13)$$

其中,y_{it}^j 为个体 j 收入水平；a_i 为城市异质性的生产率水平；h_{nt}^j 表示个体人力资本水平,采用受教育年限和从事本工作的年限等指标进行控制；X_{mt}^j 表示所从事的行业、职业、就业身份等其他个体特征变量。

利用公式（15-13）a_i 的估计结果 $\widehat{a_i}$,可以进一步估计得到 σ 和 β 的值:

$$\widehat{a_i} = \sigma N_i + h_i \qquad (15-14)$$

$$\widehat{a_i} + \sum_n \widehat{b_n h_{nt}^j} = (\sigma + \beta) N_i + \varepsilon_i \qquad (15-15)$$

根据城市研究的传统,考虑城市规模与收入、房价的内生关系,采用城市历史数据作为城市规模（城区常住人口）的工具变量。其背后的逻辑是,城市规模具有一定的历史依赖性,且历史数据本身不受当期数据的影响。据此,本章采用中国明清时期古城面积[①]作为工具变量,并根据需要取对数（lncitywall）。经检验,该工具变量与当期城市规模之间

[①] 数据来源为哈佛大学数据库（Harvard Dataverse）, https://dataverse.harvard.edu/dataset.xhtml?persistentId=doi:10.7910/DVN/JCT5NE。该数据库中有古城墙的长度数据,本章对古城墙的长度 d 按照"$(d/4)^2$"的近似方式换算为古城面积。

的关系显著,且均在1%的显著性水平下拒绝了工具变量识别不足和弱工具变量假设,该工具变量是有效的。

表15-3模型(1)和模型(2)分别采用OLS和2SLS估计城市个体收入与城市规模及其他个体变量之间的关系,模型(3)利用城市虚拟变量替换城市规模指标,得到$\hat{a_i}$,并将其作为模型(4)和模型(5)的因变量。根据模型(1)至模型(3)的微观数据估计结果可以发现,在控制行业、职业、就业身份等个体变量之后,工作经验(exp. year)与收入水平表现出倒U形关系,受教育年限(edu. year)与收入水平显著正相关,且系数接近,结果稳健。采用古城规模作为工具变量控制城市规模之后,系数变大,说明城市规模对收入水平影响扩大,弹性从0.1159提高到0.1447,Hausman检验证明了内生性的存在和工具变量的有效性,且与模型(4)中σ的估计结果(0.1326)接近。本章σ的估计结果显著大于Duranton和Puga(2019)对美国的估计结果(约为0.05),与Combes等(2013)对中国的估计结果接近,其估计结果为0.10~0.12。这可能与不同国家的统计口径不同有关,还可以解释为发展阶段的差异。一方面,美国当前处在城镇化的成熟稳定阶段,经过大规模乡城人口迁移,城市之间均等化水平较高,城市居民收入的规模弹性降低;另一方面,这也与中国的发展阶段和人口迁移政策有关,城市之间还存在一定的发展差距,城市居民收入与城市规模的关系更紧密,当控制内生性后,收入的规模弹性提高。这与Combes和Gobillon(2015)的观点一致,其研究发现,发展中国家的集聚经济弹性大于发达国家,其中印度与中国接近,为0.09~0.12。

在模型(4)和模型(5)中,采用2SLS对模型(3)中城市异质性生产率指标与城市规模进行估计,汇报了采用工具变量法进行估计的结果。根据模型(4)和模型(5),β值约为0.0302(0.1628-0.1326)。β值与Duranton和Puga(2019)的估计结果一致,均为0.03,两个国家不同规模城市中人力资本水平(以受教育水平和工作经验等衡量)的动态外部性水平接近。

由此,根据模型(1)至模型(5),量化分析中采用$\sigma=0.14$、$\beta=0.03$,城市集聚经济的规模弹性总体约为0.17。σ的不同,表明部分参数会因不同国家发展阶段、统计口径的不同而不同,在量化分析中不宜直接借鉴模拟。

表 15-3 城市集聚经济弹性的估计结果

		模型(1) $\ln y$	模型(2) $\ln y$	模型(3) $\ln y$	模型(4) $\widehat{a_i}$	模型(5) $\widehat{a_i} + \sum_n \widehat{b_n h_{nt}^j}$
估计方法		OLS	2SLS	OLS	2SLS	2SLS
$\ln N$		0.1159*** (0.0057)	0.1447*** (0.0089)		0.1326** (0.0618)	0.1628*** (0.0643)
a_i				控制		
h_{nt}^j	exp. year	0.0117*** (0.0008)	0.0112*** (0.0008)	0.0130*** (0.0007)		
	exp. year²	-5.76-6*** (4.03e-7)	-5.58e-6*** (4.09e-7)	-6.39e-6*** (3.86e-7)		
	edu. year	0.0606*** (0.0027)	0.0562*** (0.0028)	0.0569*** (0.0026)		
行业、职业、就业身份		控制	控制	控制		
$\ln citywall$			控制		控制	控制
常数项		略	略	略	略	略
工具变量识别不足检验			2682.53***		11.39***	11.39***
弱工具变量检验			6107.09***		19.86***	19.86***
样本量		9013	8652	9698	108	108
R^2		0.2746	—	0.3364	—	—

注：括号中为系数的标准误，***、**、*分别表示在1%、5%、10%的水平下显著。工具变量识别不足检验为 Kleibergen-Paap rk LM 统计量，弱工具变量检验为 Cragg-Donald Wald F 统计量。下同。

(二) 城市集聚成本的弹性估计

城市经济研究更多的是估计集聚经济效应，对城市集聚成本的估计较少 (Duranton and Puga, 2019)。Combes 等 (2019)、Duranton 和 Puga (2019) 分别对法国和美国的城市集聚成本的弹性进行了估计。其中,

第十五章 城镇化改革红利的量化空间分析

基于空间均衡模型，Duranton 和 Puga（2019）分别采用通勤成本方程（城市内不同位置个人出行距离的变化）、城市内的空间均衡（城市内不同位置的房价变化）和城市间的空间均衡（不同城市中心房价的变化）等三种方法，相互印证得到城市集聚成本弹性接近，约为 0.07，同时，这些城市成本会因拥挤效应而进一步扩大约 0.04。根据中国城市数据的可得性，由于缺乏不同城市内部不同位置的房价、通勤成本的微观调查数据，所以本章未分别估计 γ 和 θ 的值，主要采用城市间的房价数据估计得到 $\gamma + \theta$ 的值。

根据公式（15-5），可以假定城市平均房价 $\overline{R_{it}} \propto R_{it}(0)$，以此替代 $R_{it}(0)$，进而估算 $\gamma + \theta$ 的值：

$$\overline{R_{it}} = c + (\gamma + \theta) N_{it} + \mu_i + \mu_t + \varepsilon_{it} \qquad (15-16)$$

μ_i、μ_t 分别表示采用面板数据估计时的城市和时期虚拟变量，估计结果见表 15-4。2SLS 估计中依然采用古城规模作为城市规模的工具变量。模型（6）和模型（7）采用 2013 年截面数据（与集聚经济所采用的 CHIP 2013 时间对应）进行估计时，OLS 和 2SLS 的估计结果接近，为 0.28~0.32；模型（8）和模型（9）采用 2006~2018 年面板数据进行估计，在双向固定效应和面板数据工具变量估计中，城市房价的规模弹性接近，表现出较好的稳健性。比较可见，不同模型中集聚成本弹性接近。据此，参考未汇报的其他估计结果，$\gamma + \theta$ 的取值为 0.32~0.35，后续采用 $\gamma + \theta = 0.33$ 进行量化分析。

该参数值大于 Duranton 和 Puga（2019）的估计结果，与集聚经济弹性结果类似，本章对中国城市集聚成本弹性的估计结果也约为美国城市集聚成本弹性的 3 倍。这可以解释为，一方面，中国的户籍制度给人口城镇化、城市增长带来的约束作用，提高了大城市的效率溢价，与此同时，严格的城市土地供给将这一溢价转嫁到了成本上，进而中国城市规模的收入弹性和成本弹性均高于美国城市；另一方面，集聚成本的弹性较大也与中国城市发展阶段和发展模式有关。中国城市发展阶段决定了城市治理水平还有待提高，从而集聚成本弹性较大。相对于美国蔓延式都市区发展模式，中国城市传统"摊大饼式"的发展模式的集聚成本弹性更大。

表 15-4　城市集聚成本弹性的估计结果

	模型（6） lnHP	模型（7） lnHP	模型（8） lnHP	模型（9） lnHP
估计方法	OLS	2SLS	FE	2SLS
ln$N$	0.2811*** （0.0236）	0.3222*** （0.0591）	0.3628*** （0.0093）	0.3513*** （0.0170）
ln$citywall$		控制		控制
常数项	略	略	略	略
个体虚拟变量			控制	
时期虚拟变量			控制	控制
工具变量识别不足检验		25.91***		300.32***
弱工具变量检验		47.55***		540.29***
样本量	290	261	3692	3315
年份	2013	2013	2006~2018	2006~2018
R^2	0.4108	0.3642	0.3311	0.3112

（三）农村收入的人口弹性

有关公式（15-8）中农村收入的人口弹性，经过对中国相关研究的比较，主要参考陈斌开等（2020）利用中国 1986~2008 年农业部固定观察点数据的估计结果，其中，村常住人口数量对粮食产量、亩均粮食产量、人均粮食产量、种植业净收入、亩均种植业净收入、人均种植业净收入的估计弹性分别为 0.3321、0.2917、0.3129、0.3683、0.3513、0.3436，估计结果稳健且系数接近。根据本章考察的收入弹性，以其中的三个收入弹性为主，取 $\lambda = 0.35$。这一系数约为美国的 2 倍，Duranton 和 Puga（2019）的研究结果约为 0.18，这与两国不同的工农城乡发展阶段、农业生产方式有关。

六　制度约束调整的反事实分析

户籍和土地制度产生的约束和引导作用对中国城镇化格局产生了重要影响。本部分的政策模拟主要考察在放松土地制度和户籍制度的限制之后，中国城市人口增长及其引致的收入和福祉增进情况。如前所述，本章主要采用落户意愿作为制度约束的替代指标。由于其综合性，本章未单独分析土地或户籍制度的影响，考虑到制度改革的相互关联，综合分析是有意义的。

根据量化空间分析思路，令调整后的制度约束水平为 $\widehat{\delta_{it}}$、落户意愿为 $\widehat{SW_{it}}$，依然服从 $(1-\widehat{\delta_{it}}) \propto 1/\widehat{SW_{it}}$，根据公式（15-7）和公式（15-9），农村居民根据 $c_{it}(new)$ 在城市之间进行选择，新增城市人口比重 $[(\widehat{N_{it}}-N_{it})/N_{it}]$ 与 $c_{it}(new)$ 的调整，进而与制度约束 (δ_{it}) 的调整比重 $[(SW_{it}-\widehat{SW_{it}})/\widehat{SW_{it}}]$ 存在均衡关系：

$$\frac{(\widehat{N_{it}}-N_{it})/N_{it}}{(\widehat{N_{jt}}-N_{jt})/N_{jt}} = \frac{(SW_{it}-\widehat{SW_{it}})/\widehat{SW_{it}}}{(SW_{jt}-\widehat{SW_{jt}})/\widehat{SW_{jt}}} \qquad (15-17)$$

根据公式（15-4），调整后的 $\widehat{N_{it}}$ 和城市居民收入调整的关系可以表示为：

$$\frac{\widehat{y_{it}}}{y_{it}} = \left(\frac{\widehat{N_{it}}}{N_{it}}\right)^{\sigma+\beta} \qquad (15-18)$$

总体平均的城市居民收入增长率可以表示为：

$$\frac{\widehat{\bar{y}}}{\bar{y}} = \frac{\sum \widehat{N_i} \widehat{y_i}/\sum \widehat{N_i}}{\sum N_i y_i/\sum N_i} \qquad (15-19)$$

同时，以公式（15-11）计算初始均衡条件下的 $A_{it} h_t^{1+\sigma}$，并代入公式（15-10），结合公式（15-12），调整后的城市规模（$\widehat{N_{it}}$）和城市居民福祉水平（$\widehat{c_{it}}$）的关系可以表示为：

$$\widehat{c_{it}} = \left[(\gamma+\theta)\left(\frac{\widehat{N_{it}}}{N_{it}}\right)^{\sigma+\beta} - (\sigma+\beta)\left(\frac{\widehat{N_{it}}}{N_{it}}\right)^{\gamma+\theta}\right] \cdot \frac{\kappa_t N_{it}^{\gamma+\theta}}{\sigma+\beta} \qquad (15-20)$$

$$\frac{\widehat{c_{it}}}{c_{it}} = \frac{\gamma+\theta}{\gamma+\theta-\sigma-\beta}\left(\frac{\widehat{N_{it}}}{N_{it}}\right)^{\sigma+\beta} - \frac{\sigma+\beta}{\gamma+\theta-\sigma-\beta}\left(\frac{\widehat{N_{it}}}{N_{it}}\right)^{\gamma+\theta} \qquad (15-21)$$

这一分析的优势在于，由于只需要考虑变量的变化率，而不是具体数值，所以估计结果不依据数值大小调整，因而具有相对稳健性

(Tombe and Zhu, 2019)。

（一）制度约束调整为全国平均水平

通过调整制度约束水平进行反事实分析，降低北京、上海等超大城市的制度约束水平可能会使其人口增长远远超出现实水平。根据国内外城市发展现状，只有东京、德里、上海、纽约的城市人口在 2000 万及以上。这表明，在超过某一人口规模后，拥挤效应使城市集聚成本迅速上升，限制超大城市不断增长，这与最优城市规模理论是一致的。因此，参考 Duranton 和 Puga（2019）的研究，本章假设在目前技术条件、治理水平下最大的城市人口规模略高于现有的全球最大城市，分别以 3000 万人、4000 万人作为最大城市规模进行比较分析。

反事实分析 I 中，将制度约束统一设置为全国城市的平均值（$SW=0.2620$）。调整后的城市规模体系的核密度分布如图 15-2 所示。2018 年城市规模体系的对数核密度分布函数与 $N(4.3805, 0.9619^2)$ 的正态分布曲线接近，按最大值 3000 万人估计的城市规模体系分布与 $N(4.3793, 0.9950^2)$ 接近，按最大值 4000 万人估计时与 $N(4.3723, 1.0513^2)$ 接近。可见，当按平均制度约束调整时，由于部分大城市规模显著扩大，部分小城市规模变小，从而平均城市规模稳定，但离散度明显提高。据此，调整后的城区总人口分别增长 5.71% 和 15.61%，根据公式（15-19）计算的城区人均收入分别提高 3.10% 和 8.24%。由于集聚经济和集聚成本的权衡，城市居民人均福祉水平基本不变，总体福祉水平会随着城市人口增加而提高，这与 Hsieh 和 Moretti（2019）采用就业增长衡量福祉增长的思路一致。在两种情境下，农村人口分别减少 4.31% 和 11.8%，对公式（15-8）以 0.35 的弹性进行估计，农村人均收入分别提高 1.56% 和 4.49%。

调整为全国平均水平的其中一个意义在于考察超大城市在降低制度约束水平时的增长潜力，6 个超大城市的规模、人均收入和福祉调整结果如表 15-5 所示。设置最大值（上海）城市规模分别为 3000 万人和 4000 万人时，第二大城市北京的人口规模分别为 2336 万人和 3157 万人，除了重庆之外，其余超大城市规模均显著扩大。重庆由于当前的制度约束水平较低（仅略高于全国平均水平），已经接近自由增长的状态，调整后城市增长较小。当上海达到 3000 万人时，上海、北京的人均收入分

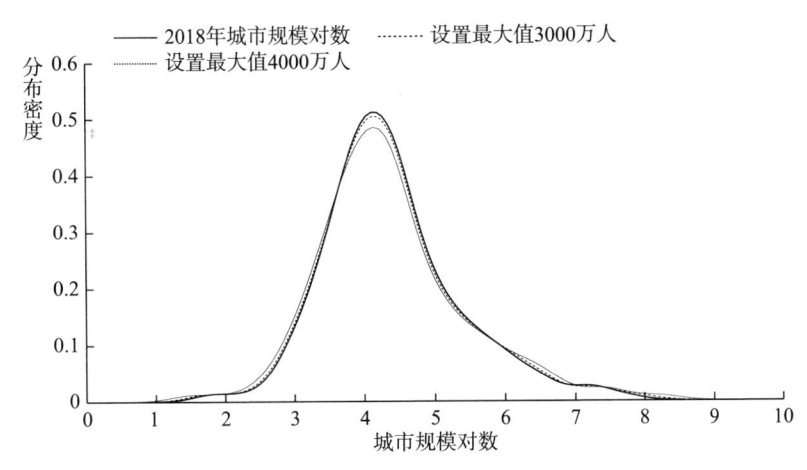

图 15-2　反事实分析 I 城市规模体系调整

别提高 3.69% 和 3.92%；当上海达到 4000 万人时，上海、北京的人均收入分别提高 8.89% 和 9.38%，接近 10%；其余超大城市的人均收入水平均随规模增长相应提高。从各个城市人均福祉的变化来看，由于集聚经济与集聚成本的权衡，城市规模扩大对城市居民人均福祉的影响很小。

表 15-5　反事实分析 I 的超大城市收入与福祉效应

城市	max$N$ = 3000 万人				max$N$ = 4000 万人			
	$\widehat{N}$	$\widehat{N}/N$	$\widehat{y}/y$	$\widehat{c}/c$	$\widehat{N}$	$\widehat{N}/N$	$\widehat{y}/y$	$\widehat{c}/c$
上海	3000	1.2377	1.0369	0.9987	4000	1.6503	1.0889	0.9923
北京	2336	1.2538	1.0392	0.9985	3157	1.6943	1.0938	0.9915
天津	1511	1.1651	1.0263	0.9993	1883	1.4518	1.0654	0.9958
重庆	1548	1.0264	1.0044	1.0000	1617	1.0723	1.0119	0.9999
广州	1462	1.1112	1.0181	0.9997	1716	1.3043	1.0462	0.9979
深圳	1472	1.1299	1.0210	0.9996	1765	1.3552	1.0530	0.9973

（二）消除制度约束

反事实分析 II 中，假定消除制度约束，根据当前落户意愿的分布，调整 $SW=0.1$，仅有 6 个城市的落户意愿水平小于 0.1，这近似于落户意愿的最小值，可以看作消除制度约束之后的迁移成本对落户意愿的影响。

在消除制度约束、接近自由迁移时，与 2018 年城市规模体系相比，按最大值 3000 万人估计时城市规模对数分布与 $N(4.4350, 0.9859^2)$ 的正态分布曲线接近,按最大值4000万人估计时与 N（4.5209, 1.0212²）的正态分布曲线接近（见图15-3）。可见,与调整为全国平均制度约束相比,消除制度约束明显扩大了城市平均规模,大部分城市规模明显扩大,离散度也有所提高。以此核算的城区总人口分别增长10.01%和27.38%,城区人均收入分别提高3.21%和8.14%;人均福祉水平基本不变,总体福祉随城区人口增长,这与反事实分析Ⅰ的结论一致。在两种情境下,农村人口分别减少7.57%和20.7%,农村人均收入分别提高2.79%和8.46%。

当消除制度约束时,6个超大城市的人口增长、收入、福祉变动情况如表15-6所示。依然分别设置3000万人和4000万人的最大城市规模,第二大城市北京的人口数量分别达到2329万人和3138万人,与反事实分析Ⅰ的结果基本接近,其余超大城市人口规模均比反事实分析Ⅰ明显提高。其中,对人均收入的影响与反事实分析Ⅰ接近,对人均福祉的影响依然很小。

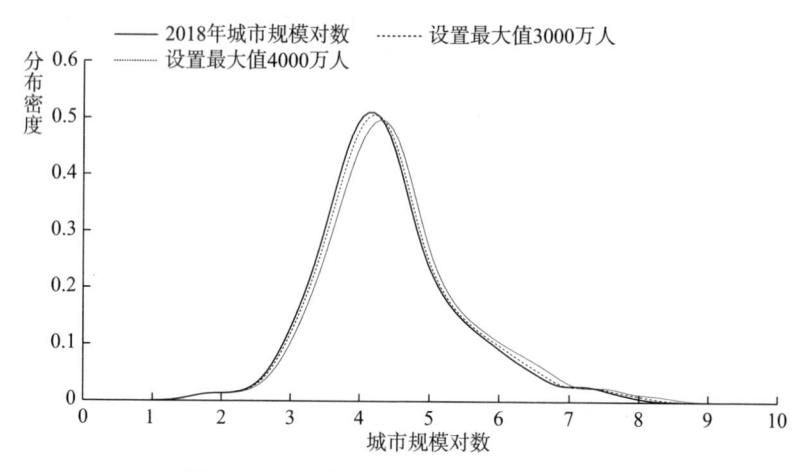

图15-3 反事实分析Ⅱ城市规模体系调整

表15-6 反事实分析Ⅱ的超大城市收入与福祉效应

城市	max$N$=3000万人				max$N$=4000万人			
	$\hat{N}$	$\hat{N}/N$	$\hat{y}/y$	$\hat{c}/c$	$\hat{N}$	$\hat{N}/N$	$\hat{y}/y$	$\hat{c}/c$
上海	3000	1.2377	1.0369	0.9987	4000	1.6503	1.0889	0.9923
北京	2329	1.2500	1.0387	0.9986	3138	1.6838	1.0926	0.9917

续表

城市	maxN = 3000 万人				maxN = 4000 万人			
	$\widehat{N}$	$\widehat{N/N}$	$\widehat{y/y}$	$\widehat{c/c}$	$\widehat{N}$	$\widehat{N/N}$	$\widehat{y/y}$	$\widehat{c/c}$
天津	1533	1.1824	1.0289	0.9992	1944	1.4991	1.0712	0.9951
重庆	1623	1.0768	1.0127	0.9998	1824	1.2100	1.0329	0.9989
广州	1501	1.1414	1.0227	0.9995	1824	1.3867	1.0572	0.9968
深圳	1505	1.1556	1.0249	0.9994	1857	1.4255	1.0621	0.9963

(三) 按比例降低制度约束

规模越大、舒适度越高的城市往往存在越高的进入壁垒，这是国内外城市的普遍特征，为此设计反事实分析Ⅲ，即按比例降低制度约束。将制度约束降低到原来的50%，调整后落户意愿小于0.1的城市按0.1设置。这相当于将部分中小城市调整为自由迁移的水平，一些超大、特大城市则由于住房价格等市场机制依然存在较高的进入壁垒，这与实际情况类似。

按比例降低制度约束水平时，与2018年城市体系相比，按最大值3000万人估计时城市规模对数分布接近N (4.5728, 0.9815^2) 分布，按最大值4000万人估计时接近N (4.8344, 1.0108^2) 分布 (见图15-4)。与前两类反事实分析相比，按比例降低制度约束明显提高了城市平均规模水平，均值明显右移分别约0.20个对数点和0.45个对数点 (对应从80万人分别提高到97万人和126万人)，分布曲线形状基本接近。以此核算的城区总人口分别增长22.91%和62.68%，城区人均收入分别提高3.75%和9.03%。与前文一致，人均福祉水平基本不变，总体福祉随城区人口增长。在两种情境下，农村人口分别减少17.32%和47.39%，农村人均收入分别提高6.88%和25.2%。

按比例降低制度约束后，依然分别设置3000万人和4000万人的最大城市规模，除了当前制度约束较小的城市之外，其余城市的增长比重一致，均分别增长23.77%和65.03%，人均收入分别提高3.69%和8.89%，第二大城市北京的人口数量分别达2306万人和3075万人。对人均收入的影响与最大值的设置有关，对人均福祉的影响与反事实分析Ⅰ、Ⅱ接近，依然基本不变。

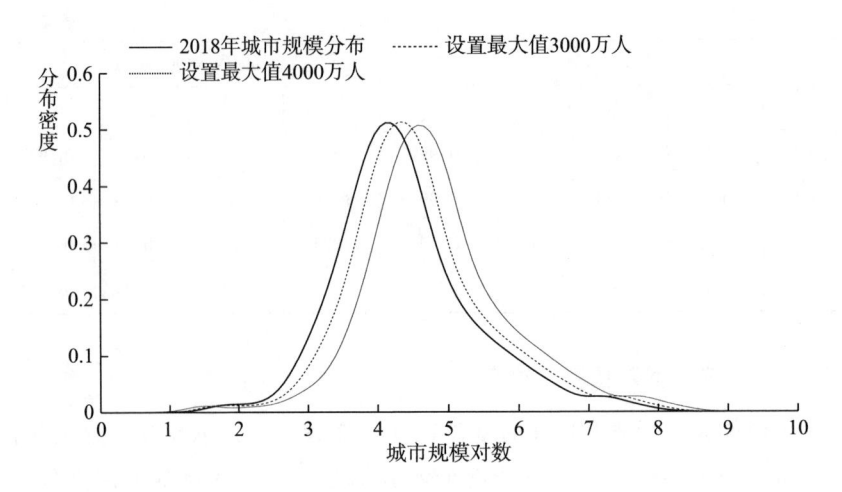

图 15-4　反事实分析Ⅲ城市规模体系调整

（四）结果比较

对以上反事实分析结果进行比较分析可以发现。第一，不同的制度约束调整对城市体系的影响不同。在按全国平均水平设置制度约束时，由于各个城市制度约束水平与平均水平存在或高或低的关系，从而城市规模随之有增有减，对城市平均规模的影响较小，但离散度会提高；在消除制度约束和按比例降低制度约束的情境中，大部分城市的规模会明显扩大，从而扩大城市平均规模，其中的区别在于按比例降低制度约束时，城市规模接近同比例增长，表现为向右平移的态势。第二，设置不同的城市规模最大值时对城市规模体系的影响方向一致，差异主要体现在不同的系数大小上，城市规模的增长系数也会根据参数值影响人均收入的提升比重，但由于集聚成本的存在，对综合福祉的影响均在1%以内。第三，同时考虑集聚成本和集聚经济时，现有城市居民福祉受到的影响很小，由于城市人口增加、乡村人口减少，城乡居民的总体收入和福祉会随城镇化率提高和城市人口增长而增进。

因此，采用不同的制度约束调整、不同的城市规模最大值设置时，虽然对城市规模体系的影响不同，但只要降低制度约束水平，就能够明显提高城市人口规模和城乡效率（人均收入或产出），从而提高总体收入和福祉水平。

七 结论、启示与建议

本章基于包含制度约束的空间均衡模型对中国城镇化改革红利进行量化分析。利用中国明清时期古城面积作为城市规模的工具变量,结合中国家庭收入调查数据和城市统计数据估计发现,城市集聚经济的规模弹性约为 0.17,集聚成本的规模弹性约为 0.33。以落户意愿为制度约束的替代指标,设计三类反事实分析均发现,降低制度约束能够明显提高城市人口规模和城乡效率,从而提高总体收入和福祉水平。其中,消除制度约束并设置最大城市上海的城区人口规模为 3000 万人时,北京城区人口规模达到 2329 万人,大部分城市规模显著扩大,城区总人口增长 10.01%,城区人均收入提高 3.21%,农村总人口相应减少 7.57%,农村人均收入提高 2.79%。将制度约束调整至全国平均水平或者按比例调整制度约束,会对城市规模体系产生不同的影响,均会明显提高城乡效率和总体福祉水平。

城镇化改革的本质是要尊重人口迁移规律和趋势,降低限制人口迁移的各类制度约束,实现劳动力、土地等资源的优化配置,充分发挥集聚经济效应,降低集聚成本,促进福祉增进和均等化。本章主要得到以下四点启示和建议。

第一,科学推进人地挂钩,提高超大、特大城市承载力。本章研究发现,降低制度约束会显著提高城乡效率和总体福祉水平。为此,要科学推进人地挂钩,对于人口规模较大、增长潜力较大的城市或地区,要提高建设用地和住房供给弹性;对于人口规模不大、增速稳定的城市或小城镇,要实施科学的绿色低密度开发,避免粗放扩张;对于乡村地区,需根据村庄人口发展态势,实施多元化的乡村振兴战略,统筹推进城乡人口迁移和城乡土地利用。

第二,提高超大、特大城市治理水平,降低集聚成本。本章研究发现,如果能够降低集聚成本,则能够在提高城市规模、人均收入的同时增进福祉。对于集聚成本中的房价,重点要加强城市住房用地和公共设施配套用地供给,完善住房供给体系,提高人口承载力,稳定房地产市场;对于集聚成本中的通勤成本,要积极优化城市空间结构和城市交通体系，降低通勤成本。通过智慧城市建设，提高城市建设和治理的现代化水平，全面降低集聚成本。

第三，积极打破行政区划的空间约束，提高都市圈一体化水平，释放超大、特大城市增长潜力。现实中的最大城市规模均在 3000 万人以内，但在一体化水平较高的都市圈（或大都市区），人口规模则接近 4000 万人，比如东京都市圈 2020 年约有 3700 万人（其中东京都约有 1400 万人）。因而，为充分发挥集聚经济效应，应积极推进都市圈一体化发展，以都市圈（或大都市区）的形式实现城市增长，突破行政区划对城市增长和城市发展的限制。

第四，城镇化改革需要协同推进户籍及其附属权益、土地和住房等领域的系统性改革。不同于发达国家主要以住房规制约束人口增长，中国的人口迁移受到城乡土地制度、户籍及其附属权益的影响。当前户籍制度改革的进程已经受到其他相关制度改革的掣肘，部分流动人口可能由于担心失去农村权益而不愿意转户，或由于城市生活能力不强而不愿意转户等。为此，要在户籍制度改革最后的攻坚阶段，协同推进农村土地权益保护和交易机制、城市土地和住房保障制度等领域的系统性改革。

第十六章 人地挂钩效应的量化空间分析

伴随户籍制度和公共服务领域的改革，中国经历了大规模人口迁移和快速城镇化，随之而来的难题表现为土地资源在城乡之间、城市之间的空间错配及其引起的劳动力资源空间错配，这也是进一步优化资源空间配置的重点。针对这一问题，2016年中央多部门联合发布了关于人地挂钩的实施意见[1]，但是该"人地挂钩"强调的是新增土地指标与流动人口落户数量挂钩，而不是与常住人口挂钩，没有应对存量的人地资源空间错配问题。2022年3月，中央进一步提出"健全城乡统一的土地和劳动力市场"[2]；党的二十大报告强调"构建全国统一大市场，深化要素市场化改革"。在此现实和政策背景下，本章在明确当前土地和劳动力资源空间错配特征基础上，对人地挂钩的综合效应进行量化空间分析，从中得到一些启示和建议。

一 要素空间错配研究进展

要素空间错配问题在国内外普遍存在。Desmet和Rossi-Hansberg（2013）建立了一个量化城市模型，分析了迁移摩擦对城市增长和福祉的影响；Hsieh和Moretti（2019）量化分析了美国各城市劳动力空间错配的特征和损失，发现要素空间错配使美国1964～2009年的总增长率损失了36%；Duranton和Puga（2019）通过量化分析发现，将3个最具生产力的城市（纽约、旧金山和圣何塞）放松土地和住房规制，会改善劳动力错配，提高大约8%的实际总收益。另有研究在统一框架下量化分

---

[1] 《国土资源部 发展改革委 公安部 人力资源社会保障部 住房城乡建设部关于印发〈关于建立城镇建设用地增加规模同吸纳农业转移人口落户数量挂钩机制的实施意见〉的通知》（国土资发〔2016〕123号）。

[2] 《中共中央 国务院关于加快建设全国统一大市场的意见》（2022年3月25日）。

析贸易成本和迁移成本调整的综合效应，Redding（2016）构建了一个量化空间模型，考察不同规模报酬情境下贸易成本和劳动力迁移成本调整的福祉效应；Tombe 和 Zhu（2019）利用一个量化空间模型，分析国内贸易成本和人口迁移成本降低对中国经济增长的贡献；Blouri 和 Ehrlich（2020）在一个包含人口流动、商品贸易和集聚经济的多区域框架下考察欧盟地方政策的一般均衡效应，量化分析不同转移支付方式对各地生产率和收入的影响。

近年来，关于中国要素空间配置效率的量化分析逐步增加。Au 和 Henderson（2006）较早利用包含集聚经济和拥挤效应的模型分析了中国人口迁移的效应，发现由于人口迁移限制，大部分城市规模偏小，存在较大的收入损失。不同于 Au 和 Henderson（2006）的研究结果，Desmet 和 Rossi-Hansberg（2013）对降低迁移限制的量化分析结果发现，当将迁移成本设置为中值时，中国城市福祉水平仅下降1.5%，从而认为迁移成本在解释中国城市规模分布方面不重要。Tombe 和 Zhu（2019）对中国的分析发现，国内贸易成本和人口迁移成本的降低贡献了28%的总生产率增长，进一步改革的潜在收益较大。潘士远等（2018）基于 Hsieh 和 Moretti（2019）的分析发现，2000年以来，中国城市间的劳动力配置效率得到改善，带来约2%的年均增长率；黄文彬和王曦（2021）进行反事实分析发现，一线城市的土地管制放松，有助于劳动力配置改善与经济增长；赵扶扬和陈斌开（2021）基于 Tombe 和 Zhu（2019）的量化空间模型，对中国土地区域间配置进行了量化评估。

以往量化空间研究为人地空间配置、统一要素市场研究明确了基本逻辑和分析思路，本章利用中国地级及以上城市数据分析人地错配现状特征，结合以往研究构建包含集聚效应和制度约束的量化空间模型，对不同情境下人地挂钩的综合效应进行量化分析，并提出统筹城乡地区土地资源、提高人地空间配置效率的建议。

本章的创新之处主要体现在以下三个方面。第一，在研究对象方面，以往对中国要素空间配置效率的量化研究，多从户籍壁垒角度分析其对人口迁移的影响，本章从城市建设用地供给角度分析土地制度约束对房价进而对城市人口增长的影响及其综合效应。第二，在模型设计方面，本章在量化分析模型中加入了集聚效应变量，相对于以往研究来说，将集聚效应包含在全要素生产率中更加符合城市经济理论和现实，本章进一步分析了集聚效应的倒 U 形特征，发现在放松制度约束后超大城市规模增长受拥挤效应约束会收敛到 3000 万人左右。第三，在量化分析方面，考虑制度约束内生于土地供给的特征，本章采用按比例调整制度约束和按全国同一水平调整两种方式进行量化分析，对提高土地供给、降低制度约束、引入集聚效应的各种情境的综合效应进行模拟。

二 人地空间错配的特征事实

本部分利用 2006 年[①]和 2018 年中国地级及以上城市数据，分析城市之间劳动力和土地要素配置、工资和全要素生产率等发展成果的基本特征和演进情况。其中，城市建成区面积（T）、城区人口（N）数据来自《中国城市建设统计年鉴》，单位分别为平方公里、万人；就业（L）、工资（W）数据来自《中国城市统计年鉴》，为了与建成区尽量匹配，采用市辖区年末单位从业人员数[②]及其工资表示，单位分别为万人、元；城市居民收入（I）、房价（P）数据来自"国信房地产信息网"，分别采用各个城市城镇居民人均可支配收入、商品房平均销售价格衡量，单位均为元。

根据表 16-1，在要素配置方面，人口、劳动力的分布以及城市建设用地配置表现出明显的空间结构特征。2006~2018 年，总体建成区面积年均扩张 4.97%，同期城区人口年均增长 2.89%，人口城镇化速度低于土地城镇化速度。分地区来看，东中部地区城市的平均建成区面积、城区人口分别年均增长 5% 和 3% 左右，人均建成区面积年均提高 1.85% 左右；西部地区城市平均建成区面积年均增长最快（达 6.27%），人口增长也较快（3.64%），人均建成区面积年均提高 1.90%；东北地区城市建成区面积和城区人口年均增速最低，分别仅为 2.95% 和 0.93%，单位从业人员数基本稳定，人均建成区面积增长最快（达 2.54%）。到 2018 年，西部地区和东北地区的人均建成区面积明显高于东中部地区。

[①] 之所以从 2006 年开始，主要是因为 2006 年起有比较系统、质量较好的城区人口统计数据。

[②] 在关于就业的两个指标中，"年末单位从业人员数"统计质量较高，而"城镇私营和个体从业人员数"统计质量不高。

结合相关变量核密度分布来看（省略汇报），在总体建成区面积和城区人口增长的同时，集中度略有提高；在人均建成区面积提高的同时，离散度提高，标准差从0.2998提高到0.3746，这主要是由于一些西部地区和东北地区城市的人均建成区面积较大。此类城市人均建成区面积较大，是人地空间错配的一个重要表现，其原因主要在于两个方面：一是由于西部和东北地区城市人口规模增速较小，土地供求关系缓和；二是由于现行城市建设用地标准执行过程中，一些户籍人口大于常住人口的城市往往以户籍人口配套建设用地，从而使其按常住人口计算的人均建设用地面积更大。

表16-1 相关变量统计描述

		T	N	L	T/N	W	I	P	I/P	TFP1	TFP2
2006年	均值	92	106	24	0.8701	19230	10714	1936	6.2340	1.3892	1.2733
	标准差	134	185	44	0.2998	5390	3186	1164	1.7408	0.3916	0.3404
	东部	146	174	40	0.8404	23056	13651	2869	5.3818	1.6321	1.4522
	中部	63	71	17	0.8962	16908	9700	1516	6.9362	1.2739	1.1915
	西部	62	71	15	0.8801	18127	9200	1481	6.5796	1.2811	1.2008
	东北	99	106	23	0.9361	17740	9415	1716	5.8582	1.3136	1.1923
2018年	均值	165	149	40	1.1058	74219	34779	7009	5.9011	1.7560	1.5998
	标准差	218	261	82	0.3746	13977	8419	5323	1.8179	0.3993	0.3221
	东部	254	243	75	1.0467	82857	40467	11047	4.3543	2.0461	1.8107
	中部	118	105	26	1.1235	68918	32603	5515	6.2248	1.6569	1.5379
	西部	129	108	26	1.1892	74571	32875	5274	6.6706	1.6499	1.5316
	东北	140	118	23	1.1875	63976	30217	4599	7.1505	1.5141	1.3759
年均增速	均值	4.97	2.89	4.39	2.02	11.91	10.31	11.32	-0.46	1.97	1.92
	东部	4.72	2.82	5.34	1.87	11.25	9.48	11.89	-1.75	1.90	1.86
	中部	5.32	3.35	3.72	1.85	12.42	10.63	11.36	-0.90	2.22	2.15
	西部	6.27	3.64	4.53	1.90	12.51	11.20	11.17	0.11	2.13	2.05
	东北	2.95	0.93	-0.01	2.54	11.28	10.21	8.56	1.68	1.19	1.20

注：年均增速根据2006年和2018年相关指标的数据计算得到，采用相关指标的原数据计算而非表中保留至个位数的数据。

资料来源：根据相关年份数据计算整理。

发展成果表现出名义收入收敛、相对收入降低且差距扩大的态势。2006~2018年，名义工资和收入的增长表现出收敛态势，东部地区增速最慢，西部地区增速最快，到2018年，差距明显缩小。结合房价来看，由于房价增速高于收入增速，以收入房价比（I/P）衡量的相对收入明显降低，从6.2340降到5.9011；同时，在名义收入收敛的同时，相对收入表现出差距扩大态势，标准差从1.7408提高到1.8179，这主要是由于东北地区房价增速（8.56%）低于总体均值（11.32%），东北地区的相对收入最高，而东部地区房价明显更高、相对收入最低。这符合城市之间福祉空间均衡的观点（Glaeser and Gottlieb，2009），反映了东北地区较低的自然环境舒适度、东部（沿海）地区较高的自然环境舒适度，与近年来东北地区经济衰退和人口减少、东部沿海地区经济和人口集聚水平不断提高的实际情况相符。

发展成果特征还体现在全要素生产率（TFP）方面。本部分利用第四部分的参数估计结果进行计算，分别计算两类TFP：一是包含城市集聚效应的TFP1，即$\overline{A_{i,t}}e^{f(N_{i,t})}$；二是扣除集聚效应的TFP2，即$\overline{A_{i,t}}$（第三部分将详细说明计算公式）。根据图16-1，2018年相对于2006年，两类全要素生产率均提高了25%左右，TFP1的离散度较大，在扣除城市规模因素之后TFP2的离散度略小。TFP1和TFP2之间的差别体现了集聚效应的贡献，2006年和2018年差距分别为0.1159和0.1562，分别约为TFP1的8.35%和8.90%。表16-2汇报的TFP1前10位城市以规模较大的城市为主，扣除包含城市规模的集聚效应优势之后，TFP2前10位的城市以资源型城市为主。TFP1前10位城市的变化表明，2006年有一些资源型城市位居前列，随着经济转型升级，2018年这些资源型城市退出了TFP1前10位；随着城市增长，集聚效应贡献的比重有所提高。其中，佛山的全要素生产率较高，可以解释为较高的广佛（广州和佛山）同城化水平使得佛山享受到了集聚经济优势，而从其自身扣除的集聚效应较小。分地区来看，东部地区的全要素生产率最高，东北地区的全要素生产率较低；在2006~2018年增速方面，东北地区全要素生产率的年均增速最低（1.19%和1.20%），明显低于全国平均水平（1.97%和1.92%）（见表16-1）。

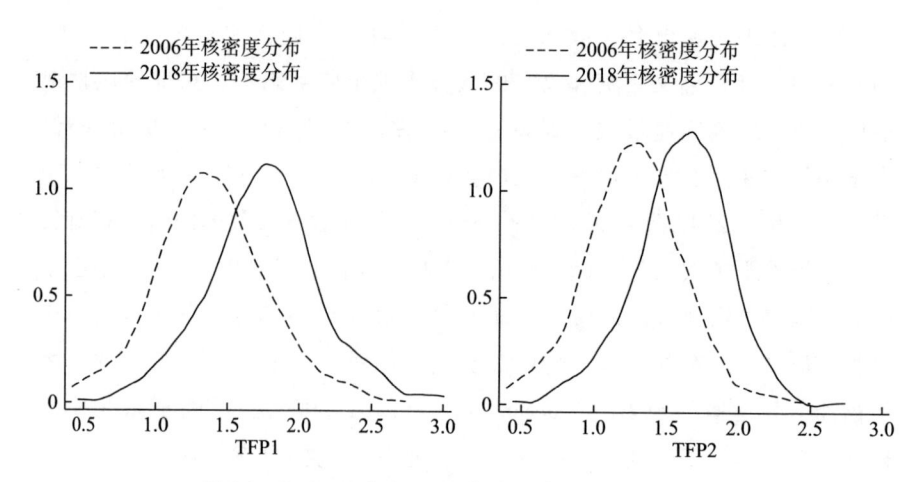

图 16-1　2006 年和 2018 年全要素生产率分布演进

资料来源：根据相关年份数据计算绘制。

表 16-2　2006 年和 2018 年全要素生产率前 10 位城市

序号	2006 年 TFP1		2006 年 TFP2		2018 年 TFP1		2018 年 TFP2	
1	佛山	2.7397	佛山	2.4985	深圳	3.0087	佛山	2.7445
2	东莞	2.4942	玉溪	2.2862	佛山	2.9604	常州	2.3287
3	深圳	2.3632	中山	2.1830	上海	2.9555	东营	2.2821
4	上海	2.3607	东营	2.1733	广州	2.7851	常德	2.2790
5	大庆	2.3392	大庆	2.1650	北京	2.6823	大庆	2.2630
6	玉溪	2.3084	克拉玛依	2.0197	武汉	2.6519	廊坊	2.2119
7	中山	2.2575	常州	1.9732	常州	2.5959	玉溪	2.1998
8	东营	2.2447	延安	1.9399	宁波	2.5289	扬州	2.1853
9	广州	2.2375	无锡	1.9353	济南	2.5266	岳阳	2.1768
10	无锡	2.2005	常德	1.8884	杭州	2.5084	克拉玛依	2.1594

资料来源：根据相关年份数据计算整理。

综合来看，地区之间人地错配明显。东部地区城市具有较高的全要素生产率、工资和收入水平，人均建设用地面积较小，房价较高；西部和东北地区恰好与之相反，全要素生产率较低，人均建设用地面积较大，房价较低；中部地区的各项指标处于中等水平。可见，随着劳动力和人口向生产率和收入较高的东部地区迁移，东部地区城市发展面临较强的土地供给约束；西部和东北地区城市则由于人口净流出，土地利用效率较低。实践中，东部地区城市为寻求发展空间，通过各种增减挂钩方式提高城市建设用地指标和供给水平，出现了大规模合村并居等存在争议的现象。因而，如何在人口大规模迁移和人口空间格局动态调整中优化要素空间配置，成为深化改革的重点难点。

三　包含集聚效应和制度约束的空间均衡模型

本部分基于Hsieh和Moretti（2019）、Redding和Rossi-Hansberg（2017）的量化空间分析思路，结合城市经济理论和中国实际情况加入集聚效应和制度约束变量，构建量化空间模型。

城市生产函数采用Cobb-Douglas函数形式，加入城市集聚效应对全要素生产率的影响，城市i时期t的总产出可表示为：

$$Y_{i,t} = A_{i,t} L_{i,t}^{\alpha} K_{i,t}^{\beta} T_{i,t}^{\gamma} = \overline{A_{i,t}} e^{f(N_{i,t})} L_{i,t}^{\alpha} K_{i,t}^{\beta} T_{i,t}^{\gamma} \quad (16-1)$$

$$f(N_{i,t}) = \delta_1 N_{i,t} + \delta_2 N_{i,t}^2 \quad (16-2)$$

其中，$A_{i,t}$、$N_{i,t}$、$L_{i,t}$、$K_{i,t}$、$T_{i,t}$分别表示城市i时期t的全要素生产率、人口规模、就业规模、资本和土地。需要说明的是，第一，本章旨在考察人地挂钩的综合效应，因而在传统的资本和劳动力要素基础上，加入土地要素；第二，假定生产函数的三类要素产出弹性α、β、γ在所有城市一致，在参数估计部分利用中国城市数据进行估计[①]；第三，结合集聚经济理论，考虑城市规模对全要素生产率的影响[②]，用$\overline{A_{i,t}} e^{f(N_{i,t})}$表示全要素生产率$A_{i,t}$，其中，$e^{f(N_{i,t})}$表示集聚效应对全要素生产率的贡献。在公式（16-2）中，$f(N_{i,t})$采用二次函数形式，考虑城市规模的集聚经济和拥挤效应同时存在，城市规模对全要素生产率的影响存在最大值点（即经典最优城市规模的观点）（Henderson，1974）。现实中较少有城市会达到这一最大值点，从而集聚效应的线性关系也是显著的，但在

[①] 根据以往研究，也可将三个参数之和设定为1。
[②] 根据城市集聚经济的相关研究，集聚经济的大小不仅与城市人口规模相关，还与城市人口密度、产业结构（专业化、多样化）等相关，根据本章的研究对象，这里主要考虑城市人口规模（简称"城市规模"）。

量化分析中会凸显倒 U 形关系的重要性,这一拥挤效应是限制城市在集聚经济引起的循环累积效应下无限增长的主要力量。

由于资本在一国内部的流动性较强,假定存在统一的利率 R。利润最大化条件下劳动力和土地的需求函数以及二者之间的关系可以表示为:

$$L_{i,t} = \left[A_{i,t} \frac{W_{i,t}^{\beta+\gamma-1}}{R_{i,t}^{\beta} P_{i,t}^{\gamma}} \frac{\beta^{\beta} \gamma^{\gamma}}{\alpha^{\beta+\gamma}} (\alpha + \beta + \gamma) \right]^{1/(1-\alpha-\beta-\gamma)} \quad (16-3)$$

$$T_{i,t} = \left[A_{i,t} \frac{P_{i,t}^{\alpha+\beta-1}}{W_{i,t}^{\alpha} R_{i,t}^{\beta}} \frac{\alpha^{\alpha} \beta^{\beta}}{\gamma^{\alpha+\beta}} (\alpha + \beta + \gamma) \right]^{1/(1-\alpha-\beta-\gamma)} \quad (16-4)$$

$$L_{i,t} = \left[\frac{\alpha^{1-\beta} \beta^{\beta}}{R_{i,t}^{\beta}} A_{i,t} W_{i,t}^{\beta-1} T^{\gamma} \right]^{1/(1-\alpha-\beta)} \quad (16-5)$$

基于城市经济理论和城市空间均衡思想(Glaeser and Gottlieb, 2009),城市居民福利的影响因素主要包括收入、房价和舒适度等方面,城市居民的平均效用水平可以表示为 $V'_{i,t} = W_{i,t} Z_{i,t} / P_{i,t}^{\theta}$,即效用与收入($W_{i,t}$)、舒适度($Z_{i,t}$)正相关,与房价($P_{i,t}$)负相关($\theta$ 为住房支出比重)。这一公式内含了变量之间的空间均衡关系,即不考虑制度约束和迁移成本时,城市之间存在均衡福利水平 $\overline{V'_t}$。

考虑制度约束会造成一定比例($\tau_{i,t}$)的效用损失,因而需要区分户籍人口(或现有居民)和流动人口,假定现有居民效用($V'_{i,t}$)不受制度约束影响,城市流动人口的效用函数可以表示为:

$$V_{i,t} = (1 - \tau_{i,t}) W_{i,t} Z_{i,t} / P_{i,t}^{\theta} \quad (16-6)$$

其中,$\tau_{i,t}$ 表示制度约束等造成的效用损失比重,比如在享受公共服务方面的损失(对 $Z_{i,t}$ 产生影响)、交通成本、新进入城市的融入成本等。制度约束以进入壁垒的形式,维持了不同城市现有居民的福利差异,从而 $V'_{i,t}$ 不相等;福利空间均衡以流动人口的效用均衡实现,流动人口在不同城市间进行选择,在制度约束下实现福利空间均衡,存在 $V_{i,t} = \overline{V_t}$。

效用函数中的城市房价 $P_{i,t}$,除了受自然舒适度和系统性因素影响之外,主要由住房供求决定,住房需求主要取决于城市人口规模及其增长趋势,住房供给与土地供给紧密相关。其中,居住用地是城市建设用地的一种类型,简化起见,与公式(16-1)保持一致,统一采用城市建设用地表示。$P_{i,t}$ 可表示为：

$$P_{i,t} = \overline{P_{i,t}} \left(\frac{N_{i,t}}{T_{i,t}}\right)^{\varphi} \qquad (16-7)$$

其中，$\overline{P_{i,t}}$ 表示供求关系之外系统性因素决定的房价。不同于 Hsieh 和 Moretti（2019）采用各个城市的土地供给弹性作为房价的影响因素，为模拟"人地挂钩"问题并考虑数据可得性，本章采用城市人口密度（$\frac{N_{i,t}}{T_{i,t}}$，即人均建设用地面积的倒数）进行衡量，这两个指标紧密相关。根据已有研究，允许城市空间扩张的城市在控制城市住房成本方面更为成功（Duranton and Puga, 2020）。Combes 等（2019）估计了法国大都市中心地带的房地产价格相对于其人口密度或人口规模的弹性，进一步证明了这一点。由此，城区人口密度越大，往往意味着住房供给越紧张，房价越高，反之则越低，即 $\varphi > 0$。虽然存在人均建设用地的规划标准，但由于中国处于大规模人口迁移时期，土地供给较难随着人口迁移而调整配置，从而各地城市房价随人口迁移的方向以及城市人口密度（或人均建设用地面积）呈现出结构特征。

将公式（16-7）代入公式（16-6）得到名义工资的表达式为：

$$W_{i,t} = \frac{\overline{V_t}\, \overline{P_{i,t}}^{\theta} \left(\frac{N_{i,t}}{T_{i,t}}\right)^{\varphi\theta}}{(1-\tau_{i,t})\, Z_{i,t}} \qquad (16-8)$$

据此可以发现，当外部冲击引起城市人口增长时，如果城市土地和住房供给弹性较大，则土地供给会同步增长，较少引起人口密度的提升和房价、名义工资的上涨；若土地和住房供给弹性较低，$\left(\frac{N_{i,t}}{T_{i,t}}\right)^{\varphi\theta}$ 随着人口增长而快速增长，引起房价较名义工资更快上涨，从而形成限制人口增长的经济壁垒。

将公式（16-8）代入公式（16-5），并假定城市总人口（$N_{i,t}$）与总就业（$L_{i,t}$）存在 $N_{i,t} = a_{1,i,t} L_{i,t}^{\rho_1}$ 或 $L_{i,t} = a_{2,i,t} N_{i,t}^{\rho_2}$ 的关系，从而得到均衡状态下的就业和人口规模：

$$L_{i,t}^* = \left\{\frac{\alpha^{1-\beta}\beta^{\beta}}{R_{i,t}^{\beta}\overline{V_t}^{1-\beta}}\left[\frac{(1-\tau_{i,t})Z_{i,t}}{\overline{P_{i,t}}^{\theta} a_{1,i,t}^{\varphi\theta}}\right]^{1-\beta} A_{i,t} T_{i,t}^{\gamma+(1-\beta)\varphi\theta}\right\}^{1/[1-\alpha-\beta+(1-\beta)\rho_1\varphi\theta]} \qquad (16-9)$$

$$N_{i,t}^* = \left\{ \frac{\alpha^{1-\beta} \beta^{\beta}}{a_{2,i,t}^{1-\alpha-\beta} R_{i,t}^{\beta} V_{t}^{1-\beta}} \left[\frac{(1-\tau_{i,t}) Z_{i,t}}{P_{i,t}^{\theta}} \right]^{1-\beta} A_{i,t} T_{i,t}^{\gamma+(1-\beta)\varphi\theta} \right\}^{1/[\rho_3(1-\alpha-\beta)+(1-\beta)\varphi\theta]}$$

(16-10)

根据公式（16-9）或公式（16-10），不同城市的就业规模或人口规模差异主要由当地全要素生产率（$A_{i,t}$）、舒适度（$Z_{i,t}$）、土地供给（$T_{i,t}$）以及制度约束（$\tau_{i,t}$）的差异决定。全要素生产率与就业和人口规模正相关，舒适度与其正相关，土地供给与其正相关，制度约束会限制就业和人口增长。

根据不同的假设，公式（16-9）和公式（16-10）右侧会包含 $L_{i,t}^*$ 或 $N_{i,t}^*$ 的不同形式。第一，当考虑城市规模的集聚效应 $A_{i,t} = \overline{A_{i,t}} e^{f(N_{i,t})}$ 时，结合就业与人口规模的关系，$L_{i,t}^*$ 或 $N_{i,t}^*$ 在右侧 $A_{i,t}$ 中以 $e^{[\delta_1 N_{i,t}^* + \delta_2 N_{i,t}^{*2}]}$ 形式存在，公式（16-9）和公式（16-10）转化为非线性方程；第二，$(1-\tau_{i,t})$ 会伴随土地供给、人口规模的调整而调整，因而当考虑制度约束在一定程度上内生于土地供给时，公式（16-9）和公式（16-10）的形式也会调整。为此，在第五部分的反事实分析中，将考虑不同情境的假设条件，根据不同的方程形式分析人地挂钩的综合效应。通过计算土地供给冲击下 $L_{i,t}^*$ 或 $N_{i,t}^*$ 的调整情况，求解不同情境下 $A_{i,t}^*$、$W_{i,t}^*$、$Y_{i,t}^*$ 和 $V_{i,t}^*$ 的调整情况，以及 $\sum_i N_{i,t}^*$、$\sum_i Y_{i,t}^*$ 等的变化情况。

四　参数估计

本部分利用中国地级及以上城市 2006~2018 年面板数据估计模型中的主要参数，并根据相关研究对部分参数进行设定。

（一）生产函数估计

根据数据可得性和数据质量，中国城市生产函数相关数据的统计口径与国外相关研究有所不同，同时考虑国内相关研究采用的参数差别较大，故本章对相关参数进行估计。产出指标采用《中国城市统计年鉴》市辖区生产总值数据。在就业指标方面，由于《中国城市统计年鉴》中非单位从业人员数据统计质量问题（数据缺失较多且波动较大），采用市辖区单位从业人员总量进行替代。资本指标采用市辖区全社会固定资产投资数据,参考永续盘存法进行估算,该指标在1999~2016年有统计数据,因此对2006~2016年的资本指标按折旧率10%进行估算,2017年和2018年资本数据分别按前三年平均增长趋势外推。在土地指标方面,考虑城市建设用地中存在未建区、另有部分城市建成区超出城市建设用地总量,故采用建成区面积指标。衡量集聚效应的城市人口指标采用《中国城市建设统计年鉴》中的城区人口数据。

根据公式(16-1)和公式(16-2),分别设计三个模型估计 α、β、γ、δ_1、δ_2:

$$\ln Y_{i,t} = \ln A_{i,t} + \alpha \ln L_{i,t} + \beta \ln K_{i,t} + \gamma \ln T_{i,t} + \mu_i + \mu_t + \varepsilon_{i,t} \quad (16-11)$$

$$\ln Y_{i,t} = \ln \overline{A_{i,t}} + \delta_1 N_{i,t} + \delta_2 N_{i,t}^2 + \alpha \ln L_{i,t} + \beta \ln K_{i,t} + \gamma \ln T_{i,t} + \mu_i + \mu_t + \varepsilon_{i,t} \quad (16-12)$$

$$\ln \frac{Y_{i,t}}{L_{i,t}^\alpha K_{i,t}^\beta T_{i,t}^\gamma} = \ln \overline{A_{i,t}} + \delta_1 N_{i,t} + \delta_2 N_{i,t}^2 + \mu_i + \mu_t + \varepsilon_{i,t} \quad (16-13)$$

利用2006~2018年中国城市面板数据进行估计,控制城市个体异质性(μ_i)和时期效应(μ_t),估计结果显示,各个系数基本显著且稳健(见表16-3)。模型(1)和模型(2)为公式(16-11)的估计结果,其中,模型(1)仅考虑传统的劳动力和资本要素,模型(2)加入土地要素,从系数变化可见,加入土地之后,两类传统要素投入的贡献系数略有降低(约0.05),这是由要素之间存在的替代关系引起的。考虑滞后期要素投入、滞后期产出与当期要素投入、当期产出的内生关系,模型(3)利用动态面板系统GMM估计方法对三要素产出贡献进行估计,根据AR(2)值和Hansen检验,且滞后一期因变量的系数介于混合OLS估计和固定效应估计之间(省略汇报),模型估计量是一致且有效的,其估计结果与双向固定效应接近。其中土地产出弹性的显著性略低(接近10%),这与一些城市建成区面积在部分年份保持不变有关。模型(4)和模型(5)为公式(16-12)的估计结果,三种要素的系数与模型(2)接近,结果稳健。模型(4)仅考察城市规模的一次项时,正向弹性系数约为0.0007,加入城市规模的二次项后,N与N^2的系数均显著,分别约为0.0012和-0.00000025,以此计算的城市的最优效率规模约为 2400 万人。模型（6）和模型（7）为公式（16-13）的估计结果，结合模型（2）至模型（5）估计的 α、β、γ 计算 $\ln \dfrac{Y_{i,t}}{L_{i,t}^{\alpha} K_{i,t}^{\beta} T_{i,t}^{\gamma}}$，以此分别估计线性模型（6）与二次型模型（7）的弹性系数，估计结果分别与模型（4）和模型（5）的系数接近，表现出较好的稳健性。

表16-3 城市生产函数参数估计结果

变量	模型（1）$\ln Y_{i,t}$	模型（2）$\ln Y_{i,t}$	模型（3）$\ln Y_{i,t}$	模型（4）$\ln Y_{i,t}$	模型（5）$\ln Y_{i,t}$	模型（6）$\ln \dfrac{Y_{i,t}}{L_{i,t}^{\alpha} K_{i,t}^{\beta} T_{i,t}^{\gamma}}$	模型（7）$\ln \dfrac{Y_{i,t}}{L_{i,t}^{\alpha} K_{i,t}^{\beta} T_{i,t}^{\gamma}}$
$\ln Y_{i,t-1}$			0.7489*** (0.1239)				
$\ln L_{i,t}$	0.3160*** (0.0455)	0.2657*** (0.0408)	0.2140*** (0.0541)	0.2558*** (0.0367)	0.2547*** (0.0360)		
$\ln K_{i,t}$	0.3804*** (0.0276)	0.3378*** (0.0264)	0.3078*** (0.0547)	0.3514*** (0.0253)	0.3470*** (0.0253)		
$\ln T_{i,t}$		0.3110*** (0.0447)	0.3852 (0.2629)	0.2903*** (0.0436)	0.2690*** (0.0440)		
N				0.0007*** (0.0001)	0.0012*** (0.0002)	0.0007*** (0.0001)	0.0011*** (0.0002)
N^2					-0.0000*** (0.0000)		-0.0000*** (0.0000)
常数项	2.2914*** (0.1790)	1.3989*** (0.2427)	0.2618* (0.1456)	1.3611*** (0.2343)	1.4305*** (0.2341)	1.3195*** (0.0129)	1.2792*** (0.0178)
个体	是	是	是	是	是	是	是
时期	是	是	是	是	是	是	是
样本量	3678	3678	3389	3678	3678	3678	3678
R^2	0.9183	0.924		0.9264	0.9269	0.4220	0.4256
AR(2)			0.094				

续表

变量	模型（1） $\ln Y_{i,t}$	模型（2） $\ln Y_{i,t}$	模型（3） $\ln Y_{i,t}$	模型（4） $\ln Y_{i,t}$	模型（5） $\ln Y_{i,t}$	模型（6） $\ln \dfrac{Y_{i,t}}{L_{i,t}^{\alpha} K_{i,t}^{\beta} T_{i,t}^{\gamma}}$	模型（7） $\ln \dfrac{Y_{i,t}}{L_{i,t}^{\alpha} K_{i,t}^{\beta} T_{i,t}^{\gamma}}$
Hansen 检验			0.837				
备注	双向 FE	双向 FE	系统 GMM	双向 FE	双向 FE	双向 FE	双向 FE

注：括号中为系数的稳健标准误；N^2 的系数及其标准误差分别为 -0.00000025 和 0.00000006，由于 N^2 数值较大，故系数较小，表中保留位数后未能显示；***、** 和 * 分别表示在 1%、5% 和 10% 的水平下显著。下同。

根据表 16-3 中不同模型估计的生产函数稳健的系数，量化分析中，α、β、γ、δ_1、δ_2 分别采用 0.26、0.35、0.30、0.0012、-0.00000025。其中，$\alpha + \beta + \gamma = 0.91$，接近 1。考虑统计误差，与以往的规模报酬不变假设基本一致（略有减少），同时由于模型在全要素生产率中考虑了集聚经济（规模报酬递增），从而兼顾了生产投入层面的规模报酬不变（或递减）与城市层面的规模报酬递增（Duranton and Puga，2019）。据 δ_1 和 δ_2 计算的最优效率规模约为 2400 万人。以往相关参数估计中，Desmet 和 Rossi-Hansberg（2013）仅考虑资本和劳动时，资本产出弹性采用 0.3358，并以二者之和为 1 设定劳动产出弹性；Hsieh 和 Moretti（2019）基于以往研究对美国的参数估计结果，劳动和资本产出弹性分别设定为 0.65 和 0.25，并按三者之和为 1 设定土地（商业用地）产出弹性为 0.10。本章的要素产出贡献与之有所不同，这主要与中美两国的经济结构和发展阶段有关，美国的劳动产出贡献更大。

（二）房价与密度的关系估计

根据公式（16-7），对房价和密度的关系进行估计，构建如下计量模型：

$$\ln P_{i,t} = C + \varphi \ln\left(\frac{N_{i,t}}{T_{i,t}}\right) + \mu_i + \mu_t + \varepsilon_{i,t} \qquad (16-14)$$

公式（16-7）对数线性化之后的 $\ln \overline{P_{i,t}}$ 以 C 和 μ_i、μ_t 的形式存在于公式（16-14）中，表示各个城市人口密度之外的房价决定因素，比如城市之间异质性的舒适度等，估计结果如表 16-4 所示。其中，模型（8）仅控制时期虚拟变量时，房价的密度弹性约为 0.22；模型（9）采用双向固定效应时,房价的密度弹性约为0.06,系数的降低反映了个体虚拟变量中的自然舒适度等异质性因素对房价的影响,这是符合现实规律的。考虑房价与密度之间的内生性问题,采用动态面板系统GMM方法进行估计［见模型（10）］,根据其中的AR（2）值和Hansen检验结果,模型估计量是一致且有效的。同时,该模型滞后一期因变量的系数介于混合OLS估计［见模型（11）］和固定效应估计［见模型（12）］之间,进一步论证了其合理性,其中的密度弹性约为0.03。结合模型（9）和模型（12）来看,无论是否控制因变量滞后期,房价的密度弹性稳定在0.06左右,据此,量化分析中公式（16-7）中的φ取0.06。与此类似的国外研究有Combes等（2019）的研究,其对法国大都市中心地带的房地产价格的密度弹性估计发现,房价的人口密度弹性约为0.21,土地价格的人口密度弹性约为0.60。这一结果大于本章对中国城市平均房价密度弹性的估计结果,可以解释为,大都市区中心地带之间的房价比城市之间的平均房价离差更大,从而弹性也更大。

表16-4 房价与密度的参数估计结果

变量	模型（8） $\ln P_{i,t}$	模型（9） $\ln P_{i,t}$	模型（10） $\ln P_{i,t}$	模型（11） $\ln P_{i,t}$	模型（12） $\ln P_{i,t}$
$\ln P_{i,t-1}$			0.9496*** (0.0170)	0.9607*** (0.0081)	0.4558*** (0.0484)
$\ln(N_{i,t}/T_{i,t})$	0.2189*** (0.0353)	0.0552** (0.0291)	0.0309* (0.0183)	0.0173** (0.0080)	0.0550*** (0.0213)
常数项	8.2045*** (0.0054)	7.4505*** (0.0090)	0.4716*** (0.1426)	0.4822*** (0.0659)	4.2423*** (0.3641)
个体	否	是	是	否	是
时期	是	是	是	是	是
样本量	3638	3638	3372	3372	3372
R^2	0.0059	0.4208		0.9454	0.8276
AR（2）			0.780		
Hansen检验			0.242		
备注	时期FE	双向FE	系统GMM	OLS	双向FE

（三）其他参数

关于城市人口规模与就业的关系，考虑到量化分析中直接估计 $N_{i,t}$ 更为直观，故主要估计 $L_{i,t} = a_{2,i,t} N_{i,t}^{\rho_2}$ 的参数，将 $L_{i,t}$ 用 $N_{i,t}$ 表示。根据理论和模型设定，只需要考察二者之间的统计关系（非因果关系）。据估计，各年份各个城市人口规模和就业关系的参数估计结果（省略汇报）比较接近，取 $\rho_2 = 1.05$。关于住房支出份额 θ 的值，Glaeser 和 Gottlieb（2009）采用 0.3，Hsieh 和 Moretti（2019）采用 0.32，赵扶扬和陈斌开（2021）采用 0.33，参数均比较接近，据此，本章量化分析中采用 $\theta = 0.32$。

五 人地挂钩效应的反事实分析

本部分分别对基础模型、考虑集聚效应、考虑制度约束内生于土地供给的三种情境进行模拟，对建设用地未达到一定标准的城市实现人地挂钩的综合效应进行量化分析，对于人均建设用地达标的城市则不进行调整。同时，量化分析中假定各个城市都存在充足的物理上的城市用地或空间，对于可能存在的超越行政边界的增长和扩张，可以认为以都市圈（或大都市区）同城化①的形式实现。量化分析采用《中国城市建设统计年鉴 2020》中 685 个城市的数据，包括有建成区面积和城区人口统计数据的所有城市。

（一）采用基础模型的模拟

当不考虑城市集聚效应和制度约束调整时，随着土地供给调整，由于公式（16-10）右侧其他相关变量保持不变，用 $\hat{x}$ 表示变量 x 调整后的值，则城市人口规模调整与土地供给调整的关系可以表示为：

$$\frac{\hat{N}_{i,t}}{N_{i,t}} = \left(\frac{\hat{T}_{i,t}}{T_{i,t}}\right)^{c_1} \tag{16-15}$$

其中，$c_1 = [\gamma + (1-\beta)\varphi\theta]/[\rho_2(1-\alpha-\beta) + (1-\beta)\varphi\theta]$。据此

---

① 这也体现在本章的政策建议部分。

可以计算调整城市的平均增长率 $\overline{\widehat{N}_{i,t}/N_{i,t}}$，以及总体的城市人口增长率 $\sum_i \widehat{N}_{i,t}/\sum_i N_{i,t}$。

结合 $L_{i,t} = a_{2,i,t} N_{i,t}^{\rho_2}$，可得 $\dfrac{\widehat{L}_{i,t}}{L_{i,t}} = \left(\dfrac{\widehat{N}_{i,t}}{N_{i,t}}\right)^{\rho_2} = \left(\dfrac{\widehat{T}_{i,t}}{T_{i,t}}\right)^{\rho_2 c_1}$。此种情境下，城市的总产出可以调整为：

$$\frac{\widehat{Y}_{i,t}}{Y_{i,t}} = \frac{\overline{A_{i,t}} \, \widehat{L}_{i,t}^{\alpha} \, \widehat{K}_{i,t}^{\beta} \, \widehat{T}_{i,t}^{\gamma}}{A_{i,t} \, L_{i,t}^{\alpha} \, K_{i,t}^{\beta} \, T_{i,t}^{\gamma}} = \left(\frac{\widehat{T}_{i,t}}{T_{i,t}}\right)^{\alpha \rho_2 c_1 + \beta \rho_2 c_1 + \gamma} \quad (16-16)$$

根据各个城市的 $\widehat{Y}_{i,t}/Y_{i,t}$，可得调整后城市平均的产出增长率 $\overline{\widehat{Y}_{i,t}/Y_{i,t}}$，结合初始均衡值 $Y_{i,t}$①，可以计算总体的产出增长率 $\sum_i \widehat{Y}_{i,t}/\sum_i Y_{i,t}$。

根据公式（16-8），在不考虑制度约束 $(1-\tau_{i,t})$ 的变化时，即：

$$\frac{\widehat{W}_{i,t}}{W_{i,t}} = \left(\frac{\widehat{N}_{i,t}/\widehat{T}_{i,t}}{N_{i,t}/T_{i,t}}\right)^{\varphi\theta} \quad (16-17)$$

根据公式（16-6）至公式（16-8），由于名义工资的降低会被房价的降低所抵消，所以其对相对收入影响较小，在假设制度约束不变时，调整后的城市 i 居民平均效用不变（$\widehat{V}'_{i,t} = V'_{i,t}$），城市 i 居民的总效用变化由人口规模调整决定，即：

$$\frac{\widehat{V}'_{i,t} \widehat{N}_{i,t}}{V'_{i,t} N_{i,t}} = \frac{\widehat{N}_{i,t}}{N_{i,t}} \quad (16-18)$$

这与 Hsieh 和 Moretti（2019）的研究一致，其考虑福祉空间均衡关系，以就业（人口）变化衡量福祉变化。

根据《城市用地分类与规划建设用地标准》（GB 50137—2011）②，采用 100m^2/人城市建设用地标准进行调整，对应《中国城市建设统计年

---

① 根据数据可得性，这里的产出数据为 2019 年数据。由于此量化分析只需考虑相关变量的变化率，而不是具体数值，因此估计结果不以数值大小调整，是稳健的（Tombe and Zhu，2019）。

② 该标准规定"新建城市的规划人均城市建设用地指标应在每人 85.1~105.0m² 内确定"。《城乡用地分类与规划建设用地标准》2018 年征求意见稿规定"新建城市、镇的规划人均城乡居民点建设用地面积指标宜在每人 100.1~120.0m² 内确定"。

鉴》中的 1 公里²/万人，以此作为人地挂钩的土地供给调整后的水平进行模拟。

采用基础模型的量化分析结果如表 16-5 所示。在所有 685 个样本城市中，有 88 个城市未达到 100m²/人的标准，按此调整后，调整城市的城区人口平均增长 12.82%，引起总体城区人口增长 6.38%。前六大城市中，上海、北京、深圳是人地差距较大的城市，按标准提高土地供给之后，城区人口分别增长为原来的 1.6469 倍、1.2176 倍和 1.2872 倍，重庆、广州、天津的人地差距较小，因而调整后人口增幅较小。

分行政级别来看，36 个中心城市（直辖市、省会城市及其他副省级城市）中有 16 个城市没有达到 100m²/人的标准，所占比重明显高于地级市和县级市。以此标准提高用地水平后，4 个直辖市城区人口平均增长 22.21%，12 个省会及其他副省级城市城区人口平均增长 10.58%，地级市和县级市调整城市的城区人口分别平均增长 11.67% 和 13.27%。

分地区来看，东部地区 212 个城市中有 31 个城市未达到 100m²/人的标准，调整后这些城市的城区人口平均增长 17.94%，增幅最大；中部地区有 26 个城市未达到该标准，调整后城区人口平均增长 9.05%；西部地区 23 个城市调整后城区人口平均增长 11.38%；东北地区 8 个城市调整后城区人口平均增长 9.32%。

调整城市的产出平均增长 13.48%，实现总产出增长 7.65%。比较 $\widehat{N}_i/N_i$ 和 $\widehat{Y}_i/Y_i$、$\sum_i \widehat{N}_{i,t}/\sum_i N_{i,t}$ 与 $\sum_i \widehat{Y}_{i,t}/\sum_i Y_{i,t}$ 的结果可见，调整城市的产出增长与人口增长水平接近；根据 $\widehat{W}_i/W_i$ 的结果，在不考虑集聚效应时，由于人地基本呈现同步增长态势，工资基本保持不变。由此可见，当外部冲击引起全要素生产率提高时，如果提高土地供给弹性，则会引起就业的增长，而工资比较稳定；如果土地供给受限，则全要素生产率的提高只会引起较少的就业增长，从而引致较高的工资和房价上涨。根据公式（16-18），单个城市的总效用增长与其人口增长水平一致。

因而，当不考虑城市规模的集聚效应时，人口、产出、效用与土地供给基本呈现同步增长态势，人均产出、工资基本稳定。

表 16-5 模拟（1）：采用基础模型的量化分析结果

城市		$N_{i,2020}$	$T_{i,2020}$	$\widehat{N}_i$	$\widehat{N}_i/N_i$	$\widehat{Y}_i/Y_i$	$\widehat{W}_i/W_i$
所有城市（88/685）		208	172	247	1.1282	1.1348	0.9992
前六大城市	上海	2428	1238	4000	1.6469	1.6849	0.9967
	北京	1916	1469	2330	1.2176	1.2285	0.9987
	重庆	1610	1566	1640	1.0210	1.0220	0.9999
	广州	1386	1350	1410	1.0194	1.0203	0.9999
	深圳	1344	956	1730	1.2872	1.3021	0.9983
	天津	1174	1170	1180	1.0027	1.0028	1.0000
按行政级别分类	直辖市(4/4)	1782	1361	2288	1.2221	1.2346	0.9988
	省会等（12/32）	596	521	665	1.1058	1.1110	0.9993
	地级市（27/260）	102	87	117	1.1167	1.1227	0.9993
	县级市（45/389）	28	24	32	1.1327	1.1396	0.9992
按地区分类	东部城市（31/212）	377	292	472	1.1794	1.1891	0.9990
	中部城市（26/178）	86	76	93	1.0905	1.0950	0.9994
	西部城市（23/203）	133	123	142	1.1138	1.1196	0.9993
	东北城市（8/92）	168	158	176	1.0932	1.0978	0.9994

注：城市分类括号中，第一个数为该类城市按 100m^2/人调整的城市数，第二个数为该类城市样本总数；表中汇报的指标值为相关城市数据或分类城市的平均值，下同。

（二）考虑集聚效应的模拟

考虑城市规模的集聚效应时，公式（16-10）的右式 $A_{i,t}$ [即 $\overline{A_{i,t}}\,\mathrm{e}^{f(N_{i,t})}$]中存在 $N_{i,t}$，其本质反映了城市规模中集聚经济和拥挤效应

第十六章 人地挂钩效应的量化空间分析

的权衡。根据公式（16-10）可得：

$$N_{i,t}^* e^{f(N_{i,t}^*)(-c_2)} = \overline{C_{i,t}} T_{i,t}^{c_1} \tag{16-19}$$

其中，$\overline{C_{i,t}}$表示公式（16-10）中不随土地供给和人口调整变化的相关变量表达式，$c_2 = 1/[\rho_2(1-\alpha-\beta) + (1-\beta)\varphi\theta]$。

结合公式（16-2）、公式（16-19）可以调整为：

$$N_{i,t}^* e^{[\delta_1 N_{i,t}^* + \delta_2 N_{i,t}^{*2}](-c_2)} = \overline{C_{i,t}} T_{i,t}^{c_1} \tag{16-20}$$

可见，当考虑集聚效应时，城市规模的调整需要根据公式（16-20）求解以下非线性方程中的$\widehat{N}_{i,t}$：

$$\frac{\widehat{N}_{i,t}}{N_{i,t}} \frac{e^{[\delta_1 \widehat{N}_{i,t} + \delta_2 \widehat{N}_{i,t}^2](-c_2)}}{e^{[\delta_1 N_{i,t} + \delta_2 N_{i,t}^2](-c_2)}} = \left(\frac{\widehat{T}_{i,t}}{T_{i,t}}\right)^{c_1} \tag{16-21}$$

考虑集聚经济的存在，城市全要素生产率会随着就业和人口规模的增长而提高：

$$\frac{\widehat{A}_{i,t}}{A_{i,t}} = \frac{\overline{A_{i,t}}}{\overline{A_{i,t}}} \frac{e^{f(\widehat{N}_{i,t})}}{e^{f(N_{i,t})}} = \frac{e^{[\delta_1 \widehat{N}_{i,t} + \delta_2 \widehat{N}_{i,t}^2]}}{e^{[\delta_1 N_{i,t} + \delta_2 N_{i,t}^2]}} \tag{16-22}$$

图16-2描述了集聚效应与城市规模的关系及其随城市规模调整的变化特征。图16-2（a）显示了集聚效应与城市规模的一次型和二次型关系，考虑拥挤效应的存在，采用二次型关系是合理的，与参数估计部分一致，城市规模的最大效率值在2400万人左右。图16-2（b）显示了在不同的城市规模下，城市规模分别增长至原来的1.1倍、1.3倍、1.5倍时引起的生产率的变化率（$\frac{\widehat{A}_{i,t}}{A_{i,t}}$），该变化率最大时（即增幅最大的点）对应的城市规模在1000万人左右，且在2000万人左右时变化率逐渐小于1（即生产率开始下降）。图16-2（c）显示了生产率变化对城市规模的影响，即公式（16-21）调整为$\frac{\widehat{N}_{i,t}}{N_{i,t}} = \left(\frac{\widehat{T}_{i,t}}{T_{i,t}}\right)^{c_1} \left(\frac{\widehat{A}_{i,t}}{A_{i,t}}\right)^{c_2}$后的$\left(\frac{\widehat{A}_{i,t}}{A_{i,t}}\right)^{c_2}$，故与图16-2（b）形状相似，即城市增长引起的全要素生产率提高进一步促进城市增长，这呈现了考虑集聚效应时存在的城市增长的循环累积效应，且体现在表16-6的模拟结果中。

(a) 城市规模的集聚效应

(b) 城市规模影响生产率变化

(c) 生产率变化影响城市规模

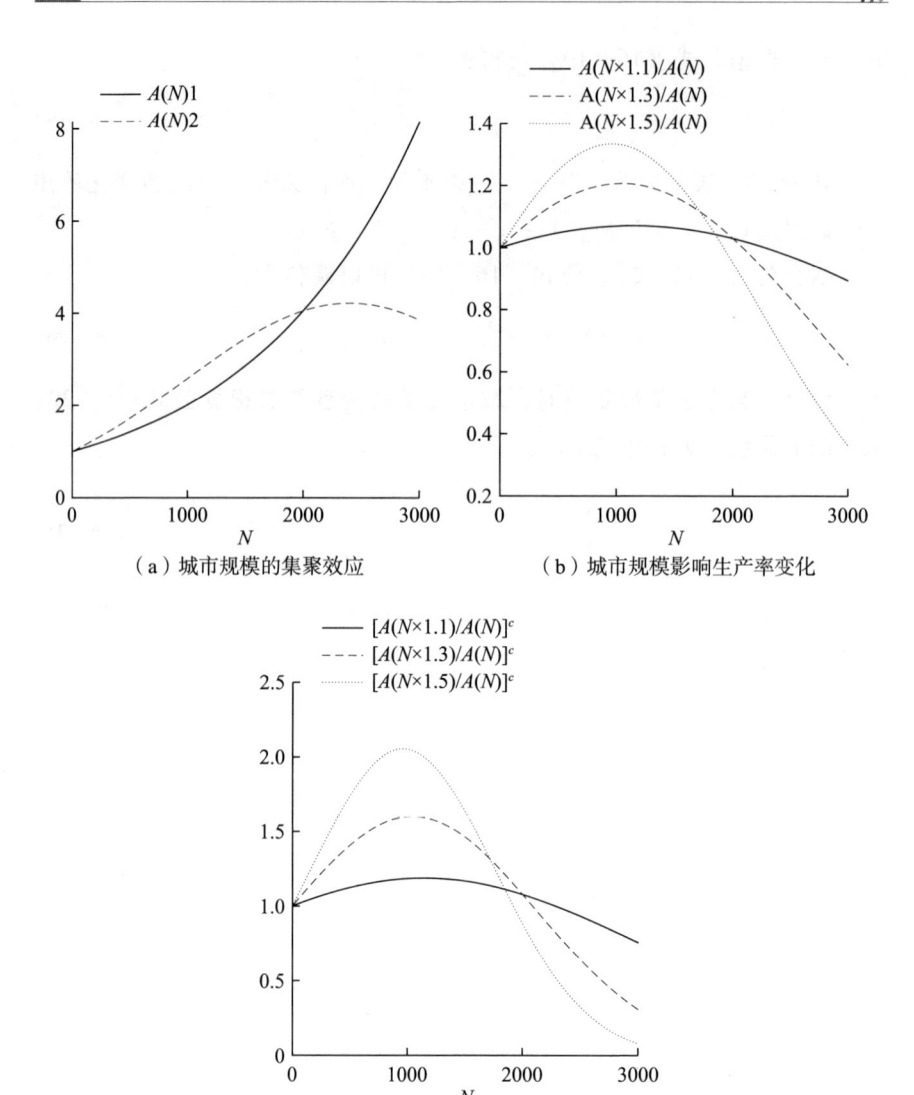

图 16-2 集聚效应随城市规模调整特征

注：图 (a) 中 "$A(N)1$" 和 "$A(N)2$" 分别表示集聚效应与城市规模的一次型和二次型关系；图 (b) 和图 (c) 中的 "$A(N)$" "$A(N×1.1)$" 等，分别表示城市规模 N 及其增长不同倍数对应的生产率；图 (c) 中的指数 "c" 对应公式中的 c_2。

此时，城市总产出可调整为：

$$\frac{\widehat{Y_{i,t}}}{Y_{i,t}} = \frac{\overline{A_{i,t}}}{A_{i,t}} \frac{e^{f(\widehat{N_{i,t}})}}{e^{f(N_{i,t})}} \frac{\widehat{L_{i,t}^{\alpha}}}{L_{i,t}^{\alpha}} \frac{\widehat{K_{i,t}^{\beta}}}{K_{i,t}^{\beta}} \frac{\widehat{T_{i,t}^{\gamma}}}{T_{i,t}^{\gamma}} = \frac{e^{[\delta_1 \widehat{N_{i,t}} + \delta_2 \widehat{N_{i,t}}^2]}}{e^{[\delta_1 N_{i,t} + \delta_2 N_{i,t}^2]}} \left(\frac{\widehat{T_{i,t}}}{T_{i,t}}\right)^{\alpha \rho_2 c_1 + \beta \rho_2 c_1 + \gamma} \quad (16-23)$$

由此可推算总体的产出变化 $\sum_i \widehat{Y}_{i,t} / \sum_i Y_{i,t}$。由于不考虑制度约束，$W_{i,t}$ 的调整与公式（16-17）一致。效用的调整与公式（16-18）一致。

采用包含集聚效应的均衡模型的量化分析结果如表16-6所示，由公式（16-21）的非线性方程求解得到调整后的 $\widehat{N}_{i,t}$，与表16-5呈现不同的特征，这与图16-2显示的集聚效应和城市规模的关系相符。与表16-5相比，在考虑集聚效应时，调整城市的规模稳态值均更高，平均人口增长率达24.34%，这与公式（16-21）内含的循环累积效应有关。对于前六大城市来说，当考虑集聚效应时，其稳态规模均接近3000万人左右。其中，上海的规模比表16-5模拟（1）的值有所降低，这是由于拥挤效应的存在，即图16-2呈现的倒U形特征；其余5个城市的规模均比表16-5的值大，这是由于集聚经济形成的循环累积效应使得城市规模不断扩大，同时，拥挤效应限制了其进一步增长，从而在接近3000万人时达到一个稳态。

在表16-6的其他指标方面，由于集聚效应的倒U形特征，前六大城市的全要素生产率（$\widehat{A}_i$）均位于图16-2（a）中最大值点的右侧，其中，上海较现状值有所降低，北京调整后的值与现状值接近，其余城市较现状值有所提高。在产出方面，随着土地、人口和就业增长，各类城市产出均明显提高，调整城市的产出平均提高17.70%；工资的调整与表16-5不同，当考虑集聚效应时，根据公式（16-17），由于 $\widehat{N}_{i,t}$ 提高，从而人口密度 $\dfrac{\widehat{N}_{i,t} / \widehat{T}_{i,t}}{N_{i,t} / T_{i,t}}$ 提高，工资也提高，调整城市的工资平均增长23.93%。

表16-6 模拟（2）：考虑集聚效应的量化分析结果

城市	$\widehat{N}_i$	$\widehat{N}_i / N_i$	$\widehat{A}_i / A_i$	$\widehat{Y}_i / Y_i$	$\widehat{W}_i / W_i$
所有城市	305	1.2434	1.0370	1.1770	1.2393
上海	3070	1.2648	0.8937	1.5058	1.2485
北京	2730	1.4238	1.0320	1.2679	1.4165
重庆	2620	1.6264	1.1549	1.1802	1.6255

城市	$\hat{N}_i$	$\hat{N}_i/N_i$	$\hat{A}_i/A_i$	$\hat{Y}_i/Y_i$	$\hat{W}_i/W_i$
深圳	2910	2.1686	1.2370	1.6107	2.1545
广州	2610	1.8866	1.2784	1.3043	1.8857
天津	2690	2.2943	1.4245	1.4284	2.2942

（三）考虑制度约束内生的模拟

土地供给与制度约束紧密相关，这既体现在城市建设用地供给本身作为一种制度约束会影响城市增长，也体现在土地和住房供给限制带来的高房价会形成流动人口进城安居落户的经济壁垒。随着户籍与公共服务均等化的推进，土地供给作为一种制度约束及其衍生的经济壁垒，逐渐成为影响人口迁移的主因。

考虑制度约束（$\tau_{i,t}$）随土地供给调整，在不考虑集聚效应时，将公式（16-15）调整为：

$$\frac{\hat{N}_{i,t}}{N_{i,t}} = \left[\frac{\widehat{(1-\tau_{i,t})}}{(1-\tau_{i,t})}\right]^{c_3} \left(\frac{\hat{T}_{i,t}}{T_{i,t}}\right)^{c_1} \quad (16-24)$$

其中，$c_3 = (1-\beta)/[\rho_2(1-\alpha-\beta) + (1-\beta)\varphi\theta]$。

关于制度约束的调整，本章主要考虑两种情境。第一，假定 $\frac{\widehat{(1-\tau_{i,t})}}{(1-\tau_{i,t})}$ 与 $\frac{\hat{T}_{i,t}}{T_{i,t}}$ 同步调整，即假定土地供给的增加比重相当于制度约束的降低比重，$(1-\tau_{i,t})Z_{i,t}$ 也随之增加，其中 $\frac{\widehat{(1-\tau_{i,t})}}{(1-\tau_{i,t})} = \frac{\hat{T}_{i,t}}{T_{i,t}}$。这一假设使得各个城市依然保持不同程度的进入壁垒，这与国内外大部分城市的实际发展情况接近。第二，假定各个城市的制度约束降到全国同一水平，即人口接近自由迁移。本章引入流动人口落户意愿（$SW_{i,t}$）衡量各个城市制度约束现状[①]，制度约束降至相同水平，则意味着 $\frac{\widehat{(1-\tau_{i,t})}}{(1-\tau_{i,t})} = $

[①] 根据相关研究，采用流动人口落户意愿衡量制度约束水平是合理的，其与城市落户条件紧密相关。为提高样本量和可靠性，量化分析中合并 2016 年和 2017 年的数据（约 34 万流动人口样本），取两年样本量之和大于 200 个的地级及以上城市数据进行分析，缺失值根据拟合结果补齐。

$\dfrac{SW_{i,t}}{SW}$。量化分析中采用中国流动人口动态监测调查数据（CMDS）中落户意愿的调查结果。

此种情境下，在利用公式（16-24）求解 $\widehat{N}_{i,t}$ 的基础上，可利用公式（16-16）求解 $\widehat{Y}_{i,t}$ 以及 $\sum_{i} \widehat{Y}_{i,t}$ 的调整情况。

考虑制度约束时，$W_{i,t}$ 的变化受到 $(1-\tau_{i,t})$ 变化的影响，表示为：

$$\frac{\widehat{W}_{i,t}}{W_{i,t}} = \frac{(1-\widehat{\tau_{i,t}})}{(1-\tau_{i,t})} \left(\frac{\widehat{N}_{i,t}/\widehat{T}_{i,t}}{N_{i,t}/T_{i,t}} \right)^{\varphi\theta} \qquad (16-25)$$

这表明当制度约束 $\tau_{i,t}$ 降低，即 $\dfrac{(1-\widehat{\tau_{i,t}})}{(1-\tau_{i,t})}>1$ 时，随着人地挂钩、城市建设用地供给增加，城市人口规模增长、人口密度调整，制度约束降低会对工资产生正向影响。效用的调整与公式（16-18）一致。

表 16-7 汇报了制度约束内生于土地供给、未考虑集聚效应的量化分析结果，模拟（3）和模拟（4）分别假定制度约束与土地供给同比例调整和制度约束调整为全国同一水平。① 不考虑集聚效应中的拥挤效应时，调整城市的平均规模均大幅增长，模拟（3）和模拟（4）分别平均增长 53.85% 和 57.22%。模拟（3）的前六大城市中，当制度约束与土地供给同比例调整时，依然存在一定的进入壁垒，上海由于土地供给提升较大，城市规模超常规增长，其余五大城市根据其土地供给增长比重实现了不同程度的增长。模拟（4）中，当制度约束调整为全国同一水平时，人口接近自由迁移，前六大城市根据其当前的制度约束不同，实现了不同程度的增长，其中，上海和北京由于当前制度约束最大（分别为 0.7796 和 0.8147），调为全国同一水平（按 0.3 调整）后实现超常规增长，重庆则由于当前制度约束（0.3195）接近全国总体水平，增长幅度较小，这与这些城市的现状特征相符。

---

① 模拟（3）和模拟（4）由于未考虑集聚效应，部分城市规模调整后明显太大，主要用于与模拟（5）和模拟（6）考虑集聚效应的结果进行对标。

表 16-7　模拟（3）和模拟（4）：制度约束内生于土地供给的量化分析结果

城市	模拟（3）：与土地供给同比例调整 $\widehat{N_i}$	$\widehat{N_i}/N_i$	模拟（4）：调整为全国同一水平 $\widehat{N_i}$	$\widehat{N_i}/N_i$
所有城市	393	1.5385	752	1.5722
上海	11300	4.6494	21700	8.9395
北京	3510	1.8337	13600	7.0716
重庆	1720	1.0661	2260	1.4025
广州	1470	1.0609	3920	2.8271
深圳	2920	2.1761	5400	4.0215
天津	1180	1.0082	4510	3.8390

显然，不考虑拥挤效应时的城市规模超常规增长是不符合实际的，需要同时考虑集聚效应和制度约束，结合公式（16-21）和公式（16-24）可得：

$$\frac{\widehat{N_{i,t}}\, e^{(\delta_1 \widehat{N_{i,t}}+\delta_2 \widehat{N_{i,t}}^2)(-c_1)}}{N_{i,t}\, e^{(\delta_1 N_{i,t}+\delta_2 N_{i,t}^2)(-c_1)}} = \left[\frac{\widehat{(1-\tau_{i,t})}}{(1-\tau_{i,t})}\right]^{c_1} \left(\frac{\widehat{T_{i,t}}}{T_{i,t}}\right)^{c_1} \qquad (16-26)$$

在此基础上，根据公式（16-22）、公式（16-23）和公式（16-25）可以计算全要素生产率、产出和工资的调整情况。根据公式（16-26）的非线性方程求解两类制度约束下的城市规模及其影响。

表 16-8 模拟（5）同时考虑第一类制度约束与集聚效应时，所有调整城市的人口增长率为 70.44%，实现城区总人口增长 24.64%；由于拥挤效应的影响，全要素生产率平均提高 7.10%，产出平均提高 22.12%，实现总产出提高 8.61%，工资平均提高 18.82%。前六大城市规模与仅考虑集聚效应的情况类似，收敛于 3000 万人左右。与表 16-7 相比，上海城市规模受拥挤效应影响降低至 3760 万人，全要素生产率降至原来的 62.90%。分行政级别来看，4 个直辖市平均规模在 3000 万人左右，城市规模平均增长 74.06%，受拥挤效应影响，全要素生产率平均仅提高 3.84%，产出平均提高 20.70%，工资平均提高 32.97%。各省会等中心城市平均规模在 1000 万人左右，平均增长 59.07%，全要素生产率、产出和工资均明显提高。地级市和县级市规模分别调增为 186 万人和 55 万人，分别平均增长

69.75%和73.56%,产出和工资的平均增长率比较接近。分地区来看,东部地区城市增幅最大,31个调整城市的平均规模达到685万人,增长为原来的2.0283倍,全要素生产率平均提高10.63%,产出平均提高32.19%,工资平均提高26.71%;中西部地区和东北地区城市规模的平均增幅接近,全要素生产率、产出和工资的平均增幅均比较接近。

表16-8 模拟(5):结合第一类制度约束与集聚效应的量化分析结果

城市		$\widehat{N_i}$	$\widehat{N_i}/N_i$	$\widehat{A_i}/A_i$	$\widehat{Y_i}/Y_i$	$\widehat{W_i}/W_i$
所有城市		359	1.7044	1.0710	1.2212	1.1882
前六大城市	上海	3760	1.5494	0.6290	1.0597	1.9527
	北京	3090	1.6119	0.9415	1.1567	1.3098
	重庆	2780	1.7255	1.1277	1.1525	1.0387
	广州	2730	1.9710	1.2581	1.2837	1.0392
	深圳	3340	2.4877	1.0581	1.3777	1.4217
	天津	2440	2.0755	1.4552	1.4592	1.0177
按行政级别分类	直辖市	3018	1.7406	1.0384	1.2070	1.3297
	省会等	1000	1.5907	1.1541	1.2818	1.1532
	地级市	186	1.6975	1.1009	1.2453	1.1712
	县级市	55	1.7356	1.0338	1.1918	1.1952
按地区分类	东部城市	685	2.0283	1.1063	1.3219	1.2671
	中部城市	129	1.4725	1.0478	1.1510	1.1304
	西部城市	220	1.6067	1.0501	1.1815	1.1657
	东北城市	237	1.4836	1.0697	1.1728	1.1352

表16-9模拟(6)同时考虑第二类制度约束与集聚效应时,由于此类制度约束将所有城市的进入壁垒调整为一致水平,接近自由迁移的情形,虽然在拥挤效应作用下,调整的城市规模明显低于模拟(4)的城市规模,但高于模拟(5)的水平。受拥挤效应影响,在城市规模大幅增长的情况下,其全要素生产率仅平均增长3.68%,其中,上海的全要素生产率不到调整前的1/2。

表 16-9 模拟（6）：结合第二类制度约束与集聚效应的量化分析结果

城市	$\widehat{N}_i$	$\widehat{N}_i / N_i$	$\widehat{A}_i / A_i$	$\widehat{Y}_i / Y_i$	$\widehat{W}_i / W_i$
所有城市	391	1.4081	1.0368	1.1745	1.1894
上海	4100	1.6867	0.4875	0.8213	2.9900
北京	3930	2.0481	0.5928	0.7283	3.1606
重庆	2980	1.8536	1.0730	1.0966	1.2429
广州	3500	2.5249	0.9560	0.9754	1.9729
深圳	3720	2.7689	0.8543	1.1123	2.1225
天津	3750	3.1904	0.9249	0.9275	2.4444

（四）模拟结果综合分析

以上各类情境的量化分析表现出不同特征，本部分对各个模型假设和模拟结果进行综合分析和讨论。

第一，对于建设用地未达标的城市，在不同情境下，提高建设用地供给均有利于提高城市人口规模、效率、产出和总效用。在模拟（1）至模拟（6）中，模拟（1）可以看作提高建设用地供给冲击的直接效应，模拟（2）至模拟（6）分别加入不同的条件，使得人口规模在集聚效应、制度约束影响下进一步调整，其综合效应随人口规模、人口密度调整而有所不同，其中，模拟（5）与现实情况更加接近。根据理论和模型设计，按 100m²/人标准，模拟（1）中调整的 88 个城市平均城区人口规模增长 12.82%，平均产出增长 13.48%，分别实现城区总人口增长 6.38%，总产出提高 7.65%。由于该情境未考虑集聚经济的循环累积效应，故人口密度基本不变，工资基本不变。模拟（5）考虑集聚效应和按比例降低制度约束时，调整城市的人口规模和密度均明显提高，平均城区人口增长 70.44%，实现城区总人口增长 24.64%，全要素生产率平均提高 7.10%，产出平均增长 22.12%，实现总产出提高 8.61%，此时由于人口密度提高，调整城市的工资平均提高 18.82%。

第二，集聚效应的倒 U 形特征显著，放开制度约束后超大城市规模会收敛到 3000 万人左右。不同情境下城市规模体系调整情况不同，图 16-3 显示了 2020 年和不同情境下的城市规模体系特征。模拟（1）中制度约束不调整时，城市人口与土地供给同比例增长，城市体系调整为

图 16-3（b）的 ln（N1）分布；模拟（3）和模拟（5）中制度约束与土地供给同比例调整时，各个城市依然表现出不同的进入壁垒，这与实际情况比较接近；模拟（4）和模拟（6）将所有城市制度约束调整为同一水平时，接近自由迁移的情形，城市人口大幅增加。当考虑集聚经济和拥挤效应时，超大城市规模会收敛到 3000 万人左右，这在模拟（2）、模拟（5）和模拟（6）中均表现如此，体现在图 16-3（c）和图 16-3（d）中右下角的 6 个点（ln3000≈8.0064）。与模拟（2）相比，按比例降低制度约束时，收敛规模的离散度略高，为 2440 万~3760 万人；全面降低制度约束时，收敛规模有所提高，达 2980 万~4100 万人。因而，在放松制度约束时，需要考虑拥挤效应，以限制城市在循环累积效应下的无限增长。

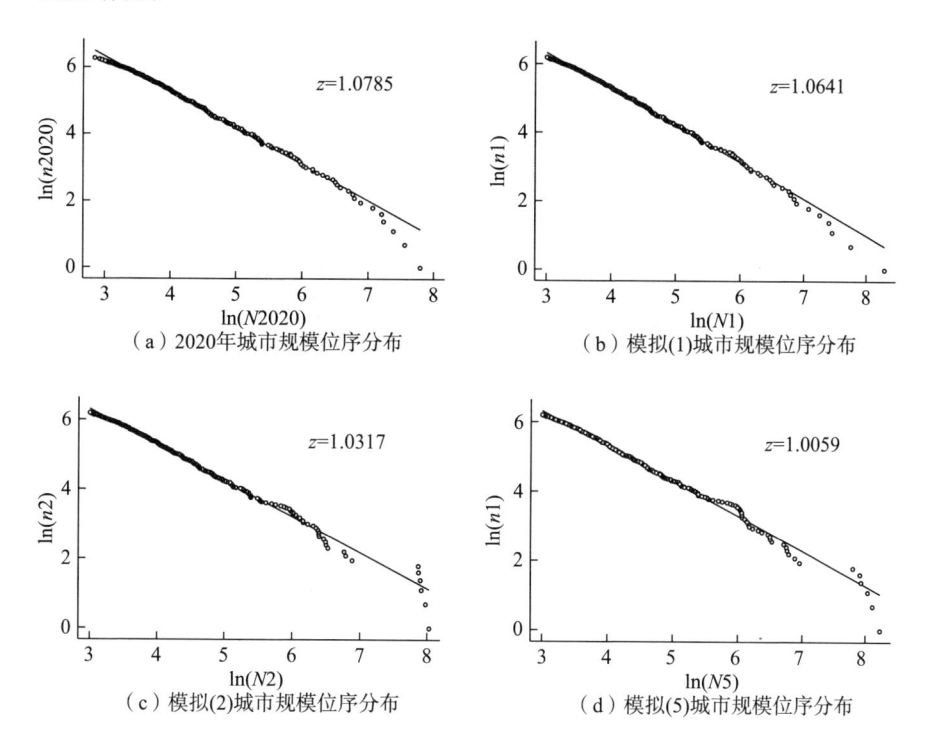

图 16-3　现状与量化分析中城市规模分布特征

注：根据 Zipf 法则估计 ln（n）=μ+zln（N），其中，N 表示城市规模，n 表示城市规模的位序，z 为齐普夫系数，四个图分别汇报了 2020 年、模拟（1）、模拟（2）、模拟（5）的城市规模（20 万人以上城市，ln20≈2.9957）与其位序的对数关系。

第三，调整土地供给对城市规模增长的冲击作用，会由于制度约束降低和集聚效应而放大，且会明显大于调整的直接影响。为印证这一特征，表16-10汇报了按110m²/人标准调整土地供给时的人口规模调整结果。比较可见，需要调整的城市有169个，高于按100m²/人标准调整的城市个数，在考虑集聚效应之后，超大城市规模依然收敛于3000万人左右的稳态。不同的制度约束调整对城市规模的影响不同，这与表16-7类似。其中，模拟（1）引起城区总人口增长9.82%，模拟（5）引起城区总人口增长36.93%，这是由于调整的城市数量更多，故引起的城区总人口增长率更高。同时考虑制度约束和集聚效应时，各个城市规模的平均增长特征与表16-8和表16-9结果接近。可见，人地挂钩对城市规模增长的冲击，在基础模型中按比例调整（直接效应）之后，会由于其引起的全要素生产率增长而形成城市增长的循环累积效应，同时也会由于其伴生的制度约束降低，进一步降低进入壁垒，促进城市规模增长。因而，由于循环累积效应明显大于直接效应，在按100m²/人和110m²/人的用地标准调整时，城市均衡规模的差别较小。

表16-10 按110m²/人标准调整土地供给的量化分析结果

城市	模拟（1）$\widehat{N_i}$	模拟（2）$\widehat{N_i}$	模拟（3）$\widehat{N_i}$	模拟（4）$\widehat{N_i}$	模拟（5）$\widehat{N_i}$	模拟（6）$\widehat{N_i}$
所有城市（169/685）	181	227	301	486	276	276
上海	4290	3130	14000	23300	3870	4100
北京	2500	2830	4370	14500	3260	3960
重庆	1760	2750	2130	2420	2940	3100
广州	1520	2750	1830	4200	2940	3540
深圳	1860	2990	3630	5800	3490	3760
天津	1260	2760	1470	4840	2690	3780

注：表中模拟（1）至模拟（6）分别对应表16-5至表16-9中模拟（1）至模拟（6）的假设和方法。在城市分类括号中，第一个数为调整的城市数，第二个数为城市样本总数。

第四，城市增长的动态性提高了人地挂钩的复杂性，均衡状态下，不同规模城市密度不同，提高中心城市和东部地区城市等人口增长城市的土地供给弹性是有必要的。本章通过按标准提高部分城市土地供给水平，分析其对人口增长、产出增长等的影响，然而，由于城市人口会随土地供给增长，从而其密度会不同。根据表16-11，在模拟（1）中，各个城市的人口密度略有降低，按不同标准供给土地时，降幅不同，但不同规模城市的密度依然不同。分类型来看，直辖市和东部地区城市的人口密度明显高于其他类型城市，按不同情境调整后的结果同样呈现这一特征。在模拟（5）中，同时考虑集聚效应和制度约束降低时，超大城市规模大幅增长到3000万人左右的稳态，人口密度也明显提高。分行政级别来看，受循环累积效应影响，各级城市之间的密度差距有所缩小，随着人口规模的扩大，人口密度均有所提高。分地区来看，东部地区城市的人口密度更高。

表16-11 按不同标准调整土地供给后的人口密度

单位：万人/公里^2

城市		按100m^2/人标准调整			按110m^2/人标准调整		
		现状密度	模拟（1）	模拟（5）	现状密度	模拟（1）	模拟（5）
所有城市		1.1814	1.1281	1.7043	1.0718	1.0242	1.5146
前六大城市	上海	1.9616	1.6474	1.5485	1.9616	1.6062	1.4489
	北京	1.3045	1.2158	1.6124	1.3045	1.1859	1.5465
	重庆	1.0285	1.0185	1.7265	1.0285	0.9937	1.6599
	广州	1.0263	1.0174	1.9699	1.0263	0.9971	1.9286
	深圳	1.4062	1.2873	2.4853	1.4062	1.2582	2.3609
	天津	1.0036	1.0047	2.0776	1.0036	0.9753	2.0822
按行政级别分类	直辖市	1.3245	1.2216	1.7413	1.3245	1.1903	1.6844
	省会等	1.1470	1.1056	1.5900	1.0893	1.0384	1.6668
	地级市	1.1641	1.1167	1.6975	1.0545	1.0126	1.5234
	县级市	1.1882	1.1327	1.7356	1.0681	1.0214	1.4737
按地区分类	东部城市	1.2580	1.1794	2.0282	1.1209	1.0564	1.6771
	中部城市	1.1253	1.0905	1.4723	1.0304	0.9965	1.3925
	西部城市	1.1595	1.1137	1.6068	1.0698	1.0235	1.4959
	东北城市	1.1296	1.0932	1.4835	1.0642	1.0200	1.4543

六　结论与建议

在建设全国统一大市场的宏观导向下，本章分析了当前人地空间错配现状，利用一个量化空间模型，分析了人地挂钩的综合效应。研究发现：第一，随着劳动力和人口向生产率和收入较高的东部地区迁移，东部地区城市发展面临较强的土地供给约束；西部和东北地区城市则由于人口净流出，土地利用效率较低。第二，对于建设用地未达标的城市，提高建设用地供给有利于提高城市人口规模、效率、产出和总效用。其中，按 $100m^2$/人的城市建设用地标准，考虑集聚效应、按比例调整制度约束时，调整的 88 个城市的平均城区人口增长 70.44%，城区总人口增长 24.64%，全要素生产率平均提高 7.10%，产出平均增长 22.12%，总产出提高 8.61%，工资平均提高 18.82%。第三，集聚效应的倒 U 形特征显著，放开制度约束后超大城市规模会收敛到 3000 万人左右。第四，调整土地供给对城市规模增长的冲击作用，会由于制度约束降低和集聚效应而放大，且会明显大于调整的直接效应。由于循环累积效应大于直接效应，在按 $100m^2$/人和 $110m^2$/人的用地标准调整时，城市均衡规模的差别较小。第五，城市增长的动态性提高了人地挂钩的复杂性，均衡状态下，不同规模城市密度不同，提高中心城市和东部地区城市等人口增长城市的土地供给弹性是有必要的。

可见，对于用地未达标的城市或者人口吸引力较强的城市，提高城市建设用地供给水平和供给弹性，可以提高城市人口规模、效率、产出和效用水平。为此，结合当前城乡之间土地资源统筹利用的现状特征，在"牢牢守住 18 亿亩耕地红线"的前提下，主要可以通过分类落实人地挂钩、统筹利用城乡和地区之间的建设用地、加快推进都市圈同城化等措施优化人地空间配置，从而推进全国统一要素市场建设。

第一，分类落实人地挂钩政策。城镇化和人口迁移的动态性提高了人地挂钩的复杂性，但可以根据不同类型城市规模和增长趋势科学配置建设用地指标。首先要提高城市人口规划、统计和预测的科学性，加强对城市规划中城区常住人口增长目标的预测和论证。对于人口规模稳定或负增长的城市，加强建设用地指标管理，谨慎扩张；对于人口迁入和净增长的城市，根据人口增长趋势提高城市建设用地指标配置水平，制定科学的城市发展战略，促进城市经济增长。对于城市现存的各类闲置或低效用地，加强存量规划和再开发。对不同规模的城市采用不同的建设用地标准，比如中小城市以提高舒适度、宜居水平为目标适度进行低密度绿色开发，超大、特大城市依据城市内部的多中心网络空间结构实现紧凑发展。

第二，统筹利用城乡建设用地。大量低效利用甚至闲置的农村集体建设用地，为提高城市建设用地指标供给提供了可能性。在乡村振兴和城乡融合发展战略背景下，农村土地制度改革快速推进，未来要进一步加强城乡建设用地统筹利用。在完成农村土地确权颁证基础上，按照依规自愿有偿的原则，推进农业转移人口"带资进城""带指标进城"，探索农业转移人口退出的农村宅基地与迁入地城市建设用地指标增减挂钩机制，提高宅基地及其建设用地指标的利用效率；稳步推进农村集体经营性建设用地入市，探索推进市地重划模式，创新城区范围内农村集体建设用地统筹利用模式。

第三，统筹利用地区之间建设用地。部分地区和城市低效利用的城市建设用地或富余的城市建设用地指标，为提高建设用地紧缺城市的土地供给提供了可能性。当前，地区之间的城市建设用地统筹利用在省级层面已经基本实现，未来要进一步深入推进建设用地指标的跨省统筹。考虑跨省统筹的复杂性，可以优先推进两个方面：一方面，进一步深化对口帮扶地区之间城市建设用地统筹利用，可以采用合作建设飞地园区等模式；另一方面，积极推进城市群、都市圈范围内的跨省（市）建设用地统筹利用，进而邻近省（市）之间会逐步形成统一的建设用地市场。在这两方面模式成熟之后，逐步推进建立全国统一的建设用地使用权转让、出租、抵押二级市场。

第四，加快推进都市圈同城化。都市圈或大都市区是城镇化和城市发展到高级阶段的产物，是超大、特大城市的增长和扩张超越行政边界的形式。当前，部分城市行政区划和城市用地制度制约了超大、特大城市的扩张，要积极推进都市圈同城化，以都市圈土地、交通、产业、服务等各领域一体化提高超大、特大城市的综合承载力。积极探索、试点推进省（市）际交界地区行政体制改革，降低行政区划对城市发展的限制；促进都市圈城市之间产业分工和一体化，充分发挥集聚经济和分工经济；提高都市圈社会服务一体化和均等化水平，改善教育、医疗资源不平衡导致的人口过度向超大、特大城市集中的情况；提高都市圈交通一体化水平，加强基础设施互联互通，加快清除都市圈内部不利于交通一体化的收费站、检查站等。

综上，本章有三个方面可拓展。一是模型中的用地问题，本章采用建成区面积进行分析，实际中，居住用地、公共管理与公共服务用地、商业服务业设施用地、工业用地等用地结构也会影响产出、舒适度、房价等，将各类用地加入模型可以分析不同用地结构的综合效应。二是模型中的城市人口增长潜力问题，本章研究发现，提高土地供给会促进城市人口增长，但未考虑各个城市的人口吸引力和可迁入人口的总量限制，未来可将人口增长潜力加入模型中，以更加符合一些腹地规模较小城市的增长特征。三是出于考察"人地挂钩"的目的，本章采用人均建设用地供给标准进行模拟，而不是采用建设用地供给弹性，虽然二者在直接效应上的内涵是一致的，且二者均与城市规模紧密相关，但也存在部分制度创新城市的建设用地供给弹性较高的情况（比如重庆），因而，未来可对各个城市建设用地供给弹性进行量化并引入模型。

参考文献

[1] 阿马蒂亚·森. 简论人类发展的分析路径 [J]. 尔冬编译. 马克思主义与现实, 2002a (6): 36-39.

[2] 阿马蒂亚·森. 以自由看待发展 [M]. 任赜等译. 北京: 中国人民大学出版社, 2002b.

[3] 阿马蒂亚·森. 正义的理念 [M]. 王磊, 李航译. 北京: 中国人民大学出版社, 2012.

[4] 白亮, 万明钢. 城乡义务教育一体化发展中县域学校布局优化的原则与路径 [J]. 教育研究, 2018, 39 (5): 36-41.

[5] 柏拉图. 理想国 [M]. 郭斌和, 张竹明译. 北京: 商务印书馆, 2009.

[6] 蔡昉. 从人口红利到改革红利 [M]. 北京: 社会科学文献出版社, 2014.

[7] 蔡昉. 中国经济改革效应分析——劳动力重新配置的视角 [J]. 经济研究, 2017, 52 (7): 4-17.

[8] 蔡昉. 转向高质量发展"三谈"[N]. 经济日报, 2018-02-08 (014).

[9] 陈斌开, 马宁宁, 王丹利. 土地流转、农业生产率与农民收入 [J]. 世界经济, 2020 (10): 97-120.

[10] 程方生. 义务教育阶段农民工子女县城集聚现象剖析——以江西省为例 [J]. 中国教育学刊, 2008 (1): 27-30.

[11] 丁秀玲, 张军. 我国农村劳动力陪读式转移现象透视 [J]. 就业与保障, 2010 (2): 39-40.

[12] 董方奎, 陈夫义. 梁启超论教育 [M]. 海口: 海南出版社, 2007.

[13] 都阳, 蔡昉, 屈小博, 程杰. 延续中国奇迹: 从户籍制度改革中收获红利 [J]. 经济研究, 2014 (8): 4-13.

[14] 杜巍, 牛静坤, 车蕾. 农业转移人口市民化意愿: 生计恢复力与

土地政策的双重影响 [J]. 公共管理学报, 2018, 15 (3): 66 - 77 + 157.

[15] 段巍, 王明, 吴福象. 中国式城镇化的福利效应评价 (2000—2017) ——基于量化空间模型的结构估计 [J]. 经济研究, 2020 (5): 166 - 182.

[16] 凡勇昆, 邬志辉. 我国城乡义务教育资源均衡发展研究报告——基于东、中、西部8省17个区 (市、县) 的实地调查分析 [J]. 教育研究, 2014, 35 (11): 32 - 44 + 83.

[17] 方福前, 吕文慧. 中国城镇居民福利水平影响因素分析——基于阿马蒂亚·森的能力方法和结构方程模型 [J]. 管理世界, 2009 (4): 17 - 26.

[18] 费孝通. 小城镇 大问题 [J]. 江海学刊, 1984 (1): 6 - 26.

[19] 冯奎, 程泽宇. 推进县域城镇化的思路与战略重点 [J]. 经济与管理研究, 2012 (6): 65 - 70.

[20] 冯献, 李瑾, 崔凯. 乡村治理数字化: 现状、需求与对策研究 [J]. 电子政务, 2020 (6): 73 - 85.

[21] 高金龙, 包菁薇, 刘彦随, 陈江龙. 中国县域土地城镇化的区域差异及其影响因素 [J]. 地理学报, 2018 (12): 2329 - 2344.

[22] 高尚全. 中国改革开放40年的回顾与思考 [J]. 同舟共进, 2018 (1): 4 - 8.

[23] 辜胜阻, 李华, 易善策. 依托县城发展农村城镇化与县域经济 [J]. 人口研究, 2008 (3): 26 - 30.

[24] 顾朝林, 管卫华, 刘合林. 中国城镇化2050: SD模型与过程模拟 [J]. 中国科学: 地球科学, 2017, 47 (7): 818 - 832.

[25] 国家城调总队福建省城调队课题组. 建立中国城市化质量评价体系及应用研究 [J]. 统计研究, 2005 (7): 15 - 19.

[26] 国家卫生和计划生育委员会流动人口司. 中国流动人口发展报告 (2016) [M]. 北京: 中国人口出版社, 2016.

[27] 何立新, 潘春阳. 破解中国的 "Easterlin 悖论": 收入差距、机会不均与居民幸福感 [J]. 管理世界, 2011 (8): 11 - 22.

[28] 胡鞍钢, 王洪川, 魏星. 中国各地区人类发展: 大进步与大趋同

(1980—2010)[J]. 清华大学学报（哲学社会科学版），2013（5）：55-68.

[29] 胡鞍钢，王洪川. 中国人类发展奇迹（1950—2030）[J]. 清华大学学报（哲学社会科学版），2017，32（2）：148-157+199.

[30] 胡俊生. 农村教育城镇化：动因、目标及策略探讨[J]. 教育研究，2010，31（2）：89-94.

[31] 黄善林，樊文静，孙怡平. 农地依赖性、农地处置方式与市民化意愿的内在关系研究——基于川鄂苏黑四省调研数据[J]. 中国土地科学，2019，33（4）：25-33.

[32] 黄文彬，王曦. 政府土地管制、城市间劳动力配置效率与经济增长[J]. 世界经济，2021（8）：131-153.

[33] 黄有光. 社会福利与经济政策[M]. 北京：北京大学出版社，2005.

[34] 姬广绪. 城乡文化拼接视域下的"快手"——基于青海土族青年移动互联网实践的考察[J]. 民族研究，2018（4）：81-88+125.

[35] 吉黎. 城市化有利于健康吗？——基于个体微观迁移数据的实证研究[J]. 世界经济文汇，2013（3）：18-28.

[36] 蒋敏娟，翟云. 数字化转型背景下的公民数字素养：框架、挑战与应对方略[J]. 电子政务，2022（1）：54-65.

[37] 蒋宇阳. 从"半工半耕"到"半工伴读"——教育驱动下的县域城镇化新特征[J]. 城市规划，2020（1）：35-43+71.

[38] 金恩焘，王圣云，姜婧，郑克强. 21世纪以来中国城乡福利差距的时空分异与政策研究[J]. 公共行政评论，2019（4）：143-160.

[39] 李晶，庄连平. HDI是测度人类发展程度的可靠指数吗？[J]. 统计研究，2003，20（10）：63-67.

[40] 李玲，宋乃庆，龚春燕，韩玉梅，何怀金，阳泽. 城乡教育一体化：理论、指标与测算[J]. 教育研究，2012，33（2）：41-48.

[41] 李明秋，郎学彬. 城市化质量的内涵及其评价指标体系的构建[J]. 中国软科学，2010（12）：182-186.

[42] 李培林. 小城镇依然是大问题[J]. 甘肃社会科学，2013（3）：1-4.

[43] 李强, 陈振华, 张莹. 就近城镇化模式研究 [J]. 广东社会科学, 2017 (4): 179-190.

[44] 李晓西, 刘一萌, 宋涛. 人类绿色发展指数的测算 [J]. 中国社会科学, 2014 (6): 69-95.

[45] 李勇辉, 刘南南, 李小琴. 农地流转、住房选择与农民工市民化意愿 [J]. 经济地理, 2019, 39 (11): 165-174.

[46] 梁琦, 陈强远, 王如玉. 户籍改革、劳动力流动与城市层级体系优化 [J]. 中国社会科学, 2013 (12): 38-61.

[47] 刘丽娟. 新生代农民工就近城镇化形成机制、实践基础及发展路径 [J]. 重庆社会科学, 2020 (10): 18-31.

[48] 刘涛, 陈思创, 曹广忠. 流动人口的居留和落户意愿及其影响因素 [J]. 中国人口科学, 2019 (3): 80-91+127-128.

[49] 刘彦随, 杨忍. 中国县域城镇化的空间特征与形成机理 [J]. 地理学报, 2012 (8): 1011-1020.

[50] 卢小君, 向军. 农民工进城落户意愿研究——以大连市为例 [J]. 调研世界, 2013 (11): 41-46.

[51] 鲁元平, 王韬. 主观幸福感影响因素研究评述 [J]. 经济学动态, 2010 (5): 125-130.

[52] 马国霞, 於方, 张衍燊, 彭菲. 《大气污染防治行动计划》实施效果评估及其对我国人均预期寿命的影响 [J]. 环境科学研究, 2019 (12): 1966-1972.

[53] 马海韵, 李梦楠. 人口就地就近城镇化: 理论述评与实践进路 [J]. 江海学刊, 2018 (6): 105-111.

[54] 潘士远, 朱丹丹, 徐恺. 中国城市过大抑或过小?——基于劳动力配置效率的视角 [J]. 经济研究, 2018 (9): 68-82.

[55] 庞丽娟. 统筹推进城乡义务教育一体化发展 [J]. 教育研究, 2020, 41 (5): 16-19.

[56] 佩德罗·孔塞桑, 罗米娜·班德罗. 主观幸福感研究文献综述 [J]. 卢艳华译. 国外理论动态, 2013 (7): 10-23.

[57] 齐燕. 过度教育城镇化: 形成机制与实践后果——基于中西部工业欠发达县域的分析 [J]. 北京社会科学, 2020 (3): 59-69.

[58] 乔文怡，李玏，管卫华，王馨，王晓歌.2016—2050年中国城镇化水平预测 [J]. 经济地理，2018，38（2）：51-58.

[59] 邱红，周文剑. 流动人口的落户意愿及影响因素分析 [J]. 人口学刊，2019，41（5）：91-100.

[60] 沈费伟. 数字乡村的内生发展模式：实践逻辑、运作机理与优化策略 [J]. 电子政务，2021（10）：57-67.

[61] 世界银行.2016年世界发展报告：数字红利 [M]. 北京：清华大学出版社，2017.

[62] 世界银行.2009年世界发展报告——重塑世界经济地理 [M]. 北京：清华大学出版社，2009.

[63] 叔本华. 人生的智慧 [M]. 韦启昌译. 上海：上海人民出版社，2005.

[64] 宋洪远，马永良. 使用人类发展指数对中国城乡差距的一种估计 [J]. 经济研究，2004（11）：4-15.

[65] 苏红键. 人口城镇化趋势预测与高质量城镇化之路 [J]. 中国特色社会主义研究，2022（2）：48-56.

[66] 苏红键. 我国数字乡村建设基础、问题与推进思路 [J]. 城市，2019（12）：13-22.

[67] 苏红键. 城乡两栖视角落户意愿研究 [J]. 贵州社会科学，2020a（7）：122-130.

[68] 苏红键. 未来工农城乡关系：一片新蓝海 [J]. 半月谈，2020b（22）：14-15.

[69] 苏红键. 中国地区福祉的比较研究 [J]. 社会科学战线，2020c（10）：89-98.

[70] 苏红键. 中国流动人口城市落户意愿及其影响因素研究 [J]. 中国人口科学，2020d（6）：66-77+127.

[71] 苏红键. 城镇化质量评价与高质量城镇化的推进方略 [J]. 改革，2021a（1）：134-145.

[72] 苏红键. 构建新型工农城乡关系的基础与方略 [J]. 中国特色社会主义研究，2021b（2）：46-55.

[73] 苏红键. 教育城镇化演进与城乡义务教育公平之路 [J]. 教育研

究，2021c，42（10）：35-44.

[74] 苏红键. 中国县域城镇化的基础、趋势与推进思路 [J]. 经济学家，2021d（5）：110-119.

[75] 苏红键，魏后凯. 城市规模研究的理论前沿与政策争论 [J]. 河南社会科学，2017，25（6）：75-80.

[76] 苏红键，魏后凯. 改革开放40年中国城镇化历程、启示与展望 [J]. 改革，2018（11）：49-59.

[77] 苏红键，魏后凯. 中国城镇化进程中资源错配问题研究 [J]. 社会科学战线，2019（10）：79-87+281.

[78] 苏岚岚，张航宇，彭艳玲. 农民数字素养驱动数字乡村发展的机理研究 [J]. 电子政务，2021（10）：42-56.

[79] 孙德超，李扬. 试析乡村教育振兴——基于城乡教育资源共生的理论考察 [J]. 教育研究，2020，41（12）：57-66.

[80] 孙婕，魏静，梁冬晗. 重点群体落户意愿及影响因素差异化研究 [J]. 调研世界，2019（2）：3-9.

[81] 孙伟增，张晓楠，郑思齐. 空气污染与劳动力的空间流动——基于流动人口就业选址行为的研究 [J]. 经济研究，2019（11）：102-117.

[82] 檀学文，吴国宝. 福利测量理论与实践的新进展——"加速城镇化背景下福利测量及其政策应用"国际论坛综述 [J]. 中国农村经济，2014a（9）：87-96.

[83] 檀学文，吴国宝. 福利框架下时间利用研究进展 [J]. 经济学动态，2014b（7）：151-158.

[84] 唐斯斯，张延强，单志广，王威，张雅琪. 我国新型智慧城市发展现状、形势与政策建议 [J]. 电子政务，2020（4）：70-80.

[85] 王春光. 第三条城镇化之路："城乡两栖" [J]. 四川大学学报（哲学社会科学版），2019（6）：79-86.

[86] 王桂新，陈冠春，魏星. 城市农民工市民化意愿影响因素考察——以上海市为例 [J]. 人口与发展，2010，16（2）：2-11.

[87] 王桂新，胡健. 城市农民工社会保障与市民化意愿 [J]. 人口学刊，2015，37（6）：45-55.

[88] 王家庭, 唐袁. 我国城市化质量测度的实证研究 [J]. 财经问题研究, 2009 (12): 127-132.

[89] 王建. 城乡一体化义务教育发展战略和机制——基于苏州和成都的实践模式研究 [J]. 教育研究, 2016, 37 (6): 43-50.

[90] 王建华, 苏日古嘎. 场域理论视角下城乡文化融合类短视频探析 [J]. 新闻论坛, 2020 (2): 65-67.

[91] 王婧, 李裕瑞. 中国县域城镇化发展格局及其影响因素——基于2000和2010年全国人口普查分县数据 [J]. 地理学报, 2016 (4): 621-636.

[92] 王丽丽, 杨晓凤, 梁丹妮. 代际差异下农民工市民化意愿的影响因素研究 [J]. 调研世界, 2016 (12): 45-49.

[93] 王胜, 余娜, 付锐. 数字乡村建设: 作用机理、现实挑战与实施策略 [J]. 改革, 2021 (4): 45-59.

[94] 王圣云. 中国人类福祉变化的驱动效应及时空分异 [J]. 地理科学进展, 2016, 35 (5): 632-643.

[95] 王天啸, 李昀格, 攸频. 幸福感的城乡差异分析——基于中国CGSS2008的调查数据 [J]. 理论与现代化, 2014 (2): 80-86.

[96] 王耀, 何泽军, 安琪. 县域城镇化高质量发展的制约与突破 [J]. 中州学刊, 2018 (8): 31-36.

[97] 魏后凯. 中国城镇化进程中两极化倾向与规模格局重构 [J]. 中国工业经济, 2014 (3): 18-30.

[98] 魏后凯, 苏红键. 中国农业转移人口市民化进程研究 [J]. 中国人口科学, 2013 (5): 21-29+126.

[99] 魏后凯, 王业强, 苏红键, 郭叶波. 中国城镇化质量综合评价报告 [J]. 经济研究参考, 2013 (31): 3-32.

[100] 魏后凯. 新常态下中国城乡一体化格局及推进战略 [J]. 中国农村经济, 2016 (1): 2-16.

[101] 魏守华, 周山人, 千慧雄. 中国城市规模偏差研究 [J]. 中国工业经济, 2015 (4): 5-17.

[102] 吴开亚, 张力, 陈筱. 户籍改革进程的障碍: 基于城市落户门槛的分析 [J]. 中国人口科学, 2010 (1): 66-74.

[103] 吴磊, 焦华富, 叶雷, 汤鹏. 中国省际教育城镇化的时空特征及影响因素 [J]. 地理科学, 2018, 38 (1): 58-66.

[104] 吴士炜, 汪小勤. 基于 Sen 可行能力理论测度中国社会福利指数 [J]. 中国人口·资源与环境, 2016, 26 (8): 49-55.

[105] 习近平. 扎实推动共同富裕 [J]. 求是, 2021 (20): 4-6.

[106] 肖磊, 潘劼. 人口流出地区城镇化路径机制再认识——以四川省县域单元为例 [J]. 地理科学进展, 2020 (3): 402-409.

[107] 谢东虹. 工作时间与收入水平对新生代农民工市民化意愿的影响——基于 2015 年北京市的调查数据 [J]. 调研世界, 2016 (3): 22-25.

[108] 谢伏瞻. 加快构建中国特色哲学社会科学学科体系、学术体系、话语体系 [J]. 中国社会科学, 2019 (5): 4-22+204.

[109] 许经勇. 我国城镇化发展的三阶段及发展方向选择 [J]. 湖湘论坛, 2016 (2): 64-68.

[110] 薛二勇, 李廷洲. 义务教育师资城乡均衡配置政策评估 [J]. 教育研究, 2015, 36 (8): 65-73.

[111] 亚当·斯密. 国富论 [M]. 郭大力、王亚南译. 南京: 译林出版社, 2011.

[112] 亚里士多德. 尼各马可伦理学 [M]. 王旭凤, 陈晓旭译. 北京: 中国社会科学院出版社, 2007.

[113] 杨传开. 县域就地城镇化基础与路径研究 [J]. 华东师范大学学报 (哲学社会科学版), 2019 (4): 114-122.

[114] 杨挺, 李伟. 城乡义务教育治理 40 年 [J]. 教育研究, 2018, 39 (12): 71-80.

[115] 叶裕民. 中国城市化质量研究 [J]. 中国软科学, 2001 (7): 28-32.

[116] 于涛方. 中国城市增长: 2000~2010 [J]. 城市与区域规划研究, 2012, 5 (2): 62-79.

[117] 郁建兴, 黄飚. 当代中国地方政府创新的新进展——兼论纵向政府间关系的重构 [J]. 政治学研究, 2017 (5): 88-103.

[118] 张车伟, 蔡翼飞. 中国人口与劳动问题报告 No.22 [M]. 北京:

社会科学文献出版社，2021.

[119] 张欢，朱战辉. 农村青少年教育城镇化的家庭策略、实践困境及其出路 [J]. 中国青年研究，2021 (1)：29 - 36.

[120] 张吉鹏，卢冲. 户籍制度改革与城市落户门槛的量化分析 [J]. 经济学（季刊），2019，18 (4)：1509 - 1530.

[121] 张军华. 幸福感城乡差异的元分析 [J]. 社会，2010，30 (2)：144 - 155.

[122] 张军扩，侯永志，刘培林，何建武，卓贤. 高质量发展的目标要求和战略路径 [J]. 管理世界，2019，35 (7)：1 - 7.

[123] 张可云，何大梽. 空间类分与空间选择：集聚理论的新前沿 [J]. 经济学家，2020 (4)：34 - 47.

[124] 张莉，何晶，马润泓. 房价如何影响劳动力流动？[J]. 经济研究，2017 (8)：157 - 172.

[125] 张翼. 农民工"进城落户"意愿与中国近期城镇化道路的选择 [J]. 中国人口科学，2011 (2)：14 - 26 + 111.

[126] 赵扶扬，陈斌开. 土地的区域间配置与新发展格局——基于量化空间均衡的研究 [J]. 中国工业经济，2021 (8)：94 - 113.

[127] 郑秉文，于环，高庆波. 新中国60年社会保障制度回顾 [J]. 当代中国史研究，2010 (2)：48 - 59.

[128] 郑功成. 中国社会保障改革与经济发展：回顾与展望 [J]. 中国人民大学学报，2018 (1)：37 - 49.

[129] 中国网络空间研究院. 中国互联网发展报告2021 [M]. 北京：电子工业出版社，2021.

[130] 周飞舟，王绍琛. 农民上楼与资本下乡：城镇化的社会学研究 [J]. 中国社会科学，2015 (1)：66 - 83.

[131] 周恭伟. 中国人类发展指标体系构建及各地人类发展水平比较研究 [J]. 人口研究，2011，35 (6)：78 - 89.

[132] 周文，赵方，杨飞，李鲁. 土地流转、户籍制度改革与中国城市化：理论与模拟 [J]. 经济研究，2017 (6)：183 - 197.

[133] 周晔，王晓燕. 城乡教育统筹治理：概念与理论架构 [J]. 教育研究，2014，35 (8)：31 - 39.

[134] 周一星. 关于中国城镇化速度的思考 [J]. 城市规划, 2006 (30): 32-35.

[135] 周颖刚, 蒙莉娜, 卢琪. 高房价挤出了谁？——基于中国流动人口的微观视角 [J]. 经济研究, 2019, 54 (9): 106-122.

[136] 朱钢, 张海鹏, 陈方. 中国城乡发展一体化指数 (2018) [M]. 北京: 社会科学文献出版社, 2018.

[137] 朱鹏华, 刘学侠. 城镇化质量测度与现实价值 [J]. 改革, 2017 (9): 115-128.

[138] Abramovitz, M. The Welfare Interpretation of Secular Trends in National Income and Product [C]. In M. Abramovitz (eds.). The Allocation of Economic Resources: Essays in Honor of Bernard Francis Haley. Stanford, California: Stanford University Press, 1959.

[139] Alonso, W. Location and Land Use: Toward a General Theory of Land Rent [M]. Cambridge and London: Harvard University Press, 1964.

[140] Angoff, C., and H. L. Mencken. The Worst American State [J]. The American Mercury, 1931, 24 (95): 1-16.

[141] Au, C., and J. V. Henderson. Are Chinese Cities too Small? [J]. Review of Economic Studies, 2006, 73 (3): 549-576.

[142] Barro, R., and G. S. Becker. Fertility Choice in a Model of Economic Growth [J]. Econometrica, 1989, 57 (2): 481-501.

[143] Barro, R., and X. Sala-I-Martin. Economic Growth [M]. Cambridge, MA: The MIT Press, 2004.

[144] Behrens, K., and F. Robert-Nicoud. Agglomeration Theory with Heterogeneous Agents [J]. Handbook of Regional and Urban Economics, 2015 (5): 171-245.

[145] Ben-Chieh, L. Quality of Life Indicators in U. S. Metropolitan Areas: A Statistical Analysis [M]. Praeger Publishers, New York, Washington, and London, 1976.

[146] Black, D., and J. V. Henderson. Urban Evolution in the USA [J]. Journal of Economic Geography, 2003, 3 (4): 343-372.

[147] Blanchard, O. J., and L. F. Katz. Regional Evolutions [J]. Brookings

Papers on Economic Activity, 1992 (1): 1 -61.

[148] Blomquist, G. C., M. C. Berger, and J. P. Hoehn. New Estimates of Quality of Life in Urban Areas [J]. American Economic Review, 1988, 78 (1): 89 -107.

[149] Blouri, Y., and M. V. Ehrlich. On the Optimal Design of Place-Based Policies: A Structural Evaluation of EU Regional Transfers [J]. Journal of International Economics, 2020, 125 (4): 1 -33.

[150] Brajer, V., and R. Mead. Blue Skies in Beijing? Looking at the Olympic Effect [J]. The Journal of Environment Development, 2003, 12 (2): 239 -263.

[151] Brakman, S., H. Garretsen, and M. Schramm. The Strategic Bombing of German Cities During World War II and Its Impact on Cities Growth [J]. Journal of Economic Geography, 2004, 4 (2): 201 -218.

[152] Carlino, G. A., A. Saiz. Beautiful City: Leisure Amenities and Urban Growth [R]. FRB of Philadelphia Working Paper No. 08 -22, 2008.

[153] Chade, H., J. Eeckhout, and L. Smith. Sorting through Search and Matching Models in Economics [J]. Journal of Economic Literature, 2017, 55 (2): 493 -544.

[154] Chauvin, J. P., E. Glaeser, and Y. Ma, et al. What Is Different About Urbanization in Rich and Poor Countries? Cities in Brazil, China, India and the United States [J]. Journal of Urban Economics, 2016, 98 (3): 17 -49.

[155] Cheshire, P. C., and S. Magrini. Population Growth in European Cities: Weather Matters-But Only Nationally [J]. Regional Studies, 2006, 40 (1): 23 -37.

[156] Combes, P., and L. Gobillon. The Empirics of Agglomeration Economies [C]. In G. Duranton, V. Henderson, and W. Strange (eds.). Handbook of Regional and Urban Economics (Vol. 5B). Amsterdam: Elsevier, 2015, pp. 247 -348.

[157] Combes, P., G. Duranton, and L. Gobillon. The Costs of Agglomeration: House and Land Prices in French Cities [J]. Review of Eco-

nomic Studies, 2019, 86 (4): 1556 – 1589.

[158] Combes, P. P., G. Duranton, and L. Gobillon. Spatial Wage Disparities: Sorting Matters! [J]. Journal of Urban Economics, 2008, 63 (2): 723 – 742.

[159] Combes, P., S. Démurger, and S. Li. Urbanisation and Migration Externalities in China [R]. CEPR Discussion Paper 9352, 2013.

[160] Da Mata, D., U. Deichmann, J. V. Henderson, S. V. Lall, and H. G. Wang. Determinants of City Growth in Brazil [J]. Journal of Urban Economics, 2007, 62 (2): 252 – 272.

[161] Davis, D. R., and D. E. Weinstein. Bones, Bombs and Break Points: The Geography of Economic Activity [J]. American Economic Review, 2002 (92): 1269 – 1289.

[162] De la Roca, J., and D. Puga. Learning by Working in Big Cities [J]. Review of Economic Studies, 2017, 84 (1): 106 – 142.

[163] Desmet, K., and E. Rossi-Hansberg. Urban Accounting and Welfare [J]. American Economic Review, 2013, 103 (6): 2296 – 2327.

[164] Desmet, K., and J. V. Henderson. The Geography of Development Within Countries [C]. In G. Duranton, V. Henderson, and W. Strange (eds.). Handbook of Regional and Urban Economics (Vol. 5B). Amsterdam: Elsevier, 2015, pp. 1457 – 1517.

[165] Diamond, R. The Determinants and Welfare Implications of US Workers' Diverging Location Choices by Skill: 1980 – 2000 [J]. American Economic Review, 2016, 106 (3): 479 – 524.

[166] DiPasquale, D., and W. C. Wheaton. Urban Economics and Real Estate Markets [M]. Englewood Cliffs, N. J.: Simon and Schuster, Prentice Hall, 1996.

[167] Duranton, G., and D. Puga. Micro-Foundations of Urban Agglomeration Economies [C]. In J. V. Henderson, and J. F. Thisse (eds.). Handbook of Regional and Urban Economics (Vol. 4). Amsterdam: North-Holland, 2004, pp. 2063 – 2117.

[168] Duranton, G., and D. Puga. The Economics of Urban Density [J].

Journal of Economic Perspectives, 2020, 34 (3): 3 - 26.

[169] Duranton, G., and D. Puga. The Growth of Cities [C]. In P. Aghion, and S. Durlauf (eds.). Handbook of Economic Growth (Vol. 2). Amsterdam: North-Holland, 2014, pp. 781 - 853.

[170] Duranton, G., and D. Puga. Urban Growth and Its Aggregate Implications [R]. NBER Working Paper, No. 26591, 2019.

[171] Duranton, G. Determinants of City Growth in Colombia [J]. Papers in Regional Science, 2016, 95 (1): 101 - 131.

[172] Easterlin, R. A. Does Economic Growth Improve the Human Lot? [J]. Nations & Households in Economic Growth, 1974: 89 - 125.

[173] Florida, R. The Rise of the Creative Class: And How its Transforming Work [C]. Leisure Community and Everyday Life, Basic Books, New York, 2002.

[174] Frey, B. S., and A. Stutzer. What can Economists Learn from Happiness Research? [J]. Journal of Economic Literature, 2002, 40 (2): 402 - 435.

[175] Gabaix, X., Y. M. Ioannides. The Evolution of City Size Distributions [C]. In J. V. Henderson, and J. F. Thisse (eds.). Handbook of Regional and Urban Economics (Vol. 4). Amsterdam: North-Holland, 2004, pp. 2341 - 2378.

[176] Glaeser, E., and J. Gyourko. The Economic Implications of Housing Supply [J]. Journal of Economic Perspectives, 2018, 32 (1): 3 - 30.

[177] Glaeser, E. L., and A. Saiz. The Rise of the Skilled City [J]. Brookings-Wharton Papers on Urban Affairs, 2004 (5): 47 - 94.

[178] Glaeser, E. L., and J. D. Gottlieb. The Wealth of Cities: Agglomeration Economies and Spatial Equilibrium in the United States [J]. Journal of Economic Literature, 2009, 47 (4): 983 - 1028.

[179] Glaeser, E. L., and J. Gyourko. Housing Dynamics [R]. NBER Working Paper 12787, 2006.

[180] Glaeser, E. L., and J. Gyourko. Urban Decline and Durable Housing [J]. Journal of Political Economy, 2005, 113 (2): 345 - 375.

[181] Glaeser, E. L., and M. E. Kahn. Sprawl and Urban Growth [C]. In J. V. Henderson, and J. F. Thisse (eds.). Handbook of Regional and Urban Economics (Vol. 4). Amsterdam: North-Holland, 2004, pp. 2481–2527.

[182] Glaeser, E. L. Cities, Agglomeration and Spatial Equilibrium [M]. Oxford University Press, New York, 2008.

[183] Glaeser, E. L., H. Kallal, J. A. Scheinkman, and A. Shleifer. Growth in Cities [J]. Journal of Political Economy, 1992, 100 (6): 1126–1152.

[184] Glaeser, E. L., J. A. Scheinkman, and A. Shleifer. Economic Growth in a Cross-Section of Cities [J]. Journal of Monetary Economics, 1995, 36 (1): 117–143.

[185] Glaeser, E. L., J. Gyourko, and R. E. Saks. Why Have Housing Prices Gone Up? [J]. American Economic Review, 2005, 95 (2): 329–333.

[186] Glaeser, E. L., J. Kolko, and A. Saiz. Consumer City [J]. Journal of Economic Geography, 2001, 1 (1): 27–50.

[187] Goldfarb, A., and C. Tucker. Digital Economics [J]. Journal of Economic Literature, 2019 (1): 3–43.

[188] Greenwood, M., G. Hunt, D. Rickman, and G. Treyz. Migration, Regional Equilibrium, and the Estimation of Compensating Differentials [J]. American Economic Review, 1991, 81 (5): 1382–1390.

[189] Gyourko, J., and A. Saiz. Construction Costs and the Supply of Housing Structure [J]. Journal of Regional Science, 2006, 46 (4): 661–680.

[190] Harris, J. R., and M. P. Todaro. Migration, Unemployment & Development: A Two-Sector Analysis [J]. American Economic Review, 1970, 60 (1): 126–142.

[191] Henderson, J. V. Optimum City Size: The External Diseconomy Question [J]. Journal of Political Economy, 1974, 82 (2): 373–388.

[192] Hsieh, C., and E. Moretti. Housing Constraints and Spatial Misallocation [J]. American Economic Journal: Macroeconomics, 2019 (2): 1–39.

[193] Inglehart, R. Culture Shift in Advanced Industrial Society [M]. Prin-

ceton University Press, 1990.

[194] Krugman, P. Geography and Trade [M]. MIT Press Books, 1992.

[195] Liu, Y., and J. Shen. Jobs or Amenities? Location Choices of Inter-provincial Skilled Migrants in China, 2000 – 2005 [J]. Population, Space and Place, 2014, 20 (7): 592 – 605.

[196] Ma, G., J. Wang, and F. Yu, et al. Assessing the Premature Death Due to Ambient Particulate Matter in China's Urban Areas from 2004 to 2013 [J]. Frontiers of Environmental Science & Engineering, 2016, 10 (5): 1 – 10.

[197] Marshall, A. Principles of Economics [M]. London: Macmillan, 1890.

[198] Mills, E. S. An Aggregative Model of Resource Allocation in a Metropolitan Area [J]. American Economic Review, 1967, 57 (2): 197 – 210.

[199] Muth, R. Cities and Housing [M]. University of Chicago Press, Chicago and London, 1969.

[200] Nordhaus, W. D., and J. Tobin. Is Growth Obsolete? [J]. Cowles Foundation Discussion Papers, 1971: 509 – 564.

[201] Northam, R. M. Urban Geography [M]. New York: John Wiley Sons, 1975.

[202] Pigou, A. C. The Economics of Welfare [M]. London, Macmillan, 1920.

[203] Rappaport, J. Moving to Nice Weather [J]. Regional Science and Urban Economics, 2007, 37 (3): 375 – 398.

[204] Redding, S. J., and D. M. Sturm. The Costs of Remoteness: Evidence from German Division and Reunification [J]. American Economic Review, 2008, 98 (5): 1766 – 1797.

[205] Redding, S. J., and E. Rossi-Hansberg. Quantitative Spatial Economics [J]. Annual Review of Economics, 2017, 9 (1): 21 – 58.

[206] Redding, S. J. Goods Trade, Factor Mobility and Welfare [J]. Journal of International Economics, 2016, 101 (4): 148 – 167.

[207] Roback, J. Wages, Rents and the Quality of Life [J]. Journal of Political Economy, 1982, 90 (6): 1257 – 1278.

[208] Rosen, K., and M. Resnick. The Size Distribution of Cities: An Examination of the Pareto Law and Primacy [J]. Journal of Urban Economics, 1980, 8 (2): 165–186.

[209] Rosen, S. Wage-Based Indexes of Urban Quality of Life [C]. In P. Miezkowski, and M. Straszheim (eds.). Current Issues in Urban Economics. Baltimore: Johns Hopkins University Press, 1979, pp. 74–104.

[210] Saks, R. E., and A. Wozniak. Labor Reallocation over the Business Cycle: New Evidence from Internal Migration [R]. Federal Reserve Board Finance and Economics Discussion Paper, 2007.

[211] Sen, A. K. On Economic Inequality [M]. Clarendon Press, Oxford, 1973.

[212] Sen, A. K. Commodities and Capabilities [M]. Amsterdam: North-Holland, 1985.

[213] Shen, J. Increasing Internal Migration in China from 1985 to 2005: Institutional Versus Economic Drivers [J]. Habitat International, 2013 (39): 1–7.

[214] Solow, R. M. A Contribution to the Theory of Economic Growth [J]. Quarterly Journal of Economics, 1956, 70 (1): 65–94.

[215] Tombe, T., and X. Zhu. Trade, Migration, and Productivity: A Quantitative Analysis of China [J]. American Economic Review, 2019, 109 (5): 1843–1872.

[216] UNDP. Human Development Report 2019 [EB/OL]. Accessed 2019. http://hdr.undp.org/en/content/human-development-report-2019.

[217] UNDP. Human Development Report 1990 [EB/OL]. Accessed 1990. http://hdr.undp.org/en/reports/global/hdr1990.

[218] UNDP. Statistical Update 2018: Human Development Indices and Indicators [EB/OL]. Accessed 2018. http://hdr.undp.org/en/content/human-development-indices-indicators-2018-statistical-update.

[219] United Nations. World Urbanization Prospects: The 2018 Revision [R]. Accessed August, 2019. https://population.un.org/wup/Publi-

cations/Files/WUP2018 - Report.pdf.

[220] Wang, X., and K. R. Smith. Near-Term Benefits of Greenhouse Gas Reductions: Health Impacts in China [J]. Environmental Science and Technology, 2000, 33 (18): 3056-3061.

[221] World Bank. Clean Water, Blue Skies: China's Environment in the New Millennium [R]. Washington DC, 1997.

图书在版编目（CIP）数据

迈向共同富裕的中国城镇化：福祉空间均衡视角 / 苏红键著. -- 北京：社会科学文献出版社，2023.10
国家社科基金后期资助项目
ISBN 978-7-5228-2266-2

Ⅰ.①迈… Ⅱ.①苏… Ⅲ.①城市化-发展-研究-中国 Ⅳ.①F299.21

中国国家版本馆 CIP 数据核字（2023）第 144673 号

国家社科基金后期资助项目
迈向共同富裕的中国城镇化：福祉空间均衡视角

著　　者 / 苏红键

出 版 人 / 冀祥德
责任编辑 / 陈凤玲
文稿编辑 / 陈丽丽
责任印制 / 王京美

出　　版 / 社会科学文献出版社·经济与管理分社（010）59367226
　　　　　地址：北京市北三环中路甲29号院华龙大厦　邮编：100029
　　　　　网址：www.ssap.com.cn

发　　行 / 社会科学文献出版社（010）59367028
印　　装 / 三河市龙林印务有限公司

规　　格 / 开　本：787mm×1092mm　1/16
　　　　　印　张：21.5　字　数：339千字

版　　次 / 2023年10月第1版　2023年10月第1次印刷
书　　号 / ISBN 978-7-5228-2266-2
定　　价 / 128.00元

读者服务电话：4008918866

版权所有 翻印必究